21世纪普通高等教育规划教材

信息资源检索：

理论·技巧·训练

第3版

李谋信 编著

机械工业出版社

本书以信息检索能力培养为目的，构建了理论解析、技巧运用、模块训练三位一体的教学体系，体现了检索技能专业通用性、教学内容社会实用性、训练素材普遍可获性的特点。本书第3版在结构和内容上都做了大量调整和补充，主要体现在：将检索理论部分拆分细化，整合了作者近年来的新认识，并将其系统化；将实验指导书纳入教材体系，增加了10个实验，这些实验均取材于真实课题；检索资源部分，各章选择两种重点资源详细介绍、其他相关资源简略介绍，并增加了开放存取的内容；针对每章内容给出了15道测验题，包括判断题、单选题和多选题，可供教学使用。

本书可作为各类高校“信息检索”课程的教材，也可供其他人员自学参考。

图书在版编目（CIP）数据

信息资源检索：理论·技巧·训练/李谋信编著．—3版．—北京：机械工业出版社，2017.4（2021.9重印）
21世纪普通高等教育规划教材
ISBN 978-7-111-56370-9

Ⅰ.①信…　Ⅱ.①李…　Ⅲ.①信息检索－高等学校－教材
Ⅳ.①G252.7

中国版本图书馆CIP数据核字（2017）第052701号

机械工业出版社（北京市百万庄大街22号　邮政编码100037）
策划编辑：易　敏　责任编辑：易　敏　刘　静　任正一
责任校对：张　薇　封面设计：马精明
责任印制：张　博
涿州市般润文化传播有限公司印刷
2021年9月第3版第3次印刷
185mm×260mm·16.5印张·439千字

标准书号：ISBN 978-7-111-56370-9
定价：35.80元

凡购本书，如有缺页、倒页、脱页，由本社发行部调换

电话服务
服务咨询热线：010-88379833
读者购书热线：010-88379649

网络服务
机　工　官　网：www.cmpbook.com
机　工　官　博：weibo.com/cmp1952
教育服务网：www.cmpedu.com
金　书　网：www.golden-book.com

前　　言

信息检索发轫于目录学，成形于索引理论，在吸收了逻辑学和计算机科学的内容后逐渐形成一门独立的学科。自第二次世界大战以来，信息检索工作随着科学文献的爆炸性增长得到了快速发展，经历了书本式检索工具书、穿孔卡片、缩微阅读设备、远程联机登录、局域网光盘检索、网络资源学术化和社会网络化几个阶段。随着社会生活信息化和互联网的普及，信息检索如今已成为各领域专业人员的必备技能之一。信息检索在科研立项、专利审查、技术引进、人才猎取等许多方面的前期工作中都有着重要作用，并成为技术中介、市场调查、论文写作中收集整理和核实数据的手段之一。信息检索还有许多新用途，例如，据清华大学伊斯雷尔·爱泼斯坦对外传播研究中心王君超研究员的介绍㊀，信息检索可用于识破网络谣言，通过关键词搜索、比对，可以识别出虚化了时间、地点的"旧闻翻新"和情节离奇的消息。信息检索在美国等经济发达国家自20世纪90年代以来发展很快，逐渐形成了一个新兴行业——信息经纪业。信息检索已不仅仅是图书情报人员的业务内容，它正吸引着工程技术、律师、公共关系等行业的从业人员不断加入其中。

信息检索工作极富挑战性，它除了要求检索工作者具备丰富的专业知识、熟练的语言能力（包括中外文专业文献阅读能力和词汇联想能力）、娴熟的检索技巧和对文献资源分布情况的了解外，更需要勇于探索的精神和人际交往能力。对信息检索的教学同样也富有挑战性。自改革开放之初"科技文献检索"被引入我国高校以来，"信息检索"经历了在教学内容上从侧重于情报学到逐渐倾向于信息科学，在检索工具上从以手工检索为主到逐渐以互联网检索为主，在教育对象上从面向理工科专业扩展到面向所有专业这样一个过程。"信息检索"课程在我国40余年的发展历程表明，它仍是一门年轻的、快速发展的学科。为了使信息检索这门课程适应新时代发展的需要，教材应具有科学性、时代性、通用性和实用性，以帮助读者提高情报素养、获得检索经验、掌握典型信息资源。本书在这方面做了初步的努力。

关于构造一个以实践为特征的信息检索课程体系结构的问题，多年来一直萦绕在笔者心头。信息检索行为和经验技巧是否需要理论来说明、解惑？哪些经验技巧需要归纳提炼？信息检索训练目标应该由哪些子目标组成？这些子目标通过什么题型实现？这些疑问在本书中都有了初步回答。

本书由13章组成。第1~5章是基础理论部分，其中，第1章介绍了一些便于后续内容理解的术语概念和规律以及传统文献的类型等；第2章介绍了传统检索工具书的类型和构成要素、检索系统的数据结构和索引类型以及检索结果的显示形式；第3~5章从检索人员的角度介绍了以分类和主题检索语言为主要内容的信息组织理论和复杂概念的分析表达方法。第6~12章是网络资源搜索的概念、工具与资源部分，其中，第6章介绍了网络检索的一些基本概念，网络资源查找工具的类型、搜索引擎的工作原理和检索功能；第7章重点介绍了

㊀ 见《人民日报》2013年8月3日第4版《四件"武器"识破谣言》。

维普资讯和中国知网两种国内综合性全文数据库，并简要介绍了一些国内的开放存取资源；第8章重点介绍了EBSCOhost和SpringerLink两种国外全文数据库，并简要介绍了一些国外的开放存取资源；第9章重点介绍了国家知识产权局网与WIPO知识产权和技术数据库，并简要介绍了一些知识产权概念和部分国外知识产权检索系统；第10章重点介绍了中国技术性贸易措施网和中国标准服务网，并简要介绍了一些技术性贸易措施的概念和其他相关网站；第11章重点介绍了国家统计局网和中国经济信息网，并简要介绍了一些与统计数据相关的概念和数值型资源；第12章重点介绍了Getty Images网和视觉中国网，并简要介绍了图片库的含义、特点和相关网站。第13章将本课程所学内容与毕业论文的撰写相结合，进行针对性训练，主要介绍了学术训练的概念、学术论文的结构，并列举了两个撰写实例。

本书自2006年出版以来，重印和修订了多次，本版（第3版）修订内容主要体现在以下几方面：

（1）突出了实践性。在分类主题概念分析、网络资源和学术论文撰写等章节增加了实验内容、目的、要求和实例，以及实验报告项目说明、错误分析。

（2）增加了课题分析和主题概括的步骤和分析实例。

（3）专类网络资源前增加了相关专业基础知识介绍。

（4）增加了检索系统基本概念的介绍。

（5）将“标准法规资源”调整为“技术性贸易措施检索资源”。

（6）增加了“学术训练基础”一章。

（7）去掉了太过陈旧的内容或已消失的资源，增加了新的内容。

（8）将各章后的思考题改为判断题、选择题等。

本书是笔者多年教学和实践的经验总结。笔者努力将具有规律性、基础性、共性和典型性的内容，以及经验技巧归纳、提炼出来，以利于读者举一反三，触类旁通。本书的结构体系和内容遴选是笔者多年“信息检索”课教学探索的结果，但仍有不妥之处，有待继续修订，真诚地希望同行和读者不吝赐教，在此先行谢过。

李谋信

于上海松江大学城

作者制作了与本书配套的PPT课件等补充资料，使用本书授课的教师可联系本书编辑索取（cmp9721@163.com）或与作者联系（5385@suibe.edu.cn）。本书习题答案仅供授课教师参考。

目　　录

第1章 预备知识

本章重点

1. 信息、知识、文献、情报的概念
2. 文献老化和分散规律在信息检索中的作用
3. 检索效果评价指标的含义
4. 常见国际标准代码的种类和结构
5. 传统文献的类型和特点

1.1 基本概念

1.1.1 信息、知识、文献、情报和信息链

1. 信息

物质、能量、信息是构成自然界和人类社会的三大要素。对于信息，迄今还没有一致的定义。一般认为，信息是物质运动的状态与方式，是事物间相互联系、相互作用的中介。自然界、生物界、人类的行为或体态中都会反映出某种信息，使信息具有普遍存在性、形态多样性和内容杂乱性的特点。由于以上特点，使少量有用信息淹没于大量无用信息中，使之难以识别和直接利用。

2. 知识

知识是人类认识的结晶，是有用的信息，它是来源于实践并经记忆的过滤保留下来的有用的经验或教训。知识借助于一定的语言形式或物化为某种劳动产品的形式传递给下一代，成为人类共同的精神财富。记录知识的形式主要有语音、图形图像和文字。以语音表示的知识的缺点是不易积累和传播，以图形图像表示的知识不易准确理解，唯有用文字记录的知识具有含义稳定明确、便于传播的特点。

3. 文献

根据国家标准的定义，图书情报学范畴的“文献”指的是记录有知识的一切载体，即物化了的知识。文献的特点是：以有形的物质为载体，以知识为内容，以文字图形图像为表征知识的符号，可以累积和重复使用。狭义的文献是指静态的、含有文字图表的载体。广义的文献不仅包括传统的印刷品，还包括记载动态的音频、视频信息等非书资料，以及被称为零次文献的手稿、讲话、录音、实验记录等。由于文献的知识信息被固化，记录形态稳定，因而具有便于传播、积累和重复使用的特点。

文献的类型有多种划分方法，如按载体划分、按记载形式划分、按出版类型划分等。图书情报单位一般根据出版类型将文献分为三大类：普通图书、连续出版物和非书资料。属于普通图书的文献有图书、产品资料、技术档案等；属于连续出版物的文献有期刊、报纸、科技报告、会议文献、政府出版物、专利文献、标准文献、学位论文等；属于非书资料的文献有缩微阅读

品、计算机可读产品、声像产品，以及记录有文字的实物。

4. 情报

有关情报的定义非常多，我们采纳钱学森的定义，认为情报是为了解决一个特定的问题所需要的激活了的知识㊀。具有定向意识的知识是信息转化为情报的条件，即人们在接收某些信息时，只有具备了有准备的头脑，包括专业知识和意识准备，这些信息才有可能被转化为情报。大多数情报信息以文献的形式存在，具有记录形态稳定可靠的特点。非文献型情报是指听到、看到或通过仪器探测到的信息，是文献型情报的重要补充。情报具有效果大、时效短、针对性强的特点。信息、知识与情报的关系如图1-1所示。

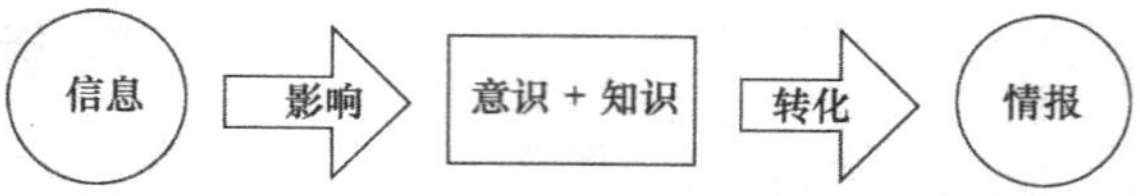

图1-1　信息、知识与情报的关系

5. 信息链

在你需要信息的时候，大多数情况下最初面对的是没有经过整理的、散乱的信息。但在这些纷乱的信息中有一些是具有启发意义的信息，可作为进一步搜索信息的踪迹，或称为入口信息。这些原始信息具有目标信息的某些特征，以这些特征为起点继续搜索更接近目标特征的信息，从而形成一个信息链。情报搜集中的碎片拼图就反映了信息链的特征。信息链会使搜索者的目标图像逐渐清晰起来，并最终找到需要的信息。比如已知某产品，想了解该产品在哪些国家申请过专利，可以去查《世界专利索引》（WPI）的专利权人索引，找到相关记录后再根据记录中的存取号查存取号索引，这样，经过专利权人代码、存取号两个特征信息就可找到该专利申请在各国的分布情况。

1.1.2　文献老化和分散规律

1. 文献老化的规律

所谓“文献老化”，是指随着出版年代的远去，文献逐渐失去了作为情报源的价值，或者被人们利用得越来越少。文献老化的速度通常用“半衰期”来描述。某一学科文献的“半衰期”是指专业文献在统计年限内50%被引文献的发表年代，即文献量的中值所对应的年份称为“半衰期”。例如，机械工程文献的中值为5.2年，表示在统计期间内所引用的机械工程文献中有一半是在5.2年内发表的，这个学科的半衰期就是5.2年。如果以文献的出版年龄为横轴，被参考文献量为纵轴，可用一条负指数曲线来说明文献老化的过程，如图1-2所示。由于可以将被参考文献量看作文献利用率的缩影，而文献利用率是知识活跃度的标志，当一个专业的文献被利用得越频繁半衰期就越短，表明该专业知识更新速度很快，同时表明该专业很年轻；

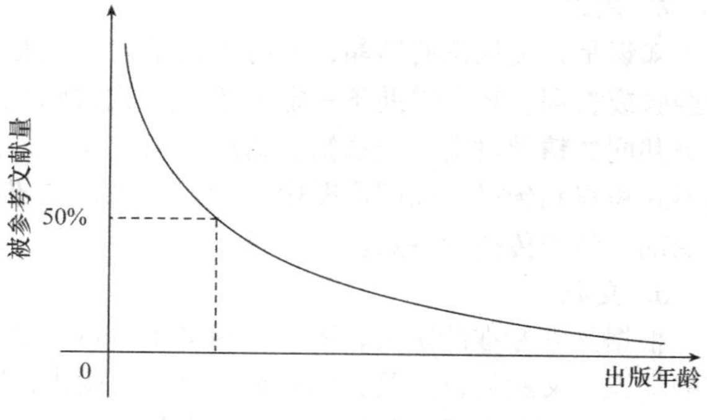

图1-2　文献老化曲线

㊀ 钱学森. 新技术革命与系统工程——从系统科学看我国今后60年的社会革命［M］//上海交通大学. 智慧的钥匙——钱学森论系统科学. 上海：上海交通大学出版社，2005：48－63.

反之，半衰期越长，则知识更新速度越慢，专业活力越低。因此可以说，文献老化规律揭示了一个专业的文献利用率与一个专业成熟度的关系。

文献老化规律在信息检索中有重要的作用。首先，它揭示了要重点阅读新出版的文献的内在原因，即新研究成果通常建立在原有结论的基础上，是对旧的理论、观点的修正或补充；其次，它揭示了不同专业成熟度差异的内在原因，启示我们检索中要重视时间条件限定的作用。

统计分析表明，不同学科、不同时期、不同类型的文献半衰期是不一样的，但它们都遵循负指数曲线形态。读者通过统计历年的引文频次、累积引文频次和累积相对比率，可以自行计算出某一学科的文献半衰期。进行文献老化分析除了采用引文统计法外，还可以采取图书馆流通统计方法，但这两种方法都有一定的局限性，需要综合起来考查。

2. 文献分散的规律

论文发表有一个普遍的现象，即关于某一主题的论文往往刊登在多种专业杂志上，其中有少数几种期刊登载得比较多，大多数期刊只零星登载一些。统计表明，这种文献分散的现象具有一定的规律性。英国文献学家布拉德福最早从定量的角度分析文献分散现象，并发现了文献分散规律，简称布拉德福定律。

布拉德福将相关论文刊载数以递减的顺序排列某专业的期刊，然后采用区域分析、图像观察和数学推导3种不同方法进行分析，得出：可以把期刊分为专门面向这个学科的核心区和包含着与核心区同等数量论文的几个区，这时核心区与各区的期刊数量成一定比例。这个比例系数称为布拉德福分散系数，一般用 a 表示。文献分散规律揭示了期刊利用率与期刊品种的关系。统计表明，不同专业的 a 值是不一样的，一般为5。

假如在统计期间内某一学科的所有660篇论文共刊登在248种期刊上，则期刊分布情况如图1-3所示。

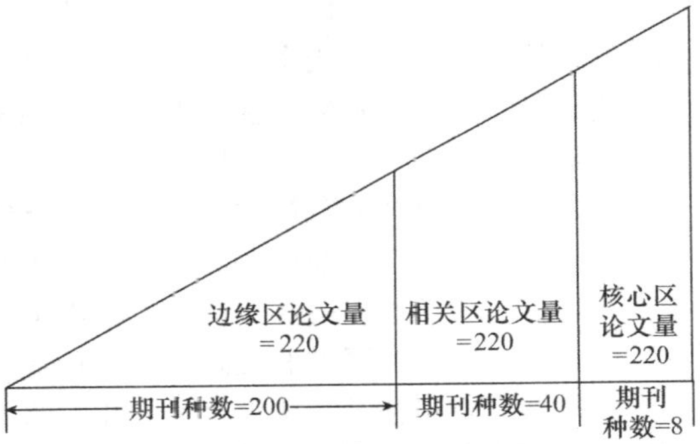

图1-3 布拉德福期刊分布规律

从图1-3可以看出，核心区期刊论文刊登率最高，每种期刊平均载27.5篇论文，相关区期刊平均载5.5篇论文，边缘区期刊平均刊载相关论文1.1篇。在各区相关论文数相等的条件下，各区的期刊数与布拉德福分散系数有如下比例关系（其中 n_1 表示核心区期刊数，n_2 表示相关区期刊数，n_3 表示边缘区期刊数）：

$$n_1 : n_2 : n_3 = a^0 : a^1 : a^2$$

例如，核心期刊基数为8，a 取5，则各区的比值为8：(8×5)：(8×5²)。从理论上看，分区可以不止3个，但超过3个区将与实际情况有较大的误差。

文献分散规律对信息检索的指导意义在于：文献分散规律揭示了论文的层次和相关论文的集聚度与期刊分区的对应关系，即专业期刊利用率与期刊品种的关系，使我们选择阅读核心期刊论文的收获要高于相关期刊，远高于边缘期刊。

1.2 信息资源的选择和检索效果的评价

1.2.1 数据库检索效果的评价

信息检索的效果可从技术效果和社会经济效果两方面来评价。社会经济效果是指检索结果对用户的技术经济方面的影响，它与用户花费的检索时间和费用有关。技术效果是指对数据库所收文献的覆盖面和摘贮率的满意度，包括查全率和查准率两项指标，它与用户的投入无关。查全率和查准率是评价检索效果的主要标准，它们从不同侧面反映了影响系统检索质量的因素。

“查全率”是指对于相关文献而言，查出的相关文献量占数据库中的全部文献量的百分比。例如，数据库中共有10万条记录，其中有100条相关记录，现在查到20条记录，其中10条是相关记录，即查全率为10%。

“查准率”是指在查出的文献中，查出的相关文献量与查出的全部文献量的比率。根据上例检索结果，查准的比例为10:20，即查准率为50%。

站在检索者的角度看，查全率强调的是覆盖面，要求以一定的误检为代价把需要的文献尽可能地网罗进来；查准率强调的是精准度，要求以遗漏少量相关文献为代价，使查出的文献尽可能多地符合要求。正确理解查全率和查准率之间的关系，对指导具体的检索实践工作有积极的促进作用。最理想的检索效果是查全率、查准率均为100%，而漏检率、误检率均为零。但在实际检索中这是不可能的。英国学者克勒维在1957—1968年间进行的检索试验证明，在检索的查全率和查准率之间存在着互逆关系：提高检出的查全率，就会降低查准率；提高检出的查准率，就会降低查全率。这是因为影响查全率和查准率的因素主要是标引文献主题的广度和揭示文献主题的深度。如果对文献的主题分析得很全面，概括出的关键词很多，相关主题的文献容易被检索出来，查全率就较高，但是检索出的文献有许多不适用，因而查准率就会降低。相反，如果文献标引时，给出的关键词概念很专深，都是固定词组的话，那么检索出的结果当然会很对口，查准率很高，但是命中文献数量会很少，很多相关文献将被过滤掉，从而降低了查全率。反之亦然。有学者认为，在物理、技术科学范围内，当提高查准率1%，将导致查全率降低3%。实践经验证明，在现代科技信息检索系统中，当查全率为60%～70%，查准率则为40%～50%。

在检索实践中，侧重查全率还是侧重查准率与用户课题研究的类型和研究阶段有关。对那些要研究新课题、撰写评述性文章与学术著作，以及申请专利的用户来说，他们往往需要全面、系统地收集某一专题范围内的文献资料，因此对查全率要求较高；而对于在研究过程中需要解决某一具体问题或正在进行技术攻关的用户来说，他们往往只需要了解某一关键内容或一些数值的情报，只要求检索结果能解决他们的实际问题，不一定需要很多文献，因此对查准率要求较高。也有一种观点认为，对于检索失误来说，漏检产生的负面影响比误检更严重，因为误检损失的是筛选时间，降低检索的效率，但并不影响相关文献的利用。因此，漏检是影响检索质量的最主要因素，必须把它减到最低限度。

1.2.2 网络信息资源的选择标准

网络信息资源处于开放的环境中，影响网络信息质量的因素较之传统信息资源更加复杂，并且不同类型网站影响因素也不同，例如新闻类网站和以数据库为主要内容的网站就不同。从影响网站权威性的因素来看，依次是：内容、设计、功能、可查检性、专业化程度、原创性等，其中内容可靠和操作便利是用户利用网络资源最关心的问题。从用户角度看，检索功能、导航系统、链接数量与质量、上网和下载速度、网络资源安全稳定性、上网费用与环境条件、界面友好性等是最为关心的内容。若单就网络数据库来看，信息质量、收录范围、信息来源、资源类型、更新频率、作者标识，以及是否有注释、参考文献和引证资料是重要的评价标准。

自20世纪90年代以来，国内外对网络信息资源评价指标的研究提出了多种方案，大致认为，一个好的网络资源的评价标准至少具有以下特征：①易辨识，即检索范围与信息价值等评价特征标识容易区别界定；②可量化，即能够量化，可以统计；③可操作，即能够以参数和公式的形式进行计量和比较。表1-1是在对国内外网络资源评价标准进行归纳的基础上建立的评价指标体系。

表1-1　网络信息资源评价指标体系

	一级指标	二级指标		一级指标	二级指标
定性指标	内容	客观性	定性指标	编排设计	导航系统
		实用性			信息资源组织
		全面性			用户界面
		准确性			美感度
		权威性		成本	技术支持
		新颖性			连通速度
		独特性		其他	网络安全
		针对性			信息伦理
		时效性			合法性
		连通性			评论
	易用程度	传输速度	定量指标	数字统计	链接
		稳定性			学科资源分配数量
		连续性			访问次数
		链接正误			订购人数
		检索功能			

（摘自：肖琼．图书馆网络信息资源评价标准体系探讨［J］．情报杂志，2007（6）．）

1.3　检索系统中的代码

1.3.1　国际标准代码

1. 国际标准书号

国际标准书号（International Standard Book Number，ISBN）是用于管理印刷型图书及小册子、缩微资料、盲人读物、混合型媒介出版物、机读制品、幻灯片等专题出版物的唯一性标识，用于标识特定出版社发行的一种著作的一个发行批次。

ISBN基于国际标准ISO2108，由国家ISBN机构分配，在我国是一个强制性的标准，但国际上是一个非强制性标准。为了与国际物品条码编码EAN－UCC（EAN是European Article Number的缩写，EAN－13是其标准版，EAN－8是缩短版）系统接轨，国际标准化组织（ISO）从2007年开始将国际标准书号升级为13位，为了与原10位ISBN相区别，简称ISBN－13。此后每一种正式出版的专题出版物既有标准书号，又有与商品条码格式一致的标准书号条码，并且还将其使用范围由传统的印刷型出版物扩展到电子出版物等非书资料，特别是互联网出版物上。标准书号与标准书号条码是书号编码的两种识读形式，两者的统一为出版物的发行、国际流通以及馆藏信息化建设提供了基础保证。原有的出版单位在其

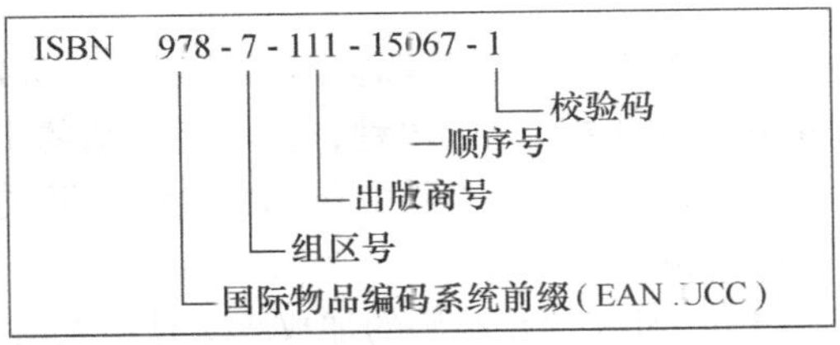

图1-4　国际标准书号的结构

原有 ISBN 前加上前缀“978”，新成立的出版单位加上前缀“979”，该前缀号由国际物品编码协会分配。国际标准书号的结构如图 1-4 所示。

第一组数字是国际物品编码系统前缀，用于标识各成员单位的代码，例如我国的商品前缀在 690～695 之间，但图书和期刊作为特殊商品被给予了专门的编号。第二组数字是厂商识别代码，在 ISBN－13 中称为组区号，主要用于表示文献的出版国、世界重要的地区、国际组织或出版地所处的语区，有些多语种国家则有多个号码（例如瑞士、加拿大等国家）。表 1-2 是部分组区号的含义。从表中可以看出，随着出版量的变化或国家的分合，组区号会有变化。例如苏联的组区号是 5，解体后许多国家有了自己的代码。又如伊朗原来的组区号是 964，现在提升为 6。也有因出版量突破了原有限额而增配一组组区号的，例如中国香港原来是 962，现在又增加了一组 988。

表 1-2　组区号的含义

语区	组区号	国家/地区	语区	组区号	国家/地区
英语	0	英国		5 和 966	乌克兰
		美国		6 和 964	伊朗
		澳大利亚		7	中国大陆
		新西兰		80	捷克
	1	加拿大		81 和 93	印度
		南非		82	挪威
		津巴布韦		83	波兰
法语	2	法国		84	西班牙
		加拿大		85	巴西
		比利时		86	南斯拉夫
		瑞士		87	丹麦
		卢森堡	意大利	88	意大利
德语	3	德国			瑞士
		奥地利		89	韩国
		瑞士	荷兰	90	荷兰
	4	日本			比利时
俄语	5	俄罗斯		91	瑞典
		阿塞拜疆		92	联合国教科文组织
		塔吉克斯坦		957 和 986	中国台湾
		土库曼斯坦		962 和 988	中国香港
	5 和 985	白俄罗斯		99905 和 99954	玻利维亚

在 2007 年以前，国际标准书号用前 9 位数字唯一地表示一种书。如果组区号的位数较短，则说明该书的语种是大语种，从而可容纳的出版商的位数也较多。组区号的位数与出版量的关系如表 1-3 所示。校验码由 0～10 的数字组成，数字 10 用 x 表示，13 位 ISBN 的校验码与原 10 位时的校验码不同。

13 位 ISBN 的校验码的加权算法是：先用前 12 位数的偶位数之和乘以数字 3，加上奇位数之和求出 S_1，然后再用大于或等于结果 S_1 且为 10 的最小整倍数的值减去 S_1 求出 S_2，若 S_2 与第 13

位数相同，则前12位数输入正确。

表1-3 组区号与出版量的关系

组区号位数	组区号取值范围	分配组数	每组的出版量
1	0~7	8	1亿
2	80~93	14	1000万
3	950~989	40	100万
4	9940~9989	50	10万
5	99901~99955	54	1万

2. 国际标准连续出版物编号

国际标准连续出版物编号（International Standard Serial Number，ISSN）是为不同国家、不同语言、不同机构（组织）间各种媒体的连续出版物或集成性资源（包括报纸、期刊、动态指南、年鉴、年报等）信息识别、控制、交换、检索而建立的一种标准的、简明的、唯一的识别代码。ISSN与识别题名一起唯一标识了一种特定的连续出版物或集成性资源。它基于国际标准ISO 3297，由ISSN网络中心分配，由国际连续出版物数据系统（International Serial Data System，ISDS）的国际中心负责管理和分配号码。ISDS每次分配给申请国一段数字，这段数字用完之后再重新申请一段。凡是参加ISDS的国家或地区向本国或本地区的中心或国际中心提出申请，经过核对和登记后给予ISSN。申请国获得一段数字序列后，集中按申报刊物的刊名字头给号，每个ISSN唯一地与一种期刊的标识刊名相对应，因此一个国家的ISSN号可能是不连续的。ISSN中国国家中心设在国家图书馆内，负责经国家新闻出版广电总局正式批准出版的连续出版物ISSN的分配、管理、使用和咨询，中国连续出版物书目数据送交ISSN国际中心数据库等工作。

期刊与图书一样，也被纳入了国际物品条码编码EAN－UCC系统。基于EAN13的ISSN－13条码由3组4部分数字组成，共11位数字。第一组是国际物品编码系统前缀（期刊是977），第二组数字共4位数按刊名字顺排列，第三组前3位数字是在字头基础上的流水号，最后一位数字是计算机校验码。在不使用条码时，习惯上仍使用原8位ISSN编码，因为当不作为普通商品时，8位编码成为刊物的唯一标识。

11位ISSN校验码的加权算法是：①右起第2位（偶数位）开始，所有偶数位的数字之和乘以3得S_1。②右起第3位（奇数位）开始，所有奇数位数字之和乘以1得S_2。③将S_1和S_2相加得S_3。用10减去S_3的个位数，所得余数为校验码。当所得的个位数为0时，检验码为0。

3. 国际标准音像制品号

国际标准音像制品号（International Standard Recording Code，ISRC）为识别唱片、录音带、录像带、激光视盘等音像制品的国际标准编号。我国于1992年5月基于IS03901批准了强制性国家标准《中国标准音像制品编码》（CSRC），自1993年起中国所有音像出版社都必须在其生产的每一种音像制品上，对所录入的节目以及节目中每一项可以独立使用的部分编加一个以“ISRC”为标识的国际标准音像制品编码。

4. 数字化对象识别符

数字化对象识别符（Digital Object Identifier，DOI）是由美国出版商协会于1997年推出的一种电子出版物内容标识系统，目前DOI系统由非营利性的国际DOI基金会管理。这里说的数字化对象泛指所有计算机可读文件，包括电子文档、可执行文件、图像文件、音频文件、视频文件，或其他任何文章、图书、课堂实验等在计算机中有地址可寻的数字化资料。设计DOI的目的是保护知识产权并实现版权所有者的商业利益。DOI系统为出版商提供了一个既能用于出版物的内部管理，又能进行数字化商务的工具。它对文件检索、票据交换、出版许可等电子出版日常的业务程序提供了自动化管理的工作基础。

DOI是数字化对象生存期内具有唯一性的标签，它只与该对象的知识内容有关而与该对象的存储位置无关。一个DOI记录同该数字化对象的具体位置的信息一起被送往DOI中心服务器登记、存储。这种被集中存储起来的数据形成了一个数据分辨库。利用特殊的软件，这一数据库可以链接或分辨某个DOI，使其与同其有关的数字化对象的位置联系起来。当用户寻找一个数字化对象或有关这一对象的信息时，DOI问询就会被传送到DOI服务器，该服务器寻找到DOI的记录及同其有关的对象的地址，将两者链接起来，将其位置（大部分是统一资源定位符）送回给用户浏览器。然后浏览器自己检索这两个对象或有关该对象的信息，将结果显示给用户。

DOI由前缀和后缀两部分组成，中间用一道斜线分开。前缀由识别符管理机构指定，后缀由出版商自行分配。

前缀又由两部分组成，中间用一个圆点分开。第一部分有两个字符，代表分配该DOI的管理机构。目前因为只有一个识别符管理机构，所以总是1、0两个数字。以后会有多家管理机构，例如一个国家一个，或一个行业（如出版、摄影、音乐、软件等行业）一个。前缀的第二部分代表被分配使用该DOI前缀的出版机构，或者是在识别符管理机构登记的版权所有者。

后缀由出版商或版权所有者自行给定，是一组唯一的字符，用来代表特定的数字化对象。许多出版商选用已有的识别符号作为后缀，如ISBN、ISSN等。

实例一：10·1000/1

这是DOI系统在Web上的主页识别符，前缀是10·1000，后缀是1。

实例二：10·1016/S0921877797000232

这是Elsevier出版的一份杂志上一篇文章的识别符。其后缀用的是出版商款目识别符（PII）。

实例三：10·1111/j. 1475 -7599. 2006. 00203. x

这是EBSCOhost的期刊论文，1475 -7599是ISSN号，2006是论文收稿年份。

实例四：10·1016/s0892 -6875（07）00030 -1

这是EBSCOhost的期刊论文，0892 -6875是ISSN号，07是期刊的出版发行年。

实例五：10·1002/pon. 1047

这是EBSCOhost的期刊论文，pon是刊名缩写。

一个出版商既可登记一个前缀，也可为其不同的子公司注册不同的前缀。当出版商将其产品版权转让或出售时，数字化对象的位置就发生了变化，该出版商要将这一对象位置改变的信息送到DOI服务器，以保证DOI文献追踪的有效性。为了保证在被链接的版权所有者的出版时间和地点发生变化的情况下，其识别符仍能保持一种持久性，DOI系统提供了一种识别途径，为读者或用户将相关的资料链接在一起。DOI系统的这种能力，可以使用户从一个出版商的产品（如书目数据库或文章引文）链接到另一出版商对这一数字化对象所做的文摘或全文中，尤其在使用那些在服务器之间来回转换的文件、新版的软件、不同文档格式的数字化音乐作品，或经过修改或增加内容的科学文章中特别有用。

1.3.2 压缩键

1. 压缩键的设计

在进行计算机检索时，输入检索词往往需要频繁击键，采用某种技术后只要键入少数几个字母即可实现原来的操作。这种把完整的检索标识信息压缩成几个键的技术叫“压缩键”技术。

压缩键常用于刊名、公司名、商品名等数据重复出现较多的字段，有时也用于书名、题名、人名等字段。在数据库中运用压缩键技术可以减少计算机储存空间、提高数据排序和检索速度，明显减少检索人员敲击键盘的次数。以下举例说明压缩键的取码原理。

（1）简易取码法：按每个字的首字母取码，字段设置较长。这种取码方式的好处是方法简单易记，压缩码本身也可以进行前方一致检索，图书馆书目检索系统中的书刊名字段通常具有简易压缩键检索功能，也有将该功能单独设置成书名拼音和作者拼音字段的。其缺点是占用存储空间较多，对虚词赋码增加了无效信息（例见图1-5）。

（2）四位取码法：码长固定4个字母，虚词不给码。这种方法的好处是，由于压缩为4个码，每个码所含的信息高度浓缩，所需存储空间大大减少。固定长度的压缩码要遵循一些规则。例如：4个字以上的名称，取前3个字及最后一个字的首字母；4个字的名称，取每个字的首字母；3个字的名称，取第一个字的前2个字母和后2字的首字母；2个字的名称，取每个字的前2个字母；1个字的名称，取前4个字母或前3个字母加最后一个字母（例见图1-6）。

汕华科技和教育发展公司	SHKJHJYFZGS
上海科技教育出版社	SHKJJYCBS
上海科健软件公司	SHKJRJGS
上海肯捷咨询公司	SHKJZXGS

图1-5 简易取码法实例

大学图书馆学报	DXTB
图书馆杂志	TSGZ
图书情报工作	TSQZ
图书情报知识	TSQS

图1-6 四位取码法实例

（3）偏重取码法：码长固定6个字母，虚词不给码。取码规则是321，即第一个字取其汉语拼音的前3个字母，第二个字取其前2个字母，第三个字取其首字母，当第一个字不足3个字母时，前三个字各取2个字母。这种取码方法的理论依据是：在字符串中，越是靠前的字重复的可能性越大，同时越是靠前的字所含的信息越重要。这种取码方法的好处是，规则简单易记，重码相对较少，码长有限，占用存储空间不多。图1-7是按偏重取码法得到的压缩码。

2. CODEN码

CODEN（Code Number）是国际上通用的刊名识别代码，是一种用于管理连续性和专题性出版物的编码方法，广泛应用于文献数据库和检索系统。1975年起，CODEN由美国化学文摘服务社接手管理，成为国际CODEN中心，出版《国际CODEN目录》（*International CODEN Directory*），并对各国的重要期刊分配号码。CODEN码具有唯一性，主要用于期刊联合目录。CODEN码由6个字母或数字组成，前4个字母是刊名压缩代码，遵循Bishop Rule刊名缩写规则，第5个字母是与其他同类刊物的关联字母（一般为期刊类别代码），第6位是计算机校验码。Bishop Rule刊名缩写规则为：刊名为1个词时取头4个字母，2个词时取每个词的头两个字母，3个词时按112的规则取字母个数，4个词时按1111规则取字母个数，若一个编码已被占用，则按重码处理规则处理。图1-8为CODEN码实例。

大学图书馆学报	DAXUTU
情报学报	QINBAX
上海工程技术大学学报	SHAHAG
中国图书馆学报	ZHOGUT

图1-7 偏重取码法实例

材料保护	CAIBE3
电力自动化设备	DZSHFK
化学工业与工程技术	HGGJFD
人工晶体学报	RJXUEN
软件学报	RUXUEW
石油大学学报（自然科学版）	SDXZE7
太原理工大学学报	TLDXF3

图1-8 CODEN码实例

1.4 传统文献的类型

在数字媒体蓬勃发展的今天，传统文献仍以其丰富的积累、众多公开和内部出版的文献类型，以及简便的阅读条件而表现出顽强的生命力。不同来源的文献信息功用互补，能满足不同的文献需求。

1.4.1 文献型出版物

1. 专业图书

专业图书是对现有研究成果、生产技术、劳动经验，或者某一领域知识的整理和概括，其出版特点是内容比较系统、成熟。专业图书包括大中专教材、学术专著、论文集等，供阅读之用。教材一般只介绍基础知识和公认的见解。专著一般就某一主题进行比较深入的探讨。论文集是许多论文或报告的汇编。

2. 专业期刊

专业期刊是一种定期或不定期出版的连续出版物，其出版特点是：每期有若干个主题（除专辑外）、每年至少一期、有连续编号。专业期刊记录了正式的、公开的科学活动，期刊论文对内容的独创性有严格要求，需要经过专家评议。专业期刊是科学交流和情报传递的主要载体和重要的信息源。期刊按内容性质可分为学术性刊物、技术性刊物、快报性刊物、消息性刊物、资料性刊物、检索刊物等几类。

1.4.2 数值型出版物

数值型出版物主要是指各种社会生产活动中积累、汇总起来的统计资料，它是进行经济决策和制订经济计划的重要依据。各国、各地区、各行业甚至各单位一般都出版统计资料，有些是以年鉴形式出版，有些则以期刊或图书的形式出版，或在政府网站或国际组织的网站上公开。例如商业性统计资料《上海生产资料价格信息》《2016 年中国机电产品报价目录》，更常见的是读者面较窄的各种专业数据手册，如《建筑施工分项工程常用数据资料与计算速查手册》《简明建筑电气工程师数据手册》等。政府出版的统计年鉴具有综合性、连续性的特点，例如《2016 上海统计年鉴》《中国统计摘要—2016》等。统计资料的来源主要有公开出版发行的研究报告、官方统计资料、公共组织统计资料、信息调查机构和咨询公司数据库等。

1.4.3 事实型出版物

事实型出版物包括百科全书、年鉴、名录、辞典、表谱、图录等，其作用是供读者寻找答案，所以统称为参考工具书。

（1）百科全书。百科全书是概述人类一切门类或某一门类知识的完备工具书，是知识的总汇。它是对人类已有知识进行汇集、浓缩并使其条理化的产物。百科全书一般按条目（词条）字顺编排，另附有相应的索引，可供迅速查检。百科全书大致可分为专科性和综合性两大类。一些著名的百科全书除出版印刷版和光盘外，还推出了在线百科全书，如不列颠百科全书（britannica. com）。特别值得一提的是维基百科全书（www. wikipedia. org），这是一种由网民自发参与编辑、修改的开放式百科全书，由专家进行审核，条目内容解释和外部知识链接丰富，涉及文本、音频、视频等各种文件格式，是更新最快的在线百科全书。

（2）年鉴。年鉴按年度汇集一定范围内的重大事件、新进展、新知识和新资料，供读者查阅。它按年度连续出版，所收内容一般以当年为限。年鉴可用来查阅特定领域在当年发生的事件、进展、成果、活动、会议、人物、机构、统计资料、重要文件或文献等方面的信息，也可归入数值型出版物。

(3) 名录。名录是提供有关专门名称（人名、地名、机构名等）简明信息的工具书。

(4) 辞典。辞典（字典）是最常用的一类工具书。辞典按用途不同可分为符号和缩略语字典、翻译用字典、语词性和知识性术语字典等几种。

(5) 表谱。表谱是采用图表、谱系形式编写的工具书，大多按时间顺序编排。主要用于查检时间、历史事件、人物信息等。

(6) 图录。图录包括地图和其他图录两类。

1.4.4 特种文献

1. 科技报告㊀

科技报告是由科研基金资助的研究项目的成果记录，它翔实记录科研、设计、工程、试验和鉴定等活动的过程、进展和结果，并按照规定格式编写，是由机关团体管理的一种非正式出版文献。

科技报告可以是科学技术研究过程和方法描述、结果或进展总结、研制试验结果分析、某项科学技术问题的现状和发展论述、科学技术考察经过、科研成果记录、具体问题的研究分析、技术性文件、阶段总结和记录等，种类繁多，可以包括正反两方面的结果和经验。不同类型的项目在不同阶段会产生不同类型的科技报告。

一般将科技报告分为专题技术报告、技术进展报告、最终报告和组织管理报告四大类型。专题技术报告包括试验/实验报告、研究报告、分析报告、工程报告、生产报告、运行报告等。技术进展报告包括阶段报告、中期报告、年度报告等。最终报告包括结题验收报告、最终研究报告、最终技术报告等。组织管理报告包括时间节点报告、评价报告等。在出版形式上，科技报告常以报告书、技术札记、备忘录、论文、通报、技术译文、特种出版物等的面貌出现。

科技报告有以下特点：

(1) 专业性强，内容详尽，涉及科研的全过程，其中可能包括各种研究方案的选择和比较，成功与失败两方面的体会，还常常附有大量的数据、图表、原始实验记录等资料。

(2) 科技报告具有较强的新颖性和前沿性，能及时反映科研进展和技术成果。

(3) 不定期出版，每项报告单独成册，不受篇幅限制。以简装本的形式发行，发行范围很窄，只有一小部分公开或半公开发表，一般为非正式出版物，因此获取比较困难。

(4) 一般不经过同行专家评审和专业编辑人员审查，发表和出版相对较快。

(5) 科技报告标有不同的密级或授权使用范围，注重面向公众或特定群体开放共享。

科技报告的作用和主要体现在三个方面：

(1) 科技报告由于其内容的完整性和真实性对广大科研工作者具有极高的参考和利用价值，使他们能够通过了解他人的经验教训使自己的工作有更高的起点。

(2) 科技报告还是科研项目过程管理的重要手段，通过对科技报告的综合分析，可以有效避免不同科研管理体系中的重复申报和立项。

(3) 在项目的中期检查、结题验收阶段形成的科技报告则可对科技成果的真实性和创新性进行实时检验，在一定程度上杜绝虚假行为，防止学术腐败。

㊀ 参见：http：//www.nstrs.cn/admin/Content/ArtileDetails.aspx? arid = 4624&type = 3。

2. 会议文献

会议是公布新的研究成果的重要场所，也是及时了解有关领域发展情况的重要渠道。从会议的级别看，有国际性会议、全国性会议、地区性会议和基层会议。上述次序也大致反映了会议论文内容的影响和创新性水平。会议文献还可按发行时间分为会前出版物和会后出版物。会前出版物常以会议日程表、会议议程、会议论文预印本和论文摘要等形式发行。会后出版物常以会议录、论文集、图书、期刊专辑、科技报告、期刊论文、声像资料等形式出版。

3. 学位论文

具有参考意义的学位论文主要是博士论文，有时也包括重要的硕士论文。

4. 政府出版物

政府出版物是政府部门发布的文件。政府出版物可分为行政文件和科技文献两类。行政文件包括人大或政府公报、司法解释、政策方针、规章制度、调查统计资料等。科技文献包括政府各部门的研究报告、技术政策文件等。

5. 专利文献

专利文献是一种应用技术文献，具有很强的可实施性，是发明家和技术革新能手最重要的参考文献。有一种看法认为，从广义上说专利文献包括专利说明书、专利公报、专利文摘、与专利有关的法律文件及诉讼资料等，从狭义上说专利文献特指专利说明书。本书认为，专利文献由专利申请文件中的大部分材料以及专利检索工具书组成，也应该包括专利申请档案，因为申请档案在专利诉讼中可以作为证据文件。

专利文献具有内容详尽、技术可靠、可实施性强、检索体系完备等突出优点，是技术信息的主要文献源。据世界知识产权组织（WIPO）的资料介绍，全世界每年发明成果的90%～95%在专利文献中可以查到。专利文献具有多方面的作用。

1）技术情报的作用。阅读、分析专利说明书在科技创新中具有启发意义。参考相关专利的技术要点，对克服发明创造中的技术难关有启发意义，这一点已经被许多事实所证明。专利文献在科技查新中具有评价意义。随着专利工作的开展，专利查新检索得出的情报评价被作为科技成果鉴定中的客观依据，已成为国家发明奖评选的必要条件。可从专利文献的统计中发现科技发展轨迹。由于专利文献覆盖面广，有长期完善的积累和功能强大的检索工具，因而对这些数据进行文献计量学分析，可以看出一项新技术的产生和兴衰的轨迹。

2）经济情报的作用。通过统计分析专利书目数据可以预测市场发展趋势。专利报道不仅比技术的商品化早许多年，与其他出版物相比也要快得多。通过捕捉专利文献中的新技术动向，可以比市场调查和其他文献的情报分析更早地发现市场机会。通过统计分析专利书目数据可以掌握竞争对手的科研动向。据报道，突破性的技术发明都是由实力雄厚的大企业做出的。国外许多大企业都设有相应的机构，专门收集、分析竞争对手的专利申请动态，以便及早做好应对策略。

3）法律情报的作用。专利权的边界通过权利要求书得以确认，并可以通过专利申请档案获得佐证。专利权已成为技术进出口中价格谈判的砝码。专利权许可证贸易占技术贸易中的相当大的份额。由于发明专利技术可靠、拥有一定时间和地域的垄断权，因此转让价格比其他技术成果要高许多，这使得判断引进的技术是属于专利、还是现有技术或技术秘密显得非常重要。同样，由专利存在时间性和地域性特点，如果国外一项专利已在其本国申请，但未在我国申请，而我国企业在不知情的情况下将相同技术的产品出口到该国，就有可能被诉侵权。

6. 标准和法规

标准，又称为标准文献，是以文件形式或规定基本单位（物理常数）的形式固定下来、经主管机关批准的一整套在特定领域内执行的规格、规则、技术要求等标准化工作成果。广义的标准是指与标准化工作有关的一切文献，包括标准形成过程中的各种档案、宣传推广标准的手册及其他出版物、揭示报道标准文献信息的目录和索引等。

法规是指国家立法或行政机关制定的规范性文件，带有强制性。例如我国国务院制定和颁布的行政法规，省、自治区、直辖市人大及其常委会制定和公布的地方性法规。省、自治区人民政府所在地的市及经国务院批准的较大的市的人大及其常委会，也可以制定地方性法规，报省、自治区的人大及其常委会批准后施行。

目前我国的国家标准与国际上通行的做法不同，分成强制性标准和非强制性标准两类，其中强制性标准起了技术法规的作用。

1.4.5 非正式出版物

1. 产品资料

产品资料泛指厂商为推销产品而印发的宣传广告，如产品样本、产品目录、产品说明书、厂商介绍、厂刊或外贸刊物、技术座谈资料等。产品资料是进行技术革新、新产品的设计试制、订货工作中不可缺少的技术情报。

2. 技术档案

技术档案是在生产建设或技术研制中形成的、有一定工程对象的技术文件的总称，包括：任务书、协议书、技术经济指标、审批文件、研究计划（技术措施）、有关的技术准备材料、设计计算、试验项目（方案、数据、报告）、设计图样、工艺卡片，以及应入档的其他技术资料。技术档案具有很强的保密性，是一种重要的信息源。

1.4.6 其他信息

公共记录是一种特殊的信息，一般不归入文献信息类，但随着社会法制化的不断深入，公共记录信息也逐渐成了检索、调查的对象。公共记录信息包括：企业负债记录、个人信誉记录、刑事记录、生命记录（出生或死亡日期、婚姻状况）、交通违章记录等，广泛应用于雇前调查、寻人、资信和公司背景调查等许多方面。

除以上传统文献信息来源外，企业名录、黄页电话簿、企业广告等也是重要的信息源。

1.5 测验题

1.5.1 判断题

（1）构成文献的要素包括：①记录的是知识；②知识可以记录在一切载体上。（　　）

（2）文献老化规律说明，可以利用一个专业的文献引文计算出该专业的成熟度。（　　）

（3）文献分散规律告诉我们，阅读专业期刊，不仅要看核心期刊，也要看其他相关期刊。（　　）

（4）影响网站权威性的因素中，内容、设计、功能、可查检性、专业化程度、原创性几项指标是同等重要的，在选择网站时都应重视。（　　）

（5）DOI 所代表的数字化对象泛指所有在计算机中有地址可寻的数字化资料。（　　）

1.5.2 单选题

（1）在检索实践中，侧重于查全率还是查准率与（　　）有关。

A. 需要全面、系统的文献资料，还是某一关键内容或数值
B. 研究过程中需要解决的具体问题或正在进行的技术攻关活动
C. 学术研究的层次
D. 研究的类型和研究阶段

（2）ISSN 的含义是（　　）。
A. 国际标准刊号　　B. 国际连续出版物编号
C. 国际标准连续刊号　　D. 国际标准连续出版物编号

（3）期刊是一种连续出版物，其出版频率为（　　）。
A. 每月出版　　B. 定期出版
C. 不定期出版　　D. 定期或不定期出版

（4）年鉴可用来查阅特定领域在当年发生的事件、会议、人物、重要文献等，除属于事实型出版物外，也可以归入（　　）出版物。
A. 专业型　　B. 普及型
C. 数值型　　D. 文本型

（5）数值型出版物是一种（　　）。
A. 统计资料　　B. 数据资料
C. 中文资料　　D. 英文资料

1.5.3 多选题

（1）查全率和查准率是反映检索技术效果的两项指标，它们反映了（　　）。
A. 查全率以降低漏检率为目的　　B. 查准率以降低误检率为目的
C. 查全率和查准率可以同步提高　　D. 提高查全率会降低查准率，反之亦然

（2）从用户角度看，以下（　　）属于用户最关心的内容。
A. 主办单位　　B. 检索功能
C. 导航系统　　D. 链接数量与质量

（3）DOI（　　）。
A. 与该对象的知识内容有关　　B. 与该对象的知识内容无关
C. 与该对象的存储位置有关　　D. 与该对象的存储位置无关

（4）以下（　　）属于科技报告的特点。
A. 须经行政审查，领导把关
B. 专业性强，内容详尽，涉及科研全过程
C. 不定期出版，单独成册，无篇幅限制，简装发行
D. 有不同的密级或授权使用范围

（5）会议文献可分为会前出版物和会后出版物，其中会后出版物的出版形式有（　　）。
A. 图书　　B. 论文集
C. 政府报告　　D. 期刊专辑

第2章　检索系统概述

本章重点

1. 目录、正文、索引三者的关系
2. 索引与倒排档的特点
3. 西文作者索引的排序
4. 检索结果的显示项目
5. 检索入口的选择

2.1　传统检索工具书

2.1.1　检索工具书类型及其构成要素

1. 传统检索工具书的类型

传统检索工具书可以分为书目、题录和文摘三种形式。

书目是图书目录的简称，记录图书的书名、著者、出版项，有的还包含收藏情况，按照一定的次序编排而成。书目是查找和采购图书的工具书。

题录记录报刊文献的题名、作者、出处等，按一定方法排序，是供人们查找论文文献出处的检索工具。

在题录的基础上增加了对文献的实质性描述的称为文摘。

2. 检索工具书的构成要素

检索工具书由分类目录、正文和索引三部分构成。

分类目录是以主题为聚类单位，置于正文前，以一种不同于正文排序的形式方便人们查找和了解书籍内容的目次或导引。分类目录记录正文中的条目（或第一级条目）及其对应页次。

索引是对文献记录中的标引词进行排序的结果，是进行信息数据库检索的便捷入口。在检索系统中使用的索引一般是倒排档。

2.1.2　目录、正文、索引之间的关系

检索工具书以文摘正文为主体，辅之以目录、索引，这三部分内容共同构成一个手工检索系统。少数检索工具书只有文摘正文和索引两部分，例如美国《工程索引》（Ei）。这三部分同时提供了三大类检索入口：正文前的分类目录、按标目排列的文摘正文、正文后的各种索引。分类目录和索引都通过连接项指向文摘正文。目录指向文摘正文的连接项是页码，索引指向文摘正文的连接项是文摘号。有的文摘型检索工具书有页眉，像辞典一样在页眉中标出了标题词在当前页的首词，也可以用于快速查找定位。文摘和索引之间的联系可用图2-1表示。

关键词索引（分别按标题词及标题词下的题名排，此处省略标题词）

L-band radiometer measurements of conifer forests	P01436704020
Latest progress in tower separation technique	P01256552775
Lead-free solder implementation for automotive electronics	P01025527660
Main bolt stretcher for pressurized vessel of 10 MW high temperature reactor	P01446711797
Managing nitrate problems for domestic wells in irrigated alluvial aquifers	P01476734904
Maneuver design for multiple aircraft conflict resolution	P012265221556
Market power in electricity markets: Beyond concentration measures	P01386652522
Multiwavelet neural networks and their approximation properties	P01296581669

文摘正文（按文摘号排，此处省略其他记录）

P01025527660 Lead-free solder implementation for automotive electronics. Lead-free solders for electronic have been actively pursued since the early 1990’s here and abroad for environmental, legislative, and competitive reasons. The National Center for Manufacturing Sciences (NCNS-US), the International Tin Research Institute (ITRI-UK), Swedish Institute of Production Engineering Research (IVF-Sweden),Japan Institute of Electronics Packaging (JIEP-Japan), Improved Design Life and Environmentally Aware Manufacture of Electronics Assemblies by Lead-free Soldering (DEALS-Europe),and, more recently, the National Electronics Manufacturing Initiative (NEMI-US) have been aggressively seeking lead-free solutions. The automotive environment is one of the toughest since it includes chemicals both solvents and salt spray, wide temperature ranges, vibration, and humidity. A change in alloy requires extensive testing and durable materials. Test of PWB surface finishes,Tg, and thickness will be described as they relate to Lead-free solder implementation. Requirements for boards and components will also be discussed.（Author abstract）8 Refs. English

Whitten, Gordon（Delphi Delco Electronics Systems, Kokomo, IN, USA）*50th Electronic Componets and Technology Conference* 2000. Proceedings - Electronic Components and Technology Conference 2000. IEEE, Piscatavay, NJ, USA, 00CB37070. p 1410-1415

图 2-1 文摘和索引之间的联系

传统文摘型检索工具书中，索引途径是文摘途径的补充。文摘正文如果按分类排序，则有关键词索引或作者索引与之配套；文摘正文如果按主题词排序，则有作者索引与之配套，有时还会附分类主题对照表。

索引与文摘正文的区别可概括为两点：①文摘款目的著录项较全，占的篇幅多些；索引采用简要著录，占的篇幅少，便于快速浏览。②文摘正文按内容特征排序，便于前后对照浏览；各种索引都按某一外部特征排序，便于在已知条件下快速检索。

2.2 计算机检索系统

2.2.1 计算机检索系统的数据结构

1. 关系数据库——表结构

关系数据库中的字段是指记录中相同属性的那一列。关系数据库对字段的定位方法如表 2-1 所示。

关系数据库主表字段的实例见表 2-2。

2. MARC 格式数据结构

（1）MARC 格式数据库——头标区。头标区处于每一个记录的最开始位置，是每一个 MARC 记录都必须具备的，并且不可重复。头标区中不包含字段标识符、字段指示符和子字段标识符。头标区固定长 24 个字符位置（00～23）。见图 2-2。

表2-1　关系数据库字段的定位

	作者	书名	出版社	出版年	ISBN
字段长度（1字符=8字节）	8	55	20	4	13
第1条记录	0~7	8~62	63~82	83~86	87~99
第2条记录	1*100+(0~7)	1*100+(8~62)	1*100+(63~82)	1*100+(83~86)	1*100+(87~99)
第3条记录	2*100+(0~7)	2*100+(8~62)	2*100+(63~82)	2*100+(83~86)	2*100+(87~99)
第4条记录	3*100+(0~7)	3*100+(8~62)	3*100+(63~82)	3*100+(83~86)	3*100+(87~99)

表2-2　关系数据库字段的实例

文献号	作者	书名	出版社	出版年	ISBN
1	姜进章	知识创新：新媒体时代的视角	上海交通大学出版社	2011	978-7-313-05175-2
2	上海国际图书馆论坛	知识创新与图书馆服务：第四届上海国际图书馆论坛论文集	上海科学技术文献出版社	2008	978-7-5439-3671-3
3	陈秉钊，范军勇	知识创新空间论	中国建筑工业出版社	2007	978-7-112-09169-0
4	张乃根，陈乃蔚	知识创新与技术转移	上海交通大学出版社	2005	978-7-313-04016-4

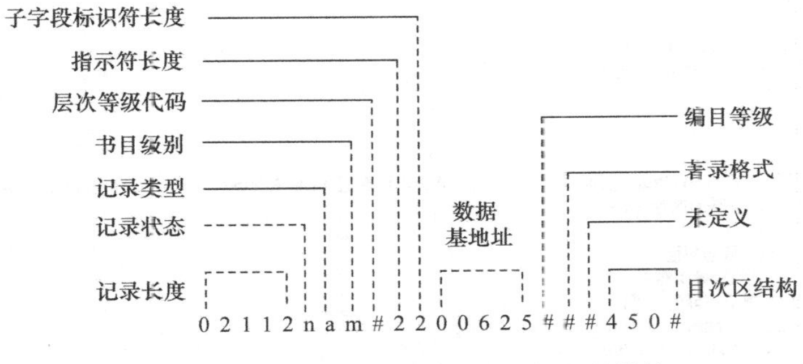

图2-2　MARC格式数据库——头标区的结构

（2）MARC格式数据库——目次区。目次区是记录中每个可变长控制字段和可变长数据字段位置的索引，由计算机自动生成。各编目系统的机内格式不反映目次区。

一个目次区的总长度为12×*N*（款目数）+1（字段终止符）。每个款目长12个字符，由字段标识符、字段长度和字段起始符位置三个部分组成，见图2-3。

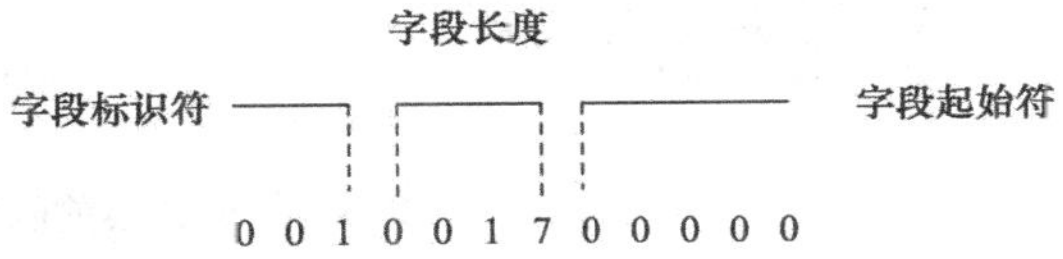

图2-3　MARC格式数据库——目次区的结构

（3）书目信息MARC格式数据字段的表

示。图 2-4 是我们平时在书目查找系统上看到的普通数据显示格式，图 2-5 是数据转换前的原 MARC 数据显示格式。

书目信息 | 读者预约 | 机读格式 | 首记

题名/责任者：	知识创新:价值的源泉/(英)乔治·旺·科鲁夫, Ikujiro Nonaka, Toshihiro Nishiguchi 著 北乔译
出版发行项：	北京:经济管理出版社,2003
ISBN及定价：	7-80162-505-6 CNY24.00
载体形态项：	271页;21cm
并列正题名：	Knowledge creation:a source of value
其他题名：	价值的源泉
个人主要责任者：	科鲁夫, G. V. (Krogh, Georg Von) 著
个人责任者：	野中, I. (Nonaka, Ikujiro) 著
个人责任者：	西口, T. (Nishiguchi, Toshihiro) 著
个人次要责任者：	北乔 译
学科主题：	知识经济-应用-企业管理
中图法分类号：	F270.7
相关题名附注：	英文并列题名取自封面
责任者附注：	Nonaka规范汉译姓：野中
责任者附注：	Nishiguchi规范汉译姓：西口

图 2-4　书目查找系统上看到的普通数据显示格式

书目信息 | 读者预约 | 机读格式

机读格式显示(MARC)

```
000 01130nam0 2200337 45
001 0000098584
005 20031229124900.0
010 __ |a 7-80162-505-6 |d CNY24.00
100 __ |a 20031229d2003 ekmy0chiy0121 ea
101 1_ |a chi |c eng
102 __ |a CN |b 110000
105 __ |a y z 000yy
106 __ |a r
200 1_ |a 知识创新 |A Zhi Shi Chuang Xin |e 价值的源泉 |f (英)乔治·旺·科鲁夫, Ikujiro Nonaka, Toshihiro Nishiguchi著 |g 北乔译
210 __ |a 北京 |c 经济管理出版社 |d 2003
215 __ |a 271页 |d 21cm
312 __ |a 英文并列题名取自封面
314 __ |a Nonaka规范汉译姓：野中
314 __ |a Nishiguchi规范汉译姓：西口
510 1_ |a Knowledge creation |e a source of value |z eng
517 1_ |a 价值的源泉 |A Jia Zhi De Yuan Quan
606 0_ |a 知识经济 |A Zhi Shi Jing Ji |x 应用 |x 企业管理
690 __ |a F270.7 |v 4
700 _1 |a 科鲁夫, |A Ke Lu Fu |b G. V. |g (Krogh, Georg Von) |4 著
701 _1 |a 野中, |A Ye Zhong |b I. |g (Nonaka, Ikujiro) |4 著
701 _1 |a 西口, |A Xi Kou |b T. |g (Nishiguchi, Toshihiro) |4 著
702 _0 |a 北乔 |A Bei Jiao |4 译
801 _0 |a CN |b NUL |c 20030312
801 _2 |a CN |b SIFT |c 20031229
905 __ |a SIFT |d F270.7/K501
920 __ |a SIFT |z 1
```

图 2-5　数据转换前的原 MARC 数据显示格式

3. XML 元数据格式数据结构

以网页形式展现数字文献是一种不同于关系数据库的非结构化的数据结构。所有网页的内容及其结构关系都是采用标准通用标记语言（Standard Generalized Markup Language，SGML）描述的，但由于其太过庞大繁杂，几乎没有被完全采用过。HTML（超文本标记语言）是 SGML 的简化版，是一种专为 WWW 网页显示及浏览而设计的简易标记语言，具有可移植性和简易性的特征。HTML 的局限性很明显，例如：HTML 的标签是固定的，造成了结构上的限制；文件的数据内容与呈现外观是固定在一起的，不易转换成其他载体的出版形式；同样由于 HTML 的通用化浅标记的特点，使其不能区分出书名、作者、出版单位等子项，难以满足需要多层次深标记的文献出版收藏单位之间数据交换的需要；不能与数据库和其他文件格式对接，给网页读取和传递其他格式的数据带来困难；HTML 对文献的标记只有标题、图像等少数几个标记，对网页的搜索不能限定在更小的范围，是造成查准率很低的原因；HTML 版本不断更新要求网站同步跟进，检视旧网页是否能正常呈现，给网站维护增加了额外的工作。

可扩展标记语言（Extensible Markup Language，XML）是从 SGML 衍生出来的一种简化格式，是与 SGML 不完全相同的一种元标记语言㊀，可以用来定义任何一种新的标记语言。XML 的制定是为了弥补 HTML 的不足，使得在 Web 上能够传输、处理各类复杂的文件。它去除了 SGML 复杂不常用及不利于在 Web 传送的功能，让用户可以很容易地定义属于自己的文件格式。XML 优势在于：①提供了一套承载各种结构化信息的框架，使用超文本文件结构化，为电子数据交换提供了基础；②允许嵌入 Java 程序，使得应用程序的大部分运算从服务器端移到客户端执行，这与主要通过服务器端的 CGI Scripts 来完成大部分运算相比是相反的模式，有助于降低网络流量和提高网速；③不像 Microsoft 的 RTF、Adobe 的 PostScript 以及其他专属性的文件格式，XML 依据 SGML 平台独立性和系统独立性，能够指定信息的结构与语义的语法规则，具有跨平台移植的特点。

基于以上特点，XML 允许用户在遵循 XML 规范的约束下定义自己的标记，创建自己的标记语言，如数学标记语言 MathML、化学标记语言 CML、音乐标记语言 MusicML，或个人使用的标记语言，网络信息资源的元数据描述语言也应运而生。

要实现 XML 文档之间相互交换数据不受应用程序的限制，必须对文档元素中信息的具体结构进行有效性约束，元素在这里可以理解为关系数据库里的字段，基于 XML 的搜索引擎就是通过定义的元素进行聚类搜索。处理以数据为重点、能实现检索功能的文档，其最好的有效性约束途径是 XML Schema（可扩展标记语言模式）。XML Schema 有强大的数据描述能力，如对数据类型及其结构进行严格定义，真正实现数据的安全性和行业标准，能满足电子商务和文献管理的各种需要。

基于 XML Schema 的元数据（Metadata）可对应于传统的书目数据，即描述数据的数据，或描述信息的信息，但其内涵已大大扩展。元数据的主要作用是用于解释复杂数据集（如文档或数据库）中任一特定文件、记录或文档内的内容结构，为程序运行和数据交换提供基础。元数据具有两个基本特征：描述性和解析性。描述性是指对数据的标注详细，例如图书的书名、作者、出版社等都是元数据，又如印刷型、光盘型、数字型等文献属性也是元数据，它们只有被区别、标识或描述以后才能被识别。解析性是对标识的元数据进行寻找、比较和识别。只有对元数据进行解析，分析不同数据之间的异同，才能对同类数据进行处理。元数据的这两个特征是有效组织和利用信息资源的基础。

㊀ http://www.docin.com/p-25739795.html。

由于网上信息的多样性和复杂性远远超过图书馆资源的种类，要能有效地发现和组织到特定种类和属性的信息，不仅要制定元数据格式，还要统一元数据的语义、句法和结构标准，规范各种元数据描述资源的方式，“资源描述框架”（Resource Description Framework，RDF）就这样一个使元数据实现编码、交换和使用的基础结构。

RDF 是一个对结构化数据的元数据进行编码、交换及再利用的体系框架。RDF 使用 XML 来描述 Web 资源，被描述的资源可以是任何类型，通过必要的结构上的约束来提供明确表达语义的方法，通过设计支持语义、句法、结构公约的机制来实现不同来源数据的整合。以下就是 XML 数据格式的程序代码，其中粗体字就是检索中用于定位聚类的 XML 元素，相当于关系数据库中的字段，行号用于帮助理解例子。

```
1  <? xml version = "1.0"? >
2  <! DOCTYPE rdf:RDF[<1 ENTITY xsd "http://www.w3.org/2001/XMLSchema#">]>
3  <rdf:RDF xmlns:rdf = "http://www.w3.org/1999/02/22 - rdf - syntax - ns#"
4          xmlns:dc = "http://purl.org/dc/elements/1.1/"
5          xmlns:exterms = "http://www.example.com/terms/"
6          xml:base = "http://www.example.com/book">
7      <rdf:Description rdf:ID = "book10001">
8          <rdf:type rdf:resource = "http://www.example.com/terms/paper-
Book"/>
9          <dc:title> 知识创新:新媒体时代的视角 </dc:title>
10         <dc:creator> 姜进章 </dc:creator>
11         <dc:publisher rdf:resource = "http://http://edu.sjtup.com//" />
12         <dc:date> 2011 </dc:date>
13         <dc:source> 978 -7 -313 -05175 -2 </dc:source>
14     <rdf:Description>
15     <rdf:Description rdf:ID = "book10002">
16         <rdf:type rdf:resource = "http://www.example.com/terms/paper-
Book"/>
17         <dc:title> 知识创新与图书馆服务:第四届上海国际图书馆论坛论文集
</dc:title>
18         <dc:creator> 上海国际图书馆论坛 </dc:creator>
19         <dc:publisher rdf:resource = "http://http://www.sstp.com.cn//" />
20         <dc:date> 2008 </dc:date>
21         <dc:source> 978 -7 -5439 -3671 -3 </dc:source>
22     <rdf:Description>
23     <rdf:Description rdf:ID = "book10002">
24         <rdf:type rdf:resource = "http://www.example.com/terms/paper-
Book"/>
25         <dc:title> 知识创新空间论 </dc:title>
26         <dc:creator> 陈秉钊,范军勇 </dc:creator>
27         <dc:publisher rdf:resource = "http://http://www.cabp.com.cn//" />
28         <dc:date> 2007 </dc:date>
```

```
            <dc:source> 978-7-112-09169-0 </dc:source>
        <rdf:Description>
        <rdf:Description rdf:ID="book10002">
            <rdf:type rdf:resource="http://www.example.com/terms/paper-Book"/>
            <dc:title> 知识创新与技术转移 </dc:title>
            <dc:creator> 张乃根,陈乃蔚 </dc:creator>
            <dc:publisher rdf:resource="http://http://edu.sjtup.com//" />
            <dc:date> 2005 </dc:date>
            <dc:source> 978-7-313-04016-4 </dc:source>
      <rdf:Description>
    </rdf:RDF>
```

不同数据格式的描述性与检索效应对比可以用图2-6来说明。

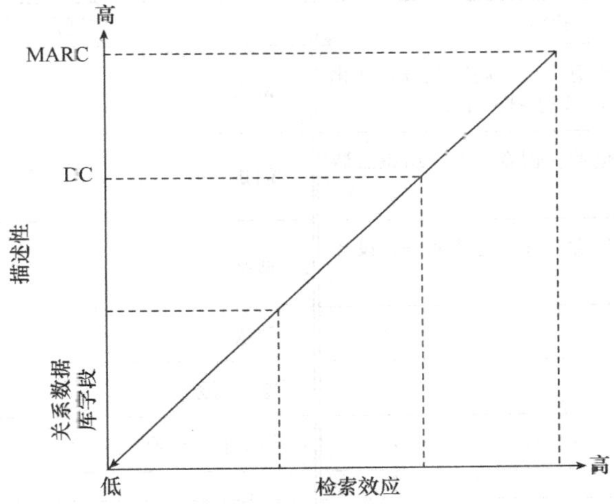

图2-6　不同数据格式的描述性与检索效应对比

2.2.2　索引的使用

1. 索引与倒排档

索引是对检索词按某种方式进行一级或多级排序，并将检索词与文献号相链接以方便通过检索词查找文献的工具。

倒排档是一种用于一篇文章有多个同类检索标识的数据项的辅索引，例如作者字段可能有多个作者，关键词字段有多个关键词。倒排档通过对检索词进行单序列排序来实现，最常用在关键词或主题词索引，也可以用在作者和分类号等数据项构造的索引。例如，有如下3篇论文：

文献号：1
题　名：协同创新融合——浙江工贸职业技术学院创业型高校建设新举措
关键词：职业技术学院，高校建设，文化产业，创意产业，协同，创新，创业，浙江
文献号：2
题　名：襄阳纺织服装产业园以“双创”促发展

关键词：纺织服装产业，创意产业，服务平台，常州，创业，创新

文献号：3

题　名：我国改革开放以来的五次创业潮评析

关键词：创业，创新，电子商务，创意产业，设计产业

以上各文献中的关键词原来是按对本文的重要性排序的，如果针对关键词建立普通索引，需要将所有关键词视为同等重要并按字顺排成1行，1篇文章的所有关键词在索引中只形成1条记录。将以上3篇论文的关键词设置成倒排档的话，则3篇文章的所有关键词都是一条记录，许多关键词指向同一篇论文的文献号。显然普通索引可以实现在结果中检索，但不能实现组配检索；而倒排档既能实现在结果中检索，又能实现组配检索。实际上组配检索在半机械化的穿孔卡片检索时已经实现了，而在结果中检索只有在数据库检索发展到一定阶段后才实现。从表2-3可以看出，在普通关键词索引中文献号与关键词是一对多的关系，在倒排档中，文献号与关键词是多对一的关系。

表2-3　普通关键词索引与其倒排档对照表

文献号	关键词	关键词	文献号
1	创新，创业，创意产业，高校建设，文化产业，协同，浙江，职业技术学院	常州	2
2	常州，创新，创业，创意产业，纺织服装产业，服务平台	创新	1，2，3
3	创新，创业，创意产业，电子商务，设计产业	创业	1，2，3
		创意产业	1，2，3
		电子商务	3
		纺织服装产业	2
		服务平台	2
		高校建设	1
		设计产业	3
		文化产业	1
		协同	1
		浙江	1
		职业技术学院	1

2. 主题索引的类型和排序

（1）西文主题索引的排序依据。西文主题索引有按单词排序的，也有按字符排序的，并规定一些特殊字符的排序位置，如规定词组中的空格和复合词中的连接符排在字母前面等。不同的排序方法使相同的排检词在索引中会出现在不同的位置，从而对主题的聚类产生影响（见表2-4）。两种索引排序方法的区别是：按单词排序的索引中，空格作为一个字符参与排序；按字符排序时，空格被忽略并压缩，不参与排序；读者在浏览书目记录时应注意这一情况。

表 2-4　主题词在两种排序方式下的不同位置

以词为单位	以字符为单位
Alloy steel，Metal Working Alloy systems Alloying	Alloying Alloy steel，Metal Working Alloy systems

（2）普通关键词索引的结构。关键词索引是使用最广泛的一种索引。关键词一般摘自题名、文摘或正文，用以概括文献主题，同时作为检索入口。图 2-7 是日本《科技文献速报》关键词索引的编排格式。图 2-8 是索引实例。这种格式在关键词下聚集了所有与此有关的文摘的文摘号，其特点是结构简单，但不易判断主题的相关性。

关键词
　文摘号 1　　文摘号 2
　文摘号 3　　文摘号 4

图 2-7　日本《科技文献速报》关键词索引的编排格式

0－1　整数计划法
　B92100838　B92104326
Abel 变换
　B92103467
Abda
　B92102559　B9212603
　B92102656　B92102765

图 2-8　日本《科技文献速报》关键词索引

由于编排结构过于简洁不利于读者判断该条信息的有用性，绝大多数检索工具书都在记录中增加了题名，有些则增加了更多的信息。图 2-9 是美国《政府报告通报年度索引》（Government Reports Annual Index，GRA）中关键词索引的编排格式，图 2-10 是索引实例。

关键词
　题名
　NTIS 订购号/书刊代码　**期号－*文摘号***　**价格代码**

图 2-9　GRA 中关键词索引的编排格式

105－MM GUNS
　Simulater Diagnostics of the Early Phase Ignition Phenomena in a 105mm Tank Gun Chamber.
　AD－A1995 514/5　**21－854,268** PC **A04/MF A01**
(19) IODOCHOLESTEROL
　Preparation of 19 Iodocholesterol Labelled with/sup 125/1
　DE 88700945　**15－838,196** PC **A03/MF A01**

图 2-10　GRA 中的关键词索引

3. 个人作者索引的识别与排序

检索工具书一般只设一种作者索引，即个人作者和团体作者混排的索引，如美国化学文摘（CA）。有一些检索工具书将个人作者索引和团体作者索引分开设立，如 GRA。GRA 中的团体作者索引的著录项目很复杂，它以法人/完成机构为标目，著录内容包括报告号或连续号、题名、主办单位报告号或连续号、NTIS 订购号、期次号、文摘号、定价等。

（1）姓名的变形和排序。中文作者的排序有笔画、偏旁部首和汉语拼音（或首字母）等多种，遵循姓在前名在后的原有顺序。除了中国人的姓名外，日本、越南、柬埔寨的姓名也是姓在前名在后的形式。而其他许多国家的姓名都是名在前姓在后，当然也有只有名没有姓的国家。凡是姓名的原有形式是名在前姓在后的，在建立作者索引时，都要调整为姓在前名在后的形式。对西文复姓的处理有不同的规定，有的将姓氏按字符排序（见 CA），也有按单词排序（见 Metals Abstracts，即 MA）。按我国国家标准的规定，带前缀的姓，前缀要与后面的姓算作一个整体。尊称 Mr.、Mrs.、Dr.、Sir 等不参加排序。表 2-5 是 CA 和 MA 中复姓的实例。

表 2-5 CA 和 MA 中复姓的实例

CA 的实例	MA 的实例
Abdel – Aal, U	Abd El Rehim, S. S.
Abdel – Aleem, Salah	Abd – Elhady, M. A.
Abdelgadir, Salah E.	Abdel – Hatez, A. A.
Abd – Ei Gawad, H	Abdul – Ei Gawad, H
Abdel_Malek, S	Abdel – Malek, S
Abdelmoneim, Mahmoud A.	Abdelmoneim, Mahmoud A
Abdel_Rahman, Mohamed S.	Abdel – Rahman, Mohamed S.

（2）名的排法。名的排法有两种情况。第一种是名的所有字符按空格、短横、圆点、字母（见 Ei）依次排。按照我国国家标准的规定，中文索引中的缩写或简称中的圆点“.”不作为排序因素。第二种是按名的首字母排，首字母后面的字符不作排序依据（见 CA）。而有的作者名只取其首字母（见 MA 和 ISTP㊀）。表 2-6 是关于名的几种不同的排列法。

表 2-6 关于名的几种不同的排列法

Ei 的实例	CA 的实例	MA 和 ISTP 的实例
Wang, C – J	Chino, Mitsu	Church, P
Wang, C.	Chino, Mi Kikou	Church, PW
Wang, C. – J.	Churchill, Monique C.	Church and Dwight Co., Inc.
Wang C. Jason	Churchill, Mair E. A.	Churchill, L.
Wang, C. Jason		
Wang, Chao Yang		
Wang, Chao – Yang		

（3）个人作者索引的格式。GRA 中作者索引的著录项目非常详尽，在月刊本中有题名、订购号、文献来源（书刊名）、文摘号，在年刊本中还增加了订购价格代码，可以单独使用。上海图书馆出版的《全国报刊索引》中有一个题内人名索引，将被论者按姓名集中在一起，特别有利于搜集传记资料。

除了以上两类主要的索引外，有的检索系统根据需要还设有以下索引：

1）分类索引。绝大多数分类索引中的一级类目以主标题的形式出现，二、三级类目则以小标题的形式出现。最典型的分类索引是德温特公司出版的 WPI 中的国际专利分类（IPC）索引。

2）号码索引。号码索引种类很多，如专利号、标准号、报告号、存取号等，其中报告号的结构有的比较复杂，例如美国 GRA 的报告号索引由报告名称、NTIS 订购号、报告号、文摘号、期次和价格代码等多项组成。

3）化学索引。化学索引的品种在美国 CA 的年度索引中最多，如化学物质索引、普通主题索引、登录号索引、分子式索引、环系索引等，其中“普通主题索引”也可归入主题索引。

2.3 检索结果的显示格式及其内容

检索结果的显示格式及其数据项可以分为以整本文献（如图书、论文集、期刊）为单位显示的数据项和以整本文献中的析出文献（如图书中的章节或论文集中的单篇论文）为单位显示

㊀ ISTP 为 Index to Scientific & Technical Proceedings 的简称，译为科学技术会议录索引。

的数据项两类。其中有些是两类共有的数据项，有些是各自独有的数据项，其中题名与责任者项是整本文献和析出文献共有的显示项，是一条检索结果中最重要的内容，这些内容总是出现在书目描述的最前面。对于整本文献来说，这些项目描述的对象是专著、科技报告、学位论文、专利、标准等，对于析出文献来说，这些项目描述的对象是期刊论文、会议论文、汇编中的论文、科技报告论文集中的论文、标准汇编中的单个标准等。

2.3.1 以整本文献为单位显示的数据项

1. 整本显示的数据项介绍

（1）题名。根据中国国家标准《信息与文献—术语》（GB/T 4894—2009）的定义，题名（Title）是标识文献且通常用于区分其他文献的、位于文献顶端的词。正题名（Title Proper）是文献主要题名。副题名和正题名上的信息属于其他题名信息，起到对这些题名的限定、解释或补充作用。卷册次和分辑号属于从属题名标识，与卷、册、分辑号对应的题名为从属题名。

并列题名是指不同文种的题名，如《英汉法德日俄空间科学词典》有中英文种两种书名，英文书名就是并列题名。对于国外文献，题名如果是中文题名或中译文题名，并列题名就是原文题名；而对于英美文献型数据库收录的非英语文献，题名如果是英文，并列题名就是原文题名，特别是原文为中文、俄文或日文的文献，并列题名是原文的音译题名。

当一本文献在多处有不同的题名时，以书名页为确定题名的依据，没有书名页的以封面为依据，而不是以书脊、容器、封套上的名称为依据。

整本文献著录的文献最常见的是图书，此外，会议录、科技报告、专利、学位论文也参照图书的形式著录。

会议录可以以图书的形式出版，也可以以期刊或报告的形式出版。以专册形式出版的会议录以图书的形式著录，以期刊、报告、专利形式出版时也参照图书形式著录。会议的届次、会期、会址、报告的编号和专利的专利号属于其他题名信息，是题名的一部分。

（2）文献类型和文种。单一类型的文献数据库不显示文献类型，单一文种的数据库也不显示文种。一般只有大型的、包含多种文献类型的数据库才会对每本或每篇文献标识文献类型。

（3）责任者。当有多个责任者时，分为主要责任者和其他责任者两部分。主要责任者一般是第一责任者。对于会议录，主要责任者是会议主办者。对于专利，主要责任者是申请人，发明人作为补充说明置于申请人之后并用圆括号括起。其他责任者是署名第二及之后的责任者。对于会议录，其他责任者是会议录编者。对于学位论文，其他责任者是学位授予单位。

（4）版本项。版本项包括版本和与版本有关的责任者两部分内容。

（5）文献特殊细节项。文献特殊细节项主要对连续出版物编号、乐谱格式和测绘制图资源的数学数据进行说明。

（6）出版项。出版项包括出版地、出版者、出版日期三项内容。对于图书，出版日期著录年月，或只有年份。对于期刊，出版日期是指创刊年或起讫年。对于专著、汇编、报告等是指出版年月。对于专利，出版日期是指授权日期。对于标准，出版日期是指公布日期。

（7）载体形态项。这部分内容主要显示总页数，如果前言或序言部分页数较多，则两部分都显示。例如：16，664 页，表示前言有 16 页，正文有 664 页。

（8）丛编项。丛编项包括丛书（或丛刊）名称、有关责任者、丛书（或丛刊）编号三部分内容。

（9）附注项。

1）对于科技报告，此处显示报告号。

2）对于学位论文，此处显示论文发表日期。

3）对于专利，此处显示申请号，申请日期作为申请号的补充说明置于申请号后，并用圆括号括起。此处还显示国际专利分类号，本国专利分类号作为国际专利分类号的补充说明置于国际专利分类号后，并用圆括号括起。

（10）文献标准编号、装帧及价格项。这部分包括文献标准编号、装帧、价格三部分内容。

（11）提要项。提要项显示的是简介。

2. 数据项显示实例

以下对国家图书馆和亚马逊著录的《英汉法德日俄空间科学词典》一书的显示项做了整合，以说明以整本文献为单位显示的数据项。需要说明的是，国家图书馆的著录项目并不是最详细的，本书在亚马逊上显示的一些数据在国家图书馆上则没有，但图书馆网站上显示的一些数据在电商网站上也没有，这与不同类型单位的服务对象和工作目的不同有关。另外，各类单位在数据项名称和显示位置方面与国家标准也不完全一致。

[正题名] 英汉法德日俄空间科学词典

[其他题名信息] from the 50th anniversary of space – era edition IAA multilingual space dictionary

[并列正题名] English，Chinese，French，German，Japanese and Russian Space Lexicon

[文献类型] 专著

[文种] 日语，英语，简体中文，法语，俄罗斯语，德语

[责任者] 庄逢甘（Fenggan Zhuang），（日）二宫敬虔（Keiken Ninomiya）主编

[出版、发行者] 中国宇航出版社

[出版、发行时间] 2010.11

[出版、发行地] 北京

[关键词] 空间科——英语——汉语——法语——德语——日语——俄语——词典 空间科学

[中图分类] V1 – 61

[载体形态] 16，664 页

[标识号] ISBN：978 – 7 – 80218 – 816 – 7

[条形码] 9787802188167

[装帧] 精装

[商品尺寸] 21.6cm × 15.8cm × 3.4 cm

[商品重量] 862 g

[简介]《英汉法德日俄空间科学词典》是一本含英、汉、法、德、日、俄6种文字，并带有中文索引的空间科学词典。《英汉法德日俄空间科学词典》是从国际宇航科学院《多国空间科学词典——空间时代50周年纪念》中摘录出来的，这个版本代号为2.1，它包括2628个英文空间术语，共有20种对照语言，即英语、阿拉伯语、保加利亚语、汉语、法语、德语、印度语、匈牙利语、意大利语、日语、波兰语、葡萄牙语、罗马尼亚语、俄语、西班牙语、土耳其语、希腊语、乌克兰语、爱尔兰语和印度尼西亚语。现将该词典直到2.1版的发展历史简要记录如下。

2.3.2 以整本文献中的析出文献为单位显示的数据项

以整本文献中的析出文献为单位著录的数据项是常见的检索工具或书目数据的编排方式。在以析出文献为单位著录的检索系统中，整本文献被称为“文献来源”或“文献出处”，简称“来源”。析出文献的具体对象有期刊中的论文、会议录中的论文、论文汇编中的论文、科技报告论文集中的论文、标准汇编中的标准，有时也包括图书中的章节，可见析出文献主要是指

论文。

1. 以析出文献为单位显示的数据项介绍

（1）题名。题名结构和形式丰富，大多数文献只有正题名，有的在正题名之外还有副题名。卷册次和分辑号属于从属题名标识，与卷、册、分辑号对应的题名为从属题名。正题名和副题名都有可能有从属题名。

并列题名是指与题名文种不同的外文题名，如《英汉法德日俄空间科学词典》有中英文两种书名，英文书名就是并列题名。收录多个国家文献的数据库，并列题名是原文题名；对于以多种文种发表的论文，并列题名是数据库出版国官方文种以外的题名。

（2）文献类型和文种。期刊数据库中文母体文献的文献类型为期刊时不显示文献类型。国内数据库文种为中文时也不显示文种，同样，英文数据库文种为英文也不显示文种。

GB/T 3469—2013《信息资源的内容形式和媒体类型标识》替代了原国家标准 GB 3469—1983，将文献概念拓展为媒体，从内容形式、内容限定和媒体类型三个角度重新分类，去掉了文献类 型单汉字简称和单字母代码的用法，但保留了常见的传统文献分类及其双字母用法。目前在文后参考文献中关于母体文献的标识仍然沿用原来的单字母代码。表2-7是按内容限定分类中与传统文献对应的双字母代码与原标准中文献类型单字母代码的对照表，其中的单字母代码在根据参考文献线索索取原文时可用于文献类型判断。

表2-7 传统文献的双字母代码与原单字母代码对照表

文献类型	双字母代码	原单字母代码	文献类型	双字母代码	原单字母代码
专著	ZZ	M	学位论文	XL	D
报纸	BZ	N	技术报告	BG	R
期刊	QK	J	标准文献	JB	S
会议文献	HY	C	专利文献	ZL	P

（3）责任者。由于析出文献主要是论文，其主要责任者就是指第一作者，其他责任者就是除第一作者以外的其他作者。

（4）母体文献的题名与责任者。母体文献就是析出文献所在的整本文献。母体文献是期刊时，母体文献题名就是刊名，以此类推，母体文献是会议录时，母体文献题名就是会议录书名，母体文献是汇编时，母体文献题名就是汇编的书名。

母体文献的责任者请见整本文献责任者的介绍，其中会议录责任者就是会议录编者。

（5）母体文献的文献特殊细节项。析出文献为期刊论文时，其母体文献的文献特殊细节记录"年，卷（期）"。例如1978年第5卷第3期著录为1978，5（3）。若为合刊时，如1978年第5卷第4－5期合刊，显示为1978，5（4/5）。

（6）母体文献的出版项。出版项包括出版地、出版者和出版日期。母体文献的出版项显示得往往比整本著录时简略，比如出版日期省略月份，期刊由于有文献特殊细节项所以出版项全省略。

（7）载体形态项。载体形态项主要显示析出文献的页码、插图数和图表数。页码有时分为页次和页数两项，页次表示论文在母体文献中的位置，页数表示论文的篇幅。

（8）母体文献的附注项。附注项显示除国际标准编号以外的各种编号，例如科技报告显示报告号，学位论文显示论文发表日期，专利显示申请号。

申请日期作为申请号的补充说明置于申请号后，并用圆括号括起。此处还显示国际专利分类号，本国专利分类号作为国际专利分类号的补充说明置于国际专利分类号后，并用圆括号括起。

(9) 文献标准编号。详见1.3.1部分介绍。

(10) 提要项。析出文献的提要项包括文摘、插图数、表格数，有的还有参考文献数。论文数据库中插图数和表格数一般置于载体形态项的页码之后。

2. 文献出处的构成和判断

文献出处又称文献来源，简称出处或来源，指向的是引文或文后参考文献。其主要构成包括出版物名称、出版发行年份、出版者或卷期次。页数或页次，有的没有卷次，有的另有总期次。文献出处指向的母体文献可能是整本文献，也可能是析出文献，因而文献出处及其构成的判断可以参考前述整本文献和析出文献的著录说明，但是在文献数据库中会有一些特殊情况。

文献数据库按文献类型可分成专科型数据库和综合型数据库，文献类型有时在数据项中并不特别显示，而文献类型的判断，对于文摘型记录的原文索取有重要意义。

对于综合型文献数据库，文献的书目描述中没有特别提示文献类型时，其文献类型可通过文献出处判断。文献出处由母体文献名称和出版日期组成，它们在检索结果中总是连在一起表示。出版物名称在印刷本检索工具书中总是用斜体字表示，在网页上通常设置为热链。

需要注意的是：①学位论文的出版物名称通常是学位授予单位的名称。②会议论文的出版物名称中通常含有年份。由出版社出版的会议录，其文献出处类似图书；由期刊主办单位发行的会议录，其文献出处类似期刊。③期刊论文的出版发行日期通常由年份、卷号、期次组成，但也有无卷号或用总期次代替卷号的情况。④专著、科技报告的出版发行日期只有年份。

不同出版物的文献类型可从母体文献题名判断。表2-8是出版物类型判断的依据，表中给出的特征也适用于判断国外数据库中的文献类型。

表2-8 出版物类型判断

母体文献类型	识别特征
期刊	出版物名称中出现：Journal（期刊）、Weekly（周刊）、Monthly（月刊）、Quarterly（季刊） 出版年（位于出版物名称后）后有特征字：Issue、no、n（期次）
会议录	出版物名称中出现：Proceeding或Conference和年份 出版日期含年月日
学位论文	出版物名称是单位名称 出版日期只有年份
专著	出版者中出现：Pub 出版日期只有年份

3. 数据项显示实例

(1) 期刊论文的实例

[正题名] 商业情报价值实现与影响因素研究

[并列正题名] Value Realization of Commercial Intelligence and Affecting Factors

[文献类型] 期刊论文

[文种] 中文

[作者] 谢友宁，杜小丹

[作者单位] (1. 河海大学 信息研究所，江苏 南京 210098；2. 河海大学 商学院，江苏 南京 210098)

[摘要] 研究影响商业情报价值实现的因素，有助于提高企业对于情报的敏锐性，有助于及时转换、调整内部的战略、战术，有助于实现可持续发展，保持竞争力。本文依据谢尔曼·肯特的情报内涵的揭示，以及波特提出的竞争的决定因素诸方面，克雷格S. 弗莱舍、芭贝特E. 本苏桑阐述的分析方法，梳理提出四大基本元素作为自变量、"商业情报价值实现"作为因变量的研究框架，并验证了有关假设。

[页码] 第80－83页，共4页

[插图数] 3

[图表数] 2

[关键词] 竞争情报；商业情报；情报价值；影响因素

[中图分类] G250.2

[母体文献题名] 情报科学

[母体文献并列题名] Information Science

[母体文献曾用名] 国外情报科学

[出版日期] 2015年1月

[卷次] 第33卷

[期次] 第1期

[文献标准编号] ISSN 1007－7634

[母体文献附注] 该刊被以下数据库收录：JST 日本科学技术振兴机构数据库（日）(2013) CSSCI 中文社会科学引文索引（2012—2013）来源期刊（含扩展版）

(2) 会议论文的实例

[正题名] 企业的社会评价与宏观管理研究

[文献类型] 会议论文

[作者] 赵希男，王淇，孙世敏

[作者单位] 东北大学工商管理学院，东北电监局

[摘要] 本文从社会分工和公共资源有效利用的角度，提出了对企业活动的社会评价思想，建立了社会评价指标体系，利用数据包络评价方法的特点，设计了一套社会评价企业的方法，试图达到保护公共资源和鼓励创办企业的作用；同时，从公共资源有效利用的角度，提出了对企业实施宏观管理的若干建议。

[关键词] 企业活动；公共资源；社会评价；宏观管理

[中图分类] F270，F224

[母体文献题名] 中国企业运筹学学术交流大会论文集

[母体文献其他题名信息（届次，会期，会址）] 2005年11月四川成都

[母体文献责任者（主办单位）] 中国运筹学会企业运筹学分会

[母体文献的附注项（会议名称）] 中国企业运筹学学术交流大会

2.4 检索过程

2.4.1 检索入口

1. 检索入口的分类

在计算机检索系统中，通常每个字段是一个检索入口，但有时会用多个主题概念类字段组成一个检索入口，例如“标题、关键词”或“关键词、标题、摘要”集成的检索入口。

检索入口按字段组合可分为单字段和多字段两种类型，按检索结果可分为适于特性检索和适于族性检索两种，两者结合共可分为以下几类：

（1）单字段特性检索入口。适用于单字段特性检索的是号码类字段，如专利号、标准号、报告号、登录号、存取号、国际标准书号、国际标准连续出版物编号、CA 中的分子式索引和化学物质环系索引等，它们都是文献的外表特征，是独立的索引项。以号码类字段为检索入口，使用简单，在已知具体号码时可使检索直达目标，是最快捷的方法。

（2）单字段族性检索入口。

1）分类字段。分类检索入口有分类目录和分类索引两类，适用于已知对象的学科范围时进行族性检索。进行分类检索可以依据分类表确定分类位置。分类检索入口的检索项是分类类目，体现类目的分类号可以是显式的，也可以是隐式的。

2）关键词字段。在已知对象的主题特征时可以选择主题词或关键词进行检索。主题检索入口有主题（叙词）索引和关键词索引两类，主题检索入口的检索项包括主题词（叙词）和关键词两类。主题词（叙词）是规范词或受控词，关键词则属于自由词。以主题为检索入口同样也可以起到聚类的作用，且不受复杂的学科（行业）体系因素限制，是最常用的检索途径。

3）作者字段。作者检索入口对于了解某人或某单位的科研成果和科研动态很有用，因此常用于搜集竞争对手的情报。常见的作者检索入口具体可分为：作者索引、团体作者索引、专利发明人或申请人索引、被引或引用作者索引、题中人名索引。作者检索入口的检索项可分为个人作者姓名和团体作者名称两类。作者索引的使用难点在于掌握国外人名的书写变化。

4）题名字段。题名包括书刊名称和论文篇名。书刊名、篇名属于文献的外表特征，基本上不起聚类的作用。题名目录在图书馆卡片目录中是基本目录，但检索工具书中附有图书索引和会议索引的较少。题名检索入口的检索项与主题检索入口的检索项都使用关键词检索，但两者在实现机理和检索要求方面是不同的。题名检索入口的检索项在数据库中不是索引项，使用的字符长度没有特别规定，因此只能以扫描方式检索；主题检索入口的检索项是索引项，有字符长度限制。如果想知道自己在国内发表的论文是否被世界著名检索工具收录，可先查资料来源索引，若收有该国内刊物，则可继续查该检索工具的作者索引。

（3）多字段检索入口：任意检索（维普资讯）、主题检索（中国知网）。“任意检索”是指用关键词在关键词、标题、摘要字段中进行检索。

（4）其他检索入口。

1）全文。全文检索入口只有在计算机检索系统中才能实现，在这里列出来是便于和其他索引入口进行对照。全文检索入口也使用关键词进行检索，它有两种实现方式：一种是抽取全文中所有的实词作为检索词进行索引；第二种是不建立索引，通过正文扫描进行匹配搜索。以摘要为检索入口与扫描方式的全文检索相同。

2）引文。根据已知论文的参考文献查找已知参考文献的参考文献，这样层层跟踪搜索，可以找出一簇论文群。这种检索方法依据的是引文与被引论文之间的内在联系，属于回溯检索方式。引文检索入口的检索项主要涉及篇名、作者、书刊名3个字段。

3）命中文献中的标引词。检索命中的相关文献中通常列有一些主题词和分类号，可供进一步检索时参考。

2. 检索入口的选择

检索入口，在直观上是指检索系统设置的输入检索词的文本框或下拉列表框，它是用户使用数据库的接口，包括单字段检索入口和多字段检索入口。单字段检索入口就是关系数据库中的字段。多字段检索入口是通过编程实现的对多个字段同步检索的输入框。

取自文献中不同位置的标引词对文献主题的概括力是不同的，相应地，检索词与不同位置的标引词匹配所能达到的查全率查准率也是不同的。

以下是可以使用关键词的检索入口的查全率查准率效果，由前往后查准率由高到低，查全率由低到高，选择检索入口应注意要根据检索词的概括能力确定选用字段的优先顺序：

主题词（叙词）→关键词→题名→文摘→多字段（维普资讯中的任意字段入口，中国知网中的主题入口）→全文索引。

其中关键词字段和题名字段检索入口的查全率查准率比较折中，是检索系统中使用最频繁的检索入口。关键词字段和题名字段在功能上还有互补作用，前者擅长查找标题甚至文摘中没有、但反映了文献重要内容的概念；后者可以使用非固定搭配的词组或短语检索，提高了灵活性。另外关键词一般采用前方一致检索，题名字段一般采用任意一致检索，使得在关键词字段里查不到的内容，有可能通过题名字段查到，相反，在题名字段查不到的内容也有可能通过关键词字段查到。

例如对于《利用结构方程模型分析社会化媒体营销影响因素——以开心网为例》一文，在题名字段用“结构方程模型 AND 社会化媒体营销”检索式查不到，但在关键词字段能查到；反之用检索式“结构方程 AND 模型 AND 媒体营销”在关键词字段查不到，但在题名字段能查到。

全文索引中的词取自正文，因此查全率最高，而查准率最低，除非是查找冷僻词语，一般要慎用。例如在正文途径中可以用“军事 AND 思想”查到“利用Google Earth搜集中国‘军事情报’”的报道，因为正文中有“费尽心**思想**从中窃取某些**军事**机密”的句子，显然该文与“军事思想”的主题没有关系。

2.4.2 检索策略分类

从检索目的看，采取什么检索策略与检索需求和目的有关，大致可以归纳为以下两类：

（1）强调重点。如果查找的目的在于搜集相关文献，应确定重点检索的年代范围，根据专业发展的生命周期，成熟专业的年代限定得长一些，新兴专业的年代限定得短一些。这种方法适于查找最新的、可替代的科研进展或学术动态，是为科研攻关和撰写学术论文而搜集参考资料的常用方法。

在学术研究的不同阶段对文献的需求也是不一样的。初期广泛涉猎各种文献类型，其目的是寻找有价值的研究方向。中期在确定研究领域后，要重点关注这个领域中的重点作者，了解这个领域的研究进展和现状。后期从研究的具体定位出发，分析近期重要文献。

（2）强调全面。如果检索的目的是检验自己的发明、设计、论点是不是首创的，或者说是不是最先提出的，则要进行新颖性验证检索，又称为“查新检索”。查新检索的重点在于查全，根据专业的生命周期确定检索的年代范围。

从检索方法看，检索涉及检索前已掌握的信息和检索对象的特点，由此检索策略又可以分成六种类型。

（1）点对点。外部特征是特性检索标识，已知特性检索标识查找具有唯一答案的文献，称为点对点检索。例如已知图书的索书号借阅某本图书。在已知文献外表特征的情况下查找文献，无须对检索需求进行分析，直接用外表标识进行查找即可直达目标。

（2）点对面。已知特性检索标识查找某一类资料，例如利用索书号、题名等查找相关文献，可称之为点对面检索。由于索书号包含了分类号，依据分类号等级结构的特点，可查找相关文献。已知题名也是如此，可对题名提取关键词，再利用关键词进行相关文献检索。

（3）面对点。分类号和关键词都是族性检索标识，但这里特指已知原文中的语句片断查找这篇特定文献的情况。句子中的语句可当固定词组使用，语句越长，它的专指性越强，利用这个特点可进行特性检索。需要注意的是，不宜直接使用句子查找，而应从中抽取最重要的部分。这不仅因为句子太长，而且其中包含了一些无检索意义的虚词，对检索结果会带来负面效应。

（4）面对面。这即已知若干关键词查找相关文献，这是最常见的检索方法。

（5）母对子。母体文献与其中包含的论文是母对子关系，已知母体文献查找其中的论文可称为母对子检索。例如已知某篇文章，想要获取这篇文章的全文，但未能正确提取关键词查到这篇文章，这时可以通过刊登这篇文章期刊的刊名，查到该刊某年某期中的这篇文章。

（6）子对母。已知某一篇论文查找该刊中其他论文可称为子对母检索。期刊编辑部每年或过几年就会圈定栏目主题，在某一期中刊登了某方面文章后，还会持续刊登这方面的文章，因此通过刊登这篇文章的刊物很容易找到同主题文章。

2.5 测验题

2.5.1 判断题

（1）文摘的基本内容有题名、作者、文献出处和摘要。（ ）

（2）关系数据库中的字段是指所有属性相同的列。（ ）

（3）英文主题索引都是以词为单位排序的。（ ）

（4）我国国家标准规定，姓名前的尊称在作者索引中不参加排序。（ ）

（5）文献出处或文后参考文献中的标识“［M］”表示该文献属于期刊论文。（ ）

2.5.2 单选题

（1）普通关键词索引中的关键词一般来自（ ）。

A. 题要、正文或文献出处　　B. 书刊名、摘要或文献出处

C. 题名、文摘或正文　　D. 篇名、目录或简介

（2）英文作者索引中逗号的作用是（ ）。

A. 用于断句　　B. 用于区分并列作者

C. 姓名倒置符　　D. 表示英语复姓

（3）以析出文献为单位著录的检索项中，其所在的整本文献被称为（ ）。

A. 期刊　　B. 文献来源

C. 年卷期　　D. 引文

（4）在数据库检索口中，（ ）检索入口查全率查准率比较适中。

A. 全文　　B. 文摘

C. 题名与关键词　　D. 叙词（主题词）

（5）已知特性检索标识查找某一类资料，应该采用（　　）检索策略。

A. 点对点　　B. 点对面

C. 面对点　　D. 面对面

2.5.3 多选题

（1）使用传统文摘型检索工具书必备途径有（　　）。

A. 通过页眉查找文摘正文

B. 从目录查找文摘正文，要使用目录中的页码

C. 通过索引查找文摘正文，要使用索引中的文摘号

D. 也可通过页码查找文摘正文

（2）以下（　　）字段可以采用倒排档。

A. 作者　　B. 题名

C. 摘要　　D. 关键词

（3）文献出处是期刊时，以下（　　）是必须出现的。

A. 刊名　　B. 发行年份

C. 期次和页次　　D. 主办单位

（4）整本文献中的析出文献指的是（　　）。

A. 图书中的章节　　B. 论文集中的论文

C. 科技报告　　D. 学位论文

（5）从检索目的看，检索策略可以归纳为（　　）。

A. 强调权威性　　B. 强调时效性

C. 强调重点　　D. 强调全面

第 3 章　分类检索语言及其运用

本章重点

1. 分类号的结构及其逻辑关系
2. 文献分类的原则
3. 类目含义的识读
4. 文献分类规则
5. 文献分类注意事项

3.1　文献分类法的体系结构

文献分类法是对文献进行归类的依据，体现了其编辑者的世界观和对客观世界的认识水平，反映了人类全部知识体系，常用于书刊排架和编制目录。大型的文献分类法除了主要适用于图书资料的图书馆通用分类法外，还有专门的专利分类法和标准分类法。我国目前用于文献分类的法定分类法是《中国图书馆分类法》（简称《中图法》）。世界上出现的文献分类法有体系式、顺序式和分面组配式三种，其中最常见的是体系分类法。体系分类法又称为等级制分类法和小数制分类法，这种分类法是将人类的全部知识按等级关系组织成一个树根状结构，并为可预测的新的知识增长点预留空位。

体系分类法的特点是结构稳定、类目可以体现各种概念关系，但用于反映新的知识生长点很勉强，用于排架缺乏稳定性。

不同的分类法都有一定的适用范围，对图书资料强调以学科为出发点的立类原则，对专利、标准则突出了以技术主题为出发点的立类原则。表 3-1 是《中国图书馆分类法》的 22 个基本大类。

表 3-1　《中图法》的 22 个基本大类

第一部类	A 马克思主义、列宁主义、毛泽东思想	
第二部类	B 哲学	
第三部类	C 社会科学总论	H 语言、文字
	D 政治、法律	I 文学
	E 军事	J 艺术
	F 经济	K 历史、地理
	G 文化、科学、教育、体育	

（续）

第四部类	N 自然科学总论	S 农业科学
	O 数理科学和化学	T 工业技术
	P 天文学、地球科学	U 交通运输
	Q 生物科学	V 航空、航天
	R 医药、卫生	X 环境科学、劳动保护科学
第五部类	Z 综合性图书	

3.2　文献分类号的结构

如果把分类法称为一种人工语言的话，分类号就是语言符号。由于分类法是具有等级结构的，因此作为其组成要素的分类号必然是结构性的。

文献分类号的结构可通过分类号的位数体现出来。分类号从左向右代表的类目概念由大到小。图 3-1 是《中图法》分类号的例子。

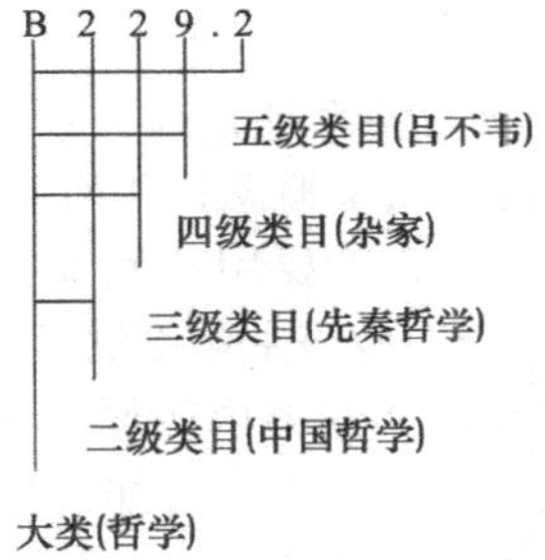

图 3-1　《中图法》分类号的例子

人类的各种知识之间有各种关联，如发展与继承关系，包含与被包含关系，影响与被影响关系等。将这种关系简化，分类号所代表的概念之间的关系可以归纳为从属关系（上下位关系）、并列关系（同一上位类下的同级类目关系）、相关关系。前两种关系可以通过分类号的等级结构反映出来，后一种可以通过分类表中的附注反映出来。

3.2.1　类目之间的从属关系

从属关系是指一个类与其直接细分出来的小类之间具有上下位关系，其特点是：下位类的概念一定具有其上位概念的属性，上位概念一定能包含它所属的各级下位概念。这个特点可概括为“上位类包含下位类，下位类属于上位类”。

从属类目设置的作用是：可以通过移位进行扩检和缩检，也可以通过上位类查找全部的下位类。

文献分类号每向右增加 1 至 3 位（绝大多数情况是 1 位），类目所代表的学科主题范围就缩小一级；反之，分类号每缩小 1 至 3 位，其所代表的学科主题范围就增大一级。因此可以说分类号越短，检索的概念范围越大，查出的文献也越多；分类号越长，检索的概念范围越小，查出的文献也越少。我们可以利用这个特点扩大或缩小检索范围。图3-2是通过移位扩大或缩小检索范围的实例。

H	语言、文字	H19	汉语教学
H1	汉语	H191	教学改革
H1-0	汉语理论与方法论	H192	教学计划、教学大纲
H102	汉语的规范化、标准化、推广普通化	H193	教学法、教材、教学参考书
H109.2	古代汉语	H194	汉语读物
H109.3	近代汉语	H195	对外汉语教学
H109.4	现代汉语	H195.1	教学理论
H11	语音	H195.2	教学计划、教学大纲
H12	文字学	H195.3	教学法、教学工作
H13	语义、语用、词汇、词义（训诂学）	H195.4	教材、课本
H14	语法	H195.5	读物
H15	写作、修辞	H195.6	习题、试题及题解
H159	翻译		
H16	字书、字典、词典		
H17	方言		
H19	汉语教学		

图3-2 通过移位扩大或缩小检索范围的实例

3.2.2 类目之间的并列关系

一个上位类的所有直接下位类之间的关系是并列关系，其特点是：所有并列类的概念具有排斥关系，即同级学科的类目之间不存在交叉概念；并列类之和等于其直接上位类的概念，当所有列出的下位类的概念范围小于上位概念，就要用“其他”类补足。这个定义可概括为“下位类之和等于上位类”。这个原则为我们查找冷门主题提供了思路。

并列类目设置的作用是：如果你确信要查的内容属于某一类，但该类下面没有列出相关类目，可到此类列的最后一个类目“其他”类中去查。如果这个并列类中没有“其他”类，则应该是上位类分错，这种错误在跨邻近两个朝代和跨邻近两个学科的情况最易出现。

分类实践中的一个特殊情况是，一篇文献肯定属于某一个类，但不属其直接下位类中的任何一个小类，并列的直接下位类的最后又没有设置“其他”类，则可以认为这篇文献属于所有直接下位类组成的整体概念。

3.2.3 类目之间的相关关系

相关关系是指两个类目在概念上有某种相似性，但不属于同一个上位类。概念相关的类目最容易引起歧义。在分类表中有两种表示相关关系的方法：①可以从上位类的类名中看出。②在分类表的注释中给予提示，如某些内容“入此”类，某些内容“宜入”其他指定的类等。

具有相关关系的类目最早出现在手工检索系统中，但只有在网页中它的作用才得以充分显示出来。Web技术实现了相关类目之间的超链接。

3.3 文献分类原则

1. 以学科为出发点

学科属性、功能属性、应用属性、主题属性是文献的不同属性。图书资料分类法是从学科角度建立的学科主题体系，以学科分类优先，在分类法的下层类目才以主题立类。确定具体文献的大类号时，应该确定其归属的大的学科范畴，忽略其他属性，再按学科的从属关系由上往下逐级判断。例如《中图法》中 Q95－339（动物园）的直接上位类是 Q95－3（动物学的研究与实验），间接上位类是 Q95（动物学），其顶级类目为 Q（生物科学）。图 3-3 是相同主题属于不同学科的例子。

F7　贸易经济 F76　商品学 F760　一般性问题 F760.2　商品分类 F760.3　商品**包装**和运输	J5　工艺美术 J52　中国工艺美术 J524　工商工艺美术 J524.1　产品、商品装潢 J524.2　**包装**
TB　一般工业技术 TB48　包装工程 TB482　包装设计 TB482.2　结构设计（袋、盒、罐等容器设计入此） TB484　**包装**材料（总论包装材料及其包装技术入此）	TS　轻工业、手工业 TS0　一般性问题 TS09　**包装**装潢技术

图 3-3　相同主题属于不同学科的例子

2. 区分通用类和专指类

没特别强调学科或行业应用的分到通用类，明确应用到某个学科或行业的按专指类分。例如《管理学》没有强调适用范围，应分到社会科学总论下的 C93，《企业管理学》强调了适用对象为经济组织，应分到经济类下的 F272。

3. 上位类包括下位类，下位类属于上位类

下位类与上位类之间在概念上具有其继承性，这种继承性从分类检索上看主要体现在两个方面：一是两个邻近的主题应该有共同的上位类，二是一个类下的所有子类之间都有某种相关性。例如《试论市场经济的诚信机制》一文，从单一学科角度看，可以认为它既属于商品生产与交换（F014.3）环节的内容，又属于市场机制与市场调节（F123.9）方面的问题，但两者都属于经济学问题。

4. 下位类之和等于上位类

一个类的概念范围应该与其所有直接下位类的概念之和相等，若一个类的直接下位类的概念之和小于上位概念的范围则要用“其他”类补足。这个原则表明，一篇文献若属于（这里指小于，不是等于）某个类，应在其直接下位类里能找到对应的位置，若分类表里没有列出对应的位置，则应到直接下位类的最后一个类“其他”类里找，若分类表该类下的并列类中没有设置“其他”类，则这篇文献不属于这个类。图 3-4 是《中国图书馆分类法》中 B2 和 B229 的下位类的实例。B2 下列全了所有属于中国哲学的类目，每个类都对应一族文献；B229 下没有列全所有著名的先秦杂家，影响较小的先秦杂家或著述较少的研究对象归入“其他”类。

B	哲学		
B0	哲学理论		
B1	世界哲学		
B2	中国哲学		
B20	唯物主义与唯心主义		
B21	古代哲学	B22	先秦哲学
B22	先秦哲学→	B221	诸子前哲学
B232	秦汉哲学	B222	儒家
B233	秦代哲学	B223	道家
B234	汉代哲学	B224	墨家
B235	三国、晋、南北朝哲学	B225	名家
B241	隋、唐、五代哲学	B226	法家
B244	宋元哲学	B227	阴阳家
B248	明代哲学	B228	纵横家
B249	清代哲学	B229	杂家
B25	近代哲学	B229.1	尸子
B26	现代哲学	B229.2	吕不韦
B27	马克思主义哲学在中国	B229.3	孔鲋
	的传播与发展	B229.9	其他

图 3-4 《中国图书馆分类法》中 B2 和 B229 的下位类的实例

3.4 类目含义的识读

在文献分类法中每一个知识点都是一个类目，代表一个学科主题。类目用类号表示，用类名说明类目的含义。判断类目的含义，首先应通过文献题名判断其学科属性，当文献题名不足以判断时还要通过简介甚至目录、正文进行判断。例如《设计方法学》一书是研究产品设计的程序、规律和设计过程中思维与方法的一门综合性学科，应查机械类（TH122）；《失效分析技术》应查金属材料类（TG115）。

分类法在排版中为了缩减篇幅，对类名进行了简化，因此对类目含义的识读要考虑上下位类类目的含义。类目含义的识读有以下几种方法：

（1）根据类号旁边的类名理解类号的含义。

（2）根据上位类理解类目含义。

当通过一个类的类名不能确定其含义时，要通与其上位类联系起来理解。例如 C19 和 N19 的类名都是“创造发明、先进经验”，但其从属于不同的上位类，C19 是综合性社会科学的创造发明和先进经验，N19 是综合性自然科学方面的创造发明和先进经验。图 3-5 是 C18、C19 和 N18、N19 两组相似类目的概念对比。

C1	社会科学概况、现状、进展 科学水平、动态、规划、预测等入此
C18	专利
C19	创造发明、先进经验
N1	自然科学概况、现状、进展
N18	专利
N19	创造发明、先进经验

图 3-5 C18、C19 和 N18、N19 两组相似类目的概念对比

（3）根据下位类确定类目含义。

当通过第一种方法无法确定类目的含义，又拥有共同的上位类时，要根据其下位类判断这两个类的区别。例如在F7（贸易经济）类下面有两个类F71（国内贸易经济）和F72（中国国内贸易经济），从各类名看不出两个类的区别，但根据下位类之和等于上位类的概念划分规则，由于两个类的下位类不同，所以这两个类所涉及的概念不同（见图3-6）。

F7	贸易经济
F71	国内贸易经济（兼论对外贸易、内外贸一体化入此）
F710	贸易经济理论与方法
F711	贸易经济结构与体制
F712	贸易计划、规划与管理
F712.9	贸易建设与发展
F713	商品流通与市场
⋮	
F72	中国国内贸易经济（包括兼论对外贸易的著作）
F720	方针政策及其阐述
F721	商业经济体制和组织
F722	商业计划与管理
F723	市场
F724	商品流通
⋮	

图3-6　F7类下两个相似的并列概念的对比

（4）根据注释提示的信息判断。

分类表为了节省篇幅，大量采用了仿分和依复分表分类的方法，在有些类目下面，以注释形式给出了进一步细分的引导信息。例如F426（中国工业部门经济）没有给出下位类，这个类的注释指出“仿F407分”，因为F407类下列出了F407.1～F407.9之间的详细类目，对F426进行细分时应以F407的下位类为依据，将“.1～.9”中的某个类号加在F426后面成为一个分类号，将F426的概念与F407.1～F407.9中的某一个类的概念结合起来理解。

3.5　分类规则

使用分类法，要求从总体上把握对象的分类位置。在文献分类法和专利分类表中还有同一主题在不同分类位置的问题。在《中国图书馆分类法》中有纯理论研究和应用技术之别，例如O6（化学）与TQ（化学工业）；在国际专利分类表中有功能性发明和应用性发明之别。这些具有相同主题的文献或发明创造，其分类位置相距很远。

3.5.1　用于文献的分类规则

《中国图书馆分类法》规定以学科为出发点的分类原则，即面对体现人类知识成果的文献，应先判断它是属于具有广泛影响力的哲学，还是属于人文社会科学，或者是属于自然科学技术。再判断它属于22个大类中的哪个学科。但这种规定是原则性的，面对许多复杂的文献，具有不同知识结构的分类人员会有不同的解读。因此分类法还对一些可能产生歧义的问题做了统一规定。以下是文献分类的通用规则：

规则一：具有影响与被影响、应用与被应用、原因和结果关系（即具有主动方与被动方）的主题，一般应按受影响、被应用或结果的主题查找。

例如《会计电算化》是计算机在会计学上的应用，应从会计学的角度分类。但是当涉及多个被影响、被应用的主题时，就按发出影响或应用的主题查找。

有时候虽然是应用与被应用的关系，但很难判断那个主题更重要，则可以分别从两个角度分类。例如《组织内心理契约的构建》是心理学在管理学上的应用，应该分在C93－051（管理学/与其他学科的关系/管理心理学）。但从心理学的角度看，B84－05（心理学/心理学理论/心理学与其他学科的关系）也是合适的，但更准确的定位应该采用组配符的分类号B84：C93。

规则二： 同一篇文献分别从几个角度平均论述一个主题或者通用技术的，要从总体上把握或按内容重点确定学科分类位置。这个规则告诉我们，涉及多学科交叉的文献要尽可能集中在一个类目下，不要分别给出不同的分类号。

例一：《生活科学手册》一书以相等的篇幅论述了许多与衣、食、住、行、用、休闲、保健等日常生活密切相关的事物和活动。由于该书主要涉及日常生活多方面的内容，因此可从TS（轻工业、手工业）查。

例二：《巧用Photoshop消除皱纹》和《用Photoshop给照片加上玻璃效果》两文涉及的内容适用于表现各行业作品的数码特技，因此应查TP类。

例三：《如何在营销课程中提高案例教学的效果》一文似乎是经济学和教育学的交叉学科，但其重点是市场营销学，其次才是教学（G42），所以其主分类号应该是F713.5（国内贸易经济/商品流通与市场/市场与营销）再加上总论复分号“－42”，构成一个完整的分类号F713.5－42。如果图书馆规定复分号只能分在三级类目上，也可以是F71－42。

规则三： 几篇文献分别从不同学科研究同一主题的，要从研究它的学科查。

例如有两本书：《服装进出口贸易实务》应从经济类下的F725.6（进出口贸易概况）查，《兰花布的图案设计》应从轻工业类的TS941.2（服装造型、图案设计、图样制作）查。

同样，如果几篇文献研究手段或方法相同但研究对象所属学科不同，也应按研究对象所属的学科查。例如，《计算机辅助设计与制造》查TH122（机械设计）或TP391.7（机器辅助技术），《轧制计算机辅助工程》查TG33（轧制），《模具计算机辅助设计与制造》查TG76（模具）。

规则四： 如果查找的主题包含并列关系，则按重点或在前的主题查。若并列主题超过三个以上，又属于同一个上位类，则按其所属的上位类或重点查。

例一：《塑料与橡胶》一书，“塑料”的分类号是TQ32（合成树脂与塑料工业），“橡胶”的分类号是TQ23（橡胶工业），从类号中可看出两者是同位类，可从在前的TQ32查，也可从上位类TQ（化学工业）试查。又如《地球、生命与人类的起源》涉及地球科学、生物学、人类学，则应按自然科学总论分类。

例二：《陶瓷、玻璃、水泥工业装备和自动化指南》中“陶瓷、玻璃、水泥”的类号分别是TQ174 、TQ171 、TQ172。在《中国图书馆分类法》中“硅酸盐工业”的类号是TQ17，在总论复分表中“手册指南”的复分号是“－62”，因此可通过分类号TQ17－62查到该书。

例三：并列主题若同等重要，能够构成一个分类号是更好的思路，其方法是采用组配符“：”。如前例《组织内心理契约的构建》虽然可以分在B84－05（心理学/心理学理论/心理学与其他学科的关系），但没有将管理学作为同等重要看待，采用组配符的分类号B84：C93似乎更合适。

规则五： 如果查找的主题涉及上下位关系，一般应按上位类查。

例如《物理学与结构力学》一书，“结构力学”是“物理学”的下位概念，应从“物理学”的角度查。

规则六： 如果查找的主题是有关比较的，则应按阐述的主题查。

例如《科学和迷信》从正面的思想政治教育和精神文明的角度应该查 D64（思想政治教育和精神文明建设）。

3.5.2 复分表的使用

为了在保证详细分类的条件下压缩分类法的篇幅的目的，《中国图书馆分类法》对共性类目制定了通用复分表和专用复分表两种形式的仿照复分办法。

供各类通用的复分表有总论复分表、世界地区表、中国地区表、国际时代表、中国时代表、中国民族表、通用时间地点表。

“总论复分表”可用于所有主表中的二、三级类目后面，或在部分类下重点使用（习题集一般都加上总论复分号）。总论复分号的标识符是连字符“-”，例如《会计学习题集》分类号为 F230-44。

专用复分表只适用于注有“依照……复分”的类目使用。专用复分号的标识符是数字0。多个复分表连续使用时请注意类目注释的说明。

使用复分表时要将标识符和复分号一起加在主分类号后面，例如《标准化概论》可分在 G307-43。

3.5.3 文献分类注意事项

（1）对文献分类要着眼于归纳概括，不宜面面俱到；着眼于实际内容而不专注于字面表示。

实例：《基于 VB 的非圆齿轮节曲线设计》

这个课题涉及计算机软件 VB 在非圆齿轮方面的应用，根据应用与被应用关系的分类规则，应该按非圆齿轮归类。非圆齿轮应按以下思路归类：机械、仪表工业（TH）→机械零件及传动装置（TH13）→啮合传动（TH132.4）→非圆齿轮（TH132.424）。

（2）当涉及多个学科主题时应优先从不同学科角度判断，只有当分类中没有其他分类位置时才从一个学科角度分类。

实例一：《试论市场经济的诚信机制》

这个课题涉及经济学和哲学两个学科主题。从课题名称中的“论”字可以判断这篇论文是从理论上进行论述，因而属于经济学的基本问题，应分在 F014.3（商品生产与交换），该问题又是专门讨论中国经济中的问题，属于需要在国民经济计划及其管理中进行处理的问题，应分在 F123.9（市场机制与市场调节）。从哲学角度看，该问题属于伦理学（道德哲学）与经济学相交叉的范畴，应分在 B82-053（道德与经济）。

实例二：《论人文资源的经济价值》

当给人文资源赋予经济价值时，这种人文资源即是旅游经济资源，属于旅游业建设与发展过程中应当关注的问题，应分在 F590.31（旅游资源的开发、利用与保护）。具有经济价值的人文资源与人文景观学含义相近，根据《中国图书馆分类法》第5版附注的解释，人地关系、行为地理学、人文景观学都属于人文地理学范畴，因此该课题应分在人文地理学类下的 K901.6（文化地理学）。

（3）有些文献可以从不同角度分类。

实例：《化学分析和物理检验容许差通则》

这个课题涉及学科主题和文献类型两个角度，应分别从两个角度归类。

第一个思路是先按学科主题分类，再按文献类型分类。本课题涉及了两个学科主题，第一个是化学分析，第二个是物理检验，根据涉及两个同级主题要按在前的查的规则，本课题在学科上应归入分析化学（O65），在主题分类的基础上再按总论复分表中的条例、规程、标准(-65) 分类。据此给出的第一个分类号是 O65 -65。

第二个思路是先按文献类型分类，再按学科主题分类。本课题中的“通则”属于工业规程与标准，不强调地域概念，应分在 T -65 类。按主题应分在无机分析实验（O653.01），其中的“.01”根据 O653/659 的附注参照 O652 细分。去掉 T -65 和 O653.01 中的重叠类号，本课题的分类号应该是 T -653.01。

（4）可以分在一个类的就不要分在两个类，可以分在一个学科就不要分在两个学科。

实例：《对后配额时代我国纺织品服装业发展策略的思考》

对这个课题涉及纺织、服装和经济三个学科，可以认为是轻工业手工业与经济学的交叉学科（F407.8），也可能认为首先属于纺织业的现状与发展（TS1 -1）或服装业的现状与发展（TS941 -1）。前者虽然包括了纺织服装，但概念过大，属于没分在最恰当的类；后者纺织服装学科概念是恰当了，但忽略了经济学概念，因此这个课题最恰当的类应该是以下两个分类位置：

F407.81（工业经济/工业经济理论/工业部门经济/轻工业、手工业/纺织印染）

F407.86（工业经济/工业经济理论/工业部门经济/轻工业、手工业/服装工业）

3.5.4 特殊情况的处理

（1）有主副书名（标题）的按主书名（标题）分类。例如，《科技英语选读：化学与化工 -材料 -应用物理》应该分在 H317.4 类。又如，《空气污染：物理和化学基础》应该分在 X51 类。

（2）数据库中文献标引不一致的情况。例如，《用 Photoshop 给照片加上玻璃效果》应该分在 TP314.7 和 TQ171.623 两个类。又如，《徒手‘造’手机——用 Photoshop 7.0 绘制精致手机》应该分在 TP391.41 和 TP317.4 两个类。

（3）词形相同词义不同的词。例如，《高等物理化学实验》应该分在 O64 -33 类。又如，《初中物理化学疑难解析》应该分在 G634.7 和 G633.7 两个类。

3.6 国际专利分类

国际专利分类（International Patent Classification，IPC）是“巴黎联盟专利局情报检索国际合作委员会”（ICIREPAT）根据 1971 年签订的《国际专利分类斯特拉斯堡协定》编制的，是目前唯一国际通用的专利文献分类和检索工具。

1951 年法国、联邦德国、英国和荷兰等国的专利专家组成分类法工作组，共同编制国际通用的专利分类法。1968 年分别用英文和法文同时出版。此后，美国、日本等国也陆续参加推广工作，成立扩大的 IPC 联合会，并由世界知识产权组织主持修订工作，1974 年、1979 年、1985 年和 1989 年分别出版第 2 ~5 版。各版都编有索引。IPC 有德、日、俄、西班牙、葡萄牙等文种的译本，第 2 版以后的各个版本都有中文译本。到 20 世纪 80 年代末，世界上已有 50 多个国家和地区在出版的专利文献中标注 IPC 分类号。各国标注分类号的详细程度不同，其中标注至分组级的有 36 个国家、1 个国际组织和 1 个地区性组织。标注至小类一级的有 11 个国家和 1 个地区性组织。中国自 1985 年 4 月 1 日起在出版的专利文献上标注 IPC 分类号。

除了 IPC，还有欧洲专利分类（ECIA）、美国专利分类（CCL）、日本的分类法（F1/F -term）等。在欧洲，专利可同时使用 IPC 和 ECIA，ECIA 的分类是对 IPC 的细化。美国和菲律宾的专利同时使用 IPC 和 CCL。

3.6.1 分类体系

IPC 将与发明和实用新型专利有关的全部技术主题按部、分部、大类、小类、大组、小组等逐级分类，组成完整的等级分类体系。全表共分 8 个部：

A – 人类生活必需（农、轻、医）

B – 作业、运输

C – 化学、冶金

D – 纺织、造纸

E – 固定建筑物（建筑、采矿）

F – 机械工程、照明、加热、武器、爆破

G – 物理

H – 电学

每个部的类名后有一个该部下面主要细分类目的概要，部下还可有分部，但分部无类号。

由于新技术的不断涌现，专利文献每年增长约 150 万件，目前约有 5000 万件。按照第 7 版 69000 个组计算，平均每组包含的文献量超过 700 件。而且各国科学技术的发达程度差距很大，它并不能够适应每个国家的具体情况。另外，IPC 的建立基于纸质专利文献的管理与检索，在计算机、通信网络等新技术快速发展的今天，它显现出一些不适应。为了让 IPC 名副其实地成为世界各国专利局以及其他使用者在确定专利申请的新颖性、创造性时进行专利文献检索的一种有效检索工具，IPC 联盟大会成员国、世界知识产权组织（WIPO）在 1999—2005 年对国际专利分类表进行了改革，将第 8 版 IPC 分成基本版和高级版两级结构。第 8 版 IPC 基本版约 20000 条，包括部、大类、小类、大组和在某些技术领域的少数由多级圆点标识的次级小组（在 IPC 分类号中小组是分类号中的最后一级，但实际上“小组”中可以进一步分级，这些细分的层次在分类号中不能直接看出来，但在分类表中通过类名前的圆点可以判断，例如前面加 1 个圆点表示比最后一个没有圆点的小组号低一级，加 2 个圆点表示比最后一个没有圆点的小组号低两级，以此类推。第 8 版 IPC 高级版约 70000 条，包括基本版以及对基本版进一步细分的条目。高级版供属于《专利合作条约》（PCT）最低文献量中规定的国家局和没有包括在其中的大的工业产权局使用，用来对大量专利文献进行分类。

3.6.2 标记符号

IPC 的部（一级类）用 A ~ H 表示。分部仅是分类标题，未用标记。大类号由部的类号加 2 位数字组成。小类号由部号、大类号及大写字母组成。大组号由小类号再加 1 ~ 3 位数字组成。小组类号是在大组类号之后加斜线再加 2 ~ 5 位数字组成。

国际专利分类号的结构属于非小数制的等级制结构。在国际专利分类号中，第一位字母是一级类目，称为“部”，不直接用来检索。“部”加上两位数字是二级类目，称为“大类”。“大类”加上一位字母是小类，小类以下称为“组”。

小类后面有两组数字：第一组数字固定长 3 位，不足 3 位用空格代替；第二组数字如果是 00，则是第四级类目，称为大组，第二组数字非全为 0 的为小组。例如：

部：A　人类生活必需

大类：A43　鞋类大类

小类：A43D　机械、工具、设备、方法

大组：A43D 95/00　鞋精加工机械

小组：A43D 95/16 制鞋用的擦亮工具

对小组的细分只能从分类表中的缩格或圆点看出。例如“C08F210/00”和“C08F210/”都表示第四级类目，区别在于检索时前者只能检索第四级类目，后者可以检索第四级及其所有下位类。

国际专利分类号可以揭示专利文献中不同级别的情报（见图3-7）。

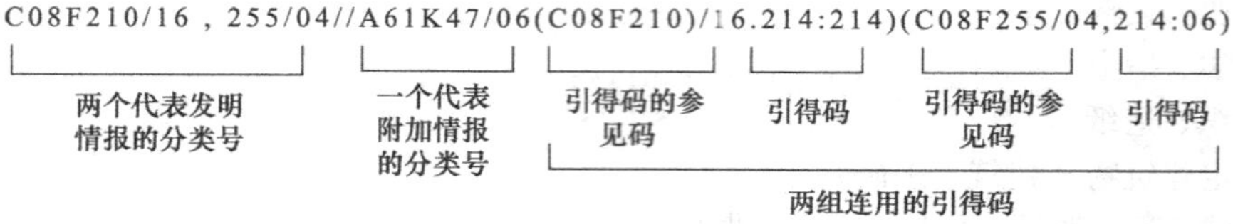

图3-7 国际专利分类号的结构

其中C08F210/16、C08F255/04是两个代表发明情报的类号C08F210/16和C08F255/04，其中C08F210/16是最能贴切地反映发明技术主题的主分类号，C08F255/04是相关度稍低的副分类号，它们揭示了与专利申请所要求保护的独立权利要求（主权项）直接相关的内容。A61K47/06是一个代表附加情报的类号，它是专利说明书中描述过但没写入权利要求书中的具有检索意义的内容；214：214和214：06分别是C08F214：214和C08F214：06的省略写法，这种中间含有冒号的分类号称为“引得码”，它们是与其他某些类有关联的类目，通常是关于某个已有类目的补充（如指出一种组合物或混合物的基本组成物或一种化合物的构成等），或者是关于某个已有类目的使用或应用。一件申请的权利要求书中可以包括一项以上的独立权利要求，还可以包括从属权利要求，使得一件专利可能有不止一个发明情报的类号，而且一个发明情报的类号可能有不止一个附加情报的类号。

专利分类表中的类目用描述性语言说明，因此我们在确定类目的位置时不应拘泥于字面意思，而应着眼于概念。例如要查“手工筛选方法”的专利，不能直接用“手工筛子”或“使用筛子的方法”查分类号，确定分类位置的思路应该是：作业（B部）→分离、混合（分部）→将固体从固体中分离，分选（B07）→用细筛、粗筛、筛分或用气流将固体从固体中分离；适用于散装物料的其他干式分离法（B07B）→用网、滤筛、格栅等工具筛分或分选固体物料（B07B——1/00）→手工用筛（B07B——1/02）。

国际专利分类号前面通常标有IPC或Int. cl. ^{n}（上标n是数字，表示版本号，表示这个分类号是依据国际专利分类表第几版分类的）。

3.6.3 分类规则

专利分类将科学发明和专利的技术主题尽量作为一个整体，或按功能分类，或按应用分类，而不是将它的各组成部分分别分类。当一项发明创造同时具有功能和应用两种属性时，以功能分类优先。

凡是有关事物的内在性质或其功能与使用在哪一个特殊领域无关，或者不涉及使用范围，或其功能在技术上不受使用范围影响的发明称为“功能性发明”。凡有关事物的特殊用途或应用，其构成与特殊的使用范围有关，技术上受到使用范围影响的发明称为“应用性发明”。

特别需要指出的是，应用分类位置往往可以完全地包括应用性发明；但功能分类位置不仅包括一般概念的功能性发明，还包括那些可以使用于两个以上特殊领域的发明。因此，对一个可以使用于两个以上特殊领域的发明，尽管明确指出了使用领域，这样的发明也应优先分入功能分类位置。例如，“咖啡或茶用过滤器”应分入 A47J31/06（饮料制备装置/咖啡或茶制造器的过滤器或滤网），而不能分在 B01D（一般的物理或化学的方法或装置/分离）的功能分类的位置上。同样，某种已知化合物作为洗涤剂的用途发明，也只能分在洗涤剂的分类位置上，而不要分在这种化合物本身的分类位置上。当然，也有一些文献或发明相对于其他分类位置来说并不总是绝对属于纯理论或功能性的，这就需要遵循其他一些规则。

以下是发明和实用新型专利分类的通用规则：

规则一：对于零件、结构部件，当零部件只适用于或只应用于特定的设备时，它在分类表中有一个专用的分类号；但是当这是一种通用零部件时，尽量从该零部件的特定分类号去查；如果该零部件没有专门的分类号，则从其所适用的设备去查。

规则二：对于制造的物品，优先从该物品的专用分类号去查；如果没有合适该物品的分类号，则从其功能设置的分类号查；如果该物品没有按功能设置的分类号，则从该物品的用途着眼查找分类号。

规则三：对于物品的制造（或处理）的装置或方法有以下两种分类方法：

（1）查找物品的制造（或处理）的装置。首先查找有无专门针对该设备的分类号；如果没有专门针对该设备的分类号，那么从该设备的使用方法的角度查找分类号；如果从方法的角度还是没有相关的分类号，就从用该设备制造的物品确定分类号。

（2）查找物品的制造（或处理）的方法。首先查找有无专门针对该物品制造方法的分类号。如果没有专门针对该物品制造方法的分类号，那么从该设备的角度查找分类号；如果从设备的角度还是没有相关的分类号，就从用该设备制造的物品来确定分类号。

规则四：对于含有多项步骤的处理方法，应作为一个整体进行分类查找，例如 B09B（垃圾处理）。如果没有这种整体性的分类位置，应按其产品的分类位置查；当其中的构成要素也有独特性时，也可以从这些构成要素的角度查找。

规则五：关于化合物本身的发明（只属于功能性发明），按其构造从 C 部查；如果在应用上也有特征（功能性和应用性兼有），除了从 C 部查外，也可从应用的位置查；但如果该化合物只在应用方面具有特征的话，则应从应用的分类位置查。

规则六：对于混合物或组合物，应按其固有的性质从混合物或组合物查，例如 C03C（玻璃）、C04B（水泥、陶瓷）、C08L（分子化合物的组合物）、C22C（合金）；如果没有合适的分类号，则按其用途或应用查；当用途或应用也构成发明特征时，应分别从“a. 混合物或组合物的类号”或“b. 用途或应用的类号”检索。

规则七：对于化合物的制造或处理，应首先从化合物本身（功能性）的分类号查；如果有与化合物对应的制造或处理的分类号时，也应从制造或处理的分类号查；有关化合物群的制造或处理的技术主题，尽可能从直接对应的分类号查。

当同一专利可能具有若干个分类号时，其中第一个称为主分类号。例如，一项产品由两个或者两个以上的用途的产品组合时，审查员就会给出与其用途相应的多个分类号。该主要用途所确定的分类号为主分类号，以次要用途确定的分类号为副分类号。

3.6.4 国际专利分类（IPC）的作用

IPC 是使各国专利文献获得统一分类的一种工具。它的基本目的是作为各专利局以及其他使用者在确定专利申请的新颖性、创造性（包括对技术先进性和实用价值做出评价）而进行的专利文献检索时的一种有效检索工具。

此外，IPC 还有提供服务等重要目的：①利用分类表编排专利文献，使用者可方便地从中获得技术上和法律上的情报；②作为对所有专利情报使用者进行选择性报导的基础；③作为对某一个技术领域进行现有技术水平调研的基础；④作为进行工业产权统计工作的基础，从而对各个领域的技术发展状况做出评价。

3.7 国际外观设计分类

国际外观设计分类全称“工业品外观设计国际分类”，采用洛迦诺分类，所以也称作“洛迦分类”（简称LOC）。国际外观设计分类法用于类分基于产品的、能产生美感的平面图案或立体造型设计。

国际外观设计分类法的类号基本上按大类、小类、产品序列号三级类目设计（仅31和99无小类），大类和小类都用两位数字表示。每一个小类与一种产品相对应，小类下面左列是英文版的产品序列号，右列是法文版的产品序列号，有重复的类号（见图3-8）。各国对外观设计分类的深度要求不同，有的要求分到第三级产品序列号，有的则只要求分到第二级小类号。

08类	工具和金属器具	
08－07	锁或关闭装置	
B 0218	自行安全锁	S 0185
B 0274	软百叶帘扣	A 0288
B 0327	锁闩（套间～）	T 0199
B 0329	锁闩	P 0206

图3-8 国际外观设计分类号的结构

大类号和小类号前加“LOC（n）Cl.”，其中n为所使用的洛迦诺国际外观设计分类表的版本号。例如LOC（8）Cl. 17－03表示17－03采用国际外观设计分类法第8版分类。

国际外观设计分类法的小类号是判断外观设计专利申请的单一性的标准之一，也是在专利审查中判断同一小类或相关小类中外观设计相同或相似产品的审查边界。根据专利法的规定，几项外观设计作为一件申请提出，该外观设计的产品应属于同一小类，并且属于一个总的构思或习惯上成套使用。产品序列号主要用于对外观设计名称命名，因此，使用关键词在发明名称字段检索外观设计专利时应尽量使用与小类号或产品序列号对应的名称。在侵权诉讼中判断外观设计相似性不考虑外观设计分类法的分类，而是根据产品的商品分类规律和习惯，或商品销售和消费者购买的实际情况判断。

3.8 实验一

3.8.1 实验内容、目的和要求

1. 实验内容

使用《中国图书馆分类法》对课题进行分类标引。

2. 实验目的

通过对课题的分类标引，间接训练学生从学科分类角度概括检索需求的能力。

3. 实验要求

从整体上把握课题的学科特征，不要拘泥于细节。

要按概念而不是字面判断课题的核心概念。

通过课题名称中是否有连词判断课题有一个核心概念还是有两个并列的核心概念。

只有一个核心概念的课题也可能从主动方与被动方正反两个角度给出两个分类号。

重要的限定概念有时也可以单独给一个分类号。

3.8.2 实例

实验名称：请对课题“发展中国家外汇储备激增的原因和对策”进行学科分类分析，判断用哪个或哪些分类号可以查到相关文献。

实验结果见表3-2。

表3-2　相关分类号

分类号	F830.73
	F830.92

3.8.3 实验报告项目说明及常见错误分析

（1）不得变更实验报告的结构式样和项目名称。

（2）每人一题，根据学号的后两位数从实习题库中选择自己的题目，题目要与题号一致，没有填写题目的无分。

（3）每个分类号写一行，最多可以写3个，不需要写类名，不要写分析过程。

（4）分类号的前三级必须恰当，否则算错。

（5）分类标引要以《中国图书馆分类法》第5版为依据，表里没有的分类号算错。

（6）必要时可以在分类号后面加上总论复分号或组配号。

3.9 测验题

3.9.1 判断题

（1）图书馆收藏的所有文献资源都可以用《中国图书馆分类法》分类。（　）

（2）分类号从左到右代表类目概念由小到大。（　）

（3）类目具有从属关系的特点使得我们可以通过增加位数扩大检索范围，缩短位数减小检索范围。（　）

（4）国际专利分类表用于对发明和实用新型进行分类。（　）

（5）国际专利分类表的简称是PCT。（　）

3.9.2 单选题

（1）并列类属于同级学科或主题的类，应具有（　）特点。

A. 属于某一个类应该在这个类下能找到恰当的类

B. 并列类概念之间具有交叉关系

C. 并列类中的“其他”类中可以找到交叉学科或应用与被应用关系的内容

D. 所有并列下位类的概念之和等于其直接上位类的概念

（2）图书资料分类的首要原则是（　　）。

A. 以科学为出发点　　B. 以实用为出发点

C. 以学科为出发点　　D. 以学生为出发点

（3）课题具有主动方和被动方概念时（　　）确定分类号。

A. 应按在前的概念查　　B. 应按在后的概念查

C. 应按主动方查　　D. 应按被动方查

（4）具有主动方和一个被动方的文献一般（　　）。

A. 原因与结果的应按反映原因的主题查

B. 影响与被影响的应按发生原因的主题查

C. 应用与被应用关系的应按被应用的主题查

D. 应用与被应用关系的应按应用的主题查

（5）根据分类“规则四”，《科学－化学－物理学－天文学》一书应按（　　）主题分类。

A. 科学　　B. 化学

C. 物理学　　D. 天文学

3.9.3 多选题

（1）《中国图书馆分类法》除了推荐类马列主义、毛泽东思想外和最后一个综合类外，还有（　　）部类。

A. 哲学　　B. 人文社会科学

C. 艺术　　D. 自然科学与工程技术

（2）根据“上位类包括下位类，下位类属于上位类”的原则，“创造发明、先进经验”在分类表里有C19（创造发明、先进经验）和N19（创造发明、先进经验）两个分类位置，应该（　　）。

A. 综合性奖项在Z19类查（Z类的类名是“综合性图书”）

B. 社会科学的奖项在C19类查

C. 自然科学的奖项在N19类查

D. 包括社会科学和自然科学两类奖项的在C19类查

（3）“下位类之和等于上位类”的原则为我们提供了以下判断：（　　）。

A. 如果有一篇单一主题文献肯定属于（小于）某一个类，则在该类下的子类中一定有一个类适合这篇文献

B. 如果有一篇单一主题文献肯定属于（小于）某一个类，但在其列出的直接下位类中没有明确适合的类，设置了“其他”类的应该属于“其他”类

C. 如果有一篇单一主题文献肯定属于（小于或等于）某一个类，但在其列出的直接下位类中没有明确适合的类，又没有设置“其他”类，则这篇文献属于这个类本身

D. 如果一篇交叉学科文献肯定属于（小于或等于）某一个类，但在其列出的直接下位类中没有明确适合的类，又没有设置“其他”类，则这篇文献属于这个类本身

（4）国际专利分类表用于对以下（　　）专利申请类型进行分类。

A. 发明　　B. 实用新型

C. 外观设计　　D. 技术秘密

（5）国际外观设计分类法用于类分基于（　　）平面图案或立体造型设计。

A. 彩色　　B. 包装

C. 产品的　　D. 能产生美感的

第4章　主题检索语言及其运用

本章重点

1. 主题检索语言的基本概念
2. 主题检索标识的特点
3. 主题词替换的几种方式
4. 主题概括的步骤
5. 课题分析实例

4.1　基本概念

1. 检索语言

检索语言是用于标识文献内容特征的一套规则和体系，由检索标识符和标引规则组成，同时用于标识用户检索的需求特征。检索语言属于人工语言，具有自然语言的某些特征。检索语言大致可分为分类语言和主题语言两类。与自然语言不同的是，检索语言有一个相对封闭和完整的体系，同一检索语言体系中的检索标识之间还具有某种词间关系。利用检索语言检索可实现概念扩展，提高检索效率。

2. 文献标识和检索标识

文献标识是揭示文献主题内容的特征词，又称标引词。检索标识是概括检索需求的特征词，又称检索词。文献标识和检索标识指向的是同一类词，只是由于观察的角度不同而有不同的名称，本书从用户的角度统称为检索词。检索词可以来自主题词表或分类表等检索词表，也可以根据用户的经验对文献内容或检索需求概括得出。检索词不一定是关键词，它也可以是分类号、馆藏号、出版年等非词型标识符。

3. 内容特征和外表特征

内容特征是文献外表上没有标明、需要通过分析得出的标引特征，如文献主题、学科属性等。主题词（包括关键词）和分类号是用于内容特征的标引词。文献的内容特征以族性检索为目标，适合查找内容相关的、没有特别限定数量的文献。在进行族性检索时因为只知道大致的研究主题和应用范围，需要对检索需求进行恰当的概括，才能与查找的文献对象进行匹配。

外表特征是标识文献外表上具有的，一眼能识别的特征，如题名、责任者、出版者、出版年、国际标准号、馆藏号等。外表特征以特性检索为目标，适合查找具有唯一性的、具体的对象。在已知检索对象完整的外表特征时，使用的检索标识也要完整详尽。例如已知文献的馆藏号和书名时，使用馆藏号查找比使用书名准确。如果使用书名查找，应使用完整的书名，无须抽取关键词。

4. 文献信息检索的实质

文献信息检索的实质就是实现检索标识和文献标识的匹配。不管是手工检索还是计算机检索或者互联网检索，检索命中的原因都是实现了检索标识和文献标识的一致，这也说明了为什么能否正确给出检索表达式将直接影响检索效果。

4.2 主题检索标识的特点

4.2.1 主题检索标识的类型

广义的主题检索标识是指概括主题内容的自然语言词汇，包括叙词和关键词，狭义的主题检索标识仅指叙词。

叙词是以主题词表（或称叙词表）为基础的检索语言词汇。叙词属于规范词或受控词，它对同义词、上下位概念词、近义词和有歧义的词进行规范，并在它们之间建立参照关系，指定其中一个词为正式用词，其他词为非用词。叙词还吸收了体系分类法族性检索的特点，使用户可以从多个角度找到适用的检索词。叙词的出现是文献检索语言发展史上的一个里程碑，但叙词表不可能及时反映新出现的高频词，也不能满足用户对检索词简单、易记、易用的要求。

关键词属于自由词，凡是能概括文献主题或读者需求的、有检索意义的实词一般都可以作为关键词。关键词技术的出现适应了计算机检索的需要，使计算机自动抽词、自动编制索引成为可能，对用户检索也特别方便。关键词技术发展很快，目前在 Web 数据库中广泛采用的全文检索技术就是关键词技术的最新成果。

主题词和关键词的区别在用户使用检索系统时经常容易引起困惑。关键词是最常用的检索途径，一些有影响的检索系统通常带有机内主题词表，这两者有一定联系，但并不完全相同。如果检索系统中既有主题途径又有关键词途径，则主题途径中要使用叙词，关键词途径中可以使用自由词（即关键词）。如果检索途径只有主题途径没有关键词途径，则主题途径中使用关键词检索。如果只有一个主题途径或只有一个关键词途径，又内嵌了机内主题词表，则输入的关键词会自动与机内词表链接进行概念扩展检索。

4.2.2 主题词的构词形式

主题词（包括叙词和关键词），都是自然语言词汇，用于检索时首先必须要有检索意义，其次不能是句子或含有虚词的短语（除英文短语外）。目前已出现了可以输入自然语句的检索系统，但那是采用了汉语切分词技术，概念匹配仍然使用主题词方法。因此，了解主题词的构词形式，对我们用熟悉的文字概括检索需求、更好地使用主题词索引很有帮助。主题词的构词形式主要有单词、固定词组和缩略词三种。

1. 单词

单词是语言中可以独立运用的最小单位。所谓“独立运用”，是指能单独成句或者能单独回答问题。例如：

问：你的研究方向是什么？　　　答：供应链。

问：你是在校大学生吗？　　　　答：是。

以上“供应链”“是”都是单词，但从检索角度讲，“供应链”是可进行主题概括的检索词，而“是”字不是。能用于检索的单词从词性上看主要是名词和动名词。例如“Coke”“Coking”“环境保护”等。动词、形容词、副词、数词、量词和单字可以用于检索，但不能单独使用，只能与名词或动名词组成词组使用，例如“绿色管理”“排他同盟”“085 工程”。动词、形容词、副词、数词、量词和单字特殊情况下也可以与名词或动名词组配检索。

所谓“最小单位”是指这个词中间插入其他词则词义将产生变化，或者不能有效地二次插入其他词。例如“红花配绿叶”中的“红花”和“绿叶”中插入“色”字，成为“红色花配绿色叶”后，“红花”与“红色花”、“绿叶”与“绿色叶”的意思没发生变化，并且可以继续加入一个“的”字，成为“红色的花”和“绿色的叶”，扩展后的语句与原单词的含义依然没变化，则说明“红花”和“绿叶”不是最小单位的单词。又如“藏红花是名贵的药材”插入“色”字扩展成“藏红色花是名贵药材”，意思发生变化甚至不通了，则“藏红花”是最小单位的单词。

2. 固定词组

固定词组是单词的等价词，是指习惯上固定搭配使用的词组或短语。

一个词组是普通词组还是固定词组也可以采用以上插入法判断。例如“毛泽东思想”中插入一个“的”字扩展成“毛泽东的思想”，两者的概念发生了变化，则“毛泽东思想”是最小单位的固定词组。又如“085 工程建设项目”采用几种方式插入“方面的”，扩展成：①085 方面的工程建设项目；②085 工程方面的建设项目；③085 工程建设方面的项目。显然“085”和“工程”之间插入其他词后意思不通了，所以“085 工程”是固定词组，不能插入其他词，而“工程建设”和“建设项目”中间插入其他词后意思没有发生变化，所以“工程建设”和“建设项目”不是固定词组，可以拆分。

运用插入法来判断一个词组是普通词组还是固定词组，还要看结构关系是否发生变化。如果插入其他词后词组的结构关系发生了变化，则是单词或固定词组。例如“宏观经济”是词组，“宏观环境下的经济”是偏正结构，结构关系发生了变化。

3. 缩略词

缩略词是特殊类型的词。有的词或词组使用频率高，而它们的音节多，偏长，用起来不大方便，人们便有意或无意地把词组或词中的某些词、词素、音节或音位减去，剩下的组成一个新词，这种新词就是缩略词，即通用的简称。例如“环境保护”的缩略词是“环保”，“五一国际劳动节”的缩略词是“五一节”。缩略词的含义与原词组相当，但使用上并不能完全代替原有的词或词组，某些官方文件（如政府颁发的法律、法令）一般不用缩略词。

4.2.3 专指词、通用词与泛指词

信息检索中可以使用的单词、固定词组、缩略词等名词性关键词都是专指词。专指词是概念范围很明确具体的名词，主要是指专业词汇。专业名词也可进一步区分为专指性专业名词和通用性专业名词，检索时应尽量使用专指性专业名词。检索时专指性专业名词不足时，也可以使用通用性专业名词。非专业性的、概念边界模糊的泛指词通常不宜用作检索词，但也有例外情况。

1. 专指性专业名词

（1）表示具体事物名称的名词术语。例如：汽车、变压器、反应堆等。

（2）表示事物的状态或现象的名词术语。例如：强度、失真、船舶过载等。

（3）表示科学分类的名词术语。例如：数学、中医学、建筑工程等。

（4）表示研究方法、技术方法的名词术语。例如：分析（化学）、针刺手法、有限元法、结构功能法、力学性能试验等。

（5）表示工艺方法、加工技术的名词术语。例如：铸造、热处理、取心钻进、爆破成型、激光切割等。

（6）表示化学元素、化合物、金属材料与合金的名词术语。例如：钠、氧原子、ⅣA 族元素、硅化物、硫酸、吡啶、聚四氟乙烯、丁二酸、金属板耐蚀钢、耐蚀合金等。

2. 通用性专业名词

（1）表示国家名称、地名、组织机构名称及人名的专有名词。

（2）文献类型、文献载体和其他通用的名词术语，例如“模型”“模式”等。

3. 不能用作检索词的情况

有些词的词性比较复杂，如“爱国”是动宾短语，相当于动词，不能用作检索词。又如“全国”一词在“全国上下”中是名词，在“全国人民”中是形容词，词性不确定，不能作检索词用。再如“我国”是由形容词性物主代词“我的”或“我们的”加上名词“国家”组成的短语，不是单词和固定词组，也不能用作检索词。

有些语句在语义环境中具有结构性，在检索中具有引导或框架作用，例如“的含义”“翻译”“吗”等词，在学术论文检索中不能使用，但在搜索引擎中使用暗含了特殊的语言结构，有时可以得到特殊结果。例如使用“的含义”组配检索可以找到名词解释，使用“翻译”组配检索可以得到英文词汇，使用语气词“吗”进行组配检索可以得到其他网民的回帖。

4.2.4 主题词的语义网

名词性检索词之间有些具有逻辑关系，有些则没有。具有这种逻辑关系的词构成一个词族，这一概念被叙词引入后可以实现概念扩展检索，或在制定检索策略时用于制定替换方案。主题词中的逻辑关系有：等同关系、属分关系和相关关系。

1. 等同关系

等同关系在《汉语主题词表》中表示为“用代关系”，即在机内主题词表中指定同义词中的某一个词为正式用词，用户使用其他词检索时都实际地指向这个正式用词进行检索。具有等同关系的词包括同义词、近义词、反义词及其概念高度相关因而在实际检索中可相互替换的词，例如“物流”与“供应链”就是这样的两个词。同义词即异形同义词，如“电脑”与“计算机”，是同一概念的不同书写形式。主题词表规定其中一个词为规范的检索用词，其他为非用词。对一些词义较窄或使用频率较低的词，词表也会提示规范词。

等同关系的词不包括同形异义词。

2. 属分关系

属分关系是指两个主题词在概念的外延上有包涵与被包涵的关系（即上下位关系）。具有属分关系的主题词，在主题词表中有族首词、上位词、下位词3种位置。在检索中选用一些涉及整体与部分关系的上位词也可以找到相关文献。

需要注意的是，在主题词中虽然有一部分词可以用减词或增词来扩大或缩小检索范围，但还有一部分词不能通过这种方法来扩大或缩小检索范围。例如“城市轨道交通车辆”和“动车组”都是“轨道交通”的下位概念，我们可以通过减词将“城市轨道交通车辆”这个下位概念提升为“轨道交通”，而“动车组”则不能通过减词将概念扩大到“轨道交通”。

3. 相关关系

具有相关关系的词涉及的概念有：互相渗透的学科概念、过程类似的概念、原理类似的事物概念，对立概念、因果关系概念、事物与其研究手段或方法的概念、事物及其构成材料的概念、事物整体与其部分的概念、形式与内容的概念等，它们之间形成了相关概念的语义网。图4-1是以“载重汽车”为中心形成的语义网。

具有以上关系的词都是概念相关的词，在检索中替换使用可以减少漏检。例如以下两篇文章都与网上地图有关，属于相关文献，检索时用词要区别对待。

第一篇文章《网民还不太习惯电子地图》，详细介绍了我国访问量最大的地图网站 Mapbar

和美国访问量最大的地图网站 MapQuest 的对比分析，还分析了综合性搜索引擎中具有地图搜索功能的 Google（北美版）和 Yahoo 成功的原因。如果从篇名字段查这篇文章，只要用词组“电子地图”就可以了。

第二篇文章《网上实景地图如临其境》，介绍了国内首个实景地图搜索网站“城市吧”（www. city8. com）的特点。显然这篇文章与上一篇属于相关文献，但这篇文章如果从篇名字段查的话，用“网”和“地图”进行逻辑与组配检索比较好，而用“网上地图”和“电子地图”都查不到这篇文章。

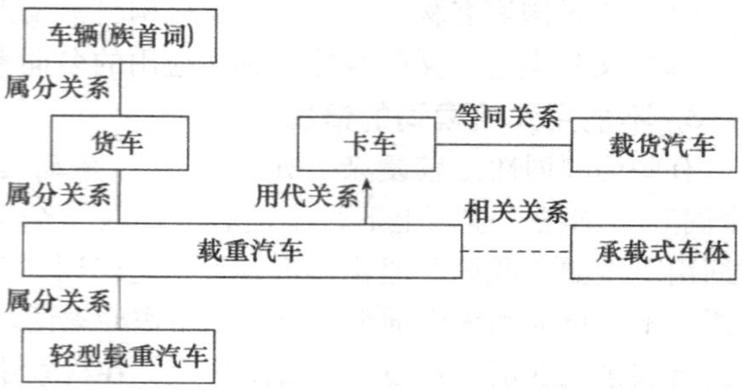

图 4-1 语义网实例

4.3 概括主题词的一般方法

检索不仅涉及语言使用的问题，本质上还是一个思维问题。检索语言是表达检索需求的工具，检索表达式则是检索需求的形式。人们在查找文献之前必须有明确的目的，清楚查找的对象有哪些特征，比如涉及的主题、学科、文种、文献类型等。将头脑中关于检索需求的想法用检索词表达出来，这一过程称为概念转换。概念转换是检索前的必要过程。

4.3.1 使用主题词的基本要求

一篇文章往往可以用一个以上的主题词概括，那么使用主题词有哪些基本要求呢？

（1）应使用可以独立使用的最小概念的单词、固定搭配的词组、短语或缩略词，如“宏观”“调控”“节能”“减排”是最小概念的单词（概念小则外延大），而“宏观调控”“节能减排”等是概念相对扩大的具有特定含义的词组（概念大则外延小）。所用词的词义必须明确无歧义，如“科学”“发展”单独使用时含义就不明确。

（2）这些词必须有检索意义，一些概念太宽泛的泛指词不宜作为检索词，如“方法”“研究”“作用”等，但“模型”属于文献类型、文献载体类方面的术语，可以使用。选择的词要有一定的通用性（包括通用的译名），用词不能太冷僻、太专深。但表现新生事物和新兴学科的流行词也可一试。

（3）查找国外文献时还要注意国外用词习惯与我国的差异，要站在外国人的角度思考用词。例如查找“科研投资效益”方面的资料，习惯上会使用检索表达式“（投资 OR 费用）AND（评价 OR 科技）AND（效益 OR 效果）”，实际上国外类似的研究一般采用“研究与开发”（research and development）及“收益率”（revenue rate、earnings yield、rate of return）等概念，若按我们自己的语言习惯用词就会导致检索失败。

（4）要尽可能利用机内主题词表。借助主题词表确定检索词可以提高检索效率，对于选词也可以获得更多的启发，从而改善检索效果。

4.3.2 概念转换的方法

1. 适用于固定词组表示的概念

概念比较单一的文献需求可直接用一个词组或短语概括，使主题词的专指度增加，有利于提高查准率。固定词组的形式特别适于单字段检索。

2. 适用于逻辑组配表示的概念

大多数文献需求表现的都是复杂概念，需要用几个表示简单概念的单词或单词与词组结合起来综合概括。这种方法称为“最小概念原则”，适用于逻辑组配检索。例如，要查“弥雾喷粉喷烟机”方面的文献，可以分“弥雾机”“喷粉机”“喷烟机”3个概念进行组配检索，划分成其他概念都是不合适的。但逻辑组配也可以在单词与词组、词组与词组之间进行，以进一步提高查准率。

4.3.3 主题词替换的几种方式

对从课题名称中抽取的关键词检索效果不好时，还可以用其他方式对其进行补充替换，这些补充替换的概念并不属于隐含概念。主题词替换有以下几种方式：

1. 用同义词替换

如果检索结果不理想，而又确信主题词没选错，那么可能数据库中的相关文献没用这些词标引，可以用同义词替换。例如，用“旅客运输”替换“客运”进行重新检索。有时也可以用反义词替换。

2. 用上位概念替换下位概念

这即先尝试用固定词组检索，如果检索结果不理想，再用单词重新查。这种方法着重于查准率。例如，用“键盘”替换“计算机键盘”。

3. 用下位概念替换上位概念

这即先以作为上位概念的单元词进行组配检索，如果检索结果不理想，可用固定词组形式的下位概念词检索。例如要查找“企业核心竞争力的Web挖掘”相关课题，需知题中所指的企业是“虚拟企业合作伙伴”，所指的竞争力的挖掘其实是特指“竞争力信息的挖掘”，检索时需要补充隐含的下位概念，否则会产生大量误检。

4. 用高度相关词替换

高度相关词不等于同义词，但其中任意一个词查找的结果都与另一个词相关，因此检索时可以用来替换。例如“物流”与“供应链”。

4.4 主题概括的步骤

第1步：掐头去尾

课题“合著网络模式与论文产出数量及质量的相关性研究——以中国催化剂领域期刊论文合著网络为例”

课题名称中哪些是不宜用于检索的词？这个问题可通过遮盖法判断，即遮盖一个词后看余下的语句含义是否发生变化，若没有变化则说明被遮盖的词是不重要的，可以去掉。课题主标题中遮盖住第一个词“合著”后，余下的语句所表述的含义与几个作者合著一篇文献的概念无关了，所以“合著”这个词很重要，不能去掉。遮住主标题最后面的“研究”一词，余下的语句含义没有发生变化，因为凡论文都以研究为目的，“研究”一词是重叠概念，可以去掉。遮盖“相关性”一词后，我们看到前面有一个连接词“与”连接着两个专业术语“合著网络模式”和“论文产出数量及质量”，同时涉及两个概念表明两者之间必蕴含了某种相关性，因此“相关性”也是重叠概念，可以去掉。

以上课题名称经过掐头去尾后成以下形式：

合著网络模式与论文产出数量及质量——中国催化剂领域期刊论文合著网络

第 2 步：将省略的叙述完整化

“论文产出数量及质量”一句中省略了重复叙述“论文产出”，整理后成如下形式：

合著网络模式与论文产出数量及论文产出质量——中国催化剂领域期刊论文合著网络

第 3 步：用空格代替并列连词抽取两边的概念

经对掐头去尾后的语句去除并列连词后形成以下形式：

合著网络模式　论文产出数量　论文产出质量——中国催化剂领域期刊论文合著网络

第 4 步：划分出交叉概念

交叉概念主要是指存在重叠部分的两个词组构成的概念。

例一：“论文产出数量”分解成“论文产出”和“论文数量”。

例二：“食品的低温储藏”可分解成“食品储藏”和“低温储藏”两个语词重叠的概念。

第 5 步：划分出专指概念和通用概念

划分出专指概念和通用概念主要是指划分成由一个词组和一个单词组成的概念，可分为：主体及其方面构成；主体及其限定构成。

（1）主体及其方面构成的概念。

例一：“合著网络模式”可分解成“合著网络”和“模式”；“期刊合著网络”可分解成“期刊”和“合著网络”；“论文合著网络”可分解成“论文”和“合著网络”。

例二：“环境污染取样分析”可分解成“环境污染”“取样”“分析”三个事物及其方面的概念。

例三：“液压系统油泵”可分解成“液压系统”和“油泵”两个整体与部分的概念。

（2）主体及其限定构成的概念。

例一：“日本电子工业”可分解成“日本”“电子”“工业”三个事物与国家（地区、时代、人名）概念。

例二：“冶金工业词典”可分解成“冶金”“工业”“词典”三个学术术语与出版物类型概念。

第 6 步：去掉相对不重要的词和隐含的重叠概念

“合著网络”已经蕴含了“论文合著网络”，因此保留“合著网络”，去掉“论文合著网络”。论文中的主要来源是期刊，“论文合著网络”已经蕴含了“期刊合著网络”，因此一并去掉。

“论文产出”一定涉及数量和质量问题，前者蕴含后者，而且前者专指性更强，因此保留“论文产出”，去掉“论文数量”和“论文质量”。

“催化剂领域”可缩减成“催化剂”。在课题中这个词只是实例，“合著网络”和“论文产出”才是课题的主题。“催化剂”这个词是否要用，要看检索者认为课题主题和实例哪个更重要，通常重点放在课题主题上，如果认为实例也比较重要，可在运用“在结果中检索”时使用。

“中国”这个词在查找国内数据库时通常不用，因为国内数据库中的论文绝大部分是涉及中国的问题的，但如果特别强调这个概念也可以使用。特别强调这个概念的相反例子是要求排除这个概念，可以使用逻辑非运算符把出现这个概念的论文屏蔽掉。

经过以上分析，排除了重叠概念后留下的专指概念有：合著网络，论文产出。

保留的通用概念是：模式。

以下是两个去掉隐含的重叠概念的补充例子。

例一：“国外教育管理现代化”中的“现代化”

由于当今发达国家的教育管理本身就有现代化的含义，而且国外这类文献中一般也不会用“现代化”这种词语，这种重叠概念的使用只会影响检索效果，因此应该去掉。

例二：印染废水处理中絮凝沉淀法脱色

题中所述工艺处理结果必然产生脱色，“脱色”这个概念已被隐含了，因此在检索表达式中不需要列出这个词。

第7步：补充隐含概念

隐含概念是指对课题内容很重要，但是在课题名称中没有表示出来的概念。这样的概念可能是上下位概念、可替换的高度相关概念和外延推理出的递推概念。

本例提炼的概念有：合著网络，论文产出，模式。补充“合著网络”的重要特征“拓扑属性”，这是课题的隐含概念，也是课题研究的重点。

以下是两个提炼隐含概念的补充例子。

例一：“信息技术支持下的学科教学知识之课例研究”中的“学科”可提炼出隐含的从属概念“立体几何”。

例二：“利用稻米皮糠提取天然食品色素”初步概括出的词有：稻米皮糠、天然食品、天然色素。本题题意是指从稻米皮糠中提炼用于食品上的色素。稻米皮糠是主体概念“稻米”与其部分概念“皮糠”组成的非固定词组，在有关键词数量限定时一般应使用上位概念，另“皮糠”这个词比较冷僻，也不宜使用。从稻米皮糠中提取的色素已蕴含了“天然”这个概念，而且本题重点是讲提炼色素的，所以“色素”这个词比“食品”重要。最终保留的词是：稻米、色素。

4.5　课题分析实例

实例1：遗传元胞自动机模型及其在沪深股市复杂性中的应用研究

该课题主要包括两组概念：①遗传元胞自动机模型；②沪深股市复杂性。“分析”“研究”之类的词由于概念太宽泛、词频太高，不宜作为关键词。

“遗传元胞自动机模型”可以拆分成一组专指性概念“遗传元胞自动机”和一个通用概念“模型”。前者又可拆分成两组交叉概念“遗传元胞”和“元胞自动机”，从而分解成“遗传元胞”“元胞自动机”和“模型”三个概念。

“沪深股市复杂性”这一概念怎么抽词都有可能明显降低查全率，因而用分类号概括更适宜。依据《中国图书馆分类法》判断，可以概括此概念的最小分类号是F830.91（证券市场），该分类号同样太过专深，有必要逐级上移F830.9（金融市场）→F830（金融、银行理论）。由于有一个分类号F832.5（金融市场），其上位类是F832（中国金融、银行），相关文献也有可能被分到F832.5中。为了将F830.9和F832.5都纳入检索范围，故取其共同的上位类F83（金融、银行）检索效率较高。也许有读者会问，为什么不用F830.9和F832.5并列检索呢？这是因为，不是所有相关文献分类都这么细，而且三者概念的组配限定已经相当严格，如果参与组配的各个概念内涵太大，将导致查全率严重下降。分析过程可用图4-2表示，最后形成的检索词为：遗传元胞，元胞自动机，F83。

实例2：加强我国对跨境资本流动监管的研究

首先将课题拆分成“跨境资本流动”和“监管”两组较大的概念。再将“跨境资本流动”拆成“跨境资本”和“资本流动”两组交叉概念，分别与“监管”一词组配。形成两个表达式“跨境资本 AND 监管”和“资本流动 AND 监管”。

列出“跨境资本”的相邻概念“跨国资本”和“国际资本”并与“监管”一词分别组配，形成一个与“跨境资本 AND 监管”概念范围相近但书写形式不同的另一个检索表达式，以避免漏检。

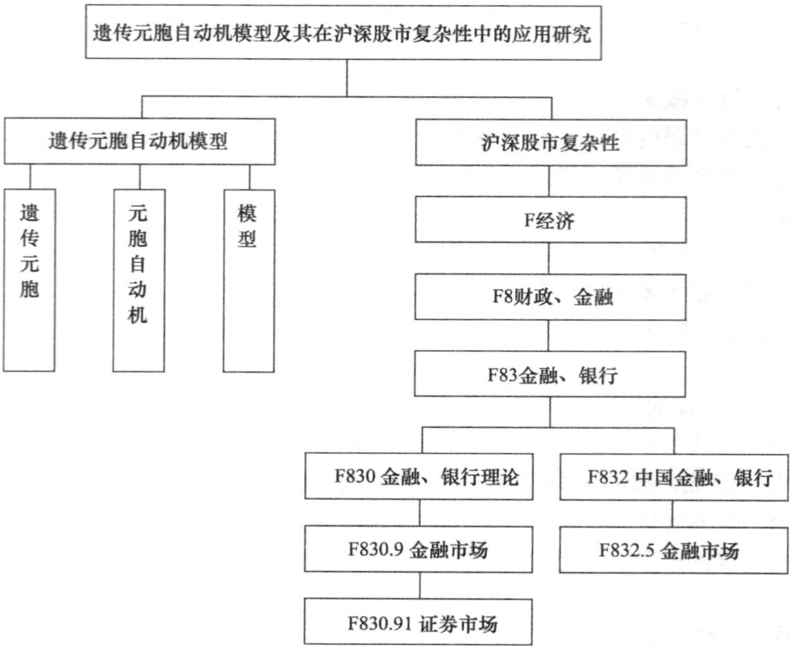

图 4-2 实例 1 分析过程

"资本流动 AND 监管"这个表达式检索的结果有可能查出国内资本流动监管方面的文献，需要加一个限定概念，这个限定概念正是"跨境资本"和"跨国资本"中的重复概念"跨"字。因此要将这个"跨"字加到"资本流动 AND 监管"表达式中，形式三个概念之间的相互限定。分析过程可用图 4-3 表示。

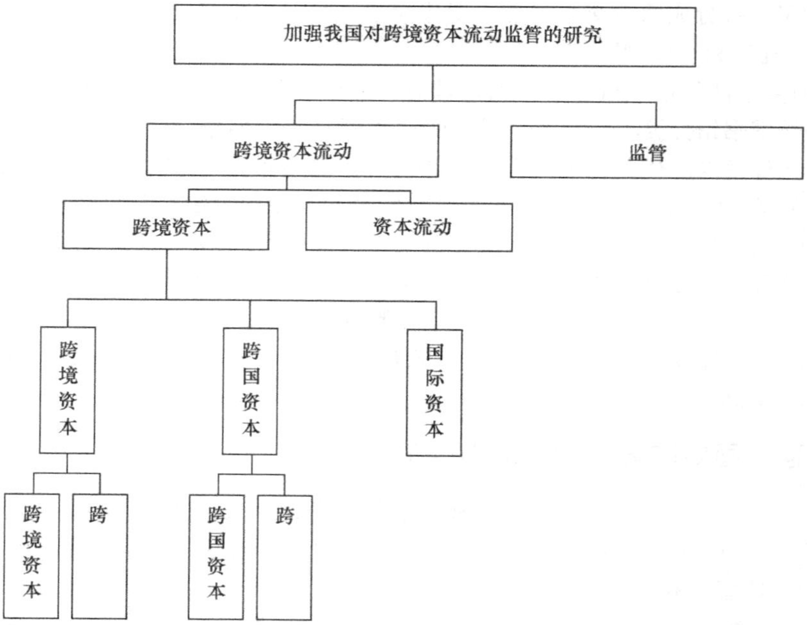

图 4-3 实例 2 分析过程

最后形成了“跨境资本”“跨国资本”“国际资本”“资本流动”“监管”和“跨”6个检索词。但从同一个题目中抽出的关键词之间并非都可以进行相互组配，本例中“资本流动”与“跨境资本”“跨国资本”“国际资本”之间有重叠概念，不宜进行组配，因此上述提取的关键词可以组成如下两组检索表达式：

第一组：跨境资本，跨国资本，国际资本，监管。

第二组：资本流动，监管，跨。

实例3：2007年度伦敦进出口贸易数据

第一步：抽取关键词

2007 London Import Export Trade Data

第二步：列出同义词和上下位概念词

2007 2008

London United Kingdom England Europe (an)

Import Export

Trade

Data

第三步：补充隐含信息

Custom Statistic (al, s) Finance Government

成功检索使用的关键：London Government Data

包含有用信息的栏目名称：Government Office for London

4.6 主题分析小结

(1) 明确研究目的，确定文献类型，例如查找潘序伦的生平事迹。

(2) 要从总体上把握课题概念。例如“具有计时等功能的磁疗表”和“一种具有计时功能的表形磁疗器”。

(3) 揭示出课题中隐含的，但在字面上没有直接表示出来的概念，可以提高查全率。例如“废旧电池的回收处理与利用”可提炼出“循环利用”“稀土金属”“稀有金属”“提炼”。

(4) 采用加词法：增加同义词或上下位概念词，必要时增加上位概念词和下位概念词。例如“水果”和“梨”。

(5) 有些复杂的概念可以拆分成可替换的概念和不可替换的概念两部分，可以替换的词之间用逻辑或组配，并将其与不可替换的概念进行逻辑与组配。例如“风险控制，风险管理，风险防范”可以用“(控制 + 管理 + 防范) * 风险”表示。

(6) 要有对词的重要性进行区分的能力。对一篇论文来说，最重要的词只能用在标题和关键词字段，比较重要的词可以用在所有字段，比较不重要的词要慎用，不重要的词不要用作检索词。

4.7 测验题

4.7.1 判断题

（1）文献的内容特征用于特性检索，以查找相关的文献。 （ ）

（2）信息检索的实质是实现检索标识和文献标识的匹配。 （ ）

（3）将短语划分成交叉概念是指划分成两个词组。 （ ）

（4）课题概括步骤第一步“掐头去尾”指的是把课题名称最前面和最后面的两个单词去掉。 （ ）

（5）隐含概念是指对课题内容很重要，但是在课题名称中没有表示出来的概念。 （ ）

4.7.2 单选题

（1）叙词属于规范词或受控词，它对（ ）进行规范。

A. 同义词、上下位概念词、近义词和高度相关的可替换词

B. 同义词、上下位概念词、近义词和有歧义的词

C. 同义词、上下位概念词、近义词

D. 同义词、上下位概念词和有歧义的词

（2）以下（ ）包括了主题词正确的构词形式。

A. 单词、熟语、缩略词 B. 单字、固定词组、缩略词

C. 单词、固定词组、通用的简称 D. 单词、固定词组、歇后语

（3）关于关键词的词性，以下（ ）最合适。

A. 专指性实词 B. 名词性泛指词

C. 名词性通用词 D. 名词性专指词

（4）主题概括步骤中将复杂概念分解成简单概念的方法，（ ）说法比较全面。

A. 划分出：①具有交叉关系的概念；②专指概念和通用概念

B. 划分出：①具有交叉关系的概念；②具有主体及其限定部分的概念

C. 划分出：①专指概念和通用概念；②具有主体及其某一方面的概念

D. 划分出：①具有主体及其限定部分的概念；②具有主体及其某一方面的概念

（5）《主力筹码分布揭密》中以下（ ）检索词概括出了要点。

A. 主力，揭密 B. 主力，筹码

C. 主力筹码 D. 筹码分布

4.7.3 多选题

（1）检索语言的作用有（ ）。

A. 用于标识文献内容特征 B. 用于标识用户检索的需求特征

C. 用于分类检索 D. 用于关键词检索

（2）用于文献内容特征的标引词主要有（ ）。

A. 主题词（叙词） B. 关键词

C. 分类号 D. 索书号

（3）外表特征有（　　）特点。

A. 以族性检索为目标　　B. 以特性检索为目标

C. 查找具有唯一性的对象　　D. 查找具体的对象

（4）主题词替换有以下（　　）方式。

A. 用同义词替换　　B. 上下位概念替换

C. 缩略词与全称替换　　D. 高度相关词替换

（5）以下（　　）是使用主题词的基本要求。

A. 应使用单词、固定词组或缩略词　　B. 必须使用课题名称里的词

C. 这些词必须有检索意义　　D. 查找国外文献要按外国人的习惯用词

第 5 章　组配检索及其运算符

本 章 重 点

1. 逻辑运算符的类型和作用
2. 字段限制符的类型和作用
3. 通配符的形式和作用
4. 逻辑组配原则
5. 构造检索策略的实例

5.1　逻辑运算符

5.1.1　逻辑与

1. “逻辑与”运算关系的含义与运算符形式

“逻辑与”表示两个概念之间具有交叉关系。比如用“航空”和“发动机”两个词来概括检索需求，那么，在要查找的论文的文献标识中也应同时出现这两个主题词，则表明这两个词具有“逻辑与”关系，见图 5-1。“逻辑与”运算符通常用“AND”或“*”表示。例如，我们可以用“solar AND energy”或“solar * energy”来构造检索表达式。

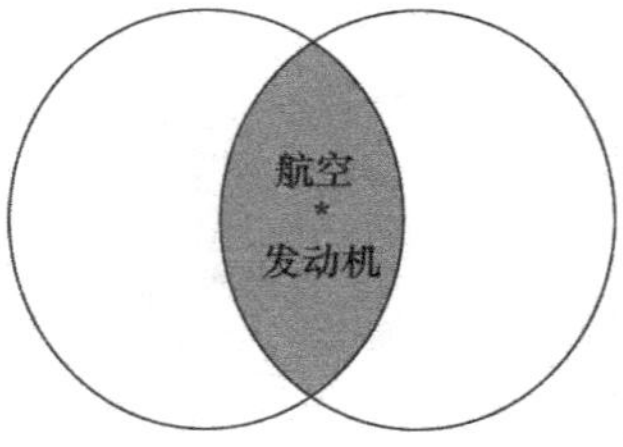

图 5-1　“逻辑与”关系的图形表示

2. “逻辑与”组配检索的作用

一般来说，运用“逻辑与”进行检索侧重于提高查准率，降低误检率。但需要注意的是，用“逻辑与”连接的两个检索词在运算时只是表明它们在指定字段中出现，无法确定它们之间的前后顺序和词间距。比如用“计算机 * 网络”与“网络 * 计算机”是等价的，既可以查出有关计算机网络方面的文献，也可以查出网络计算机方面的文献。

使用环境概念词进行“逻辑与”组配可以起到特殊的条件限定作用。例如查找与“苹果”有关的水果的资料，而不是“苹果”牌计算机、“苹果”牌服装、“苹果乐园”或与“苹果”有关的其他事物，这实际上是要求“苹果”一词的上下文环境中应出现“水果”“农产品”，或“梨”“香蕉”等词，这时用“（水果 OR 农产品 OR 梨 OR 香蕉）AND 苹果”的表达式检索比较好。关于 OR 运算符的使用见下面“逻辑或”部分的介绍。

3. 不宜使用“逻辑与”组配检索的情况

（1）概念等同的词。概念等同的检索词在形式逻辑上完全重叠（如“机关团体”与“事业单位”），由于在同一篇文献中很少会交替使用同义词，因此同义词的“逻辑与”检索会严重提高漏检率。有的检索系统不能区分同形异义词，这种情况下也应避免做“逻辑与”组配。例如

“机构”有团体和机械两种不同的指向，“单位”有团体和计量两种不同的指向。

（2）概念从属的词。从属关系也称上下位关系或包含关系。具有从属关系的上位概念在形式逻辑上完全包含了下位概念，是另一种形式的概念重叠，因此对具有从属关系的词进行“逻辑与”组配也是没有意义的。例如“中国”与“上海”。

（3）可替换的高度相关词。可替换的高度相关词是两个独立的词，主题内容相似或有重叠，一般不会同时使用。例如“计算机辅助教学”与“电化教学”，前者是后者的发展，两者是高度相关概念，但很少有作者阐述观点时会同时使用。

（4）不相邻的词。不相邻有并列和无关两种情况。例如“纳米涂料”是二维纳米材料，“三维纳米材料”是在三维基体里形成的线状或管状等的晶体粒子形状的纳米粉体。“纳米涂料”可以与“防腐蚀”做“逻辑与”组配，“三维纳米材料”也可以与“防腐蚀”做“逻辑与”组配，但“纳米涂料”与“三维纳米材料”之间不能直接组配。

4. “逻辑与”组配检索与固定词组检索比较

“逻辑与”组配检索和固定词组检索的检索效果是不一样的。例如，某一文献标引的关键词有“语言相关性”一词，若用表达式“语言 AND 相关性”就不一定能得到这篇文章，因为“逻辑与”检索是单词按字符由左至右匹配，被标引文献的关键词中没有“相关性”一词。若选择精确检索，“语言”与“语言相关性”也不匹配。因此，比较而言，两个单词组成的固定词组检索的查准率要比两个相同单词的“逻辑与”组配检索高。

根据经验，中文检索表达式中“逻辑与”组配的单字（不是指单词）总数一般不宜超过8个。例如，可以是4个双字词组配，2个四字词组配，1个五字词和1个双字词的组配。这是由于，“逻辑与”各组配项之间具有相互限定作用，组配项越多条件限定越严格，而短语本身比词组限定严格，词组比单词限定严格，因此检索式过长会大大降低命中文献的可能性。

5.1.2　逻辑或

1. “逻辑或”运算关系的含义与运算符形式

“逻辑或”表示两个概念之间具有等同或上下位关系，主要用于组配具有等同关系、从属关系或相关关系的词，以提高查全率，降低漏检率。“逻辑或”的运算符为“OR”或“+”。“逻辑或”关系可以用图5-2的图形表示。

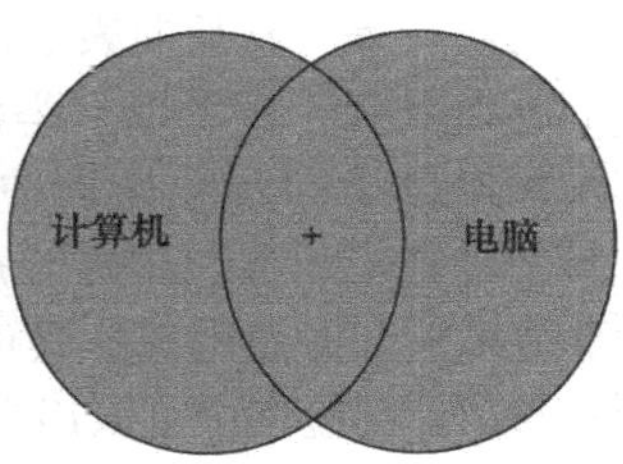

图5-2　“逻辑或”关系的图形表示

2. “逻辑或”组配检索的作用

假如我们希望检索结果中不遗漏与“计算机”或者“电脑”有关的任何资料，也就是说，要查找的论文的文献标识中至少在“计算机”或者“电脑”两个词中有一个词出现，当然也包括两个词同时出现的情况，我们可以用“计算机 OR 电脑”或“电脑 OR 计算机”的形式构造检索表达式。因此可以说，“逻辑或”与“逻辑与”两者的检索结果之间具有包含关系，即“逻辑或”的运算结果包含了“逻辑与”的运算结果。

3. 适合使用“逻辑或”组配检索的情况

“逻辑或”主要用于连接同义词或近义词，这些词一般可通过主题词表查得，对一些新的概念则要通过平时的知识积累。“逻辑或”运算主要有以下作用：① 同义词组配，例如 lawyer OR counsel OR attorney；② 反义词组配，例如 regulated OR deregulated；③ 多词任选检索：例如 take-over or take over；④ 全称和缩略词组配，例如 international business machines OR i. b. m. OR ibm。

具有同义词特征的语词主要有以下几种：

（1）异形同义词。这些词是同一概念的不同书写形式，在检索中若不全面列举就有可能漏检。例如“垃圾”一词的常见英文单词有 waste、rubbish、rust、garbage、refuse 等。

（2）缩写和全称。检索时如果只用全称表示主题词，用缩写标引的文献就会被漏检。例如要检索“计算机辅助设计”方面的英文文献，检索表达式可以这样写：CAD AND computer aided design。

（3）商品名、俗名、学名等。有的商品名、俗名等通俗名称比物质的正式名称更流行，如聚四氟乙烯又叫铁氟龙。因此在检索时不仅要用正式名，还要用通俗名，以避免漏检。

（4）化学物质名称和化学物质表达式。化学物质名称、化学物质表达式及 CA 中的化学物质登记号三者之间是对应的。化学物质表达式为读者所熟悉，类似于代码类索引，查准率高。但有机化学结构式、最简式下标等，在一般计算机文本方式下无法显示。对于这类化学物质表达式的检索，有的系统要求有特殊的输入设备（如 Dialog 系统中的 CA 数据库），有的采用特殊的规定（如 INSPEC 在查找 Al^{3+} 时要输入“/sup 3 +/Al^{3+}”，Dialog 系统中大部分用“元素符号 + 数字”的形式进行分子式检索）。

（5）英文同根词。同根词的后缀有变化，但基本含义大致相近，作为同义词处理也是避免漏检的一种方法。例如“incinerate”的其他形式有“incinerates”“incinerator”“incinerators”“incineration”“incinerating”“incinerated”等，检索时可以采用“逻辑或”组配。

近义词是指概念高度相关的可替换词，例如将“营销”与“课程”“案例”“教学”中任何一个词组配，查得的资料都可以认为是相关文献。

5.1.3 逻辑非

“逻辑非”表示两个交叉概念中的不包含关系，即在一个概念中排除相交的另一个概念，其运算符通常为“NOT”或“－”。“逻辑非”关系的图形表示见图 5-3。“逻辑非”与“逻辑或”是一对反向表示的概念组配方法，前者以排除法表示概念限定，后者以列举法表示概念限定。“逻辑非”运算关系常用于同形异义词中的辨析区分，例如“感冒病毒”与“计算机病毒”中的“病毒”就是同形异义词；或排除检索结果中有可能出现的其他概念，而不是一般地排除不需要的概念。在检索中可以用学科分类排除不相关的文献，也可以使用固定词组检索以明确概念例如“饼干 NOT 高油”这个表达式就无意义，因为关于饼干的描述中不会特别强调是不是高油的，所以“高油”这个词的使用没有正面效果。

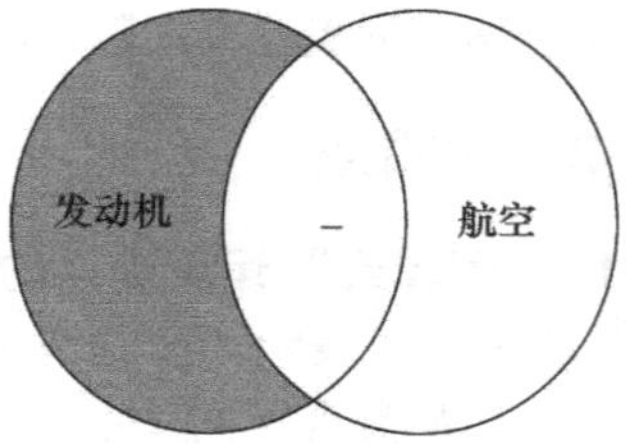

图 5-3 “逻辑非”关系的图形表示

“逻辑非”也可以多个连续使用。例如查找与“商业信息”收集、处理有关但不包括“商业信息化”“商业信息系统”“商业管理信息系统”“商业信息中心”“商业集团”等概念的资料，可以这样构造检索表达式：“商业信息 NOT 化 NOT 系统 NOT 中心 NOT 集团”。

5.1.4 逻辑与或

“逻辑与或”表示在“逻辑或”关系中排除交叉概念部分，用于查找在文献标识中单独出现某一个组配词但不要同时出现这些组配词的论文。例如查找两个作者独立编撰的书，但不要两人合著的书，就可以采用“逻辑与或”运算。“逻辑与或”运算符用 XOR 表示。“逻辑与或”关系的图形表示见图 5-4。

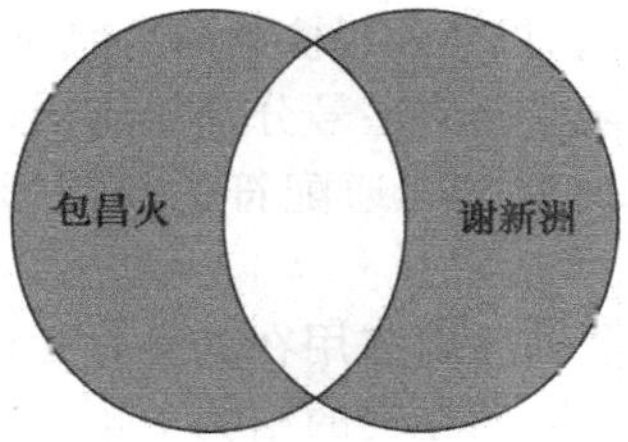

图5-4 “逻辑与或”关系的图形表示

5.2 字段限制符

5.2.1 检索入口与字段检索

与字段相关的检索方式有两类：最常见的是指定检索字段，限定检索词在某一字段范围内查找；另一种是在多字段或全文索引中检索。

将字段标识符加在检索词前面是最常用的字段限定方法。字段标识符的形式在各种流行检索系统中基本一致，使用时检索词要加在字段标识符后面。例如“TI = 世博会”是在标题字段中查找，“KW = 世博会”是在关键词字段中查找，“AB = 世博会”是在摘要字段中查找。

5.2.2 题名字段与关键词字段检索效果的区别

同一个检索词通过不同的检索途径检索结果不一定相同，例如通过标题字段查不到不等于通过关键词字段也查不到，反之亦然。题名字段与关键词字段在检索效果上大致有以下两个区别：

（1）题名字段可以使用短语甚至短句，关键词字段只能使用单词和词组。

（2）题名字段只能查出标题里出现的概念，关键词字段则可以查到标题中没有出现的概念。

在一些著名的检索系统中往往设有由多个字段组成的检索入口，如“关键词、篇名、文摘”。这些由多个字段组成的检索入口是最常用的检索途径。注意多字段检索入口与全文检索入口是不同概念。

一些功能较强大的检索系统还可以进行不同字段的组配检索，在采用传统的命令行检索方式中就要在检索词前面声明字段标识符。例如“CL = G354 * AND SB = 计算机”表示查找计算机检索方面的资料，其中G354是有关检索的分类号（ * 号是通配符，有的检索系统默认为模糊状态，无须手工加通配符）。对于互联网中常见的表格式检索界面，在检索词输入框的前面设置了字段下拉列表框，其作用与手工添加字段标识符一样。

5.3 通配符

通配符在计算机检索中有广泛的应用。所谓通配符，是指1个符号代表0个或多个字符。通常用问号（?）代表至多1个字符，用星号（ * ）代表至少0个字符（有的系统代表有限多个字符）。比如，“authori? e”可以代替“authorie”和“authorize”两个词。在中文检索中，一般使用星号。

根据通配符相对于检索词的位置，检索的作用是不一样的。星号置于检索词的后面时进行的是前方一致检索（又称截词检索），星号置于检索词的前面进行的是后方一致检索，星号置于检索词的中部进行的是前后一致检索。两个星号分别置于检索词的前后进行的是模糊检索（或称任意检索）。系统是否允许运用通配符和通配符的使用形式，会因具体的检索系统而有所不同。

需要注意的是，截词符用在主题词后面与用在分类号后面虽然都是前方一致检索，但由于等级制分类号包含了从属概念，而主题词在词的结构上不一定包含从属概念，所以分类号加了截词符可以检索其本身及所有的下位概念，而非从属结构的主题词即使加了截词符也不能检索到其下位概念的文献。当然，有的主题词也是有从属结构的，例如“汽车发动机”去掉下位概念“发动机”后即扩大了检索范围，反之亦然，但我们仍然不能说在学科、专业或行业上扩大或缩小了一级。

目前的检索系统常将前方一致检索设置为默认状态，检索时无须在检索词后加通配符。利用这一检索机制，在使用多个同义词组或近义词组检索时，保留同位同形词素，省略可变部分词素，可以提高查全率。例如，“绩效评估”“绩效评价”“绩效测评”也许还有其他“绩效××”，但是我们不知道其确切的词，这时干脆用“绩效”一词检索更好。这一原理也同样可用于单词。

5.4 关系运算符

关系运算符通常用于出版日期等日期型和数值型字段。关系运算符的形式有：>（大于）、> =（大于或等于）、<（小于）、< =（小于或等于）。例如“solar energy AND PY < =2002”表示查找2002年以前太阳能方面的资料。

5.5 位置符

词与词在原文中的前后位置或距离有时会对检索结果产生影响，其原因在于：①两个关键词的前后位置将决定其限定与被限关系，而被限定词总是核心概念；②两个关键词在文中的距离越近其关联度越高，反之，则关联度越低。“逻辑与”组配不能解决关键词在语言环境中因处于不同位置而具有不同含义的问题，位置符的引入可以进一步提高“逻辑与”组配的查准率。

“位置符”又称“邻近算符”“邻接符”或“邻近同在运算符”，主要出现于国外大型数据库中，在中国和美国的专利数据库中也有这种运算符，在搜索引擎中偶有所见。最常见的位置符是“（W）”“（nW）”或“NEAR”，用于检索两个检索词在文档中前后相连、位置固定的情况。位置符在不同的系统中并不完全一样，有的系统使用W，有的系统使用NEAR，两者不会出现在同一系统中，NEAR等同于W，但比W更灵活。下面以美国Dialog检索系统为例说明使用方法。

（W）表示两词之间允许有一个标点符号（如连字符）或空格，其间不可插入其他词。此符号常用于检索复合词和词组。

（nW）表示两词之间最多可插入 *n* 个单词。它通常用来代替系统禁用词（如介词）。例如检索表达式“information（1w）system”可以查出以下主题词标引的文献：

information system

information management system

（W）和（nW）算符可以连用，用于构造检索项数量较多的表达式，如“computer（W）aided（W）design”。

位置符特别适于限定句型结构或查找一个短句。例如检索表达式：

掌握哪些（2W）技能才能

可以查到以下两个实例：

新时代职场人需要掌握哪些必备技能才能跟上时代的发展？

实习辅导老师需要掌握哪些互动技能才能成功地辅导一年级实习生？

需要注意的是，位置符只适用于标题和文摘字段，它可以避开关键词字段在词性上必须是有检索意义的实词的限制。

5.6 逻辑组配原则

（1）两个以上组配词之间只有“逻辑与”运算符的，要按词的重要性高低由左到右排列。

（2）多个组配词之间既有“逻辑与”运算符又有“逻辑或”运算符的，“逻辑或”连接的词要用圆括号括起来，并放在检索表达式的最前面。以下组配表达式一般情况下是错误的（其中 K_1，K_2，…，K_n代表不同的关键词）：

K_1 AND K_2 OR K_3

但当 K_1 AND K_2在概念内涵上约等于 K_3时，可以使用此格式。例如：

商业银行 AND 竞争力 OR 商业银行核心竞争力

（3）圆括号可以嵌套使用，但不能并列使用。以下组配表达式是允许的：

（K_1 OR K_2） AND K_3

（（K_1 OR K_2） AND K_3） AND K_4

但以下组配表达式是不允许的：

（K_1 OR K_2） AND（K_3 OR K_4）

（4）只有在检索结果中有可能大量出现某个不需要的概念时才有必要使用“逻辑非”运算符。例如以下检索策略是错误的：

085 工程 AND 内涵建设 NOT 建筑工程

因为与085工程建设项目有关的检索结果不可能出现与建筑工程有关的文献。但以下检索策略是有必要使用“逻辑非”运算符的：

（乳酸菌 OR 双歧杆菌） AND 酸奶 NOT 发酵

因为以上检索策略虽然强调检索结果必须出现乳酸菌或双歧杆菌，但并没有强调不能出现发酵菌，因此如果不用“逻辑非”运算符排除发酵菌的话，是有可能查出制作酸奶的其他菌种，甚至查出涉及影响酸奶品质的其他菌种的结果的。

（5）在第一步检索中使用过的词，在二次检索时不应重复使用。

5.7 构造检索策略实例

检索策略是检索前构造的检索表达式。检索策略可以是一个单词、词组或短语，但更常见的是具有逻辑关系的若干单词或词组。检索策略也可以是几个独立的检索表达式。

将检索前的准备分析结果和预先设计的检索策略用检索关系表的形式表示出来，可以简明地表达检索概念，大大提高检索效率。在检索策略表中，每一组检索表达式为一行，一行中可以只填一个格子，甚至一个词组，其中同一行同一格中的几个词之间为“逻辑或”关系，同一行不同格子之间的词是“逻辑与”关系。下面通过两个实例说明检索策略表的填写方法。

5.7.1 实例一：我国电视媒体广告市场竞争格局态势的分析

分析：该课题是站在电视台的角度分析如何吸引企业投放广告，以及各电视台为此采取的措施和形成的竞争态势。

任何一个课题的检索都可以有许多不同的检索策略，用一个固定词组查到的文献相关度当然是最高的，所以我们可以首先用“电视媒体广告市场”这个词检索。这个策略适合在题名和文摘字段检索，查到的结果一定是相关的。但由于这个词概念限定太严，会遗漏很多相关文献，因此需要采用其他方案弥补。第二个策略是将“电视媒体广告市场”分解为“媒体广告市场”和“电视广告市场”两个交叉概念。如果使用第二个策略命中文献还不满意，可以对这两组概念进一步分解，构造一个逻辑组配表达式“（媒体 OR 电视）AND 广告市场”。三个检索策略遵循了概念逐步扩大的原则。

由于电视台的广告业绩与其节目的收视率有直接关系，“收视率”这个词对本课题很重要，理应列出作为关键词。在表5-1所示的检索策略表中，用“收视率”进行试探性的“在结果中检索”，其考虑是如果通过“（媒体 OR 电视）AND 广告市场”检索的效果令人满意，就不需要使用“收视率”一词检索了。

表 5-1 检索策略表实例一

检索策略	运算关系	检索入口	检索表达式
一		题名或文摘	电视媒体广告市场
二		关键词	电视广告市场 OR 媒体广告市场
三		关键词	（媒体 OR 电视）AND 广告市场
	在结果中检索	关键词	收视率

5.7.2 实例二：产品的包装与防锈

分析：本课题的着眼点在于如何通过包装设计来防止被包的金属产品生锈的问题。

在检索前先要概括出对课题不可缺少的核心词，显然，这个课题是以“金属材料”为中心研究如何使用“包装”这个方法来达到“防锈”的目的。“金属材料”“包装”“防锈”是关键词，那么是否有必要将“金属材料”的上位概念“材料”增加为关键词呢？这要看“材料”这个词与其他什么词组配。因为除了金属以外的其他材料不存在生锈问题，如果将“材料”与“包装”进行“逻辑与”组配，显然误检率要比“金属材料”与“包装”组配高得多，而查全率未必提高多少。

表5-2中第二个检索策略用了“包装”“防锈”“产品”三个词，概念范围扩大了，可以增加命中文献数。

表 5-2 检索策略表实例二

检索策略	运算关系	检索入口	检索表达式
一		关键词	金属产品 AND 包装
二		关键词	包装 AND 防锈
	AND	关键词	产品
三		关键词	包装 AND 防锈 AND 产品

表5-2中第三个检索策略的逻辑组配表达式与第二套检索方案完全一样，但采用了与表格式填写不一样的命令行式输入形式，这种形式可以描述更为复杂的检索表达式。

5.8 课题分析小结

（1）明确研究目的，确定文献类型。例如查找立信会计学院的创始人潘序伦的传记或论文集，查论文数据库就不如查图书目录。

（2）要从概念上（或功能上）把握文献的相关性，而不要拘泥于具体的字词。例如“具有计时等功能的磁疗表”和“一种具有计时功能的表形磁疗器”是两个密切相关的专利。

（3）揭示出课题中隐含的，但在字面上没有直接表示出来的概念，可以提高查全率。例如对课题“废旧电池的回收处理与利用”可以挖掘出“循环利用”“稀有金属”“提炼”等概念。

（4）增加同义词，“品牌”一词可以延伸出“牌号”“名牌”“商标”等概念，必要时可以增加上位概念词和下位概念词。注意有些上下位概念词之间有相同的字，如发动机与汽车发动机；有些则没有相同的字，如水果与梨。同义词和上下位概念词之间可以用“逻辑或”组配。

（5）有些复杂的概念可以分成可以替换的概念和不可替换的概念两部分。可以替换的概念之间用“逻辑或”组配，并将其与不可替换的概念进行“逻辑与”组配。例如“风险控制”“风险管理”“风险防范”是高度相关概念，其中“风险”是不可替换部分，换掉这个词含义就不一样，所以这个词必须保留，而“控制”“管理”“防范”是可替换部分，因此可以这样构造检索表达式：风险 *（控制 + 管理 + 防范）。当然也可以对原3个词组进行“逻辑或”组配。

（6）采用减词法。在多个备用关键词中，尽量以重复率高的概念作为关键词，可在保证查全率的情况下提高查准率。例如查找与“商业信息”有关的资料，假定数据库中有以下7本书：

《商务信息与通信技术》

《商业竞争对手的情报搜集、分析、评估》

《商业信息管理学》

《商业信息浅论》

《国际商务信息学》

《商业经济信息处理和检索》

《商贸信息管理》

要一次查出这些书当然用组配表达式“（商务 OR 商业 OR 商贸）AND 信息”比较好，但人们在检索时一般很少一次能想到所有的同义词或近义词，那还不如使用出现频率最高的概念作为关键词。例如本例可使用组配表达式“商 AND 信息”。这种使用关键字代替关键词的方式虽然增加了一些误检率，但仍在可接受的范围内，却很好地避免了漏检率，是一种值得推荐的用词思路。

（7）优先使用查准率高的方法检索，但限定条件太严苛可能造成检索结果为0，这时可以去掉一个组配项来放宽限定条件。例如课题“天然植物茶叶中提取茶多酚作为食品的防腐剂”中，似乎“天然植物”“茶叶”“茶多酚”“食品”“防腐剂”5个词都可以作为检索词，实际上使用“茶多酚”和“防腐剂”两个词进行组配即可，原因在于“茶多酚”已隐含了天然植物茶叶的概念，“防腐剂”与食品高度相关，去掉这些重叠概念检索的效果更好。

5.9 实验二

5.9.1 实验内容、目的和要求

1. 实验内容

用关键词概括课题“我国电视媒体广告市场竞争格局态势的分析”的主题并制定检索策略。

2. 实验目的

掌握根据课题要求提炼关键词的方法。

学会用多个关键词表达复杂的检索概念。

学会制定检索策略。

3. 实验要求

可以用一个固定词组或两个以上的单元词概括课题主题，但没有检索意义的词不能作为检索词。

可以用步号表示在结果中检索。

不能用课题名称或《中图法》的类名代替检索词。

表达式中同时出现“逻辑与”和“逻辑或”算符时，“逻辑或”概念要用圆括号括起来。

用于“逻辑与”组配的词应该是概念相关的词，但同义词、上位概念词、下位概念词和近义词不宜用“逻辑与”组配。

5.9.2 实例

实验名称：请对课题“发展中国家外汇储备激增的原因和对策”进行概念分析，将检索策略填入表中，得表5-3。

表5-3 检索策略

步号（Step No.）	运算关系	检索入口	检索式
S1		关键词/叙词	外汇储备
S2	OR	关键词/叙词	外汇市场
S3	AND	关键词/叙词	发展中国家
S4			

5.9.3 实验报告项目说明及常见错误分析

（1）题目是必填项。题目必须写完整，题号与学号或题号与题目应匹配。

（2）瞎填乱写、与事实完全不符或完全不会做的，本题无分。

（3）检索词中间不得出现标点符号和虚词，也不得用空格代替逻辑运算符。

（4）非固定的词组和短语只能用在题名和文摘字段。

（5）可以填写多套方案，一套方案可以写在一行或多行，写成多行的每套方案的起始行前不应有逻辑运算符。

（6）检索策略中不能使用没有检索意义的词，也不应出现中文词和英文词组配的情况。

（7）使用逻辑运算符应符合逻辑组配原则。

(8) 不得擅自变更实验报告中的检索入口。

5.10 测验题

5.10.1 判断题

(1) "逻辑与"运算符表示两个概念之间具有交叉关系，用于组配具有同义、近义或可替换关系的词。 ( )

(2) 两个单词组成的固定词组检索的查准率要比两个单词的"逻辑与"组配检索查准率高。 ( )

(3) 通配符（*）可以代表0字符或多个字符，用在词尾称为截词符。 ( )

(4) 关系运算符只能用于日期型字段。 ( )

(5) 位置符特别适于限定句型结构或查找一个短句。 ( )

5.10.2 单选题

(1) 用"逻辑与"连接的两个检索词在运算时表明了（ ）。

A. 要求在文献中出现　　B. 要求在指定字段中出现

C. 明确两者之间的前后顺序　　D. 明确两者的词间距

(2) 两个单词组成的固定词组与两个相同单词的"逻辑与"组配相比，前者的查准率（ ）。

A. 高　　B. 低

C. 与后者一样　　D. 不确定

(3) 以下（ ）运算符是"逻辑与或"运算符。

A. AND　　B. OR

C. NOT　　D. XOR

(4) 对于《中、美、英、德、法、日、俄国家标准的比较分析》一文用以下（ ）检索表达式概括比较好。

A. 标准 * 比较

B. 国家标准 * 比较分析

C. （中 + 美 + 英 + 德 + 法 + 日 + 俄） * 标准 * 比较

D. （发达国家 + 金砖四国） * 标准

(5) 中文检索表达式中逻辑与组配的单字总数一般不宜超过（ ）个。

A. 6　　B. 7

C. 8　　D. 9

5.10.3 多选题

(1) 以下（ ）不宜进行"逻辑与"组配。

A. 独立概念的词　　B. 等同和从属概念的词

C. 可替换的高度相关词　　D. 不相邻的词

(2) 以下（ ）适合使用"逻辑或"运算符。

A. 具有交叉关系的词　　B. 具有等同关系的词

C. 具有从属关系的词　　D. 具有相关关系的词

（3）“逻辑或”检索与“逻辑非”检索的结果都着眼于查全率，两者的区别是（　　）。

A. “逻辑或”检索采用的是列举法　　B. “逻辑或”检索组配项少

C. “逻辑非”检索采用的是排除法　　D. “逻辑非”检索组配项多

（4）题名字段与关键词字段的检索效果区别有（　　）。

A. 题名字段对于词形没有限制，关键词字段只能使用单词、词组或缩略词

B. 题名和关键词对于检索词的词形都没有限制

C. 关键词字段可以查到标题中没有出现的概念，题名字段不行

D. 关键词和题名字段都可以查到标题中没有出现的概念

（5）对于逻辑组配检索，下列说法正确的是（　　）。

A. 使用“逻辑与”组配检索时，检索词要按词的重要性排列

B. 两个以上组配词进行“逻辑与”组配检索时，各词的词序不重要

C. “逻辑与”和“逻辑或”运算符混合使用时，“逻辑或”连接的词要用圆括号括起来，并放在检索表达式的最前面

D. 圆括号可以嵌套使用，但不能并列使用

第 6 章　网络资源搜索

本章重点

1. 网络资源基本概念
2. 互联网资源搜索工具的分类
3. 搜索引擎的匹配原理
4. 百度主页搜索的搜索要点
5. 百度网页高级搜索功能
6. 百度搜索结果页中标识按钮的作用

6.1　网络资源搜索基础

6.1.1　基本概念

1. IP 地址

IP 地址是互联网上每一个节点的唯一性标识，要链接网络上的另一台计算机就需要使用目标计算机的 IP 地址进行访问。所有在互联网上注册的 Web 服务器都平等地成为主机，并享有一个 IP 地址。主机可以是各种计算机或其他设备（如用于网络之间连接的路由器）。基于 IPv4 的 IP 地址是一个 32 位的数字，由 4 组 8 位二进制数组成，但用户使用时采用 4 组十进制数的形式。4 组数字自左向右理解，左侧号码代表网络号，右侧号码代表网络中的主机。如果第一组代表网络号，则后 3 组数表示主机号（见表 6-1）。

表 6-1　网络号与网络规模的关系

用于网络号码的数组	第一组号码的范围	网络规模或包含的网络数	包含的最大主机数
1	1 ~ 127	127 个大型网	1638.7064 万个
2	128 ~ 191	1.6 万个中型网	6.4516 万个
3	192 ~ 223	约 200 万个小型网	254 个

IP 地址是有限的，而全世界的网络规模却在不断扩大由 IPv4 对地址的命名方法可以计算出 IP 地址最多约为 43 亿个，至 2011 年 2 月国际因特网地址分配委员会已经将最后一批 IPv4 地址分配出去，亚太地区的 IPv4 地址将最先用完。代理服务器可在一定程度上解决这个矛盾。安装代理服务器软件的计算机上有两个接口：一个接口通过网络适配器连接内部局域网，另一个网络接口连接互联网。内部网络需要设置 TCP/IP，服务器上要安装代理服务器软件。当位于内部局域网上的计算机请求访问互联网时，先通过局域网将访问请求提交给充当代理服务器的计算机，再由这台计算机转发到互联网上去。当代理服务器从互联网上收到请求时，代理服务器软件就能够识别这是局域网中哪台计算机请求的内容，并将它正确地传给该计算机，从而完成“代理服务”职能。

2. 域名

域名（Domain Name）是网络主机的字符型标识，是企业在互联网上的商标、政府信息公开的平台和国家重要信息资源，还代表着国家信息安全的控制权。由于IP地址难以记忆，所以一般使用域名来映射。当使用域名访问网络资源时，要经过一个叫作域名解析器的服务器将域名转换成IP地址。域名用字母表示，也是有结构的，但要从右向左理解。域名分段的个数没有限制，但很少有超过4组的。域名中最左边一组字母代表Web服务器，右边其余部分是装有网页的站点服务器的名称，右边第一组字母称为顶级域名。顶级域名有三类：3位字母的类别顶级域名，主要由美国的主机采用；2位字母的国家或地区代码；新通过的顶级域名，要被主权国家采用才能使用。三类顶级域名见表6-2。例如，上海对外经贸大学精品课程的域名jpkc. suibe. edu. cn中的“jpkc”代表Web服务器，“suibe. edu. cn”是装有网页的服务器站点的名称，其中“. cn”是顶级域名，“. edu. cn”是二级域名。

根据2008年6月国际互联网名称与数字地址分配公司（ICANN）第23届巴黎年会通过的一项决议，2009年起放开对互联网域名注册的限制，无论是公司还是网民都可自由注册个性化的域名，例如后缀为 . amour（法文，意思为爱）的域名。新的域名也不再局限于英文字母，该组织已测试了包括中文在内的15种语言，这意味着诞生于1983年的域名系统（Domain Name System，DNS）在被英语“独霸”25年之后将真正迎来包括中文在内的世界各大语种顶级域名时代，“. 中国”“. 公司”“. 网络”成为新设的非拉丁语系字符顶级域名之一。而据互联网基础设施提供商威瑞信（VeriSign）2016年9月20日发布的《域名行业简报》显示，第二季度比第一季度新增域名790万个，全球顶级域名注册总数达到3. 346亿个。截至2016年6月30日，. com域名的注册总数达到1. 275亿个，. net域名的注册总数为1580万个。

表6-2 三大顶级域名

美国管理的七个类别顶级域名		我国目前可以申请的新顶级域名	
. com/	商业机构，任何个人都可以注册	. xyz/	. tech/
. edu/	教育机构	. club/	. site/
. gov/	政府部门	. pub/	. website/
. int/	国际组织（主要指北约组织）	. rocks/	. space/
. mil/	美国军事部门	. band/	. press/
. net/	网络机构，例如因特网服务商和维修商，现任何人都可注册	. market/	. wiki/
. org/	非营利组织机构，任何人都可以注册	. software/	. design/
地理顶级域名（部分）		. social/	. live/
au	澳大利亚	. lawyer/	. studio/
ca	加拿大	. engineer/	. red/
cn	中国	. link/	. loan/
de	德国	. click/	. bid/
gb	英国	. help/	. mom/
uk		. gift/	. lol/
hk	中国香港	. pics/	. vip/
fr	法国	. photo/	. work/
il	以色列	. news/	. game/

（续）

地理顶级域名（部分）		我国目前可以申请的新顶级域名	
in	印度	. video/	. store/
it	意大利	. win/	. name/
jp	日本	. party/	. info/
kr	韩国	. date/	. biz/
mo	中国澳门	. trade/	. asia/
ru	俄罗斯	. science/	. me/
sg	新加坡	. online/	
tw	中国台湾	. ltd 后缀的域名暂无法进行网站备案	
us	美国（某些学校和小型机构）	. co 后缀的域名暂无法在北京进行网站备案	

3. 统一资源定位符

统一资源定位符（Uniform Resource Locators，URL），又译为“统一资源指针”，用于定义互联网中某一信息资源（如网页或文件）所在的位置，从而提供一种简单的寻找文件地址的机制。IP 地址和域名指向网络节点（网络服务器），URL 则指向 Web 页所在的位置。

URL 由网络协议、域名、目录路径和文件名 4 部分组成。当 URL 指向首页时，如果省略文件名（首页的文件名通常是 index 或 default），其书写形式与域名一样，所以搜索网页时可以在 URL 字段中输入域名。例如 http：//www. dlib. org/cgi － bin/seek？Keyword ='Auto'& Author ='Arms'，这里 http 是网络协议名称，www. dlib. org 是域名，cgi － bin/seek 是目录路径和程序文件名，问号？后面是传回服务器的表单数据，此处是指用户在 Web 窗口中操作时使用的字段和输入的值。多个“表单字段/值”之间以 & 符号作为分隔，它们被存储在一个名叫 Request 的 ASP 对象的 QueryString 集合中。这个 URL 可以简单地解释为：使用 HTTP 协议，连接到互联网上域名为 www. dlib. org 的主机并执行程序文件 cgi － bin/seek，最后传入参数 Keyword ='Auto ' 和 author ='Arms'并返回输出结果。文件名的后缀可以粗略地反映文件类型，例如以“. htm”结尾表示运行于 Windows 操作系统上的 HTML 文件，以“. html”结尾则表示运行于 UNIX 操作系统上的 HTML 文件。

4. 域名与 IP 的对应关系

域名与 IP 除具有一对一的关系外，还有一对多、多对一和多对多的情况，后三种情况会干扰搜索引擎搜集网页，造成重复搜集现象。出现一对多的原因可能是一个网站有多个域名对应。出现多对一的原因可能是采用虚拟主机技术，使多个域名映射到一个 IP 上，目的是让几个网站的内容互不相同。一对多和多对一的情况经常出现在商业网站中。网站为了应付单位时间的大访问量，为同一台主机的域名配置多个 IP 地址，在应答 DNS 查询时服务器对每个查询根据记录的 IP 地址按顺序返回不同的解析结果，把客户端的访问引导到不同的机器上，使不同的客户端访问不同的服务器，从而达到负载均衡的目的。图 6-1 是北京大学网站多对一关系示意图。图 6-2是新浪网多对多关系示意图。

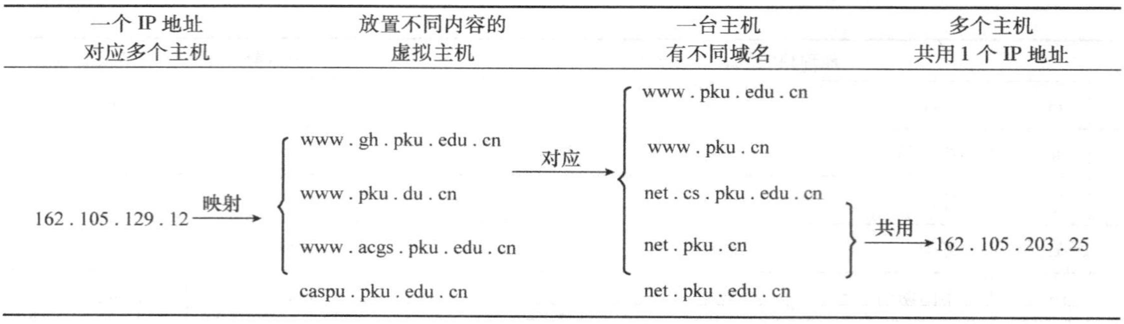

图 6-1　北京大学网站多对一关系示意图

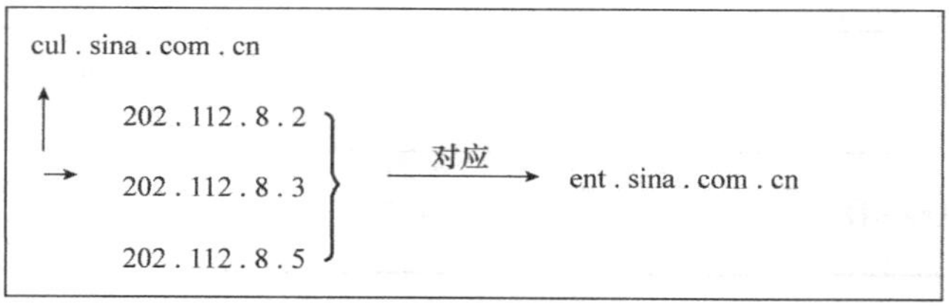

图 6-2　新浪网多对多关系示意图

6.1.2　网络协议

网络协议是指网络中（包括互联网）传递、管理信息的一些规范。一台计算机只有在遵守网络协议的前提下，才能在网络上与其他计算机进行正常通信。

1. IP

IP（Internet Protocol）是互联网上关于通信地址的协议，其功能通过软件实现。网上传输的分组信息必须有收发双方的主机地址，路由器接到上游主机发出的数据后，根据地址中的分段编号一级一级传到下游主机。IP 的要求有点像电话账单，有关地址的信息放在最前面，使路由器接到“邮件”能正确地往下转发。

2. TCP 和 UDP

TCP（Transmission Control Protocol）是关于数据分组和复原的传输控制协议，其功能也要通过软件实现。发出端主机的 TCP 软件接到一个应用程序发来的数据后，把数据分成很多段，并给每段一个分段号。下游主机接收到的数据与发出的数据段顺序未必一致（可能后发先至），要等接收端的 TCP 软件确认数据收齐并没有差错后，再按分段号还原成发出时的顺序送给应用层。为了传送这些分段号，TCP 有一个自己的“信封”。IP、TCP 和数据是层层嵌套的，每一段数据都被贴上 TCP 的分段号，而全部数据及 TCP 分段号又被套上 IP 地址。

TCP 的作用是保证数据能可靠地传到，但不能保证数据按时到达，这对文本或静态图像的传输可能问题不大，但对音频视频数据传输来说就有比较严重的影响。

UDC（User Datagram Protocol）与 TCP 的作用正好相反，它会尽力使数据包按时到达目的地，但不能保证数据包一定到达，因此更适合音视频数据的传输。

在 TCP/IP 协议簇下还有许多子协议，以下是应用层常见的协议。

3. 远程登录协议

Telnet 是指互联网上的远程登录功能。用户利用 Telnet 终端仿真程序与远方 Telnet 服务器建立远程登录连接，成为远程主机的一个虚拟网络终端，可以使用其硬件进行方程式运算、制图打印、检索数据库等工作。此外，用户还可以通过远程的一个 Telnet 服务器接入其他互联网服务资源。但是使用远程主机必须使用对方的操作命令。使用 Telnet 前用户要了解对方系统是否有你要的内容以及该系统是否允许你使用。大多数 Telnet 主机对用户的资格和权限有严格的限制，只有极少数是开放的。

4. 文件传输协议

文件传输协议（File Transfer Protocol，FTP）也是 TCP/IP 协议套件的一种，被用来在两台位于互联网上的计算机之间传输（复制或移动）文件。FTP 包括两个组成部分：一是 FTP 服务器，二是 FTP 客户端。FTP 服务器用来存储文件，用户可以使用 FTP 客户端通过 FTP 下载位于 FTP 服务器上的资源，在许可的情况下可以利用 FTP 把文件上传到 Web 服务器上。此外，由于 FTP 传输效率非常高，在网络上传输大的文件时，一般也采用该协议。

使用 FTP 时用户首先登录到对方的主机上，登录成功后可以进行文件搜索和文件传送操作，比如列文件目录、改变当前目录、设置传送参数等。使用 FTP 几乎可以传送任何类型的文件，通常只有授权用户才能使用 FTP 服务。

在互联网上有许多数据服务中心提供一种称为匿名文件传送的服务（Anonymous FTP），用户在登录时以 Anonymous 作为用户名，把自己的邮件地址作为密码即可。一旦主机提供了匿名的 FTP 服务，它有限制地允许客户访问远程主机上的资源，主机系统管理员提供一个公用的、可供别人存取文件的空间（目录名一般叫 pub），而其他目录一般不对用户开放。大多数匿名 FTP 主机允许下载文件，而不允许上传文件。如果一个匿名 FTP 主机允许上传，用户将把文件上传到远程主机一个特定的目录内，远程主机的系统管理员对该目录下的文件进行适当处理（如检查病毒），然后再把文件送到远程主机上的公共目录里。

传输文件有 ASCII 码和二进制代码两种方式。与电子邮件一样，传输英文信函用 ASCII 码文件，其他文件类型，如中文文件、各种压缩文件、图形文件、程序文件等要用二进制文件格式传递，这样可以保证在传递过程中数据的完整性。

5. 超文本传输协议

超文本传输协议（Hypertext Transfer Protocol，HTTP）是用于从 WWW 服务器传输超文本到本地浏览器的传送协议。当在浏览器的地址框中输入一个 URL 或是单击一个超级链接时，URL 就确定了要浏览的地址。浏览器通过 HTTP，将 Web 服务器站点上的网页代码提取出来，并翻译成漂亮的网页。HTTP 可以使浏览器更加高效，使网络传输减少。它不仅保证计算机正确快速地传输超文本文档，还确定传输文档中的哪一部分，以及哪部分内容首先显示（如文本先于图形）等。

客户机与服务器建立连接后向服务器发出一个请求，其请求具有一定的格式。一个请求一般包括这些内容：请求方法，请求资源的 URL 和协议版本号；有关该请求的其他信息和客户机信息；实体和可能的实体内容。由于 HTTP 是基于请求/响应范式的，服务器接到客户端发来的请求后，其应答也具有一定的格式。一个应答一般包括：协议版本号，状态代码和状态说明的状态行；服务器信息和进一步访问资源的 URL 及 WWW 权限识别；实体头和可能的实体内容。

6.1.3　网络资源搜索工具

1. Usenet

Usenet 是 Uses Network 的缩写，译为新闻讨论组（Newsgroup，简称新闻组），又称网络新闻、电子论坛、电子布告栏，是互联网上早期的一种分布式的信息交流系统，可以用于发言讨论，而大多数人是用于传递文件。可以使用 Usenet 代替 P2P 下载文件，好处是可以避免木马程序和病毒。Usenet 目前在国外还有使用，但都是收费的。下面介绍一些目前仍可使用的 Usenet 服务㊀。

使用 Usenet 服务，首先要选择 Usenet 服务商开通一个账号，在北美开通网络时一般会同时开通 Usenet 账号。据介绍 Giganews 是目前世界上文件保存期最长的美国 Usenet 服务商，UseNeXT 是欧洲最大的 Usenet 服务商。除了账号，还必须有一个 Usenet 客户端专用软件，NewsBin（收费软件）和 Grabit（免费软件）在国外都比较有影响。

在浏览器中设置 Usenet 功能的方法如下：

启动 Outlook Express，在出现的界面上单击“新闻组”按钮；按照提示依次输入要显示的名称、电子邮件地址以及所要链接的新闻服务器。此时选择“我的新闻服务器要求登录”这个选项；键入账号和用户名，确定以后单击“完成”；据随后的提示选择是否立即下载。下载完毕后就可以在 Outlook Express 里像阅读电子邮件那样来阅读新闻组的内容了。还可以像回复电子邮件那样回复在新闻组里参加某一话题的讨论。

2. E-mail 论坛

E-mail 论坛又称为邮件列表（Mailing List），大多设在大学、科研院所等网站，是具有通过电子邮件进行群发功能的学术交流的园地和网络营销的常用工具。凡是拥有一个 E-mail 地址的用户，向特定邮件管理服务器发送的邮件都会被自动转发给在该邮件管理服务器注册的用户，如 21 俱乐部（v2. 21club. com. cn/）、畅享网（www. vsharing. com/）。电子邮件论坛的特点在于：它是一个封闭式的论坛（这点不同于新闻组）；专业性强；采用离线交流方式。

我国目前比较有影响的 E-mail 论坛有 E-mail 社区（www. mailqiye. com）等。

3. 门户网站

通过分类目录浏览是使用门户网站的主要方法之一。门户网站中的分类目录吸取了图书分类法的重要思想和编目工作的许多内容。门户网站分类目录的特点是：①将所有类目构成一个树状的知识体系。从目录编制的依据看，国内许多网站大多依据《信息分类和编码的基本原则与方法》（GB/T 7027—2002）分类。美国的绝大多数网站依据国际通行的黄页分类法设置类目，偏重于商业化。当然，有的网站类目设置得比较贴近日常生活，也有的目录比较随意。②具有多级类目结构，类目之间具有各种逻辑关系。交叉类目在不同类目下重复显示，并用符号标示出来。③书目记录是编目的成果，列出了网站名称和内容提要。一般搜索引擎的网站提要是由各客户网站自己提供的。高质量的搜索引擎要对客户网站提交的提要检查核实，增删修改。但有些搜索引擎为减轻工作量而使用自动注册或不进行核实，质量自然要受影响。

4. 搜索引擎

搜索引擎是一种 Web 上应用的软件系统，它以一定的策略在 Web 上搜集和发现信息，在对信息进行处理和组织后，为用户提供 Web 信息查询服务。从使用者的角度看，这种软件系统提供一个网页界面，通过浏览器提交一个词语，然后很快返回一个可能与用户输入内容相关的信息列表，这个列表中的每一个条目代表一个网页，每个网页至少包括网页标题、该网页对应的访问地址（URL）和网页摘要三项基本内容。与传统文献数据库相比，搜索引擎有这样一些特点：①搜索引擎涉及的信息和使用对象更具广泛性和非专业性，因此在搜索功能上更重视查全率，以争取不漏掉任何相关的信息。②搜索引擎用户类型层次多样，他们绝大多数没有经过专业的检索训练，很容易出现查找结果过量的问题，因此搜索结果的相关性排序就非常重要。③由于面对的 Web 信息和并发用户数量极其庞大且不可控，因此系统响应速度的改善是一个难点。基于这个原因，搜索引擎向用户提供的信息并不直接来自 Web 世界，而是间接从搜索引擎的历史网

㊀ http：//www. ruanyifeng. com/docs/usenet/。

页库中查找，使通过搜索引擎查到的信息与现实网页并不总是一致。

5. 网址导航

网址导航又称“网址大全”或“网站大全”，是继门户网站之后的又一种方便用户查找网络资源的工具。与门户网站的区别是，网址导航仅提供对热门网站主页的链接，不涉及具体的网页内容。

6.1.4 搜索引擎的结构

典型的搜索引擎工作原理由网页搜集、预处理和查询服务三大模块组成，如图6-3所示。图中圆柱形表示数据产品，椭圆形表示系统流程中的内部数据，矩形表示系统流程的程序部分。系统起始于搜集，结束于查询服务，整个流程可以重复进行，从而达到系统的更新。

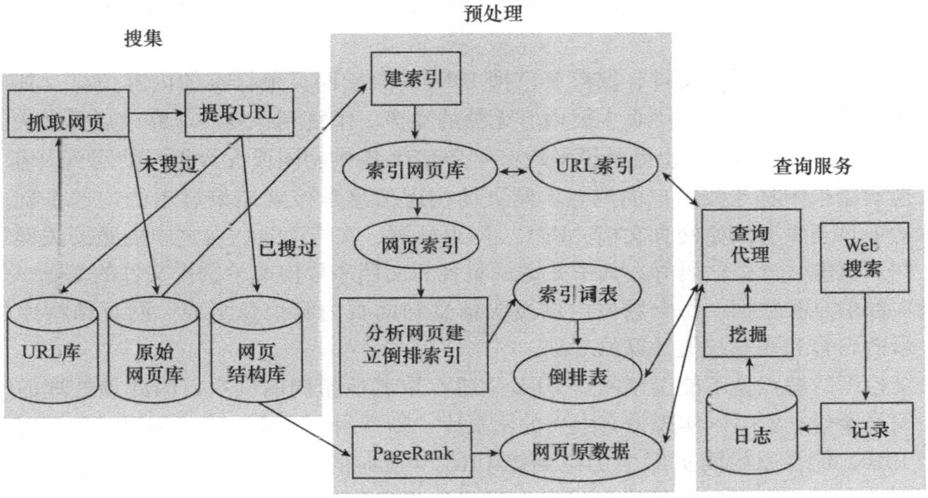

图6-3 搜索引擎的构成

1. 网页搜集模块

搜索引擎是工作在数据集合之上的程序，它处理的数据是动态变化的海量网页，对于这些网页需要由系统主动抓取。从满足用户对系统反应的速度要求，所有大规模搜索引擎服务都是基于一批预先准备好的URL列表，形成网页数据库的基础。在初始数据基础上采用增量搜集的网页数据库维护策略。据统计，50%网页的平均生命周期大约为50天，因此系统采用断续搜集方式。

信息搜集器是一个可以浏览网页的程序，被形容为“网络蜘蛛”或“网络爬虫”，大型搜索引擎采用多个搜集器同步搜集方式。网页搜集策略是，把Web上的网页看成是个有向图，搜集过程从预先设置的待搜索URL列表开始，沿着网页中的链接，按照先深、先宽或其他策略遍历，找到新的网页就将URL加入到这个列表，同时下载相应网页，已经搜索过的网页被从待搜索URL列表中移出，存入已搜索URL列表。由于任何搜索引擎都不可能穷尽Web上的所有网页，策略的选择就形成了不同搜索引擎的特色。从实践上看，按先宽方式得到的网页比先深得到的网页重要。从重要性和流行性等同的观点看，看的人越多的网页越重要，由此考虑一个网站从主页开始向下，按照链接的深度将网页组织成一个层次结构，上层网页统计上会比下层网页重要些。这样的认识在Google的PageRank排名中得到了体现，即较靠近主页的网页通常权值较高。

网页搜集的过程是：从URL库获得输入，解析URL中标明的Web服务器地址、建立链接、发送请求和接收数据，将获得的网页存储在原始网页库，从中提取出的信息存入网页结构库，同时将获得的网页数据存储在原始网页库，形成网页快照，再从其中提取内容信息放入网页结构库，将待抓取的新的URL放入URL库，保证整个过程的递归进行，直到URL库为空。

大型商业搜索引擎在自动搜集之外还会接受网站拥有者主动向搜索引擎提交网址，系统在一定时间内定向向那些网站派出“蜘蛛”程序，扫描该网站的所有网页并将有关信息存入网页数据库中。

一般搜索引擎的搜集器在搜索过程中只取链长比（超链接数目与文档长度的比值），小于某一阈值的页面，数据采集于内容页面，不涉及目录页面。在采集文档的同时记录各文档的地址信息、修改时间、文档长度等状态信息，用于站点资源的监视和资料库的更新。在采集过程中还可以构造适当的启发策略，指导搜集器的搜索路径和采集范围，减少文档采集的盲目性。

2. 预处理模块

网页结构库是一种顺序文件，保存了已搜URL的原始网页最详细的内容信息，其中已去除了HTML标签、重复网页和与网页主要内容无关的噪声。由复制、转载、修改后再发表等原因产生的重复网页平均大约为4，也就是说平均有4个URL提供相同或大致相同的网页内容。这种情况出现在搜索结果中将导致用户的抱怨。网页结构库信息是搜索结果显示的内部基础。构成网页结构库的项目至少有原始网页文档、URL、网页标题、文档序号、网页中的重要关键词及其出现位置、网页权值、分类代码等，其中关键词集合和文档序号构成了倒排文件的基础。每条记录包括记录头部信息和数据，每个数据由网页头信息和网页内容信息组成。网页结构库提供了搜索结果显示的内容和网页权值计算的基础。

网页结构库的缺点是不能按照网页URL随机存取其所指向的网页，因此预处理的第一步就是为原始网页库建立索引，实现带有索引的网页库，即索引网页库。索引网页库的任务是：对给定的一个URL，能在原始网页库中定位到该URL所指向的记录。索引网页库包括网页索引和URL索引两个文件，前者提供了从文档号查网页的途径，是形成倒排文件的基础；后者提供了通过URL查文档号的途径，可以实现网页快照查看功能。

对索引网页库进行处理包括网页分析和建立倒排文件索引两部分。

（1）网页分析。网页分析的过程包括：提取正文信息（指过程网页标签、Scripts、CSS、Java、Embeddedobjects、Comments等信息）；把正文信息切分为索引词并赋予权值。

提取正文信息时可以提取超链接。网页中所含的指向其他网页的链接信息不仅给出了网页之间的关系，而且还对判断网页的内容有很重要的作用，它有助于更准确地判断用户的需求。例如，用户输入关键词“Windows”是要查找微软操作系统还是要查找建筑构件。而其他网页对本网页的主动链接数，可以看作其他网站对本网页的推荐，多个网站对本网页的主动链接反映了本网页的重要程度。链入、链出值的确定不仅可用于计算网页权值，也可用在信息推送等方面。

网页分析的结果是文档号到索引词的对应关系表。每条记录中包括文档编号、索引词编号、索引词在文档（这里是指从网页中提取的内容）中的位置信息、索引词载体信息（如字体和大小写等，用于计算网页权值）。

文档由被称作特征项的索引词组成，网页分析是将一个文档表示为特征项的过程。网页源文件与文献在形式上的区别是：①有大量HTML标记，据统计，一个网页字符中只有约1/4的内容是正文；②有大量与主要内容无关的噪声，如广告、导航条、版权说明等。因此需要从网页源文件中提取有检索意义的关键词，用一组关键词来代表网页的主要内容。在检索和文档分类系统中，中文信息的检索主要有基于单字的检索和基于词的检索，前者在检索时得到每个单字的索引，而后加以适当的逻辑运算，得到检索结果；后者对词汇建立索引，检索词汇时一次命中。

根据索引词载体信息可以计算网页权值。网页权值计算的基础是传统信息检索理论中的“共现词假设”，即某关键词在一篇文献中出现的次数（TF）和出现此关键词的文献量（DF）。TF 和 DF 这样的频次信息能在一定程度上揭示一个关键词在一篇文献中的相对重要性或者与某些内容的相关性。网页权值的计算还引入了传统科技文献重要性评价的引文思想，即“被引用多的就是重要的”。这个思想在网页之间可以通过超链接得以体现，Google 创立核心技术的 PageRank 就是这种思想的成功体现。而链入链出形成了一种对偶关系，这种关系使得人们可以在网页上建立另外一种重要指标。除以上传统信息检索理论在网页重要性分析中的应用外，利用网页的 HTML 标签和用户检索行为可以对网页的重要性做进一步区分。

（2）建立倒排索引。搜索引擎对大用户量的快速响应的要求是一般数据库不能比拟的，因此要求检索时的运算量尽量少，搜索引擎通常采用倒排索引技术解决这个问题。倒排索引包括正向索引和反向索引。分析完网页后，得到以网页编号为主键的正向索引表，实现网页到索引词的映射（从网页中抽出一组关键词用以代表此网页）。在此基础上就得到了以索引词为主键的最终的倒排文件索引，进一步实现索引词到网页的映射（使通过一个关键词可以查到许多网页），形成倒排文件，同时将网页中包含的不重复的索引词汇聚成全文索引词表。

预处理模块中最重要的是一个全文索引数据库，即网页索引，它通过分析网页、排除 HTML 等语言的标记符号，将出现的所有字或词抽取出来，并记录每个字词出现的网址及相应位置（比如是出现在网页标题，还是出现在简介或正文中），最后将这些数据存入查询表，成为直接提供用户搜索的数据库。由于不同内容的网页用途和信息提取算法有很大差别，搜索引擎会对不同类型网页分别提供查询入口，例如以完整文字内容为主的网页为主题网页，以图片为主文字很少的网页为图片网页，提供网页导向、超链接密集的网页为 Hub 网页。

3. 查询服务模块

查询服务模块是实现检索功能的程序，其作用是将用户输入的检索表达式拆分成具有检索意义的字或词，再访问查询表，通过一定的匹配算法获得相应的检索结果。返回的结果一般根据词频和网页链接中反映的信息建立统计模型，按相关度由高到低顺序输出。传递到查询服务阶段的数据包括索引网页库和倒排文件。查询代理接受用户输入的查询短语，自动切分出若干关键词并形成一个查询词表，将这个表中的每一个关键词与倒排文件中的关键词进行一一比对，通过与所匹配的关键词对应的网页文档号输出查询结果。

倒排索引中记录了索引的权重和位置信息，检索阶段一并读出，并加以综合考虑。检索式中关键词按文档频率的倒数降序排列。参见本书第 2.2.2 小节相关内容。

关键词权值的作用机理在倒排文件中体现出来就是：在网页中提取一组关键词时，可以同时确定每个关键词出现的位置和词频；而通过倒排文件中对应的文献号数组（倒排表）的长度可以确定一个词所涉及的网页文档的篇数，即文档频率。词频和文档频率是基于传统信息检索理论确定搜索结果排序的首要因素，在这个基础上影响排序的因素还有 HTML 标签、被链接数、用户点击数等。

6.1.5 搜索结果

1. 搜索结果页信息构成

原始网页中有一些与主题内容无关的导航条、广告信息、版权信息、调查问卷、“联系电话”“下一页”、设计人员的注释等，有时一个网页还包括多个不同的主题，去除这些噪声内容后得到的网页正文和相关链接等是纯净的 HTML 信息，但这些信息提供的检索功能有限，也不便于计算机处理，还需要进一步提炼为元数据信息。这种元数据信息通常有网页标识、内容类别、网页标题、网页关键词、网页摘要等。以下是搜索结果页上出现的元数据。

（1）网页地址。通常是URL，是网页在Web上的唯一性标识。

（2）网页标题。网页标题主要来自网页〈TITLE〉标签，它比包含在〈body〉标签内的内容要重要得多，但有6%左右网页的〈TITLE〉标签没有严格的标题，例如只有“Untitled Document”“New page”“welcome”“欢迎访问”等，这其中有的是网页制作工具为新创建的网页赋予的初始名称，有的是网页制作者较为常用的网页标题，它们对网页没有概括作用。遇到这种情况要手工从关键词集合中选取权值最高的作为网页新标题。

（3）关键词。这是从当前页中提取的权值最大的前几个词，作为网页正文的特征词。

（4）网页摘要。这是以自然语言理解的方式从网页正文中生成，用以帮助用户判断是否有必要打开超链接，浏览动态网页。网页摘要与网页并不绝对一致，这不仅因为网页摘要源自历史网页，与真实网页有一定的时差，而且当网页有多项内容时，摘要只能反映主要内容。摘要生成有三种方式。最常见的方法是根据查询词在文档中的位置，提取出周围的文字来，在结果页将查询词突出显示。其具体思路是，以正文段落为单位，在各个段落中定位网页的关键词并累加关键词的权值作为关键词所在语句的权值，最后在每个段落中限量选取权值最大的语句，组成网页的摘要。用这种方法得到的摘要不能保证摘要中的语句之间有上下文关系，但能做到覆盖整个文章的内容。这种提取摘要的方法又称为动态方式。第二种方法是截取正文最前面的512个字节作为网页的简介。第三种方法是将每一个段落的第一个句子拼起来。后两种方法可称为静态方式，这两种方法简单，但不能全面概括网页的重要内容。

搜索结果的呈现主要用到动态网页生成技术和动态摘要算法。按照查询代理检索回来的数据，通用网关接口（CGI）程序根据决定输出风格的模板，将结果数据整合到模板中，形成结果页面，输出给用户。

搜索结果不必然以列表的形式显示，但列表形式是浏览最方便的形式，被搜索引擎广泛采用。搜索结果的排序以关键词在网页内容中出现的词频、每个关键词所对应的网页文档频率和用户输入的关键词有关。一篇网页文档中包含的检索式中的词越多，则该文档就应该排在越前面。进一步说，若一个关键词在越多的网页文档中出现，则该词用于区分文档相关性的作用就越小。

搜索结果的输出有多种显示形式，例如Vivisimo搜索引擎就是以类别的形式显示，但最常见的还是以列表形式呈现给用户。所谓列表形式显示，就是以相关度排序方式输出搜索结果。但是定义相关性是困难的，它不仅与检索词有关，还与用户的背景和查询历史有关，因为不同需求的用户可能输入同一个检索词，而同一个用户在不同时间输入的同一个词可能有不同的要求。确定搜索结果的输出顺序通常在预处理阶段就要考虑。

搜索引擎索引的网页不是当前互联网上最新的网页，因此存在已经消失的可能性。为保证用户能够继续访问相应信息，搜索引擎都提供网页快照功能。

2. 显示结果排序的影响因素

搜索结果必须按检索式与网页的相关度排序才便于使用，而确定相关度的依据就是网页中关键词的权值。影响权值的因素可分为三类：基本权项、被相关网页链接数和用户点击次数，其中基本权项包括网页语言编码类型、HTML标签、关键词出现频率和网页发布时间。

（1）关键词出现频率。如果这个关键词在网页中出现多次，这个关键词在这个网页中的权值就是这个关键词在这个网页中所有单项权值之和。因此一个关键词在网页中出现的次数与网页正文长度有关，但系统会剔除无检索意义的高频词和非常冷门的低频词的影响。

（2）HTML标签。在超文本文件中，文字是被HTML标签包围着的，这些标签可分为不影响文本权值的标签和影响文本权值的标签两类。如〈IMG〉、〈FRAME〉等标签与文本内容的重要性无关，网页标题、字体字号则对文字的重要性有不同的影响。

以下是天网对权值产生影响的HTML标签：

网页标题〈TITLE〉，权值40。

7号字体〈FONT SIZE =7〉，权值16。

一级标题〈H1〉和6号字体〈FONT SIZE =6〉，权值12。

引用文献〈CITE〉、二级标题〈H2〉、5号字体〈FONT SIZE =5〉，权值是8。

加粗〈STRONG〉、加粗〈B〉、字体稍微放大〈BIG〉、三号标题〈H3〉、定义条目〈DT〉、清单项目〈LI〉、不排序项目〈UL〉、链接〈A〉、4号字体〈FONT SIZE =4〉、比现在文字大1级〈FONT SIZE = +1〉，权值是4。

强调显示〈EM〉、斜体〈I〉，权值是2。

四级标题〈H4〉、五级标题〈H5〉、3号字体〈FONT SIZE =3〉、2号字体〈FONT SIZE =2〉、1号字体〈FONT SIZE =1〉，权值是1。

网页文本中每个关键词都被赋予一个初值，每个关键词又可能被HTML标签多层嵌套，如正文中某个关键词使用某个字号后又被加粗，这个关键词的权值就是3项累加。网页标题就是浏览器上方显示的内容，我们看到许多网站在网页标题中加入了许多广告语，就是充分利用它权值高使排名靠前。

（3）被相关网页链接数。不同网站之间网页的超链接反映了链出网站对链入网站的网页的重视与推荐，因此一个网页被其他网站链接得多，就说明这个网页是重要的，将获得较高的权值。许多网站也利用了这个原理，与其他众多网站建立合作关系，互相链接以增加权值。

（4）用户点击次数。用户通过检索获得搜索结果列表，对于列表中的条目用户是有选择地打开查看的。所以被打开的网页可以认为是用户感兴趣的。对于不同用户使用相同的检索词打开相同网站的网页，则可以认为这个网页受许多人关注。一个网页的被点击次数越高其获得的权值也越高，通过这个方法可以对搜索结果排名进行调整，但系统会排除同一URL的点击次数，也可能会排除有合作关系的URL的点击次数。由于通过以上方式得到的搜索结果页次靠后的条目和新出现的网页相关度不一定低，系统会通过算法对权值进行补偿。

（5）网页语言编码类型。对于以中文为主的搜索引擎，权重影响由高到低依次是：中国大陆使用的GB码、港台地区使用的Big5码、北美和欧洲地区华人使用的HZ码。

一个网页获得的最终权值是以上各项分别乘以不同系数的结果之和。

搜索结果排名对于所有搜索引擎公司都是商业机密，但以上各项是排名的基本要素，各搜索引擎会对各项进行微调，比如仅通过调整系数就可以不断改变排名结果。

6.1.6 搜索引擎的匹配原理

1. 关键词搜索

在搜索引擎中关键词检索普遍采用全文检索技术。全文检索允许将网页中任何有检索意义的字或词作为检索项，并由其指向原文的有关页面或链接。全文检索的原理是：计算机程序通过扫描每一篇文章中的每一个有检索意义的字，建立以词或字为单位的查询表。由于允许用户通过文章中任何有检索意义的字、词和句子进行检索，系统将对检索提问式进行分析，提炼出符合查询表规定的检索词。为了方便浏览，全文检索系统通常要对输出条目的顺序进行控制。检索程序根据检索词在每一篇文章中出现的频率，对包含这些检索词的文章进行排序，最后输出排序的结果。

对于中文全文检索技术来说，采用以词为基础还是采用以字为基础建立查询表是一个艰难的选择。以词为单位建立的查询表的优点是：对于大规模应用，查询表可以组织得比较小，检索的处理速度也比较快，而且还容易实现同义词、反义词的联想检索，查准率也较高。但是由于中文词与词之间无空格，实词和虚词之间也无间隔，人们在阅读过程中对词的识别切分主要靠自身的知识与智力，而这对计算机处理却非常困难。以单字为基础建立的查询表不存在词的切分问题，检索时先匹配单字，再进行词组重组，可以节约人工标引的大量工作，避免标引的主观性和不一致性，查全率很高，还可以用来对文献内容进行统计、分析和研究，但为此付出的代价是降低了查准率，索引库也十分庞大。以单词为基础建立的查询表要有一个禁用词表相配合。

全文检索技术目前已成为互联网信息检索中的重要研究领域。根据用户输入的检索条件，为用户提供各类网站上的信息，并将搜索结果以书目记录的形式呈现给用户。当用户需要查看某条信息的全文时，只需单击该记录，系统便自动与相应的站点建立链接，然后以浏览的方式将全文呈现给检索用户。全文检索技术是信息发现、分析和过滤、信息代理、信息安全控制等应用的重要技术基础。

2. 网址导航

搜索引擎的网址导航服务是网页分类技术的应用，一般设置在搜索引擎的单独页面。网址导航提供了不同于关键词搜索的查找途径，与关键词检索配合使用还可以提高系统的查准率。常见的网页自动分类技术是基于统计经验学习法理论，其基本思路是先搜集一些与待分类文档同处一个领域的文档作为训练集，并由专家进行人工分类，保证分类的准确性，然后分析这些已经分好类的文档，从中挖掘关键词和类之间的联系，最后再利用这些学到的知识对文档分类。网页自动分类技术除在搜索引擎网址导航获得应用外，在数字图书馆、主题搜索、个性化信息检索、信息过滤、主动信息推送服务等领域也得到了广泛应用。

6.2 独立搜索引擎：百度

6.2.1 概况

百度（www.baidu.com）是全球最大最先进的中文搜索引擎，使中国成为美国、俄罗斯、和韩国之外，全球仅有的4个拥有搜索引擎核心技术的国家之一，与全球最大的搜索引擎Google相比，百度更新速度要快一些。

百度致力于为用户提供“简单，可依赖”的互联网搜索产品及服务，其中包括：以网络搜索为主的功能性搜索，以贴吧为主的社区搜索，针对各区域、行业所需的垂直搜索，MP3搜索，以及门户频道、即时通信（IM）等，全面覆盖了中文网络世界所有的搜索需求。根据第三方权威数据，百度在中国的搜索份额超过80%。百度还联合优质网站，建立了网络联盟，推出了基于搜索的广告服务，成为受企业青睐的互联网营销推广平台。目前，中国已有数十万家企业使用了百度的该服务。

目前百度提供的应用分为八大类，包括搜索服务、导航服务、社区服务、游戏娱乐、移动服务、站长与开发者服务、软件工具、其他服务。

6.2.2 主页搜索功能

百度主页的界面非常简洁，提供了糯米、新闻、hao123、地图、视频、贴吧等几种常用功能的入口。另外还有“设置”和“更多产品”两个菜单项。在“设置”中有以下功能设置：打开实时预测功能，使用户在输入关键词时实时展现搜索结果；打开搜索历史记录功能，使用户搜索时显示搜索历史以供参考。打开高级搜索窗口，在“更多产品”中可以看到以上所有百度应用列表。

百度搜索采用以字为单位的全文检索技术，可以在检索词输入框中输入中文、英文、数字和其他可显示字符。

【搜索要点】

（1）词间空格代表“逻辑或”运算符。

（2）所有输入的中英文字和各种符号都作为检索词，百度把所输入的字符串都拆成单字进行检索。

（3）所有全文索引方式的检索都采用了规则筛选、百分比截断输出和显示记录按相关度排序的方式，这就要求检索者首先务必要让检索结果不要被挡在阈值内，而要做到这点就要努力提高相关度，而相关度的排序规则用户能控制的部分主要是词序和词间距，因此检索时要尽可能使用词组或短语，少用单词。

6.2.3　高级搜索功能

高级搜索窗口提供了丰富的组配检索方式和条件限定项，图 6-4 所示为网页高级搜索窗口。

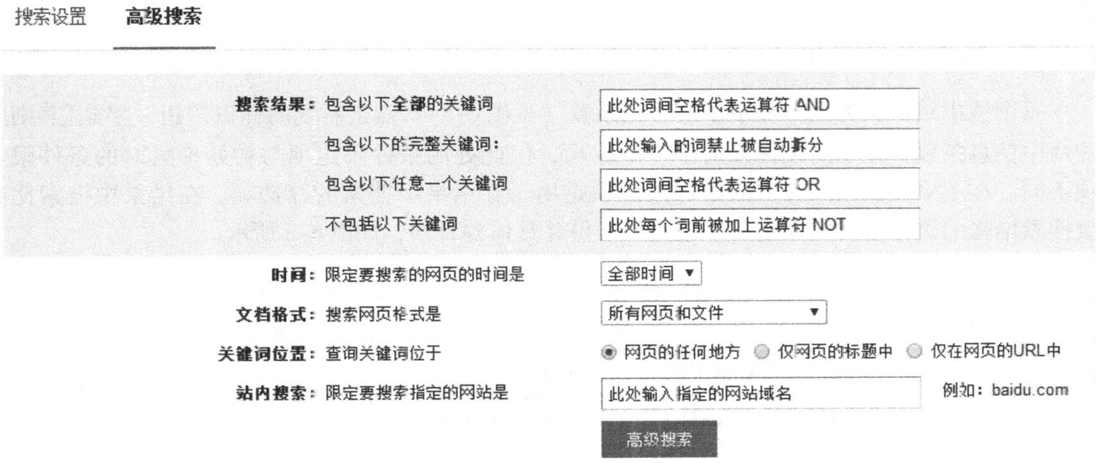

图 6-4　网页高级搜索窗口

1. 表格式搜索

高级搜索窗口提供了表格式搜索方式，其中提示语的含义如下：

（1）包含以下全部的关键词：表示此行输入多个关键词时空格代表“逻辑与”运算符。

（2）包含以下的完整关键词：表示此行输入的字符串禁止拆分，即作为固定词组使用。

（3）包含以下任意一个关键词：表示此行输入多个关键词时空格代表“逻辑或”运算符，相当于每个词被加上了半角双引号。

（4）不包括以下关键词：表示此行输入的词被忽略，相当于词前面被加上了“逻辑非”运算符。

百度高级搜索各行可输入的词之和不能超过 38 个汉字，字母和数字等同于一个汉字。因此，虽然百度允许输入句子，但不能输入文章段落。

2. 搜索条件限定

高级搜索窗口还提供了四项搜索条件限定，适用于筛选时效性较强的内容，可降低命中记录数，提高查准率。

（1）时间限定。默认为“全部时间”，可选项有“最近一天”“最近一周”“最近一月”“最近一年”。

（2）文档格式限定。默认为“所有网页和文件”，可选项有：

1）Adobe Acrobat PDF（.pdf），是世界通用电子书格式，适用于查找正式发表的文献。

2）微软 Word（.doc），适于查找非正式出版的资料，但也有 Word 格式正式发行的电子版咨询报告。

3）微软 Excel（.xls），适于查找以老版微软电子表格格式制作的资料。

4）微软 Powerpoint（.ppt），适用于查找以课件形式制作的报告。

（3）关键词位置限定。用于查找检索词在超文本文件中的位置，默认为网页的任何地方，可选项有：①“仅网页的标题中”，表示只查找超文本文件中标签〈title〉和〈/title〉框之间部分的内容，选用此项可提高查准率；②“仅在网页的 URL 中”适用于查找一般很难查到的深层文献，这些检索信息往往出现在目录路径或文件名中。注意文件名与网页标题的区别。

（4）站内搜索。在对应的输入框中输入域名，百度会以深度优先的形式穷尽一个网站的内容，特别适合针对特定的大型网站进行搜索。

6.2.4 搜索结果显示

每个搜索结果页的上方显示了命中记录数（见图 6-5），点击右侧的标识按钮▽搜索工具则隐藏命中信息条数，显示高级搜索的条件限定项，但此处的条件限定项与初始检索时的条件限定项不同。在题录搜索结果页中的条件限定项是用于在结果中搜索的筛选项。在结果中搜索比高级搜索增强的地方是时间限定可以超过一年份并具体到日期，如图 6-6 所示。

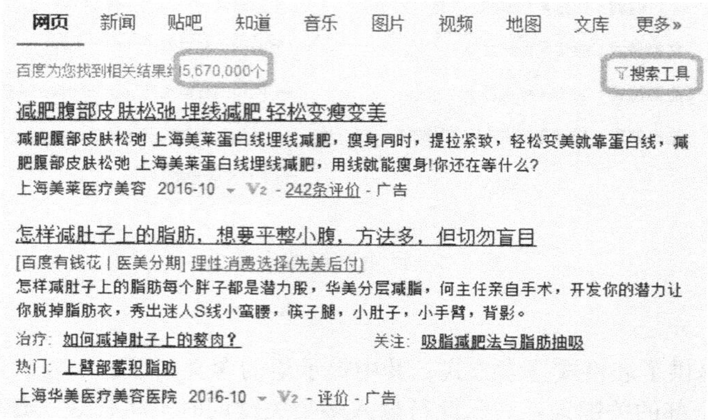

图 6-5 搜索结果页中显示的命中记录数

百度搜索结果的基本项有网页标题、摘要、网址三项，有些搜索结果有发布日期和百度快照。百度快照是百度网站预先暂存的网页，供用户在无法链接某个网站时应急调用。

商业网站上的网页增加了三项内容：①信誉认证等级图形标识，如 V3，鼠标移到这个图标上会弹出相关信息，并可查看企业档案；②营销推广登记入口的文字标识“广告”；③用户评价

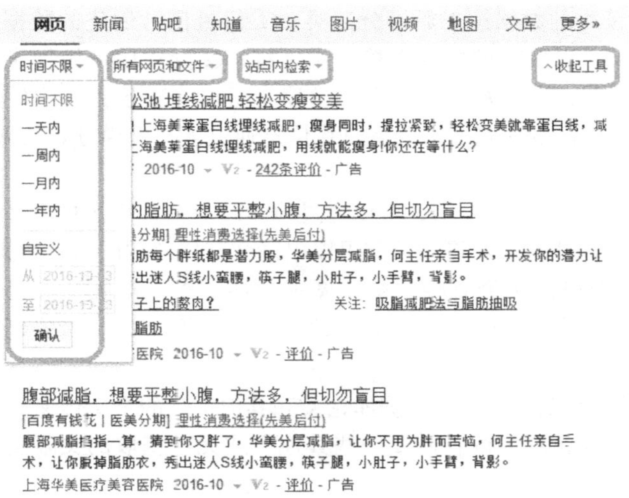

图6-6 搜索结果页中的高级搜索条件限定项

入口或好评率文字图标，没有用户评论的记录仅显示用户点评入口标签“评价”，有用户评价的记录则显示好评率。

6.3 学术搜索引擎：读秀

6.3.1 读秀概况

1. 资源收录范围

读秀学术搜索是北京世纪超星公司于2006年在超星数字图书馆基础上开发的一款产品。读秀首页顶栏设置了知识、图书、期刊、报纸、学位论文、会议论文、特色库、文档、电子书、讲座10个常用频道，另有17个频道隐藏在“更多>>”中，包括视频、考试辅导、课程、虚拟咨询、词典、人物、标准、专利、词条、图片、电影、音乐、博客、论坛、新闻、法律法规、政府信息等。外文文献是链接超星的另一款产品“百链”的数据。

据介绍，读秀已整合国内众多图书馆新中国成立以后的中文图书馆藏达330万种，占全部出版量的95%以上，每年新增十几万种，其中全文收录的图书占70%，是目前国内收藏量最大的中文图书数据库。外文图书达30万种，每年新增3万种。

读秀除了整合图书，还以题录形式（也叫作元数据收割式）整合了中文期刊、会议录、学位论文、报纸、标准、专利等数据库资源和馆藏视频，开辟了对网上免费视频的利用和网页的一站式整合检索，使读秀中文资源的整合几乎囊括了目前图书馆数字资源的所有类型，是目前整合馆际图书馆资源最多的商业数据库，也是全球最大的中文文献资源服务平台。

除了以上正式出版发行的文献外，读秀也允许用户上传资料进行分享。例如，读秀的文档频道、课件和考试辅导专题馆都收录有大量网络免费的和用户上传的文献资源。

2. 文献提供方式

（1）在线借阅。读秀提供的电子图书采取类似传统图书的借阅方式，有借阅期限。图书下载方式有两种，一部分可以一次整本下载阅读，但大部分每次只能下载部分章节，释放后才能继续下载其他章节的内容。

（2）全文传递。读秀的数据按来源可分三类：①超星自己创建的数据库，初始数据以国内各大图书馆馆藏为基础，以后新增加的直接购买版权；②读秀用户馆提供的馆藏纸本图书的书目数据；③各用户馆采购的商业数据库。用户馆读者可以查看读秀和本馆有全文阅读权限的整本图书，对于没有阅读权限的文献可以查看书目信息通过全文传递方式获得全文。

全文传递有以下三种方式：

1）用户馆没有购买的读秀电子书，可以通过检索结果页面设置的参考咨询服务接口填写文献传递申请表，通过 E-mail 自动获得。目前可以申请文献传递的图书已达到 310 万册。

2）书目检索结果中提供了拥有相关纸质图书的图书馆、出版社、网上书店等单位联系接口，这些单位提供因版权限制不能电子化而各馆又无纸本图书的付费式纸本印刷服务，通过快递发送。

3）各用户馆馆藏纸本期刊、商业数据库论文和其他文献的全文传递。

（3）读者互助。读秀论坛为读者需要一些其他方式无法获取的文献资源提供了一条向其他会员求助的平台。

（4）馆际合作。读秀对用户馆的馆藏所有资源进行了整合，包括中外文纸本和电子图书、期刊论文等，使读秀成了所有用户馆的统一服务平台。对图书的整合使读者可直接进入本馆和各馆的联机公共查询目录（OPAC）系统，查看该图书的索书号、馆藏地点、可否借阅等信息。对期刊、会议录、学位论文等学术资源的整合，使读秀成为文献资源互助共享的平台，可以直观具体地反映各馆文献资源的特点，不仅为同一地区馆际互借、资源共享提供了便利，也为采购协调提供了基础。目前，全国已有 60 多个区域联盟图书馆在读秀文献元数据库和全文检索系统的基础上建立了联合目录和统一检索平台。

从 2011 年起读秀推出了云图书馆服务，对本馆没有的资源可以利用各种区域图书馆的云服务获得解决。据称云服务可共享 700 多家图书馆、264 个数据库的资源和服务，中文文献满足率达到 96%，外文文献满足率达到 85%。

读秀还具有推荐图书馆采购功能，读者可以将馆藏没有收录的图书推荐本馆购买纸本或电子版。

此外，读秀对主要的网上书店，如当当网、蔚蓝网等提供图书报价对比及网址链接，方便用户直接登录网上书店购买图书。

6.3.2 读秀搜索功能

读秀 10 个常用频道中，知识、图书、期刊、学位论文和会议论文有中外文两种搜索；报纸、特色库、电子书和讲座仅有中文搜索；文档只区分文件格式，不区分文种。下面从图书和知识两个方面介绍搜索功能。

1. 图书搜索

图书频道提供了分类导航和关键词搜索等查找方式，另外提供了馆藏热门图书收藏情况的查看入口。

（1）关键词搜索

关键词搜索有两个入口，图书频道首页上的输入框是普通搜索入口。普通搜索入口的字段限定有全部字段、书名、作者、主题词、丛书名、目次。搜索精度匹配限定选项有精确和模糊，默认为精确限定。可以看到的信息包括书名、作者、出版社、出版时间、收藏馆数量、本馆收藏的纸本和电子书的状态。

高级搜索入口在输入框的右边。高级搜索中设置的搜索字段有书名、作者、主题词、出版社、ISBN、分类、中图分类号。其中书名字段中输入关键词有匹配精度限定选项，“包含”是指任意位置匹配，“等于”是指精确匹配。主题词是指搜索图书在版编目时给定的主题词，这些词印在图书的版权页上。分类字段提供中图法 22 个大类的选项，中图分类号字段则要直接输入已知的分类号。使用年代限定需要先在“请选择”中选定搜索起始年份，然后才会出现迄止年份选项，如图 6-7 所示。

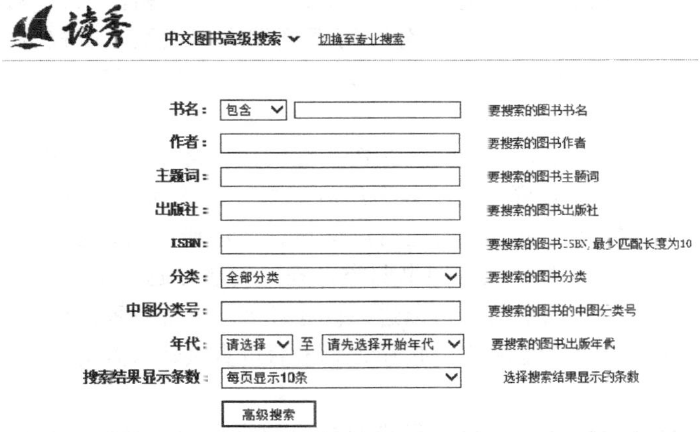

图 6-7　读秀图书高级搜索入口

（2）专业搜索。专业搜索入口在高级搜索窗口的上方。专业搜索是一个文本框，可以勾选很复杂的搜索表达式，除了要使用逻辑运算符外，每个搜索词前还要加上字段标识符。在专业搜索中可以进行“在结果中搜索”，这个功能在图书的其他搜索方式中是没有的。

（3）分类导航。分类导航入口也在输入框的右边，是一种依据等级制分类法为架构的分类目录浏览方式。读秀图书频道的分类导航采用了《中国图书馆分类法》的组织结构，提供了学科分类浏览途径。文档频道、课程、考试辅导频道采用的是自编的简单分类体系。

（4）查看图书收藏情况。搜索区的下方还列出了根据收藏单位的数量排名得出的热门图书的缩略图。单击“进入 >>”可看到纸质和电子图书收藏情况，可以按 TOP5000 排行榜、主题或学科查看被收藏情况。

（5）搜索结果的显示。题录搜索结果页（见图 6-8）的左侧给出了分类导航和类型、年代、学科、作者等聚类统计项。通过分类导航可转入比较详细的读秀自编的分类表，不同类目的级别划分不同，最多有三级分类。

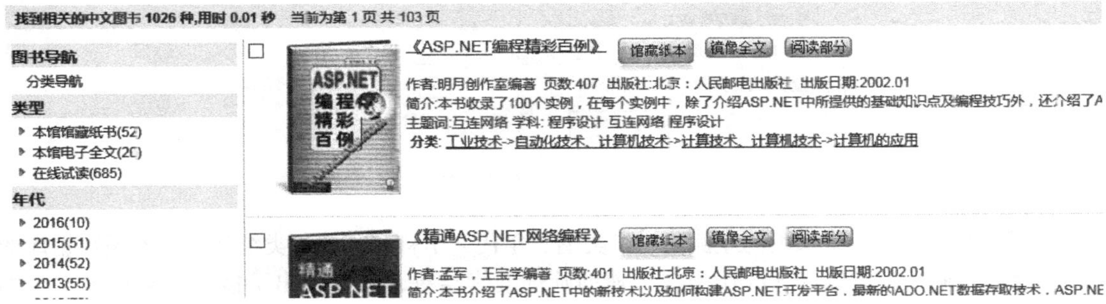

图 6-8　读秀题录搜索结果页

类型、年代、学科、作者等聚类统计项的作用在于辅助筛选搜索结果，除了列出了搜索结果在各类中的数量分布（例如“类型”中本馆馆藏纸书种数、本馆电子全文种数、在线试读种数），还可用于缩小搜索范围，类似于在结果中搜索的功能。

搜索结果页列出了图书缩略图及其书目数据项，内容包括书名、作者、页数、出版社、出版日期、简介、图书分类路径。书名旁边有一些按钮，如“馆藏纸本”“镜像全文”“阅读部分”“包库全文”。单击“馆藏纸本”可以进本馆借书系统；单击“镜像全文”可阅读安装在本馆服务器上的超星电子书全文；单击“阅读部分”可看到图书封面页、版权页、前言页、目录页、正文前若干页的原文，供用户试读；单击“包库全文”可在线或下载阅读超星电子书，下载阅读需安装超星阅读器。

在搜索结果页每本书的右边有“收藏”按钮，在页面底部还有“收藏所选记录”和“导出所选记录”两个按钮。单击“收藏”或“收藏所有记录”可将所选图书保存到读秀“我的图书馆”。使用读秀“我的图书馆”功能需要注册成会员，在注册区可以看到其他读者的个人图书馆。在“我的图书馆”中可以对收藏的图书归类整理、创建专题、上传个人文档，还可以交友和共享收藏的图书。通“我的图书馆”可以进入读秀社区，参加各种论坛。

在搜索结果页右上角有“其他频道”按钮，单击后可直接转入其他26个频道。

2. 知识搜索

知识频道的普通搜索入口是一个多库集成的统一搜索平台，可以一站式搜索所有其他频道的内容。知识频道采用全文索引技术，输入的搜索词被自动拆成单词进行匹配，提供了在结果中搜索的功能，搜索结果按相关度排序输出。

读秀知识频道的高级搜索可以分别搜索中文图书、中文期刊、外文期刊、报纸、中文学位论文、中文会议论文、外文会议论文、中文专利、中文标准9个数据库，默认是中文专利高级搜索（见图6-9）。在页面上方的数据库选择项右边是热字“切换至专业搜索”。各个数据库专业搜索的字段设置和搜索规则也不同，请注意搜索说明。各数据库的搜索字段设置不同，也不能进行跨库搜索。知识频道高级搜索的好处在于方便在不同数据库高级搜索中切换，实际上一站式搜索只查找标题、摘要（简介）和文献来源字段，也没有条件限定，是以牺牲准确性来换取普遍性。

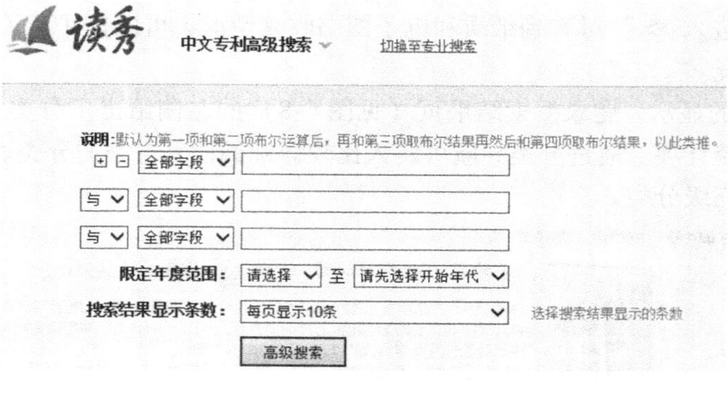

图6-9 专利高级搜索窗口

知识搜索高级搜索结果页的左侧给出了类型、年代、学科和其他聚类统计项，不同数据库的统计项有所不同。分类统计项的作用在于辅助筛选搜索结果，除了列出了搜索结果在各类中的数量分布，还可用于缩小搜索范围，其功能类似于在结果中搜索。知识搜索的普通题录结果页与高级搜索结果页略有不同，如图6-10所示。

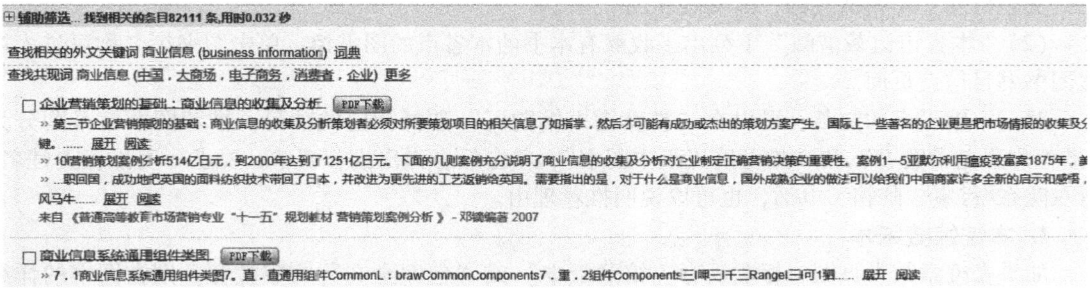

图6-10 读秀普通题录结果页

【搜索要点】

（1）同一行中可以输入多个关键词，空格代表“逻辑或”运算符。

（2）可以使用1个或多个“逻辑非”运算符（-），前一个关键词和减号之间必须有空格。

（3）在知识频道搜索中可以使用文献年份字段标识符 time，例如“轨道交通规划 time：2015”。

（4）搜索结果页上方的“同现词”“近义词”和页面底部“相关搜索”中提供的关键词用于调整搜索思路。

（5）在搜索结果页中用鼠标选择需要检索的关键词，会弹出“搜索 | 复制”和“读秀搜索”两组按钮，单击“搜索”进入浏览器搜索，单击“读秀搜索”即在读秀中搜索。

6.3.3 读秀文献获取方式

在详细书目描述项页面右侧还提供了两类获取文献的途径（见图6-11）：

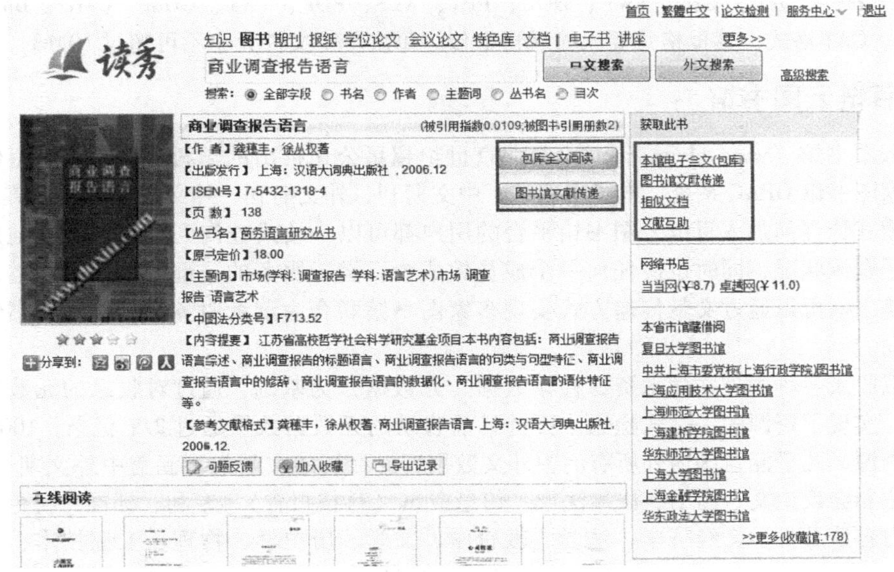

图6-11 详细书目描述页

（1）基于本馆“获取此书”有5种方式：①本馆馆藏纸本；②本馆电子全文（包库）；③图

书馆文献传递；④相似文档；⑤文献互助。

（2）“本省市馆藏借阅”下列出了收藏有本书的本省市的图书馆，单击图书馆名称可进入馆藏图书书目信息页面。

对于本馆没有的文献，可以在“推荐图书馆购买”选择相应的项目。推荐图书馆采购分为“推荐购买电子图书”和“推荐购买纸本图书”，单击后会弹出推荐表单，要求写明推荐人姓名、所在院系/科室、邮箱、电话，也可以说明推荐理由。

1. 本馆馆藏纸本

如果在搜索结果页图书标题后有“馆藏纸本”或“包库全文”文字按钮，则在图书的详细信息页面中也有“包库全文阅读”或“图书馆文献传递”热字，非包库用户可采用文献传递方法获取文献。

2. 本馆电子全文

如果在搜索结果标题后有“包库全文”或“文章下载”文字按钮，或者信息页面中有“包库全文阅读”标识的，可单击该超链接直接在线阅读全文或下载。

3. 文献传递

所谓文献传递，就是图书馆参考咨询中心通过 E-mail 快速准确地将用户需要的资料发送到用户自己的邮箱，供用户全文阅读。以图书为例，在图书详细信息页面，用户可以单击“图书馆文献传递”或“邮箱接收全文”热字，会弹出提示窗口，提示用户申请传递的图书或文章应优先采用在线或下载阅读的方式，不能直接单击链接访问时再进行文献传递。

4. 文献互助平台

“文献互助”仅对注册用户开放。单击“文献互助”后，当前图书的书目信息会自动填写在文献互助表单，用户向社区中其他会员发出文献需求请求时，只需填写 E-mail、页码起讫范围，登录之后单击“提交”即可。用户登录后也可向其他会员提供文献的扫描件，上传文献支持 ZIP、RAR、PNG、JPG、GIF、SWF、DOC、PPT、XLS、PDF、TXT、CHM、UMD、BMP、PSD、NH、KDH、CAJ 格式，其他格式要压缩后再上传。每次单个文件大小不可超过 10MB。

6.3.4 百链云图书馆

百链云图书馆（www. blyun. com/）是北京世纪超星公司推出的学科搜索引擎。百链联合国内外 623 家图书馆 OPAC 系统、电子书系统、中文期刊、外文期刊、外文数据库系统集成，通过资源共享模式让任何加入百链云图书馆平台的用户都可以一站式查询到本单位及其他成员馆的馆藏和电子资源状况，同时也使任何一个成员馆成为百链云服务的一部分。通过百链云传递平台，图书馆之间可以通过文献传递方式实现多家图书馆联合为读者服务，是目前图书馆应用模式的新方向。

百链以收录各种中外文学术资源检索数据（元数据）为基础，通过对收录的元数据数据库进行检索，实现了资源的一站式检索。百链目前收录的元数据数量超过 2. 7 亿条，1000 多万篇稀缺文献资源，几乎涵盖国内外所有的中外文数据库。百链的文献类型涵盖中外文期刊、报纸、中外文学位和会议论文、图书、法律法规、信息资讯（科技报告）、专利、标准、特色库、视频等，学科内容涉及哲学、经济学、法学、教育学、文学、历史学、物理、工程技术、农学、医学、军事学、管理学、艺术学、综合类、语言学、地球科学、食品工程、心理学、计算机、环境科学、化学、数学、生物学、社会学。百链与读秀同为北京世纪超星公司推出的学术搜索引擎，与后者相比，百链更擅长查找国外论文，并且能够通过信息资讯频道查找科研报告。

在检索结果中，每条命中记录提供了题录信息及其获取途径。若本馆已购买该资源，可直接链接到原文或在对应的数据库下载；对于本馆未购买的资源，可选择“图书馆文献传递”下的“邮箱接收文献”，并在弹出的窗口中输入自己的邮箱，等待文献传递到自己邮箱。原文传递会在72小时内给予答复（一般2~10小时便收到回复）。

6.4 开放存取及其一站式检索平台

6.4.1 开放存取的概念及类型

开放存取（Open Access，OA）是一种在尊重作者著作权的前提下可以通过互联网免费获取全文的学术传播方式。根据BOAI（布达佩斯开放存取倡议）中Open Access的含义，开放存取资源必须是能给予文献使用者阅读、下载、复制、分发、印刷、搜索、链接到文献全文的权利，读者可以免费在期刊网站获取所收录期刊的全文，而无论是否需要注册。

知识共享（Creative Commons，CC）组织采取自愿和自由选择的方式，致力于建立重视创新和保护的著作权体系，达到合作和共享思想的目的。该组织的目标是：“在默认的限制性规则日益增多的今天，构建一个合理、灵活的著作权体系。”目前国内使用这种知识共享协议的期刊尚占少数，但有些开放存取平台对已实行的期刊进行了标注。OA期刊对著作权的署名分为5级：①署名（by）；②署名-非商业性使用（by-nc）；③署名-非商业性使用-禁止演绎（by-nc-nd）；④署名-非商业性使用-相同方式共享（by-nc-sa）；⑤署名-相同方式共享（by-sa）。

OA期刊虽然可供免费使用，但同样采用国际版权认证。用户使用OA资源应基于合法目的，在使用作品时注明文献来源，并遵守OA网站的规定。

从文献类型来看，OA资源包括学术论文、会议录、预印文稿、讲义、学习札记、新闻稿等；从OA的实现途径来看，包括OA期刊、OA仓储（网站），同时包括其他类型的资源，比如电子邮件清单、服务列表、网上论坛、Wiki、共享资源等。目前在OA资源揭示方面，主要有DOAJ和OpenDOAR两个项目，分别在进行OA期刊和OA仓储的整理工作。除此之外，国际国内一些高等院校、机构和个人也对OA期刊和OA仓储在不同层面上做了类似的整理和揭示工作。

6.4.2 一站式开放存取资源平台

1. Socolar

Socolar（www.socolar.com）是由中国教育图书进出口公司建设的OA资源一站式检索服务平台。通过Socolar，可以免费检索到来自世界各地、各种语种的重要OA资源，并提供OA资源的全文链接。同时，也可以通过Socolar享受OA资源的定制服务，推荐用户认为应该被Socolar收录但尚未被收录的OA资源，发表对某种OA期刊的评价。另外，Socolar还是OA知识的宣传和交流平台、学术文章发表和预印本出版的OA服务平台。需要注意的是，用户不能使用Socolar进行大批量下载，大学或科研单位等机构用户链接Socolar平台应获得Socolar推广部门授权。使用中的问题请看Socolar网站的“帮助”。

2. 思想界

“思想界”（www.alloa.cn）是一个由海量学术文献资源信息组成的资源开放存取信息平台，将世界各地不同介质、不同类别的开放学术资源文献进行二次加工与浏览，目前平台收录的文献涉及全球120个国家和地区的权威学术机构（智库、高校、社会组织）、24个大类全部学科领域70种语言的4万余种学术期刊，6万余个学术资源网站，每年新增300万篇，为用户提供超过亿量级学术资源的检索与利用。可以使用中、英、日三种语言查找，具有二次检索功能。

3. Go OA

Go OA（gooa. las. ac. cn）是中国科学院文献情报中心以“开放存取期刊采集服务体系（Go OA)”项目为基础建设的、以中国科学院研究人员为服务对象的开放存取期刊论文的一站式发现系统。目前已完成了4000多种高质量OA期刊的遴选和近2000种关键保障OA期刊体系的遴选以及全文采集、存储，集成知名出版社自然科学领域及部分社会科学领域的OA期刊及其论文全文（数量不断增长中），提供OA期刊和论文集成发现和免费下载、OA期刊投稿分析、关联检索、知识图谱分析、用户分享等特色功能，以支撑中国科学院乃至国内外用户对高质量OA期刊的发现和利用。

6.5 实验三

6.5.1 实验内容、目的和要求

1. 实验内容

用搜索引擎的高级功能查找一份一年内其他高校申报国家级精品课程的申请文件。

2. 实验目的

掌握查找网络深层文本信息的能力。

3. 实验要求

必须使用逻辑组配检索方式和各种限定条件。

查找指定文件，注意文献类型。

命中文献数不应过多。

6.5.2 实例

实验名称：在2010年3月13日召开的五届教代会三次会议文件中有以下内容：“作为市教委内涵建设085工程第二类项目的先行先试学校，我校要切实根据085工程建设项目的相关要求，积极组织团队力量，完成项目的各项工作，促进学校整体工作水平的提升。”根据以上信息查找有关实施方案的红头文件，结果见表6-3。

表6-3 实例结果

检索环境描述（每个错点扣1~6分）	
网站名称	百度
检索窗口	高级搜索
检索策略描述（每个错点扣0.5~1分）	
包含全部词	实施方案
包含完整词	市教委 内涵建设085工程
包含任意词	
不包含的词	
网页时间限定	全部时间
文档格式限定	所有网页和文件
关键词位置限定	仅网页的标题中

（续）

检索结果描述（每个错点扣0.1~0.2分）	
命中文献数	1
检索结果（文号）	沪教委科（2009）2号

6.5.3 实验报告项目说明及常见错误分析

（1）题目必填项，所做作业必须与题目相符，不要错把以后的作业当成本次作业，也不应出现题目填写不完整、题号与学号或题号与题目不匹配的情况。

（2）不得瞎填乱写、不得与所述检索环境或检索步骤的事实不相符。网站名称不能写成域名。

（3）必须在高级搜索窗口中搜索，条件限定3项必选项，但不得全为默认项。

（4）只能抽取单词或固定词组；或者从原句中抽取重要的、连续性的短语。

（5）命中文献数用于自我检验检索水平，超过500条记录用词或条件限定就有问题。

（6）检索结果写文件号，不要写文件标题。

6.6 测验题

6.6.1 判断题

（1）HTTP是用于从WWW服务器传输超文本到本地浏览器的传送协议。（ ）

（2）搜索引擎中关键词检索普遍采用全文检索技术。（ ）

（3）网页检索中常见的信息类型有网页标题和网页名称。（ ）

（4）百度“百科”设置在“知道”板块中，是由众多用户共同撰写的百科全书。（ ）

（5）百度把所输入的字符串都拆成单词进行检索。（ ）

6.6.2 单选题

（1）域名是（ ）。

A. 网络地址的分类标识　B. 网络主机的唯一性标识

C. 网络主机的字母型标识　D. 网络主机的字符型标识

（2）关于域名与IP地址的关系以下（ ）是正确的。

A. 常见的是一对一关系　B. 常见的是一对多关系

C. 常见的是多对一关系　D. 常见的是多对多关系

（3）百度网页“高级搜索”入口在（ ）。

A. 首页顶栏菜单中　B. 首页“设置”中

C. 首页右侧的“更多产品”中　D. 网页搜索结果页中

（4）百度搜索中空格代表（ ）运算符。

A. “逻辑与”运算符　B. “逻辑或”运算符

C. “逻辑非”运算符　D. “逻辑与或”运算符

（5）百度的在结果中搜索功能隐藏在（ ）。

A. 在百度首页的“设置”中　B. 在百度高级搜索窗口中

C. 在百度高级搜索结果页中

D. 在百度搜索结果页的▽搜索工具中

6.6.3 多选题

(1) 关于组成 IP 地址的 4 组数字以下（　　）是正确的。

A. 左大右小

B. 左边代表网络

C. 中间代表子网

D. 右边代表主机

(2) 关于统一资源定位符以下（　　）是正确的。

A. 简称“URL”

B. 提供一种文件寻址机制

C. 由网络协议、域名、目录路径和文件名 4 部分组成

D. 用以标识网站首页

(3) 以下（　　）是网页输出排序的影响因素。

A. 关键词出现频率

B. HTML 标签

C. 被相关网页链接数

D. 用户点击次数

(4) 对于百度搜索（　　）说法是正确的。

A. 以字为单位匹配

B. 采用全文检索技术

C. 可以输入英文、数字和其他可显示字符

D. 不能输入汉语拼音

(5) 百度网页高级搜索中的“关键词位置”限定选项有（　　）。

A. 网页正文中

B. 网站名称中

C. 网页标题中

D. 网页的统一资源定位符中

第7章 国内综合性检索平台

本章重点

1. 维普知识资源服务平台的检索功能
2. 维普中文期刊服务平台7.0的检索功能和检索要点
3. 中国知网的文献检索功能
4. 中国知网检索结果页中图形按钮的功能及“在结果中检索”功能
5. 中国知网的检索要点

7.1 维普资讯

7.1.1 概况

维普资讯网（原名天元网）（www.vipinfo.com.cn）是重庆维普资讯有限公司（前身为中国科技情报研究所重庆分所数据库研究中心）的信息产品服务平台。1989年维普资讯在中国科技情报研究所重庆分所馆藏基础上推出的“中文科技期刊篇名数据库”是中国20世纪80年代数据库市场中以一家之力自建并提供全文传递的、唯一发展至今的中文期刊文献数据库。

目前维普资讯的产品分为五大系列，下面分别介绍。维普资讯主页可以从各图书馆普遍购买的中文期刊服务平台7.0首页最下面的“公司首页”进入，主页如图7-1所示，了解一下维普资讯的全线产品。

1. 知识服务

（1）智立方知识资源服务平台（zlf.cqvip.com）。智立方知识资源服务平台是一站式跨库整合的知识资源系统，涉及期刊、学位论文、会议论文、专利、标准、科技成果、科技报告、专著、政策法规、产品样本十种文献类型，其中科技报告和产品样本是独家收录的文献资源。通过对各类资源的垂直整合，使得用户能够方便地检索各类资源。同时提供直接下载、文献传递、网络资源收集等多种文献获取方式。系统对文献中涉及的知识内容，包括领域、主题、学者、机构、传媒、资助等给出唯一性的标识和揭示，提供学科研究方向分析、竞争情报动态连续追踪等服务，实现从情报分析视角对隐含的关联知识做深入挖掘。检索报告、对象报告、对象比较、360图谱等工具帮助用户快速形成对所需信息的结构性认识，使知识发现路径多元化，结果更直观。

（2）学科服务平台（tests.ss.cqvip.com）。学科服务平台突破现有学科服务单纯的数据库导航、对出版物整本著录的编目方式，依靠全文索引技术和机内主题词表建立的语义网深入到文献所有部分，实现更深入的知识挖掘和内容分析功能。

（3）机构智库（www.irtree.com）。机构智库汇聚了近25年全国各类科研机构和高等院校的学术研究成果，可满足成果展示、计量评价、长期保存、开发获取等需求。

图 7-1 维普资讯主页

2. 中文期刊

（1）中文期刊服务平台 7.0（qikan. cqvip. com）。中文期刊服务平台 7.0 是一个学科全覆盖、起始收藏自 1989 年（部分期刊回溯自 1955 年）的中国期刊数据库，收录期刊共 14000 余种，其中现刊 9683 种，每日在线更新数据。在期刊论文检索及原文提供基础上强调了基于期刊论文的内容挖掘、分析和呈现。著录数据经过严格的人工质检，错误率≤0.0003。中文期刊服务平台 7.0 的特点可概括为七个方面：智能检索、聚类组配、引文追踪、计量分析、数据对比、全文服务、阅读预览，是提供期刊资源服务和知识情报服务的一体化服务平台。

（2）维普期刊资源整合服务平台（lib. cqvip. com）。维普期刊资源整合服务平台整合了期刊论文检索、文献引证追踪、科学指标分析、高被引析出文献、搜索引擎服务五大模块，各模块之间功能互联互通、数据相互印证。

1）“期刊文献检索”模块在查新检索及全文提供基础上增加了以下九方面内容：文献传递、检索历史、参考文献、基金资助、期刊被国内外知名数据库收录的情况、查询主题学科选择、在线阅读、全文快照、相似文献展示等功能。

2）“文献引证追踪”模块除提供基本的引文检索功能外，还提供基于作者、机构、期刊的引用统计分析功能。该功能模块引文数据回溯加工至 2000 年。

3）“科学指标分析”模块运用科学计量学方法，以维普中文科技期刊数据库近 10 年的文献为计算基础，对我国近年来科技论文的产出和影响力及其分布情况进行客观描述和统计。从宏观到微观，逐层展开，分析了省市地区、高等院校、科研院所、医疗机构、各学科专家学者等的论文产出和影响力，并以学科领域为引导，展示我国最近 10 年各学科领域最受关注的研究成果，揭示不同学科领域中研究机构的分布状态及重要文献产出。

4）“高被引析出文献”模块。“析出文献”是图书馆编目术语，是指整本文献中的章节或论文，将期刊视为整本文献，其析出文献就是期刊论文。“被引析出文献”即期刊论文的参考文献。“高被引析出文献”即被共同引用的比率较高的参考文献。期刊论文的文后参考文献往往跨越了期刊、学位论文、会议论文、图书、专利、标准等多文献类型。

5）“搜索引擎服务”模块是一个基于谷歌和百度搜索引擎，面向机构用户提供服务的拓展支持工具。开通该服务可以使图书馆服务推广到读者环境中去，让图书馆服务无处不在。图书馆可以通过公司授权的后台对该单位的信息进行定期更换。

3. 维普考试服务平台（vers. cqvip. com）

维普考试服务平台是一个教学场景应用的考试信息化产品，包含职业资格考试、高校课程试题、在线考试、考试平台移动助手四个功能模块。

4. 维普论文检测系统（vpcs. cqvip. com/organ）

维普论文检测系统（VPCS）主要包括已发表文献检测、论文检测、自建比对库管理等功能，比对的文献资源包括中外期刊数据库、学术会议论文库、硕博学位论文库、自建特色论文库、互联网数据资源。系统采用动态语义跨域识别加指纹比对技术检测论文中不当引用、过度引用甚至是抄袭、伪造、篡改等学术不端行为，可自动生成PDF、简洁报告、详细报告、比对报告四种检测报告。详细的检测报告通过标红相似文档、饼状图，形象直观地显示相似内容比对、相似文献汇总、引用片段出处、总相似比、引用率、复写率和自写率等重要指标，是论文原创性和新颖性评价的重要依据。

根据用户要求的差异，论文检测系统在范围与严格程度上分为大学生版、研究生版和职称评定版三个版本。

5. 其他延伸产品

维普资讯的延伸产品或者是基于中文期刊数据库的缩微版或深加工产品，或者是依据国家免费元数据建立的重复数据库。在维普资讯网上这些产品被分成行业知识产品和增值服务两类，包括维普基础教育信息服务系统、中国企业知识服务平台、特色资源数据库、数字图书馆门户、产业知识服务平台、科学决策支持平台、文献共享服务平台、科技成果转化平台、地方特色数据库、微应用．图铃、元数据服务、毕业论文（设计）管理系统12大平台。

7.1.2　知识资源服务平台的检索功能

1. “文献”系列

知识资源服务平台检索窗口设有文献、人物、主题、机构、资助、传媒为对象的六个检索系列，还有领域导航和地区导航两个浏览系列。

（1）文献类型及检索。“文献”系列按文献类型检索，包括期刊文章、学位论文、会议论文、专利、标准、专著、科技成果、政策法规、产品样本、科技报告、百度文库11类。可以选择“全部文献”进行跨库检索，也可以单项检索。相关情况见图7-2。

在知识资源服务平台“文献”系列的检索是以全文索引为基础的任意字段检索，从形式看对用户输入的检索词具有拆分功能。

（2）在结果中检索功能。“在结果中检索”文本框下面是当前检索结果的分类统计项，包括文献类型、期刊收录、学科领域、主题、单位机构、作者、传媒（即出版物）、出版年份、被引范围（即文后参考文献数），前五类按其小类统计，每个类后面都有当前检索结果的命中文献数。有些统计项的名称旁边有图标，单击后可查看所选项的统计图，包括直方图和直线图。

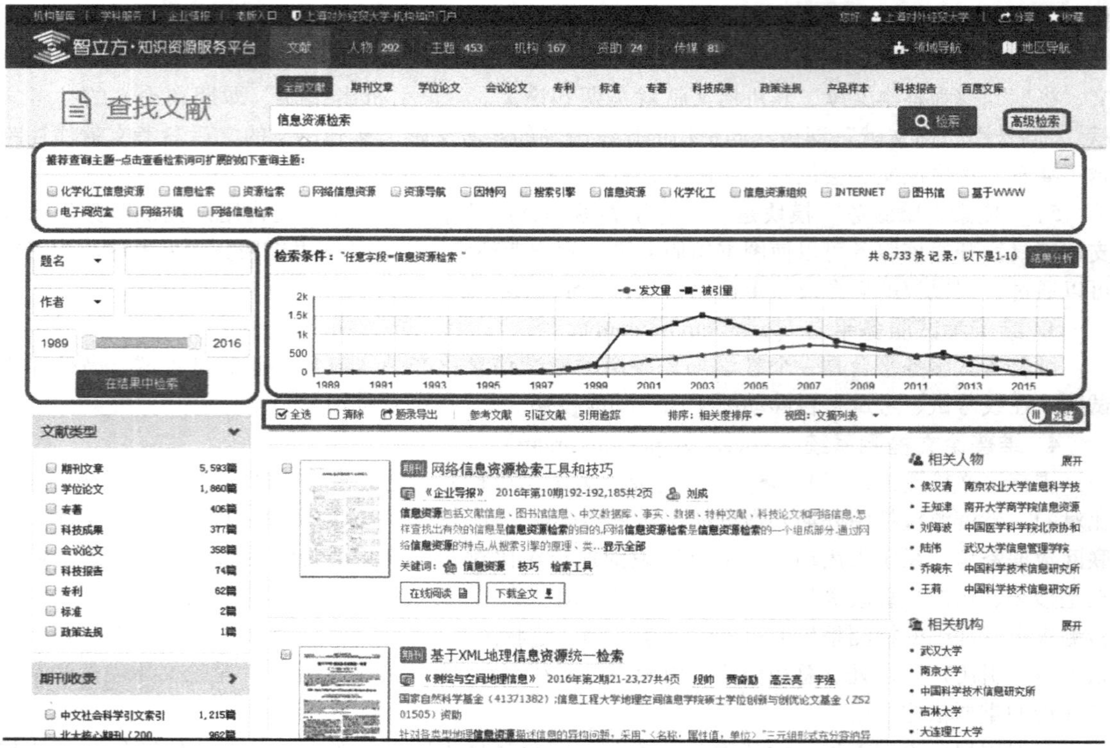

图7-2　知识资源服务平台首页

选择某个统计项，单击贴在窗口右侧的“检索报告/聚类工具”功能选项会弹出如图7-3所示的窗口，可进行相应操作。在“聚类工具”单击“执行”按钮对当前检索结果进行筛选，其结果与在结果中检索相同；选择“检索报告”可看到包括概述、学术成果产出分析、主要发文人物分析、主要发文机构统计分析、文章涉及主要学科统计、文献类型统计等内容的分析报告，报告可以以PDF格式保存在本地。

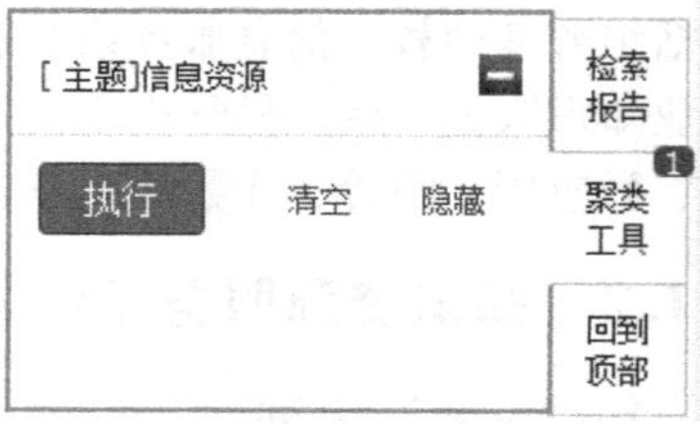

图7-3　“检索报告/聚类工具”弹出窗口

（3）检索结果页的内容。检索结果页最上面出现的是推荐的相关主题词，选择主题词前面的选项后所选主题词会自动进入检索词文本框，与原检索词形成“逻辑或”组配检索表达式。推荐的主题词可以多选。

推荐的主题词列表下面左侧是“在结果中检索”文本框，可进行二项组配，可用字段有题名、作者、机构、传媒、关键词、文摘、任意字段七个检索入口。检索文本框下面有用于限定发表年份的滑块，限定年份从1989年至当前年份。

推荐的主题词列表下面右侧是当前检索结果的发文量和被引量对比统计图，将鼠标移到图表上会显示出所在年份的发文量和被引量。

检索结果的主体是命中文献的记录项。每条记录包括：文献类型、题名、文献来源、作者、项目说明、摘要、关键词。

检索结果关键词中，通过单击图标进入“主题”对象系列，可显示以网络关系图和文字形式说明的各相关字段内容之间的关系和共现主题，如图7-4所示。显示的关系包括相关领域、相关作者、相关机构、相关主题、相关传媒、相关基金等。网络关系图中显示的是以当前统计项目为中心发文量排名第 1 的主题、领域、作者、单位、出版物、科研项目。

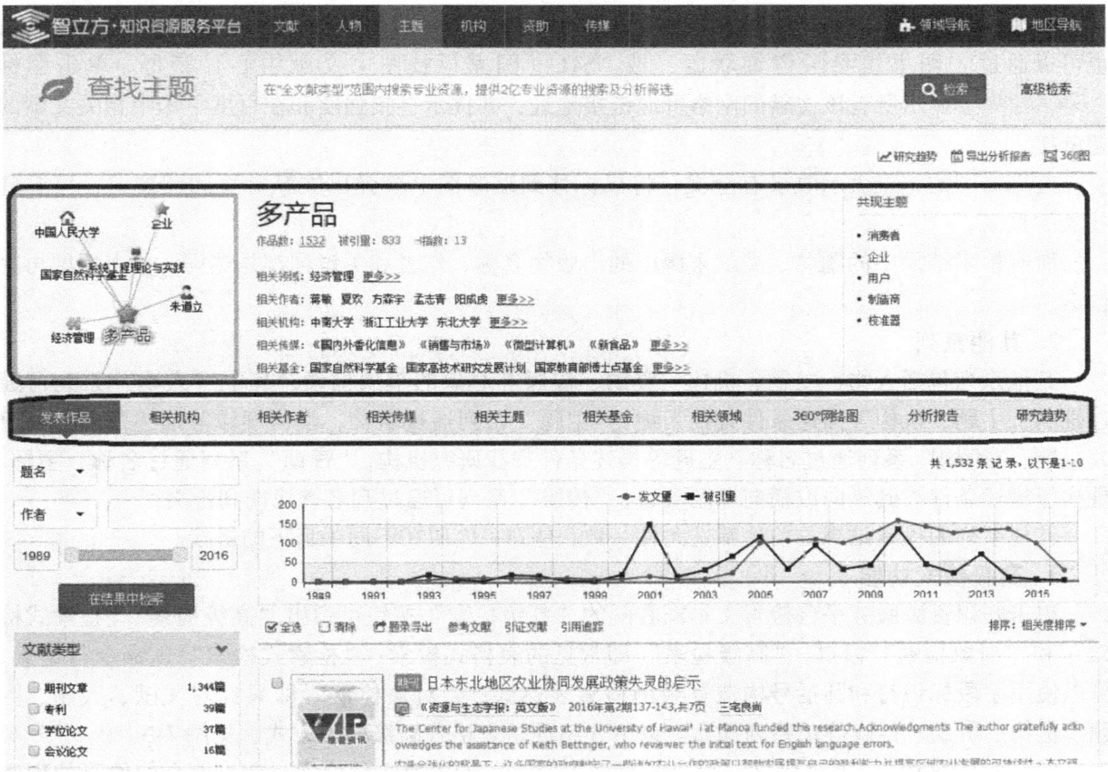

图 7-4　“主题”对象系列检索结果页

网络关系下面一行选项是针对当前主题的文献的分类筛选，除了第一项“发表作品”不是筛选项外，从第二项开始的筛选项有：相关机构、相关作者、相关传媒、相关主题、相关基金、相关领域、360°网络图、分析报告、研究趋势。单击哪个选项就以这个选项内容为标目聚类列出相关文献统计信息，每条记录的基本内容有作品数、被引量、H 指数（Google 学术的 H5 指数）、发文主题、发文领域，其他筛选项内容则以文字热链的形式列在下面一行。例如对“多产品”这个关键词检索得出的网络关系如图 7-5 所示。

多产品

作品数：1532　被引量：533　H 指数：13

相关领域： 经济管理更多 >>
相关作者： 蒋敏夏欢方森宇孟志青阳成虎更多 >>
相关机构： 中南大学浙江工业大学东北大学更多 >>
相关传媒： 《国内外香化信息》《销售与市场》《微型计算机》《新食品》 更多 >>
相关基金： 国家自然科学基金国家高技术研究发展计划国家教育部博士点基金更多 >>

图 7-5　针对一个关键词聚类的网络关系

有些文献有图标按钮 在线阅读 或 下载全文 ，可以在线阅读或将文献下载到本地脱机阅读。检索结果题录中出现图标 文献传递 的表示系统中没有全文，需要通过本校图书馆参考咨询（通常设在信息部）经 CALIS（中国高等教育文献保障系统）途径提出，以邮件形式获得文献复本，也可以通过“图书馆参考咨询联盟”或 NSTL（国家科技图书文献中心）获得。单击图标 网络资源链接 会显示所有该文献的网络资源链接地址，并提示链接强度和在百度学术中相关文献的超链接。

有缩略图的记录表示收录有全文，将鼠标移到缩略图上会弹出文献首页阅读窗口，可看到放大的页面。

所有检索结果中的题名、文献来源中的出版物名称、作者和关键词都是热词，单击后即再次检索。

2. 其他系列

其他系列包括人物、主题、机构、资助、传媒等对象的单项检索，其中“人物”系列可通过姓名、主题、机构等描述条件查找人物，“主题”系列通过名称、学科领域等描述条件查找研究主题，“机构”系列通过名称、主题等描述条件查找研究机构，“资助”系列通过名称、主题、机构等描述条件找到纵向或横向课题项目，“传媒”系列可通过刊名查找期刊论文。

其他系列的检索结果与前述筛选条件一致，是同一应用在不同项目下的链接。

3. 高级检索功能

单击知识资源服务平台检索文本框右侧的“高级检索”按钮可弹出“高级检索”“检索式检索”和“对象检索”窗口。“高级检索”即常见的表格式检索；“检索式检索”即命令行检索，可以使用字段标识符和圆括号构造复杂的检索表达式；“对象检索”即只针对文献、人物、主题、机构、资助、传媒等单系列检索。以下介绍的是表格式高级检索方式，见图7-6。

（1）检索字段。“高级检索”可进行最多五个字段的逻辑组配检索。文本框左侧的下拉列表框里设置的字段有：U＝任意字段、M＝题名或关键词、T＝题名、K＝关键词、R＝文摘、A＝作

图7-6 知识资源服务平台高级检索窗口

者、F＝第一作者、S＝机构、J＝传媒（即出版物名称检索字段，也可以输入刊名）、C＝分类号、Y＝参考文献、Z＝作者简介、I＝基金资助、L＝栏目信息。各行之间可进行不同字段组配检索，也可以进行相同字段组配检索。

"U＝任意字段"检索是指在所有字段中检索，但命中文献输出时论文的排序权值似乎与上述字段的先后有关，即与题名匹配时权值最高，与关键词字段匹配时权值其次，以此类推。需要注意的是，题录检索结果显示的内容只有题名、文献来源、作者、摘要和关键词字段，但在这些字段中没有命中而在其他字段命中的文献也会输出。

（2）检索精度限定。不同字段的检索精度限定设置不尽相同。M＝题名或关键词、T＝题名、K＝关键词、A＝作者、C＝分类号、L＝栏目信息可进行模糊或精确两种检索精度检索。U＝任意字段、R＝文摘、Y＝参考文献、Z＝作者简介、I＝基金资助只能进行模糊检索。F＝第一作者、S＝机构、J＝传媒只能进行精确检索。

（3）运算关系选择。维普资讯高级检索系统的运算符有常见"逻辑与""逻辑或""逻辑非"三种。同一行里可以输入多个检索词，表示同一字段组配检索，其中空格代表"逻辑与"运算符。

当检索策略中既有"逻辑与"运算符又有"逻辑或"运算符，几项检索词之间不是同义词或高度相关词时，"逻辑或"运算符应该在"逻辑与"运算符前面，并用用圆括号括起来。

根据测试，维普资讯的检索策略中，"逻辑与"运算符的前后不能同时有"逻辑或"运算符，即不接受两组并列"逻辑或"检索词，当出现这种情况时后一组"逻辑或"组合不起作用。

（4）时间限定。时间限定主要用于根据学科成熟程度，以及对论文时效性的要求确定检索时间范围的长短。"更新时间"是指数据导入数据库供用户检索的时间，一般选择最短时间。

（5）文献类型限定。文献类型限定用于单一文献类型数据库检索，不选等于全选，这应该是系统开发中的一个疏忽。使用单一或几个数据库检索时，建议用户从任何一种文献类型进入数据库后都要重新选择数据库，否则默认跨库检索。

（6）学科限定。学科限定中的学科是维普资讯参照中国图书馆分类法，经过调整后重新设置的分类体系，与分类号有某种对应关系，但不是完全的一一对应关系，其中有的学科类涉及多个分类号。

7.1.3 中文期刊服务平台7.0的检索功能

中文期刊服务平台7.0首页提供的是快速检索功能，即以全文索引为基础的任意字段检索。所谓"全文索引"站在用户的角度看，其效果就是用户输入的检索语句被拆成与全文索引中一致的单词形式，即所有用户检索时输入的语句都将被拆解成单词进行匹配，除非输入的就是单词。便是输入的检索语句中词的顺序将对命中文献的排序输出产生影响，为了提高检索效果，建议用户尽量用词组组配或专业短语的形式，不要用单词组配形式。

中文期刊服务平台7.0高级检索窗口中提供"高级检索"和"检索式检索"两种检索方式，比知识资源服务平台少一个"对象检索"。进入高级检索窗口看到两个选项卡（见图7-7）："高级检索"是常用的表格式检索；"检索式检索"是供检索专业人员使用的命令行检索方式，需要使用字段标识符，可以构造复杂的检索表达式，不建议一般用户使用。

"高级检索"可进行最多五个字段的逻辑组配，各行之间可进行不同字段组配检索，也可以进行相同字段组配检索，请参见知识资源服务平台中高级检索的介绍。检索字段和检索精度限定的使用要求见表7-1。

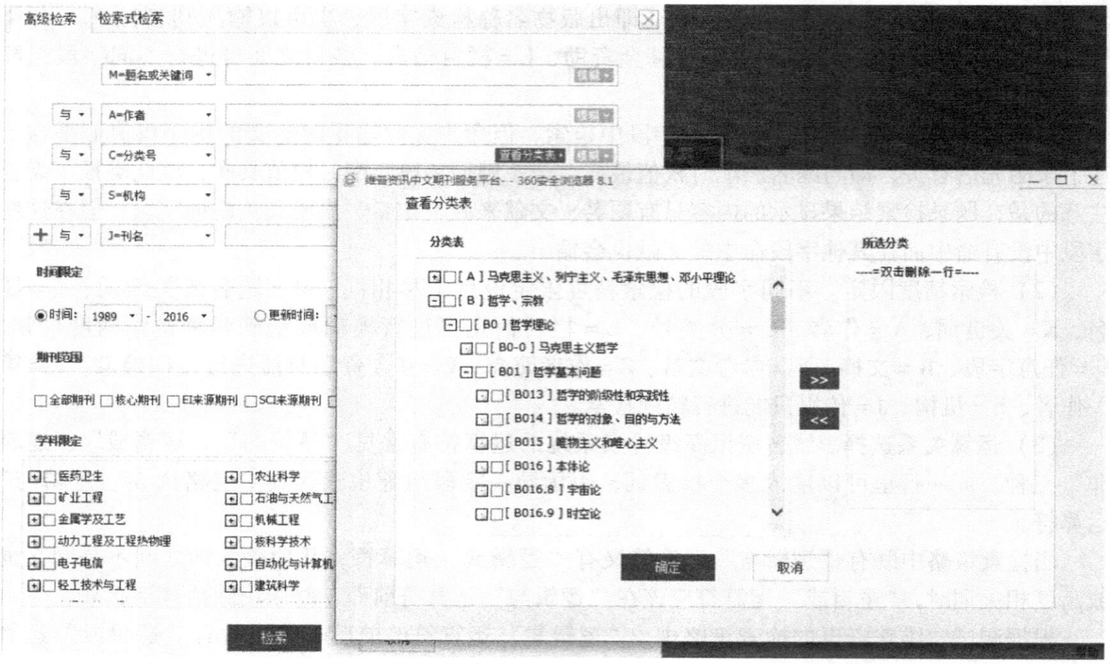

图 7-7 中文期刊服务平台 7.0 高级检索窗口及在线分类表

表 7-1 检索字段和检索精度限定的使用要求

字段标识	检索入口	检索精度限定	题录中显示状态	说明
U =	任意字段	模糊	/	在所有字段中检索
M =	题名或关键词	模糊/精确	/	在题名和关键词两个字段中检索，逻辑表达式是：T = 检索词 1 OR K = 检索词 2
T =	题名	模糊/精确	显示	输出时权值最高
K =	关键词	模糊/精确	显示	输出时权值第二
R =	文摘	模糊	显示	输出时权值第三
A =	作者	模糊/精确	显示	
F =	第一作者	精确	/	
S =	机构	精确	/	
J =	传媒（刊名）	精确	显示	
C =	分类号	模糊/精确	/	取自《中国图书馆分类法》3 ~4 级类目，多个分类号之间是逻辑或关系
Y =	参考文献	模糊	/	
Z =	作者简介	模糊	/	
I =	基金资助	模糊	/	
L =	栏目信息	模糊/精确	/	

【检索要点】

（1）同一行里可以输入多个检索词，表示同一字段组配检索，其中空格代表“逻辑与”运算符。

（2）逻辑组配中要区分检索词的重要度的区别，最重要的词放在最前面，比较重要的词放在后面。例如以下表达式是正确的：

诚信机制 AND 市场经济

（3）当检索策略中既有“逻辑与”运算符又有“逻辑或”运算符时，“逻辑或”组配的检索词要用圆括号括起来，几项检索词之间不是同义词或高度相关词的话，“逻辑或”运算符应该在“逻辑与”运算符前面。例如以下表达式是正确的：

（同盟 OR 联盟）AND 第三方物流

以下表达式是错误的：

第三方物流 AND 同盟 OR 联盟

（4）“逻辑与”运算符的前后不能同时有“逻辑或”运算符，即不接受两组并列“逻辑或”检索词，当出现这种情况时后一组“逻辑或”组合不起作用。例如以下表达式是错误的：

（诚信 OR 诚信机制）AND（经济 OR 市场经济）

（5）期刊范围限定的使用原则是：热门主题应限定，冷门主题不限定；传统主题限定，新出现的主题不限定；也可以根据研究层次，层次高的限定，层次低的不限定。

（6）时间限定的使用原则是：按学科的成熟程度将时间限定为 2 年、5 年、10 年和不限四种；同一主题在不同年代内涵不同时要灵活限定。

（7）学科限定的使用原则是：非交叉学科不需要使用学科限定，检索结果中不会混入其他学科内容时也不需要使用学科限定，不使用学科限定等于选择所有学科。

7.2　中国知网

7.2.1　概况

中国知网是由清华大学控股的同方股份有限公司（股票简称“清华同方”）的子公司同方知网（北京）技术有限公司的下属公司《中国学术期刊（光盘版）》电子杂志社主办的文献服务平台。中国知网是在《中国学术期刊（光盘版）》基础上发展起来的。1999 年 6 月《中国学术期刊（光盘版）》上线，同时国家级项目“国家知识基础设施（China National Knowledge Infrastructure，CNKI）”工程开始实施，CNKI 就成了中国知网的简称。

中国知网上的资源非常丰富，大致可分为学术资源、行业与专题、休闲与欣赏、投稿与出版、应用平台、消息动态，下面对学术资源的内容择要介绍，其他内容请读者自行上中国知网主页了解。图 7-8 所示为中国知网主页。

学术资源是中国知网的主体和基础，其他有些信息资源是以此为基础延伸出来的。学术资源包括国内源数据库、国内特色资源和国外资源三大板块。

1. 国内源数据库

国内源数据库是中国知网自主开发的国内资源数据库，目前有以下一些，详细介绍请见中国知网：

（1）中国学术期刊（网络版）。

（2）中国学术辑刊全文数据库。

（3）世纪期刊。

（4）商业评论数据库。

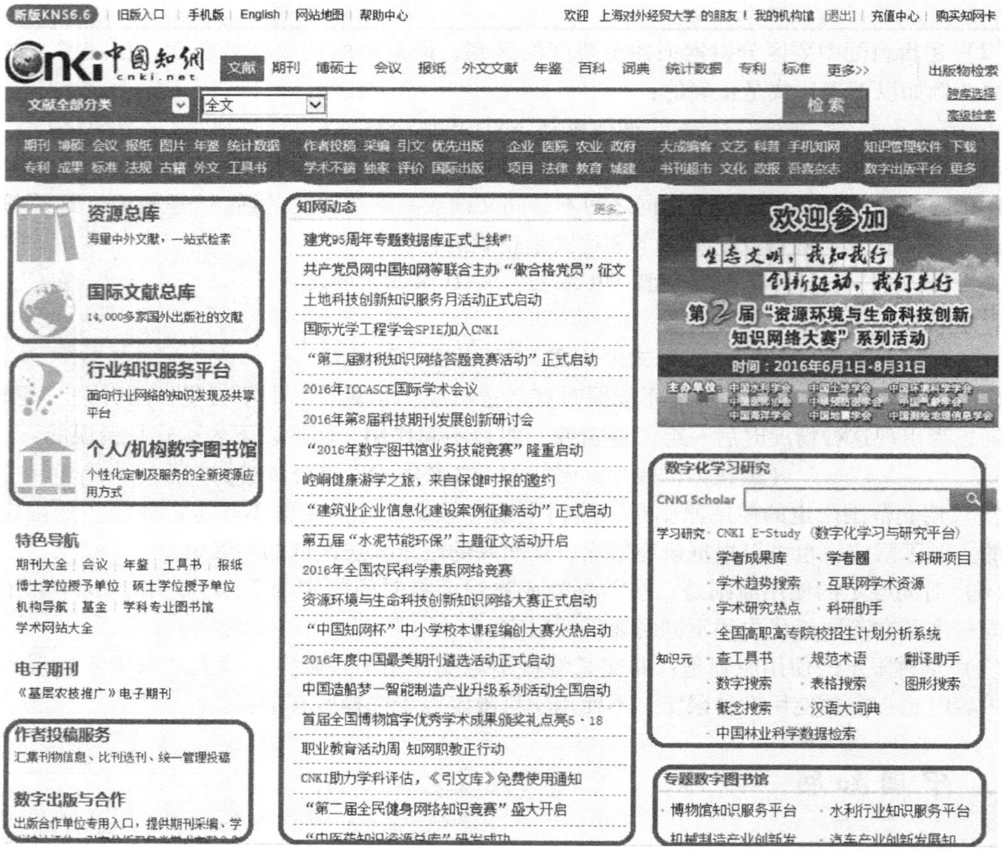

图 7-8 中国知网主页

（5）中国学术期刊网络出版总库（特刊）。

（6）中国博士学位论文全文数据库。

（7）中国优秀硕士学位论文全文数据库。

（8）中国重要报纸全文数据库。

（9）中国重要会议论文全文数据库。

（10）国际会议论文全文数据库。

2. 国内特色资源

国内特色资源可分为年鉴、统计数据、经济信息、法律、科技成果、工具书、专利、外观设计专利、标准、古籍、学术图片、职业教育共12类，以下列出数据库名称，详细介绍请见中国知网：

（1）中国年鉴网络出版总库。

（2）中国经济社会发展统计数据库。

（3）中国经济信息文献数据库。

（4）中国法律知识资源总库法律法规库。

（5）中国科技项目创新成果鉴定意见数据库（知网版）。

（6）建筑工程造价预算与规范数据库。

(7)“文革”期间中草药实用手册全文数据库。
(8)中国规范术语：全国科学技术名词审定委员会公布名词（免费）。
(9)中国专利全文数据库（知网版）。
(10)海外专利摘要数据库（知网版）。
(11)国家标准全文数据库。
(12)国内外标准题录数据库。
(13)中国行业标准全文数据库。
(14)古籍（国学宝典）。
(15)CNKI学术图片知识库。
(16)CNKI外观专利检索分析系统。
(17)国家职业标准。
(18)职业技能视频。
(19)职业技能图书。
(20)多媒体课件。
(21)多媒体素材。
(22)中国工具书网络出版总库。
(23)汉语大词典&康熙字典（知网版）。
(24)商务印书馆·精品工具书数据库。
(25)智叟助教辅学平台。
(26)中国工具书网络出版总库（中小学版）。
(27)中国工具书网络出版总库（少儿版）。
(28)公元集成教学图片数据库。

3. 国外资源

国外资源按文献类型可分为期刊论文、会议论文和图书三类，涉及综合、自然科学、数学、物理、化学化工/材料、生物学、环境科学、医学、天文地理、工程技术、土木工程、机械电子、计算机/信息技术、人文社科、历史、哲学、文化艺术、教育学/心理学、语言学、经济学、管理学、法律及其他专业上百个数据库。以下是综合类数据库的名称和网址，详细介绍请见中国知网，其他数据库请见 http://scholar. cnki. net/webpress/navi. aspx：

Al Manhal (www. almanhal. com)。

JSTOR(www. jstor. org/? __redirected)。

Universe Scientific Publishing(www. usp-pl. com)。

Scienpress Ltd(www. scienpress. com)。

University of Dubrovnik(www. unidu. hr/index_eng. php)。

Leena and Luna International Pvt Limited(www. leena-luna. co. jp)。

Elsevier Journal(www. sciencedirect. com)。

International Journal of Advanced Research(journalijar. com)。

ProQuest Journal(www. proquest. asia/zh-CN)。

STM Journals(stmjournals. com)。

De Gruyter Journal(www. degruyter. com)。

ERM Publications(www. researchersworld. com)。

Hrcak Journal(hrcak. srce. hr)。

International Journals of Multidisciplinary Research Academy(www. ijmra. us)。
Bentham Journal(www. benthamscience. com)。
Science Publishing Group(www. sciencepublishinggroup. com)。
Copernicus Journal(www. copernicus. org)。
Sciedu Press(web. sciedu. ca)。
Diagnosis Press Journal(www. diagnosisnet. com)。
International Institute of Science, Technology and Education(www. iiste. org)。
Directory of Open Access Journals(www. doaj. org)。
Indianjournals. com(www. indianjournals. com)。
Hindawi Journal(www. hindawi. com)。
SCIENCEDOMAIN international(www. sciencedomain. org)。
Ivyspring Journal(www. ivyspring. com)。
The MIT Press(mitpress. mit. edu)。
J-STAGE Journals(www. jstage. jst. go. jp)。
BINS MEDYA(http://scholar. cnki. net/WebPress/brief aspx? dbcode = SJBW)。
Scientific Research Publishing Journal(www. scirp. org)。
Macrothink Institute(en. macrothink. org)。
Science and Education Publishing(www. sciepub. com/portal/Home)。
Inderscience Enterprises Limited(www. inderscience. com)。
MultiScience Journal(www. multi-science. co. uk)。
Redfame Institute(home. redfame. com)。
World Scientific Publishing(www. worldscientific. com)。
Inventi(www. inventi. in)。
Scientific & Academic Journal(www. sapub. org)。
DEStech Publications, Inc. (www. destechpub. com)。
Multidisciplinary Digital Publishing Institute(www. mdpi. com/about)。
Whioce Publishing Pte. Ltd(www. whioce. com)。
Academic Journals(academicjournals. org)。
Asian Online Journal Publishing Group(www. asianonlinejournals. com/index. php/index/about)。
David Publishing Journal(www. davidpublishing. org)。
Pak Publishing Group(www. pakinsight. com)。
Ivy Publisher Journal(www. ivypub. org)。
Edinburgh University Press(www. euppublishing. com)。
Sabinet(www. sabinet. co. za)。

7.2.2 文献检索功能

在中国知网首页顶栏菜单列出的是检索资源类型，可以分为文献和非文献两类，单击顶栏菜单最后边的“更多>>”弹出的下拉列表框可以看到图片、成果、指数、法律、古籍、引文、手册等检索入口。单击下拉列表框最下面的选项“更多>>”进入全部检索资源对象列表页面，如图7-9所示。本节介绍论文献检索功能。

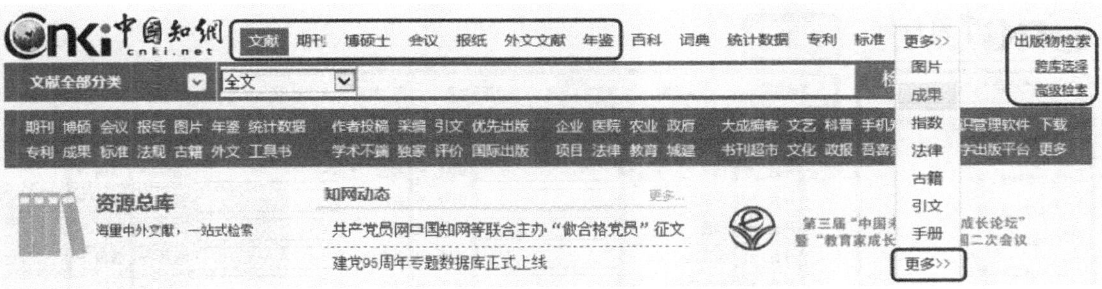

图 7-9　中国知网的检索对象选项

文献类检索对象包括文献、期刊、博硕士、会议、报纸、外文文献、年鉴七项，其中“文献”是查找其余六种类型文献的集成检索入口，其余检索对象是单一文献检索入口。如果对文献类型有要求，还是针对特定的文献类型进行单一数据库检索可以省去一些麻烦。由于很少有图书馆会买全所有这些文献类型，比如有的图书馆只订购了期刊中的某些专辑，没买其他资源。而且即使另外订购了学位论文等专库，这些数据库也需在中国知网外单独检索。因此笔者在此特别提醒，在中国知网中查到但不能下载全文的，一般是本馆没有订购；或者有可能是单独订购，需要在专库中单独检索（比如中国优秀博硕士学位论文数据库）。

中国知网为“文献”设置了普通检索、高级检索、跨库检索和出版物检索四种检索窗口，其他单一资源类型的检索窗口设置会略有不同，下面重点介绍“文献”的高级检索功能。

1. 普通检索

在中国知网首页上方的单行文本框就是普通检索窗口，可以查找期刊、博硕士、会议、报纸、外文文献、年鉴六种类型的文献，但期刊部分只能在学术期刊范围内查找，非学术类期刊（包括党建、基础教育、高等教育期刊、科普、文艺、文化方面的期刊）可在首页的资源总库中选择相应的非学术类期刊单库检索，也可以在首页“特色导航”或在高级检索页面中将鼠标移到顶栏 文献 中的向下箭头处，选择相应的非学术类期刊单库检索。

文本框左侧是检索字段选项，根据顶栏信息资源类型的不同检索字段会不一样。中国知网首页的文本框可以输入多个检索词，各词之间不能使用逻辑运算符组配，词与词之间的空格代表“逻辑或”关系。普通检索中的字段含义请见下面高级检索部分的内容。

2. “文献”频道的高级检索功能

从中国知网首页集成检索平台“文献”进入高级检索窗口或选择从其他单一文献类型对象进入高级检索窗口，都会看到与高级检索并列的还有其他一些检索窗口。集成检索平台“文献”与高级检索并列的检索窗口有专业检索、作者发文检索、科研基金检索、句子检索、文献来源检索等，如图 7-10 所示。其他以单一文献为对象的高级检索中也从不同角度提供了有丰富条件限定的检索窗口。

（1）检索结果筛选工具。集成检索平台“文献”高级检索窗口左侧有三个检索结果筛选工具。“文献分类目录”是从学科角度对检索结果做进一步筛选的工具，“文献来源”是从母体文献角度对检索结果做进一步筛选的工具，“关键词”是当前检索词的相关词，用这些词也可以对当前检索结果做进一步的筛选。“文献来源”和“关键词”下面的每个筛选项都给出了对应的文献量，但“文献分类目录”无此项，给筛选项的选择带来一定困惑。从使用效果上看，这些筛选工具都具有在结果中检索的作用。实施检索以后，筛选工具的最下面会出现“检索历史”模块，退出系统前输入的检索词会记录在这里，方便重新检索。单击“检索历史”中的“检索痕

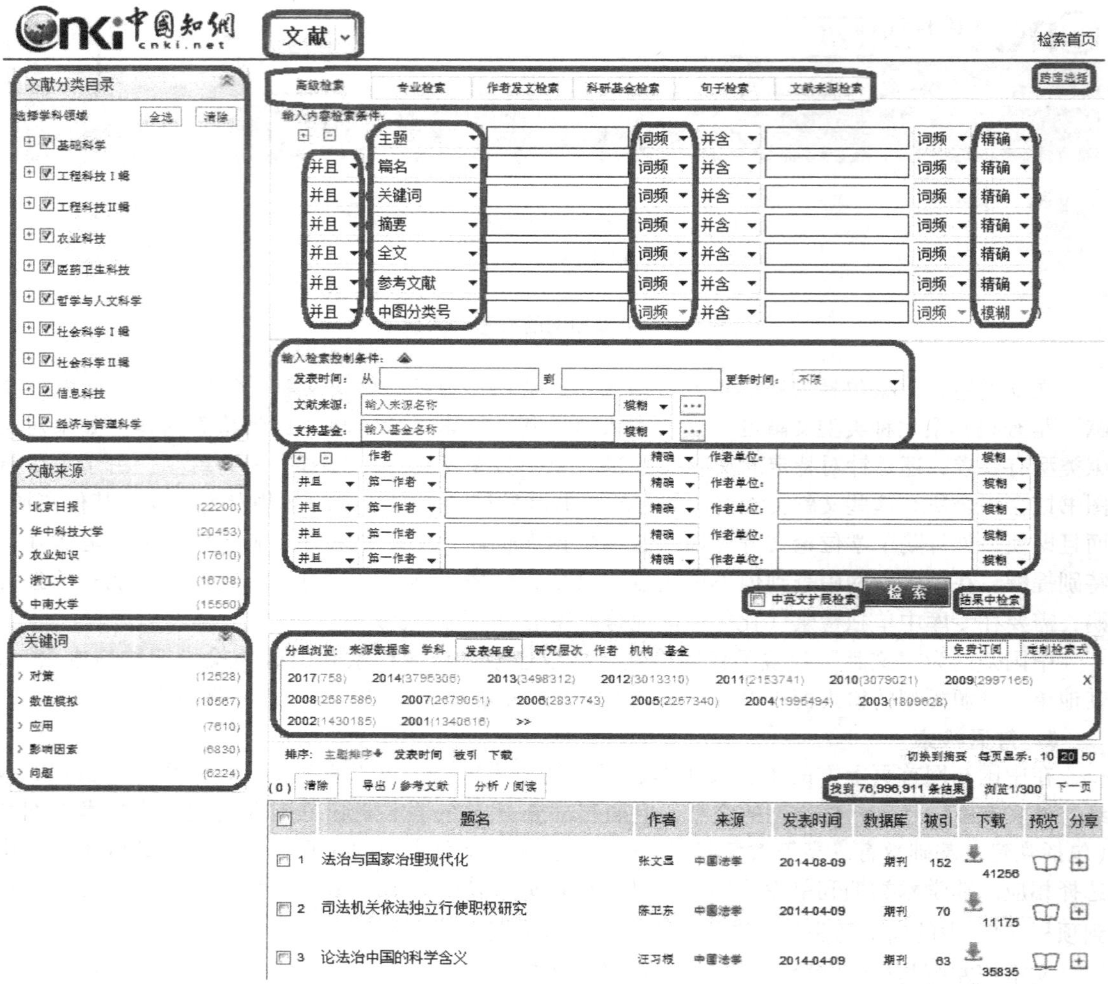

图7-10 中国知网“文献”高级检索窗口

迹”可以看到使用过的检索表达式、检索方式（跨库与否）和使用的数据库对象。

（2）检索字段。集成检索平台“文献”高级检索中可用的检索字段是期刊、博硕士、会议、报纸、外文文献、年鉴等类型文献的共有字段，适用于一站式查找正式发表的论文和年鉴资料。检索字段及其含义如下：

1）主题。这是一个多字段检索入口，在这个入口输入检索词同时在题名、关键词、摘要三个字段中检索。

2）篇名。篇名是作者对文献主题的高度概括，检索中使用的词在篇名中出现得越多论文相关度越高，篇名是检索时最常用的字段之一。

3）关键词。关键词是作者自己对文献主题内容的提炼，不仅概括性强，专指度也高，往往会补充同义词，或篇名和摘要中没有出现但文献中涉及的一些重要概念，因此可以补充篇名检索的不足，也是检索中最常用的字段。

4）摘要。摘要对文献主题有一定的概括性，又没有篇名精练，当摘要与篇名或关键词组配检索时，摘要字段适合输入比较次要的词。

5）全文。在此输入的检索词在全文索引中检索。由于全文索引取自论文正文中的实词，因此在输入关键词可最大限度地获得查全率，尤其适合查找冷僻字或冷门主题。

6）参考文献。在此输入的检索词在期刊论文篇名、博硕士学位论文名称、会议论文篇名、报纸文章标题、外文文献标题、年鉴中条目的标题中检索。

7）中图分类号。在已知《中国图书馆分类法》分类号时可以在此输入，但没有提供在线分类表。

8）作者和作者单位：被归入检索控制条件部分。

（3）逻辑运算关系。高级检索提供常用的三种逻辑运算关系有：AND（并且、并含）、OR（或者、或含）和 NOT（不含）。每行有两个输入框，注意同一行的两个输入框已用圆括号括了起来，圆括号在这里是优先运行符。

（4）词频。词频是指在文本中同一检索词出现的频次。有意义的词频至少出现 2 次，但词频太高的词无检索意义（如虚词），所以系统将词频选项设置为 2～8 个。词频限定只能用在摘要和全文字段，使用在其他字段没有意义。

（5）检索精度。设置“模糊”和“精确”两个选项。选择“模糊”系统会把输入的检索词拆成单词与数据库中的文献进行匹配，这时有可能会出现重复的词，例如在篇名字段输入“中国知网”会与“中国知网中国……”匹配，输入“信息资源检索”会与“信息资源……检索”匹配。选择“精确”则完整匹配。使用“模糊”检索可增加匹配的灵活性，在一定程度上提高查全率，是最常用的检索精度限定选项，“精确”适用于禁止拆分的专有名词和专业术语。

（6）检索控制条件的设置及其用法。

1）发表时间：主要用于根据学科成熟程度，以及对论文时效性的要求确定检索时间范围的长短，当命中文献数较多时建议使用此选项。

2）更新时间：指数据导入数据库供用户检索的时间，一般选择最短时间。

3）文献来源：查找论文或条目所在母体文献的名称，例如，对期刊和会议论文来说，刊物和会议录名称就是其母体文献的名称，在“文献来源”字段输入检索词就是在刊名或专辑名称中查找。

4）支持基金：许多学术研究获得了基金资助。基金来源有横向和纵向，横向基金是指企业资助，纵向基金是指各级政府或学会的资助。纵向基金是有级别的，所以必要时可以通过限定基金项目来确定论文的层次。

5）作者：包括第一作者和其他并列作者。通过跟踪专业领域有影响力的作者，可以了解本专业的研究动向和研究重点，也可以通过引文追溯重要的参考文献。

6）作者单位：是调查统计和跟踪一个单位科研动向和科研实力的重要途径。

（7）中英文扩展检索。勾选此项同时在中英文篇名、关键词和摘要字段中检索，可一定程度上提高查全率。一般来说，同时有中英文篇名、关键词和摘要的比只有中文的学术性要强一些，至少从撰写论文的作者角度看是如此。

7.2.3 检索结果和“在结果中检索”功能

1. 题录检索结果的显示

在题录检索结果上方设置了一个“分组浏览”区，可分别按检索结果中的来源数据库、学科、发表年度、研究层次、作者、机构、基金进行聚类，同时显示各类的命中文献数。

题录检索结果显示的记录内容包括题名、作者、来源、发表时间、所在数据库、被引用数、下载量、预览、分享九项内容。勾选记录前面的多选项可以以复制粘贴、打印，或以 CAJ/PDF

格式、XLS 格式、DOC 格式等形式批量导出题录信息，也可以生成检索报告。单击可下载 CAJ 格式的文献（单击题录进入详细书目记录页可下载 PDF 格式文件），单击可在线预览当前文献前 1～10 页的内容（总页数小于 10 页，则免费阅读 1 页；文献总数大于 100 页，免费阅读 10 页，其他页数能免费预读 10%），单击可将文献题录分享到微博、人人网、开心网等。

期刊的复合影响因子和综合影响因子代表着期刊的重要性。复合影响因子和综合影响因子越高，说明期刊越重要。查看影响因子的方法如下：①期刊的检索结果浏览页，鼠标悬浮到“刊名”那一列，就可以看到该期刊的影响因子；②在导航页，鼠标悬浮到期刊上，就可以看到该期刊的影响因子。

2. 详细书目信息显示

单击题录显示指定文献的详细书目描述信息，内容有题名、中文作者、英文作者及其所在机构、中文机构、摘要、关键词、基金名称及其编号、所属期刊栏目及其年卷期次、中图分类号，另外还有被引频次、下载频次、本文的引文网络关系图及分年度参考文献统计。如图 7-11 所示，图中的小图是期刊封面（其他文献没有显示封面），刊名下面依次列出了中英文刊名、热字“编辑部邮箱”（单击后会弹出 OutLook，便于与编辑部联系）、出版发行时间（年卷期）、热字“给本刊投稿”（单击此处会弹出投稿提示）。如果购买了中国知网的学位论文使用权，单击网页左上角的“节点文献”，可在线预览部分正文。

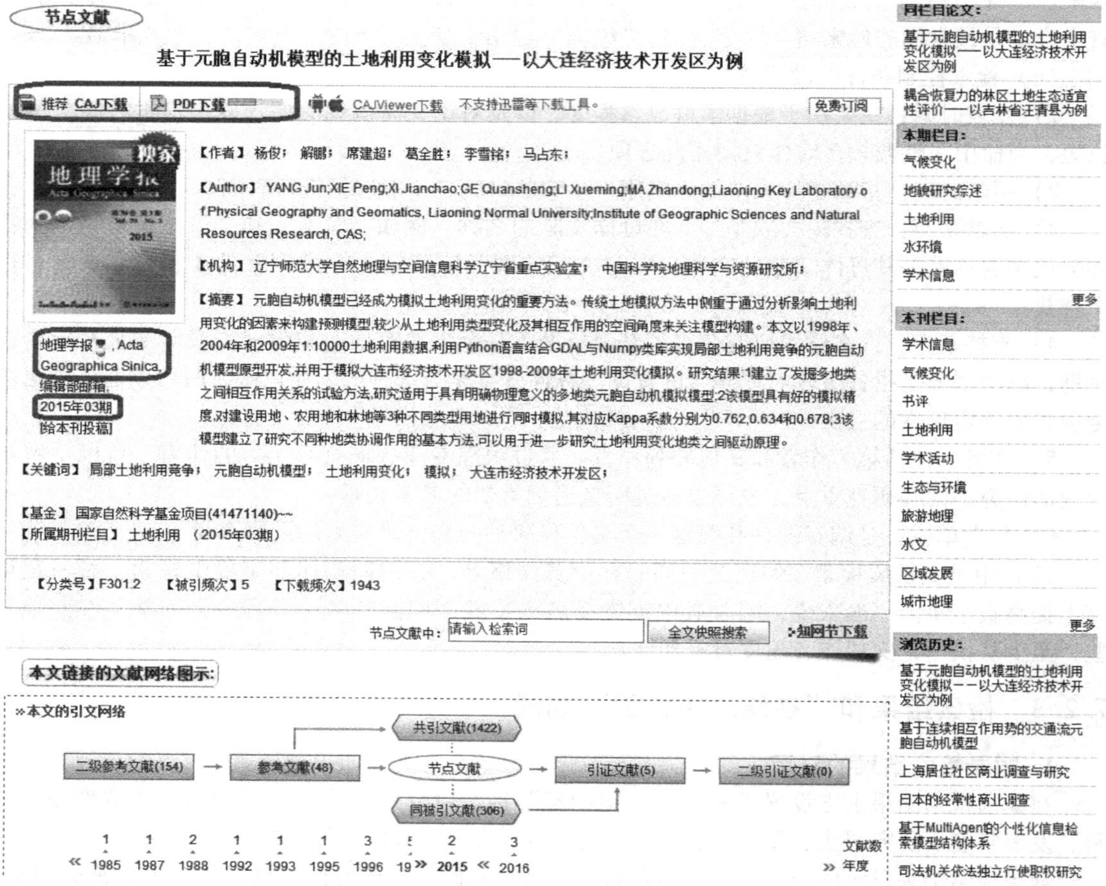

图 7-11 详细书目信息

不同类型的文献，其详细书目信息显示的内容不同，即使同为期刊，因其级别不同显示的内容也会有所增减。例如会议论文有会议录名称、会议名称、会议时间、主办单位等项，学位论文有导师、作者基本信息、文内图片、网络出版投稿人等项。书目信息是重要的参考信息，尤其是其中的关键词和分类号还是扩展检索范围的检索词。

在“本文的引文网络”图下面还有以下内容：

1）参考文献：反映本文研究工作的背景和依据，按所在数据库排列。

2）相似文献：与本文内容上较为接近的文献。

3）同行关注文献：与本文同时被多数读者关注的文献，因为同行关注较多的一批文献具有科学研究上的较强关联性。

4）相关作者文献：按发文量列出前20名有相似研究范围的作者，并列出排名第一的作者的部分较有影响的论文题录。

5）相关机构文献：按发文量列出前8个有相似研究范围的机构，并列出排名前第一的机构的部分较有影响的论文题录。

6）文献分类导航：针对论文的中图分类号由上到下给出了各级类号的类名，单击任何一个类名都可以看到属于这个类的影响力最大的前10篇论文的题录。根据分类号等级结构的特点，从导航的最底层可以看到与本文研究领域相同的文献，从上层导航可以浏览更多相关领域的文献。

显然，中国知网检索功能之所以强大，就在于以上六大信息联想能力。

网页题名下面有下载CAJ格式和PDF格式的按钮。CAJ格式是清华同方开发的数字图书格式，安装CAJViewer7.2阅读器后可阅读CAJ以及KDH、NH等格式的文件。PDF格式是世界流行的数字图书格式，一般的阅读器都可以打开。

3. “在结果中检索”功能

在第一次检索结果的基础上可以使用“在结果中检索”功能。中国知网有两个检索策略输入确认键：一个是［检索］，在这个按钮右边还有一行小字［在结果中检索］。按［检索］执行重新查找动作，按［在结果中检索］在上一步检索结果的范围内进一步查找。中国知网的“在结果中检索”不是二次检索，而是范围可以多次缩小的真正的在结果中检索。

【检索要点】

（1）中国知网首页及其期刊高级检索窗口只能查到学术性期刊的论文，非学术性期刊中的文章要到首页“资源总库”下的“作品欣赏”下查看。

（2）“文献”是多库检索入口，“主题”是多字段检索入口。

（3）相同字段的“逻辑与”组配，宜放在同一列，并按词的重要性排序，最重要的词放在最前面。

（4）同义词和可替换的高度相关词宜放在同一行。

（5）两行之间设置“逻辑或”关系，这两行可以不是同义词，但应该是高度相关的可替换概念。但目前中国知网高级检索窗口中的运算关系选项“并且”和“并含”实际作用只是“逻辑或”，也就是说目前通过选项不能实现“逻辑与”功能，这应该是软件开发中的失误。

（6）使用“在结果中检索”功能，后一次检索不能重复使用前面用过的词（重新检索除外），并且也要遵循重要词先用、次要词后用的原则。

（7）检索条件限定各项之间是“逻辑与”关系。

（8）“全文”字段采用的是全文索引模糊检索，要注意词序对检索结果的影响。有时候词中字的顺序改变后词义不会发生变化，例如“膏药”和“药膏”，这种词序或字序变化不影响词义的情况很适合模糊检索，特别是以字为单位抽取关键词的数据库；而有些词的词序变化则词义完全不同，这种情况在全文字段检索效果不一定很好，所以说全文字段适合于使用冷门词或用于查找很难查的文献。

7.2.4 其他检索功能简介

（1）专业检索。“专业检索”用于图书情报专业人员查新、信息分析等工作，要使用字段标识符，可以使用逻辑运算符和圆括号构造复杂的检索表达式。使用方法详见文本框右上角的“检索表达式语法”。

（2）作者发文检索。“作者发文检索”是查找作者（含第一作者和并列作者）、作者单位的专用窗口，填写两个以上字段时各项之间是“逻辑与”关系。输出结果按第一作者排序。

（3）科研基金检索。“科研基金检索”提供了一个文本框，可输入基金名称中的关键，也可单击检索精度限定选项右侧的图标⋯，在弹出的基金选项中单选或多选。

（4）句子检索。“句子检索”可以进行两行四项组配检索，可以指定在全文中的同一句或同一段。句子检索中输入的检索词会被拆成单词进行匹配，但输入的检索词的词序将对排序产生影响。句子检索至少输入两个语词（不一定是单词或固定词组），并分别填在两个文本框中。

（5）文献来源检索。“文献来源检索”可以查找某一年某一期母体文献的所有论文，这在查找连载论文和曾经的学术热点时特别有用。

（6）跨库检索。“跨库检索”可以进行多库检索，涉及的文献类型包括国内期刊、特色期刊、学术辑刊、博硕士学位论文、国内外会议录、报纸、年鉴、专利、标准、科研成果、商业评论 11 类。跨库检索只能在“文献”对象下使用，用于改变默认的文献类型。

7.3 国内开放存取资源简介

（1）中国科技期刊开放获取平台（www. oaj. cas. cn/）。它由中国科学院主管、中国科技出版传媒股份有限公司（科学出版社）主办，收录的学科范围包括自然科学总论、数理科学和化学、天文学、地球科学、生物科学、医药、卫生、农业科学、工业技术、交通运输、航空、航天、环境科学、劳动保护科学（安全科学）、社会科学总论、经济、文化、科学、教育、体育、语言、文字、历史、地理、综合。平台与期刊编辑部实行共建共享。平台支持 OAI - PMH 数据收割协议，支持全球范围的组织和个人通过互联网使用 OAI 中的有关命令免费采集本平台上的期刊和论文元数据，还将通过开发定制接口向图书馆开放平台的所有数据。

（2）国家哲学社会科学学术期刊数据库（www. nssd. org）。它以免费、公益、开放为宗旨，是我国政府公共财政资助的科学知识开放获取平台，由中国社会科学院承建。目前，它共与 648 家期刊编辑部签署了作品使用协议。国家哲学社会科学学术期刊数据库实现了与个人文献检索和管理工具 Note Express 的检索接口集成，还将期刊元数据集成进学术资源索引库 Primo Central 和 CASHL 数据库；与光明网共同建设的光明网“学术频道”已经上线。

（3）国家科技报告服务系统（www. nstrs. cn）。它是全国科技报告服务平台，对国家财政科技投入形成的科技信息资源进行全面保存，为科研人员提供科研基础信息，为科技管理者提供决策支持，为社会公众了解和利用国家科研成果提供服务。至 2014 年已可供公众浏览 3000 份“十一五”期间已验收（项目）课题的科技报告。

（4）中国国家数字图书馆。它是中国国家图书馆（www. nlc. gov. cn）的网络平台。国家图书馆是国家总书库、国家书目中心、国家古籍保护中心、国家典籍博物馆。

（5）国家科技成果网（www. tech110. net/portal. php）。它是国家科技成果信息发布、展示、交流的服务平台，包括科技成果库、科研人员库、科研机构库三个资源库。通过这三个资源库可以轻松地找项目、找专家；为客户提供各种科技成果研发统计分析报告，包括科技成果年度统计分析报告和科技成果研发热点分析报告等；还可以定位用户特定的需求，进行项目、人员、机构的精确匹配，组织线上线下的技术对接服务。

（6）国家科技图书文献中心（简称NSTL，www. nstl. gov. cn/）。它由中国科学院文献情报中心、中国科学技术信息研究所、机械工业信息研究院、冶金工业信息标准研究院、中国化工信息中心、中国农业科学院农业信息研究所、中国医学科学院医学信息研究所、中国标准化研究院标准馆和中国计量科学研究院文献馆九个单位组成，是国内最大的公益性科技文献信息服务平台。目前，NSTL拥有印刷本外文文献25000多种，其中外文期刊17000多种，外文会议录等8000多种，居国内首位。NSTL收集的文献信息资源绝大部分以文摘的方式，或者以其他方式在NSTL网络服务系统上加以报道，供用户通过检索或浏览的方式获取文献线索，进而获取文献全文。

（7）国际科学引文数据库（DISC）。它是国家科技图书文献中心投入建设的集文献发现、引文链接、原文传递为一体的服务系统。DISC以全球出版的2500余种核心期刊作为来源期刊，覆盖自然科学、医学、工程技术各领域，在全国范围内为用户提供引文检索、原文传递服务。

（8）中国预印本服务系统（prep. istic. ac. cn）。它是由中国科学技术信息研究所与国家科技图书文献中心联合建设的以提供预印本文献资源服务为主要目的的实时学术交流系统，是国家科学技术部科技条件基础平台面上项目的研究成果。该系统由国内预印本服务子系统和国外预印本门户子系统构成。

（9）中国科技论文网（www. kjlw. cn）。它是科技论文的资源共享平台，也是一个专业发布科技论文、推荐优秀科技论文发表到公开刊物（核心、优秀期刊）的网站。论文正式发表后可交申请获取论文发表证明，也可在提交论文时要求网站将论文推荐到相关期刊发表。

（10）国学网（www. guoxue. com）。它是由北京国学时代文化传播股份有限公司主办的国内第一个以弘扬中国传统文化为基本任务的大型学术型公益网站。国学网融国学资讯、专题研究、虚拟社区等各项功能为一体，开设有专题部、文献部、学人部、学术部、服务部等板块。

（11）书香中国·中国互联网交互阅读平台（www. chineseall. cn/）。它是集阅读、互动于一体的真正“24小时无墙化”的读书活动组织平台、全民阅读公共服务平台，聚合了国内400多家出版机构与大量知名作家的作品。机构或个人用户每年需支付少量使用费。

7.4 实验四

7.4.1 实验内容、目的和要求

1. 实验内容

因撰写有关“遗传元胞自动机模型及其在沪深股市复杂性中的研究”的论文，请在国内数据库中查找三篇相关的中文文献并记录有关检索内容。

2. 实验目的

学会根据课题内容选择适用的数据库。

学会根据对查全查准的要求对数据库检索入口的选择和判断。

通过逻辑运算符和其他限定条件的使用训练组配检索能力。

3. 实验要求

学生可以自主选择数据库。

所查三篇文献不限文献类型，但不能是同一篇文章。

要求使用数据库的高级检索窗口。

通过检索到的文献内容、命中文献数和所用时间自行判断检索效率。

7.4.2 实例

实验名称：为撰写有关“发展中国家外汇储备激增的原因和对策”的论文，需要在国内全文数据库中检索三篇相关的中文文献。表7-2为查到第一篇论文的有关内容。

表7-2 第一篇论文的有关内容

检索环境描述（每个错点扣1~6分）				
网站名称	中国知网			
数据库	期刊			
检索窗口	高级检索			
检索策略描述（每个错点扣0.5~1分）				
	运算关系	检索入口	检索表达式	检索精度
（1）		关键词	外汇储备	精确
（2）	OR	关键词	外汇市场	精确
（3）	AND	关键词	发展中国家	精确
（4）				
发表时间限定（起讫年份）	2010年到2015年			
学科领域/专业范围限定	基础科学，工程科技Ⅰ辑，工程科技Ⅱ辑，农业科技，医药卫生科技，哲学与人文科学，社会科学Ⅰ辑，社会科学Ⅱ辑，信息科技，经济与管理科学			
期刊范围/来源类别限定	核心期刊			
［在结果中检索］检索策略描述				
	运算关系	检索入口	检索表达式	检索精度
（1）				
检索结果描述（每个错点扣0.1~0.2分）				
命中文献数	7			
题名	储备型汇率制度：发行非国际货币的发展中国家（地区）之选择			
第一作者	龚刚			
第一作者单位	南开大学经济学院			
摘要	国际货币与非国际货币之区分构成了当前国际金融体系典型的非对称特征。该种区分必将影响不同国家间汇率及汇率制度的选择。本文试图提出一种观点：发行非国际货币的发展中国家所选择的汇率制度可以形容为“储备型汇率制度”。在该种制度下，中央银行对外汇市场不断进行干预以实现其国际货币储备的不断积累，由此而造成本币长期贬值（或低估）和贸易的持续顺差。该种观点不仅与当今世界汇率与汇率制度分布之事实相一致，而且还可通过一个反映发展中国家中央银行行为的动态优化模型进行严格的理论证明。尽管“储备型汇率制度”可能与当前IMF所规定的反“货币操纵”条款相冲突，但是在当前这种不公正和非对称的国际货币体系下，该制度无疑是发展中国家的最优选择。更多还原……			

（续）

[在结果中检索] 检索策略描述	
中文关键词	汇率制度；国际货币；发展中国家
分类号	F831.6；F224
出版物名称/学位授予单位	经济研究
出版发行时间和卷期次	2012年09期
出版物类型	期刊

7.4.3 实验报告项目说明及常见错误分析

（1）题目是必填项。题目必须填写完整，题号与学号或题号与题目要匹配。

（2）瞎填乱写、与事实完全不符或完全不会做的，本题无分。

（3）所查论文不能与教师给出的实习题目相同。

（4）如实记录检索过程，检索限定要按网页上设置和实际使用情况写。

（5）一题查三篇，选出的三篇检索结果不能重复。

（6）网站名称。网站名称写错或没写全，例如，把“中国知网”写成“清华同方数据库”。有子数据库的应一并填写在此处。

（7）数据库名称。数据库名称写错或没写全，例如，把“中文期刊服务平台”写成“维普中文期刊数据库”。

（8）检索入口。检索入口的错误有把分类号字段或题名与关键词字段写成关键词字段，也有把别的网站的检索入口张冠李戴，如把维普资讯的“题名与关键词”字段写在“中国知网”下。

（9）所述检索词与检索字段或检索精度限定组合时与检索结果不匹配。例如关键词字段中输入了短语，短语经固定词组限定后在题名字段检索限制了拆分功能，都可能导致所记录的检索结果与实际检索结果不一致。

（10）检索结果中的关键词没写全。所查论文中的关键词是可供重新检索的检索词，也是教师判断检索结果相关性的重要依据，少写中文关键词可能给判断带来困难。

（11）分类号没说明。所查论文中的分类号也是重新检索的重要检索词，有些论文没有标注分类号，应如实声明。

（12）检索精度没说明。一般系统都默认模糊检索，但有些字段和检索词适宜使用精确检索。从直观上看，检索精度的选择会影响命中文献数。

（13）检索表达式中有错误。应按查找时的实际输入内容填入表格中，不要误写无用的字符（如圆点）。

（14）检索结果筛选错。查找相关文献不是要查找题目相同的文献，而是要查找有参考价值的文献。

（15）出版物类型说明错。全文数据库中收录的文献类型都有自己的特点，一般数据库的名称就能反映其收录的文献类型，不能根据母体文献或题名判断。常见的错误是把“学报”当成报纸，把专题性刊物（如《亚太经济》）当成研究报告。

（16）出版发行时间和卷期次。应优先写卷期次，这是索取原文的依据，有卷期次不写而写出版年月是不合适的，把出版年月日写全也是无意义的。

7.5 测验题

7.5.1 判断题

（1）维普资讯智立方知识资源服务平台是一站式跨库整合的知识资源系统。（　）

（2）维普资讯高级检索中“U=任意字段”检索是指在四个常用字段中检索。（　）

（3）维普资讯的检索表达式中可以用空格代表“逻辑或”运算符。（　）

（4）中国知网首页顶栏文献类型限定中，指定“文献”时表示一站式查找期刊、博硕士、会议、报纸、外文文献、年鉴。（　）

（5）中国知网的“在结果中检索”即二次检索。（　）

7.5.2 单选题

（1）中文期刊服务平台7.0首页检索默认为（　）字段。

A. 关键词　B. 题名

C. 题名或关键词　D. 所有

（2）维普资讯“高级检索”可进行（　）。

A. 最多5项同一字段组配检索　B. 最多5项不同字段组配检索

C. 最多5项相同或不同字段组配检索　D. 最多10项相同或不同字段组配检索

（3）中国知网高级检索中的选择“主题”字段表示在（　）三个字段中检索。

A. 题名、关键词、摘要　B. 题名、关键词、主题

C. 题名、作者、摘要　D. 题名、摘要、全文

（4）中国知网首页及其期刊高级检索窗口只能查到以下（　）。

A. 所有期刊中的文章　B. 学术性期刊的论文

C. 非学术性期刊中的文章　D. 核心期刊论文

（5）通过中国知网中的“文献来源检索”可以查找（　）。

A. 通过第一作者查到所有作者的论文

B. 通过一个作者查找其他有相同研究方向的作者

C. 通过刊名查找某一年某一期的全部论文（除非个别论文受保密条款或合同限制）

D. 通过刊名查找该刊被其他期刊引用的论文

7.5.3 多选题

（1）维普资讯智立方知识资源服务平台可以查到的独家收录的文献资源是（　）。

A. 政策法规　B. 科技成果

C. 科技报告　D. 产品样本

（2）维普资讯知识服务的产品包括（　）。

A. 智立方知识资源服务平台　B. 学科服务平台

C. 机构智库　　D. 维普论文检测系统

（3）以下（　　）模块是被维普期刊资源整合服务平台整合进去的。

A. 文献引证追踪　　B. 科学指标分析

C. 国外文献检索　　D. 搜索引擎服务

（4）以下（　　）可以在中国知网“学术资源－国内源数据库”板块查到。

A. 中国产品样本数据库　　B. 中国重要报纸全文数据库

C. 中国重要会议论文全文数据库　　D. 国际会议论文全文数据库

（5）中国知网高级检索中的词频限定可以用在（　　）字段。

A. 关键词　　B. 题名

C. 摘要　　D. 全文

第 8 章　国外全文数据库

本 章 重 点

1. EBSCOhost 主要数据库的收录内容
2. ASC 数据库的使用方法和检索要点
3. ASC 数据库题录检索结果页的识读及在结果中检索的方法
4. SpringerLink 的检索方法和检索要点
5. SpringerLink 检索结果页中各种按钮的功能

8.1　EBSCOhost

8.1.1　概况

EBSCOhost 是美国 EBSCO Industries 公司推出的多学科全文数据库检索平台（search. ebscohost. com），其中 Academic Search Complete 和 Business Source Complete 是 EBSCO 自己的数据库，其他是外挂的其他协作公司的数据库。以下介绍 EBSCOhost 中部分常见的数据库。

1. Academic Search Complete（ASC）

ASC 收录 1887 年以来 1.3 万种以上的题录和文摘，以及 8900 多种全文期刊，其中近 7800 种为同行评审（peer-reviewed）期刊。此外还包括近 730 种非期刊类全文出版物（如书籍、报告及会议论文等）。特别是 ASC 有近 4500 种全文期刊收录在 Scopus（科学文献导航工具），2000 多种全文期刊收录在 ISI-Web of Science（SCI（科学引文索引）的网络版），近 600 种全文期刊收录在 E. i. Compendex（Ei 网络版），660 多种全文期刊收录在 INSPEC（SA（科学文摘）网络版）；在人文社科方面，750 多种全文期刊收录在 PsycINFO（心理学文摘数据库），900 多种全文期刊收录在 MLA International Bibliography（语言学和文学研究工具书），840 多种收录在 SSCI（社会科学引文索引）。这一切都说明了 ASC 所收录文献的学术质量。

ASC 收录的文献内容涵盖哲学、宗教与神学、社会科学、公共管理、工商经济、心理学、文化、传播学、教育、历史学、法律、人文、艺术、视觉传达、表演艺术、各国文学、语言学、信息科技、计算机科学、通信传播、工程技术、生物科学、医学、健康卫生医疗、妇女研究、军事等，是全球最大的学术文献数据库。

2. Business Source Complete（BSC）

BSC 为 EBSCO 最完整的商管财经全文数据库，收录 1886 年以来约 4292 种期刊题录及文摘，其中超过 3354 种全文期刊（1692 种为同行评审），有 1200 种全文期刊提供可查找引文参考的功能（searchable cited references）。还包括 Bernstein Financial Data（伯恩斯坦财务分析报告）、272 种 EIU（经济学人智库）全文出版物、8 种晨星基金股票分析出版物、AICPA（美国会计师协会）出版物、Richard K. Miller & Associates 市场研究报告及 Global Insight 和 ICON Group International，

Inc 等报告。

BSC 文献内容涵盖各个商业相关领域，包括经济学、企业经营、工商管理、信息管理、知识管理、工业工程管理、能源管理、国际贸易、市场营销、房地产、会计、金融、银行、保险、法律、税收、电信通信等。除此之外，BSC 数据库也收录非期刊的全文数据包含图书、专题论文、参考工具资料、书摘、会议论文、个案研究、经济评论、投资分析报告、产业报导、行销研究报告、国家报告、企业公司档案、SWOT 分析等。

登录 BSC 还可在线学习哈佛商学院经典课程。BSC 现有 57 个哈佛商学院经典课程视频资料，这些课程均取材于高级管理人才教育项目，全部由哈佛知名的教授专家授课。课程针对商管财经相关话题提供创新的概念、深刻的研究以及实用的建议。数据库包含视频的目次，可供读者随意选择，而且大部分课程均有 PDF 格式的讲义可参考。

除了教学视频外，BSC 还收录了近 300 篇案例研究（Case Study）全文。

3. EconLit with Full Text（美国经济学会全文数据库）

EconLit 由美国经济学会（AEA）所建立，EconLit with Full Text 收录自 1969 年以来超过 550 种国际性经济学领域的期刊论文、图书、研究报告、会议论文及博硕士学位论文。内容涉及经济理论、历史、货币理论、财政制度、劳工经济、国际性经济、区域性经济及都市经济等相关领域。目前，60% 的数据来自美国地区以外的国际性专业期刊；99% 的数据以英文撰写。每条记录含基本书目数据、主题及地区说明，1987 年以后开始有文摘。EconLit with Full Text 收录逾 566 种经济类全文期刊，许多与印刷版期刊同步发行。

4. EBSCO e-book collection

EBSCO e-book collection 是世界上著名的电子图书数据库系统，目前已收录全球 400 多家出版社出版的 30 多万种电子图书，并且每月增加约 2000 种，内容涉及自然科学和人文科学各个领域。除英文电子书外还收录法文、德文、日文和西班牙文。除提供全文的电子书外，还提供 16000 多种有声电子图书。EBSCO 电子书可以直接进行检索，不需要安装任何阅读软件即可阅读、保存和打印，每次可保存、打印 15 页或更多。

5. One-stop search for all EBSCOhost Databases

One-stop search for all EBSCOhost Databases 是 EBSCOhost 数据库一站式检索大全，除了上面介绍的四种主要数据库外，还包括以下数据库：

（1）Teacher Reference Center：提供 280 多种最畅销的教师和管理者期刊的索引和摘要，旨在为专业教育者提供帮助。

（2）Newspaper Source：收录 40 多种美国和国际报纸以及精选的 389 种美国宗教报纸全文；此外还提供电视和广播新闻脚本。

（3）MEDLINE：由美国国家医学图书馆（National Library of Medicine）创建，采用了包含树、树层次结构、副标题的 MeSH（医学主题词表）索引方法，可从 4800 多种医学期刊中检索文献。

（4）ERIC：美国教育部的教育资源信息中心数据库，收录 1966 年以来 980 多种教育及教育相关的期刊文献的题录和文摘。

（5）Library，Information Science & Technology Abstracts：收录 1960 年以来关于图书分类、目录、书目计量、在线信息检索、信息管理等方面的期刊、图书、研究报告，包括 240 多种期刊的全文。

（6）GreenFILE：提供人类活动对环境的影响方面的研究，包括全球变暖、绿色建筑、污染、可持续农业、再生能源、资源回收等。

（7）Regional Business News：提供美国城市和乡村的75种商业期刊以及报纸和新闻。数据库每日更新。

（8）European Views of the Americas：1493 to 1750：是1750年前美国人写的关于欧洲的所有文学作品的索引工具，有超过3.2万个条目。

（9）American Doctoral Dissertations，1933—1955：该数据库为文摘数据库，内容为1933—1955年的美国博士论文，包含知名作家，如 Martin Luther King，Jr.、Henry Kissinger、Milton Friedman、Margaret Clapp 等的著作。

（10）EBSCO eClassics Collection：免费电子书，基本上都是小说。

6. EBSCO Discovery Service（EDS）

EDS是多学科的学术性搜索引擎，数据涵盖约2万个期刊出版社以及7万个图书出版社的文献。设置了简洁快速的一栏式检索界面，数据描述详尽，相关度排序更加符合学术搜索的需要。

8.1.2 ASC检索功能

进入EBSCOhost会看到一系列数据库，其中ASC是EBSCOhost最重要的数据库，也是世界上检索功能非常强大的数据库之一。下面介绍这个数据库的主要检索功能。

1. 选择数据库

进入EBSCOhost首页，可以看到一系列数据库。选择 Academic Search Complete（全球最大综合类全文数据库），首先进入EBSCOhost基本检索窗口，如图8-1所示。EBSCOhost基本检索窗口是一种集成检索窗口，使用户可以一站式查找EBSCO数据库和其他电子资源，包括来自其他数据库集成商的一些附赠数据库、OPAC（一般是指图书馆书目查询系统）和出版社自出版包。

图8-1 EBSCOhost基本检索窗口

ASC基本检索窗口默认为多库检索。文本框上方显示的是打开的第1个数据库，默认打开上一节介绍的7个数据库：ASC；Teacher Reference Center；Newspaper Source；MEDLINE；ERIC；Library，Information Science & Technology Abstracts；GreenFILE。图书馆若购买了第8个数据库EconLit with Full Text，则要在其单独的数据库中检索。读者检索前应根据课题内容在“选择数据库”中去掉一些不相关的数据库，因为打开过多的数据库将不必要地占用系统内存，影响检索效率。

但若把数据库限定为ASC等EBSCOhost自己的数据库，基本检索窗口就是智能文本检索窗口，可以使用高级检索下拉列表中都没有的许多字段标识符构造复杂的检索表达式。

单击文本框下方的“检索选项▶”会弹出高级检索限定条件，单击“高级检索”进入高级检索环境。单击“搜索历史记录”进入历史检索策略窗口，每条检索策略的内容包括步号（ID）、检索词语、检索选项、操作等内容。

在“搜索历史记录”页面可以看到与检索结果相关的内容分类统计项，包括：文章、图像、视讯、公司、页面、电子图书、有声图书、注释、其他内容源、检索的永久链接、保存的检索、检索快讯、期刊快讯、网页。

本书重点介绍 Academic Search Complete 高级检索窗口的使用方法。

2. 高级检索功能

（1）检索策略。高级检索窗口提供了至多12项组配检索，每行可以输入一个单词、词组或短语，同一行中词与词之间空格所代表的逻辑关系由所选检索模式决定。各行之间可用的逻辑运算关系符是常见的AND、OR、NOT三种。设置的检索子段及其使用方法见表8-1。

表8-1　Academic Search Complete高级检索可用字段

字段标识符	含义和索引类型	说明	命令行检索实例
	选择一个字段（选项提示语）	可作为智能文本检索入口，使用字段标识符组配检索	SU information AND SU retrieval
TX	所有文本［单词索引］	限定在所有可检字段中检索，使用TX字段标识符将在所有全文及其参考文献中查找，适合于使用冷门的专业词汇或查找特别难查的文章	TX Cronyism
AU（参见AR）	作者［单词索引］	可以是第一作者或并列作者，也可以是个人作者或团体作者	AU Rompalske
TI	标题［单词索引］	是常用的检索入口之一，可以查找英文或非英文的标题。在标题字段检索需要对检索词在标题中出现的概率进行估计，若正文内容与检索词相关而标题中没有出现这个词，则会导致漏检。在标题字段检索不宜使用一个单字	TI Fashion Focus
SU（参见SH）	主题语［单词索引］	各个数据库对主题字段匹配位置不同，ASC数据库指的就是主题字段，包括主标题词和二级主题词。主题语是另一个常用的检索入口。英文主题语长度有的超过2个单词	SU MOTION pictures
SO（参见JN）	来源［单词索引］	即在刊名中查找。例如期刊论文的母体文献名称就是刊名，会议论文的母体文献名称就是会议录名，图书章节的母体文献名称就是书名	SO International Journal of Toxicology
AB	摘要［单词索引］	查准率比标题和主题语低，适合与标题或主题语结合在一起组配检索。在标题和主题语中要使用最重要的词，摘要中可以使用次要的词（例如非专指性名词、形容词）	AB civil liberties
IS	ISSN［短语索引］	已知国际连续出版物编号时可以准确查出这本期刊，但期刊合并、改名后ISSN号也会变动	IS 1040726X
IB	ISBN	已知国际标准书号时可以准确查出这本书，但不同出版社出的同一本书，或同一出版社不同版次的同一本书ISBN会不同。用于ASC以外的数据库	

图8-2所示为Academic Search Complete高级检索窗口上半部分，以下是EBSCOhost通用的条件限定项，可以用于多库检索。

（2）检索模式限定。检索模式用于规定文本框中输入多个单词时词间空格的含义，Academic Search Complete高级检索设置了如下三种检索模式和一个命令行检索入口：

1）布尔逻辑/词组。系统默认为“布尔逻辑/词组”，如果输入的字符串中间没有插入逻辑运算符（运算符要用英文大写，两边要留出空格），包含空格的若干单词组成的字符串被认为是固定词组；如果单词中间插入了逻辑运算符，这个字符串就是逻辑组配表达式。

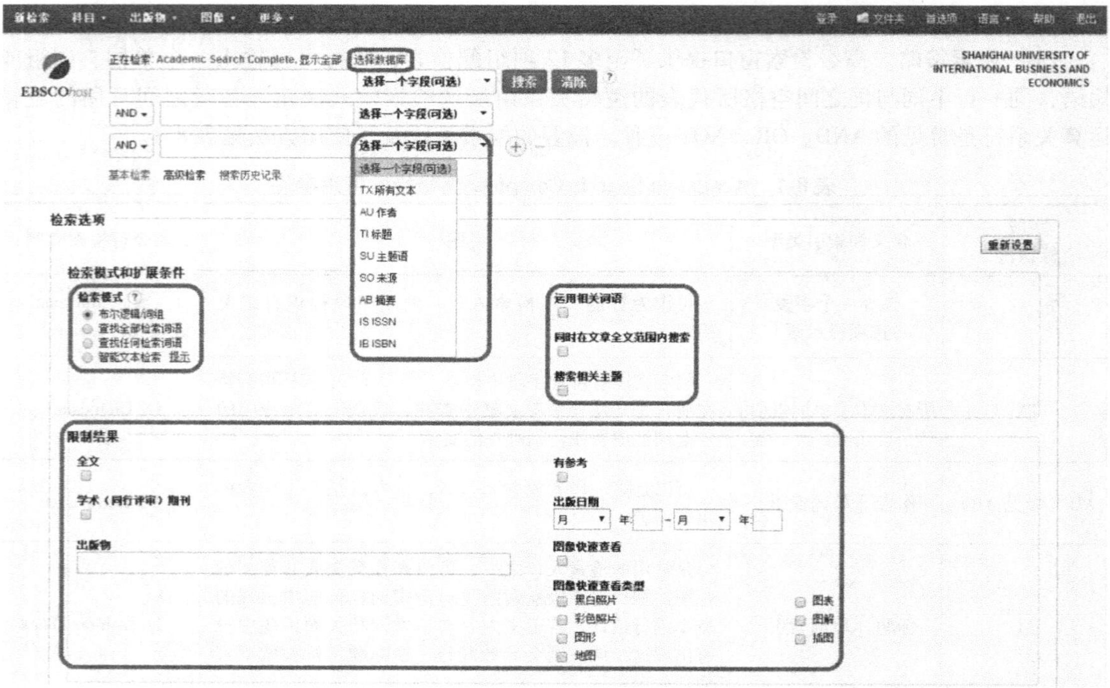

图 8-2 Academic Search Complete 高级检索窗口

“布尔逻辑”模式与“词组”模式的区别是：前者允许组配词的词序和词间距是任意的；而后者词间距是任意的，但词序是固定的或者是“... K2... of... K1...”的结构，其中 K1 代表固定词中的前词，K2 代表固定词组中的后词。

2）查找全部检索词语。如果字符串中没有插入“逻辑与”运算符，又要表示“逻辑与”组配关系，就要选择“查找全部检索词语”。

3）查找任何检索词语。如果字符串中间没有插入“逻辑或”运算符，又要表示“逻辑或”组配关系，就要选择“查找任何检索词语”。

4）智能文本检索。“智能文本检索”是供专业检索人员使用的命令行检索窗口。用户在这里可以使用字段标识符、逻辑运算符和圆括号构造非常复杂的检索表达式。智能文本检索可用的字段标识符除前述高级检索功能中的字段外（除 IB），还有表 8-2 列出的字段。

表 8-2 Academic Search Complete 智能文本检索可用字段

字段标识符	含义和索引类型	说明	命令行检索实例
AD	作者简历［短语索引］	精确查找作者所在的公司或机构，也许还包括联系地址	AD " School of the Environment and Natural Resources, Bangor University, Gwynedd LL57 2UW, UK"
AF	作者简历［单词索引］	精确查找作者所在的公司或机构，也许还包括联系地址	AF Iowa State University
AN	存取号［短语索引］	根据论文的唯一性标识（如馆藏号等）精确查找	AN 11509699

（续）

字段标识符	含义和索引类型	说明	命令行检索实例
AR	作者短语 [短语索引]	以姓氏、名字、中间首字母（如果有的话）的格式精确查找论文作者	AR Rompalske，Dorothy
AS	作者提供的摘要 [单词索引]	使用这个字段标识符查找值"Y"，要求文献有作者的摘要，一般附有作者摘要的稿件带有一定的学术性	AS Y
CS	封面故事 [短语索引]	精确查找，有 Y 或 N，Y 表示该文章是一个封面故事	CS Y
CY	国家代码 [短语索引]	精确查找两位字母的国家代码	CY US
DE	Subjects Authority [短语索引]	精确查找主标题词和作者提供的关键词	DE " BUCKLING (Mechanics)"
DT	出版发行日期 [日期索引]	精确查找论文的发表日期，在数据库中的格式是 YYYYMMDD	DT 20030207
FM	有插图的论文 [短语索引]	精确查找论文的类型，可检值可以是 T、C 或 P，其中 T 代表 HTML 网页文件，C 代表正文插图，P 代表 PDF 格式文件	FM C
FT	提供全文 [短语索引]	精确查找，Y 或 N，Y 表示这条记录可以获得全文	FT Y
GE	地理术语 [单词索引]	用关键词查找与论文内容有关的地理位置	GE WEST Virginia
IL	插图 [单词索引]	注：插图类型可以通过标签查到	IL Y IL graphs
IP	期次 [短语索引]	精确查找期刊的期号	IP 3
JN	刊名 [短语索引]	用关键词查找刊名	JN International Social Science Journal
KW	关键词 [单词索引]	用关键词查找作者自己给出的论文关键词，作者给出关键词的论文都带有一定学术性	KW wages
LA	语言 [单词索引]	撰写原文的语言	LA English
LK	关键词的语言 [单词索引]	作者提供的关键词是用什么语言写的	LK English
MH	主题 [单词索引]	用一个关键词查找一篇文献的地理主题词、论文中的关键词和普通主标题词	MH Polynomials
PG	页数 [短语索引]	精确查找一篇文献的页数	PG 19 PG >5
PT	出版类型 [短语索引]	查找出版类型，该标签也用于“出版物类型”下拉列表条件限定选项	PT Book
PZ	文献类型 [短语索引]	精确查找文献类型	PZ Article

（续）

字段标识符	含义和索引类型	说明	命令行检索实例
PS	评论和产品［单词索引］	用关键词在文章内容中查找产品或书评	PS Creative
RV	同行评审的［短语索引］	精确查找，Y或N，Y表明该论文是经过同行评审的	RV Y
SH	受控主标题词［短语索引］	用主题词表中的受控索引词精确查找，简单地说就是机内主题词表中的词查找	SH " MOTION picture industry"
SP	起始页［短语索引］	精确定位一篇论文的查找起始页号	SP 61
UI	唯一性标识［短语索引］	精确查找论文的登录号	UI 11092779
VI	卷号［短语索引］	精确查找一个出版物的卷号	VI 2

（3）扩展条件限定。

1）搜索相关主题。选择此项将检索范围扩大到相关的学科主题，适用于查找交叉学科资料。

2）运用相关词语。选择此项将启用机内主题词表，使检索结果包括同义词及其单复数词。例如输入 Neoplasm 也会检索 Tumor、Tumour、Tumors、Tumor's、Tumours 和 Tumour's 等词。

3）同时在文章全文范围内搜索。选择此项将在全文索引检索，涉及范围包括正文、文摘和参考文献中有检索意义的实词，不包括单独字段的文摘和参考文献。

（4）检索结果限定。

1）全文。只查找有全文可以下载的文献，屏蔽只有题录或文摘的检索结果。

2）学术（同行评审）期刊。EBSCOhost 所说的“学术期刊”是指经过同行评审的、比较有质量的期刊，相当于我国的核心期刊。

3）出版物。这是指定在某种具体的出版物中查找，需要在“出版物”文本框中输入具体出版物名称。

4）有参考。要求命中文献要有参考文献的选择此项。新闻、时政、商贸方面的文章一般是没有参考文献的。

5）出版日期。用于设定期刊出版的起讫年月。设定起讫年月不仅可以缩小检索范围，还可以把同一关键词在不同时代的含义区分开来。对于期刊来说具体到年月日是不必要的，因为学术类期刊出版间隔最短也是按月，只有时政类和休闲类期刊才有半月刊和周刊。年月日只对报纸比较有意义。

6）图像快速查看和图像快速查看类型。文献图像的作用得到读者越来越多的重视，选择此项可以筛选出含有图像的论文，这些图像可能与人物、自然科学、地方、历史有关，图像类型可以是黑白照片、彩色照片、图形、地图、图表、图解、插图等。

【检索要点】

（1）将概念由中文转换成英文时，要注意同一概念在不同语言表述中的区别。例如中文“量化宽松”政策在美国被称为“Asset Purchase”（资产购买）计划。

（2）查找国外数据库，使用单词（不是词组）的总数不宜超过3个，最多不要超过4个。

（3）最重要的词要在标题或主题语字段使用，比较重要的词应在文摘字段使用，谨慎使用“TX 所有文本”字段。

（4）不应使用过多的相同字段组配，例如不能全都是作者字段、全都是主题字段、全都是关键词字段、全都是标题信息（或母体文献名称）、全都是文摘。

（5）检索词后面可以加通配符 *，这时的通配符又叫截词符，用来代替单词中的后缀。不加通配符表示精确匹配。EBSCO 的通配符只能进行前方一致检索。通配符用于检索词的中间进行前后一致检索时通配符两边一定要留出空格。

（6）系统自动进行名词单复数检索。

（7）逻辑或两边应该是相同概念的词（或词组）。例如：

walking OR stroll

（8）逻辑运算顺序是首先运行“逻辑非”NOT，然后运行 AND，最后运行 OR。圆括号（ ）用以改变运算先后顺序。例如：

（mouse OR rat） AND trap

假定 k1 OR k2 =k3，则对于检索式（ k1 OR k2 ）AND k4 来说，先运行（ k1 OR k2 ），再运行 k3 AND k4。

（9）可以并列使用两组圆括号，但含义与不使用圆括号完全不同。如下例两项检索式：

检索式 1：dog OR cat AND show OR parade = dog OR [cat AND show] OR parade

检索式 2：（dog OR cat） AND （show OR parade）

= [dog AND show] OR [dog AND parade] OR [cat AND show] OR [cat AND parade]

注：由于“逻辑与”运算的优先级高于“逻辑或”，实际检索时“逻辑与”组配表达式不用加圆括号，这里的方括号表示一组概念。

圆括号可以嵌套，但依然遵循以上运行顺序。例如：

（（mouse OR rat） AND trap） OR mousetrap

假定（ k1 OR k2 ） = k3，k3 AND k4 = k5，则对于检索表达式（（ k1 OR k2 ） AND k4 ） OR k6 来说先运行 k1 OR k2，再运行 k3 AND k4，最后运行 k5 OR k6。

（10）引号中的逻辑运算符不起作用。

8.1.3 Academic Search Complete 检索结果

1. 题录检索结果及在结果中检索

题录检索结果页有两列内容，左列是用于在结果中检索的筛选项，主体部分是以书本文摘格式编排检索结果的题录显示项，如图 8-3 所示。

在检索结果页给出了在检索结果中进一步筛选的选项。窗口左侧由上往下第 1 项是当前检索所用的检索策略，包括所用的检索入口、检索模式和检索表达式，筛选后这部分内容会同步更新。

窗口左侧从第 2 项列出了几类筛选项，包括限制、来源类型、标题：辞典词语、主题 - 主要标题、主题、出版物、出版者、公司、语言、年龄、性别、地理学、NAICS（北美产业标准）/行业、数据库等，各类筛选项下的可选内容与检索结果有关，并有对应的命中文献数。选择其中的一项或多项就可进行在结果中检索，下面一一介绍。

（1）限制。这包括 ASC 数据库的各种检索条件限定，包括检索模式和扩展条件限定、检索结果限定，以及用于各个数据库的特殊限制条件。默认筛选项为对检索结果的限定项，包括“全文”“有参考”“学术（同行评审）期刊”三项，单击“显示更多”可弹出检索条件筛选

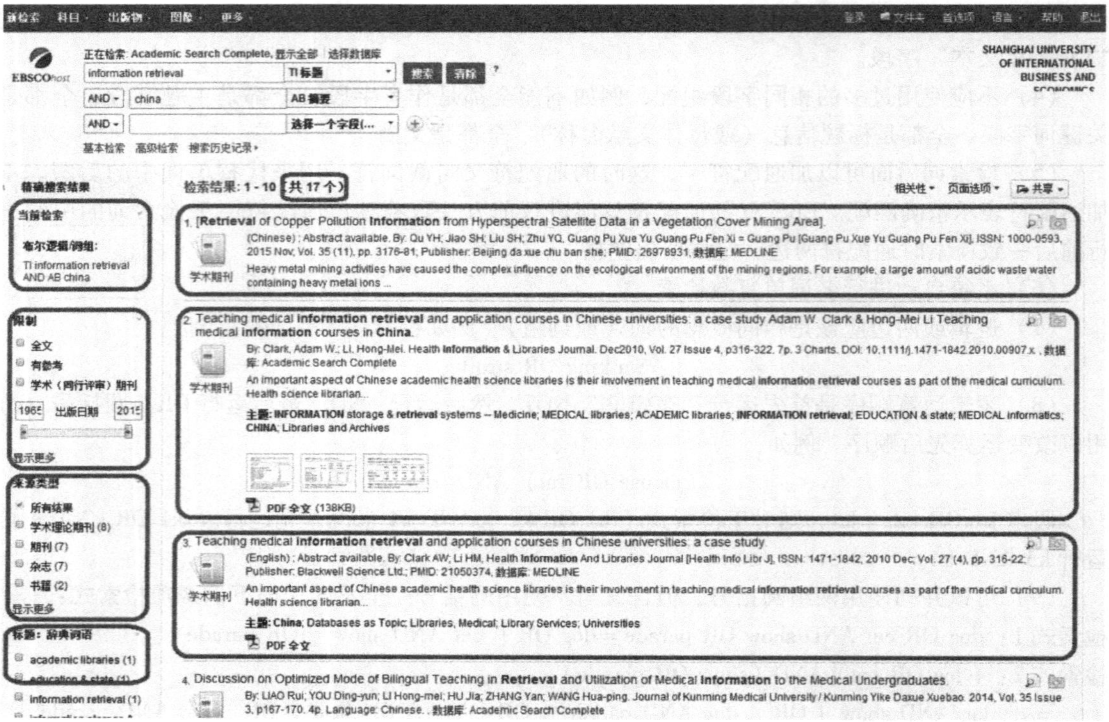

图 8-3 Academic Search Complete 检索结页中的筛选功能

窗口。

出版日期限定采用左右滑杆来确定文献的起讫出版年份，默认为 1960 年至最近一个完整年份。

（2）来源类型。ASC 数据库母体文献类型限定分为学术理论期刊、期刊、杂志、书籍、报告、评论、贸易出版物、新闻、政府文档、传记等，这些选项也说明了 ASC 数据库的收录范围。单击“显示更多”按钮可看到以上所有选项及其点击率。

（3）标题：辞典词语。这是指 ASC 数据库中机内主题词表的主标题词（带星号）。

（4）主题 - 主要标题。这是指 ASC 附带的其他数据库中机内主题词表（主要是 MEDLINE 的 MeSH）中的主标题词（带星号）。

（5）主题。这是指限定在机内主题词表的主题词中匹配，包括主标题词（带星号）和各二级主题词。注意此处的“主题”与高级检索窗口中的“SU 主题语”字段，以及检索结果中的“主题语”的区别。

（6）出版物。这是限定出版物名称的选项，在 ASC 数据库中主要是指刊名，若包含 ASC 附送的数据库则涉及的出版物类型较多（如网页）。

（7）出版者。这是指出版物的出版发行机构。

（8）公司。这是对公司/实体进行限定。出版者有的也是公司，但此处特指生产数字阅读设备的软硬件的生产商，往往与“评论与产品”“人物”或“NAICS/行业代码”相关联，例如：Google（Web resource）；Facebook（Web resource）；JOBS，Steven（1955—2011）；ZUCKERBERG，Mark（1984—）；SCHMIDT，Eric E.（1955—）。

（9）语言。这是指未经翻译的原始文献的书写语言，但对 EBSCOhost 中一篇论文同时用几种语言发表的情况，则这几篇论文都是原文。

（10）年龄。在 ASC 附带的其他数据库里有此项，例如：all adult：19 + years（10，445），middle aged：45-64 years（5，926），aged：65 + years（4，625），aged：80 and over，child，pre-school：2-5 years，infant，newborn：birth-1 month 等。圆括号里的数据是命中文献数。

（11）性别。在 ASC 附带的其他数据库里有此项。

（12）地理学。这是对国家、地区限定。例如 united states（58，089），china（3，236），north america（504）。

（13）NAICS（北美产业标准）/行业。这用于对“公司”所属行业进行限定。用于 ASC 附带的其他数据库的检索。

（14）数据库。这即命中文献出现的数据库，可能少于检索前限定的数据库。

2. 检索结果的识别

不同数据库书目数据项的显示内容有所不同，同一数据库中不同文献类型的书目数据项显示的内容也有所不同，但有一些基本的数据项是共有的。下面举例说明。

实例一：Academic Search Complete 数据库中原文是英文的期刊论文显示格式（见图8-4）

(1) ◀结果列表 | 精确检索 ◀结果 1 共 3 ▶

(2) **Teaching** medical information retrieval and application courses in Chinese universities: a case study Adam W. **Clark** & Hong-Mei **Li Teaching** medical information courses in China.

(3) 作者：Clark，Adam W. [1]
Li，Hong-Mei[2]

图 像

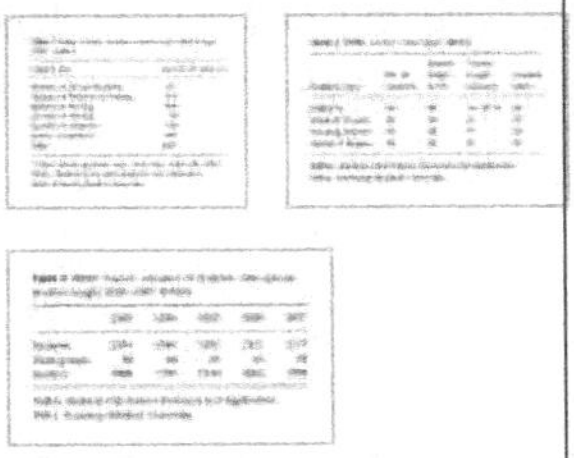

(4) 来源：Health Information & Libraries Journal. Dec2010，Vol. 27 Issue 4，p316-322. 7p. 3 Charts.

(5) 文献类型：Case Study

(6) 主题语：* INFORMATION storage & retrieval systems—Medicine
* MEDICAL libraries
* ACADEMIC libraries
* INFORMATION retrieval
* EDUCATION & state
* MEDICAL informatics

(7) 地理术语：CHINA

(8) NAICS/行业代码：519120 Libraries and Archives

(9) 摘要：An important aspect of Chinese academic health science libraries is their involvement in **teaching** medical information retrieval courses as part of the medical curriculum. Health science librarians in China have a more formal **teaching** role than is generally found in Western countries, including many full-time **teaching** positions. This article provides a case study of Kunming Medical University Library, where courses are provided as credit units at both undergraduate and postgraduate levels. The **teaching** practices of Chinese health science libraries are compared with **teaching** experiences reported in Western countries. It is noted that Chinese government's educational policy is similar to that of the United States in promoting the role of the library in **teaching** subjects as part of the medical curriculum. In China, this has lead to the development of **teaching** departments within health science libraries and the appointment of full and part-time teacher librarians. [ABSTRACT FROM AUTHOR]

(10) *Copyright of Health Information & Libraries Journal is the property of Wiley-Blackwell and its content may not Be copied or emailed to multiple sites or posted to a listserv without the copyright holder's express written permission. However, users may print, download, or email articles for individual use. This abstract may be abridged. No warranty is given about the accuracy of the copy. Users should refer to the original published version of the material for the full abstract. (Copyright applies to all Abstracts.)*

(11) 作者单位：[1] Ian Potter Library，Alfred Hospital，Melbourne，Vic.，Australia
[2] Kunming Medical University Library，Kunming，Yunnan，China

（12） ISSN：1471-1834
（13） DOI：10.1111/j.1471-1842.2010.00907.x
（14） 入藏编号：54952450
（15） 数据库：Academic Search Complete
（16） 出版者徽标：Wiley Blackwell
（17） 图像：

图 8-4 Academic Search Complete 数据库中原文是英文的期刊论文显示格式

页面中的热字为蓝色字体，单击后即链接到相应结果页。

（1）单击“结果列表”返回题录检索结果列表。单击“精确检索”返回“基本检索”窗口。后面的数字表示当前检索命中文献数共3条，当前浏览的是第1条记录。

（2）论文标题。标题和书目数据项中没有提示语言的当前文献就是英文。

（3）第一作者和并列作者。上标是作者单位标号，与后面的“作者单位”对应。

（4）“来源”中的蓝色热字是母体文献名称，此处是刊名。后面依次是：出版发行年月、卷次（Vol.）号、期次（Issue）号、页次（p316-322）、页数（7p）、图表数（3 Charts）。

（5）“文献类型”是文献内容的分类，对于从内容形态角度判断相关性很有用。在ASC及其附带的数据库中有不同的“文献类型”限定，见表8-3。从表中可以看出多数数据库对文献内容的分类是相似的，只是GreenFILE数据库中设置了许多独特的类项。

表 8-3 各数据库文献类型限定表

文献类型	Academic Search Complete	Newspaper Source	Library, Information Science & Technology Abstracts	GreenFILE	说明
全部	√	√	√	√	
Abstract	√	√			摘要
Article	√	√	√	√	论文
Bibliography	√	√	√	√	书目
Book			√	√	图书
Book Chapter	√		√	√	图书章节内容
Book Review	√	√	√	√	图书评论
Case Study	√	√	√	√	案例研究
Conference Paper			√		会议论文
Correction Notice	√	√	√	√	更正说明
Directory	√			√	目录
Dissertation			√		学位论文
Editorial	√	√	√	√	社论
Entertainment Review	√	√	√	√	娱乐综述

（续）

文献类型	Academic Search Complete	Newspaper Source	Library, Information Science & Technology Abstracts	GreenFILE	说明
Entry	√				条目
Essay				√	议论文
Excerpt				√	摘要
Film Review	√	√	√	√	电影评论
Image				√	图像
Industry Overview				√	行业概况
Interview	√	√	√	√	电视访谈
Letter	√			√	信函
Literary Criticism	√				文艺评论
Music Review	√	√		√	音乐评论
Obituary	√	√		√	讣闻
Opinion	√	√			舆论
Other				√	其他
Patent			√		专利
Performance Review		√			业绩审查
Poem	√	√		√	诗歌
Poetry Review	√	√			诗歌评论
Proceeding	√	√	√	√	会议纪要
Product Review	√	√	√	√	产品评论
Quotation		√			行情
Recipe	√	√		√	食谱、处方
Reference Entry				√	参考书目
Report	√	√	√	√	报告
Science Experiment				√	科学实验
Short Story	√	√		√	短篇小说
Speech		√			讲话稿
Table of Contents		√		√	篇目
Television Review	√	√	√		电视评论
Transcript		√			抄本，善本

（6）主题语是词表中的受控词，主题语后的星号表示该主题词是主标题词，即一级主题词或正式用词（根据不同的词表含义略有不同）。蓝色的主题词是热词，单击其中一个主题词即使用该词进行重新检索。检索结果中的主题词对激发用户联想、扩展检索思路很有帮助，应予以重视。

（7）表示当前文献讨论的地理对象。单击蓝色的“地理术语”即用该词进行重新检索。

（8）NAICS是北美行业代码系统的简称，表示当前文献讨论的企业或产品所属行业，用6位数字表示。单击蓝色的行业代码即查找与当前文献同属一个行业的企业或产品的介绍。

（9）摘要。摘要最后方括号里的文字说明了文摘的来源。

（10）版权说明。

（11）是与（3）对应的作者单位。有相同上标的是同一个单位的作者，一个作者有两个单位的是单位外派人员或在职研究生。

（12）国际标准连续出版物编号。这是报纸、期刊，以及其他每年定期出版的正式出版物的唯一性标识。详见第1章介绍。

（13）数字对象识别符。它是在线与离线电子文献的唯一性标识，目前还没有实现国际标准化。详见第1章介绍。

（14）原文收藏单位的复制件索取号。

（15）当前文献所在的数据库。

（16）文献出版发行单位的单位商标。

（17）当前文献的插图、图表等。

实例二：Academic Search Complete 数据库中原文不是英文的期刊论文显示格式（见图8-5）

（1）	◀结果列表 ｜ 精确检索 ◀结果 43 共 1065 ▶	
（2）	海洋工程自主空间信息技术应用与服务前景.	
（3）	替代标题：	Prospects of independent spatial information application and service in ocean engineering.
（4）	语言：	Chinese
（5）	作者：	崔银秋[1] yqcui@ cccltd. cn 牛玉欣[2] 田俊峰[1] 张浩强[1]
（6）	来源：	China Harbour Engineering. Apr2016，Vol. 36 Issue 4，p71 –76. 6p.
（7）	文献类型：	Article
（8）	作者提供的关键词：	application ocean engineering service spatial information technology 应用 服务 海洋工程 空间信息技术 Language of Keywords：English；Chinese
（9）	摘要（英语）：	Ocean engineering and technology are important factors to promoting the sustained development of China's ocean economy，and the independent spatial information technology will bring revolutionary changes for ocean engineering. Considering the current development of China's spatial information technology system，we proposed the key technical problems need to be solved urgently in application process，discussed deeply the demands of ocean engineering in spatial information technology，summarized the independent spatial information applications and service practices in ocean engineering in recent years. With the national development strategy and the technical features of times，we sketched out its blueprint in future ocean engineering. ［ABSTRACT FROM AUTHOR］

(10)	Abstract (Chinese):	海洋工程与科技是推动我国海洋经济持续发展的重要因素，自主空间信息技术将为海洋工程带来革命性变化。文章叙述了我国自主空间信息技术体系发展现状，针对海洋工程建设过程中亟待解决的关键技术难题，深入分析提出海洋工程的空间信息技术需求，总结近年在海洋工程中开展的广泛的自主空间信息技术应用与服务实践，并以国家发展战略和时代技术特征为主导，勾勒出未来海洋工程自主空间信息应用与服务的蓝图。[ABSTRACT FROM AUTHOR] *Copyright of China Harbour Engineering is the property of Editorial Office of China Harbour Engineering and its content may not be copied or emailed to multiple sites or posted to a listserv without the copyright holder's express written permission. However, users may print, download, or email articles for individual use. This abstract may be abridged. No warranty is given about the accuracy of the copy. Users should refer to the original published version of the material for the full abstract.*
(11)	作者单位:	1 中国交通建设股份有限公司，北京 100086 2 中国公路工程咨询集团有限公司，北京 100089
(12)	ISSN:	2095-7874
(13)	DOI:	10.7640/zggwjs201604018
(14)	入藏编号:	115259082
(15)	数据库:	Academic Search Complete

图 8-5　Academic Search Complete 数据库中原文是中文的期刊论文显示格式

查找相关文献，内容判断是一个要求，书写语言判断是另一个要求。以下说明了图 8-5 中关于原文语言判断的问题。

首先判断有没有原文的问题。一般认为，所谓“原文”是针对翻译文本而言的，如果文章未经翻译则不存在原文问题。从检索能力训练的目的考虑，可将“原文”理解为文献的书写语言，即文献是用什么语言撰写的，原文就是什么，由此把问题简化，为判断原文文种提供简便的方法。

原文是用什么语言写的有些能从（2）原文题名看出来，但最主要是通过（3）替代标题和（4）语言判断。如果有“替代标题”则（3）是对原文标题翻译而来的英文标题；如果没有“替代标题”也可以通过（4）语言判断原文是用什么语言写的。所以可以说“语言”项是判断原文语言的主要依据，如果没有“语言”项则遵循“所见即所得”的原则，看到的是什么语言原文语言就是什么。有的学生纠结于“原文语言”和“原文文种”的区别，这里简单地予以解释：语言包括语音和文字两种形式，口头表达的是语音，书面表达的是文字，因此“原文语言”也可以说是“原文文种”。

实例三：ERIC 数据库在线电子杂志的显示格式（见图 8-6）

EBSCOhost 虽然把许多数据库集成在一起，但这些数据库并不是由其自己开发的，在著录格式上的差异难以统一。以下是 ERIC 数据库的格式，从中可以看出比其他一些数据库多了同行评审、标识符、可用性、期刊代码、条目日期等项内容，并且将关键词称为“描述符”。但相同的是，所有著录项目都对判断检索结果的相关性及其文献利用有参考价值。

(1)	◀结果列表 | 精确检索 ◀结果 1 共 247 ▶	
(2)	Identifying Information Behavior in Information Search and Retrieval through Learning Activities Using an E-learning Platform Case: Interamerican School of Library and InformationScience at the University of Antioquia (Medellin - Colombia)	
(3)	作者:	Tirado, Alejandro Uribe; Munoz, Wilson Castano
(4)	来源:	Education Libraries, v34 n1 p33-49 Sum 2011. 17 pp.
(5)	同行评审:	Yes

(6) ISSN：0148－1061
(7) 描述符：Electronic Learning，Information Science Education，Learning Activities，Online Courses，Information Science，Information Literacy，Information Retrieval，Guidelines，Course Descriptions，Search Strategies，Learning Modules，Foreign Countries，Behavior Theories，Cognitive Style，Higher Education
(8) 标识符：Colombia
(9) 摘要：This text presents the future of librarian education as exemplified by the Interamerican School of Library and InformationScience at the University of Antioquia（Medellin－Colombia），using an online learning platform-LMS（Moodle）and through different personalized and collaborative and learning activities and tools that help students identify their own information search models retrieval as well as compare，adapt and improve their own information behaviors，taking into Account Information Behavior Models（Wilson，Ellis，Kuhlthau）and Information Literacy Standards（ACRL/ALA，CAUL，ANZIL）that have been established in the academic and scientific literature. This learning methodology has been applied to several academic courses since 2007 with excellent results.（Contains 10 figures，2 tables and 9 endnotes.）
(10) Abstractor：As Provided
(11) 参考文献数：21
(12) 页数：17
(13) 出版物类型：Journal Articles；Reports － Descriptive
(14) 可用性：Full Text from ERIC Available
online：http：//www. eric. ed. gov/contentdelivery/servlet/ERICServlet? accno＝EJ937213
Special Libraries Association，Education Division. 331 South Patrick Street，Alexandria，VA 22314. Tel：703-647-4900；Fax：703-647-4901；e-mail：sla@ sla. org；Web site：http：//units. sla. org/division/ded/education_ libraries. html
(15) 期刊代码：FEB2014
(16) 条目日期：2011
(17) 入藏编号：EJ937213
(18) 数据库：ERIC

图8-6 在线电子杂志的显示格式

实例四：有声报纸显示格式（见图8-7）

ASC数据库附带的Newspaper Source数据库是具有在线翻译和配音文字功能的新闻数据库。灰色矩形框中是配音标题。在配音标题上方的下拉列表框是在线翻译工具，可选择包括繁简体中文在内的32种文字。配音标题下面放置了一个播放器，单击播放键▶即从矩形框中的标题开始一直朗读到正文结束。图8-7中用绿底文字表示已经读过或即将读到处于缓冲区的文字，用蓝色文字表示正在读的文字。播放器中还提供了语调选项，可以选择美式读音、澳式读音或英式读音。

【检索结果识别要点】

（1）重视检索结果中主题语、作者提供的关键词和其他描述符在检索中的联想作用。

（2）重视文献类型和出版物类型限定在文献筛选中的重要作用。

（3）各个数据库主题字段的显示内容不一样，有的除了显示“主题语”外还显示“作者提供的关键词”，这两个字段在“主题”检索入口都可以匹配。

（4）报纸和会议论文的著录格式与期刊论文相似，不能简单通过ISSN和母体文献中是否出现“Journal”来判断。例如“Toy Maker Hack Accessed Customer Information”一文的ISSN是0099－9660，“来源”是《华尔街日报：东方版》，其著录内容是“Wall Street Journal － Eastern Edition. 12/1/2015. Vol. 266 Issue 129. pB4－B4. 1/9p”

（5）注意文献来源的构成和显示格式的多样化。

（6）“入藏编号”即索取号，依此向收藏单位提出获取原文复制件的请求简单有效。

各数据库出版物类型限定表见表8-4。

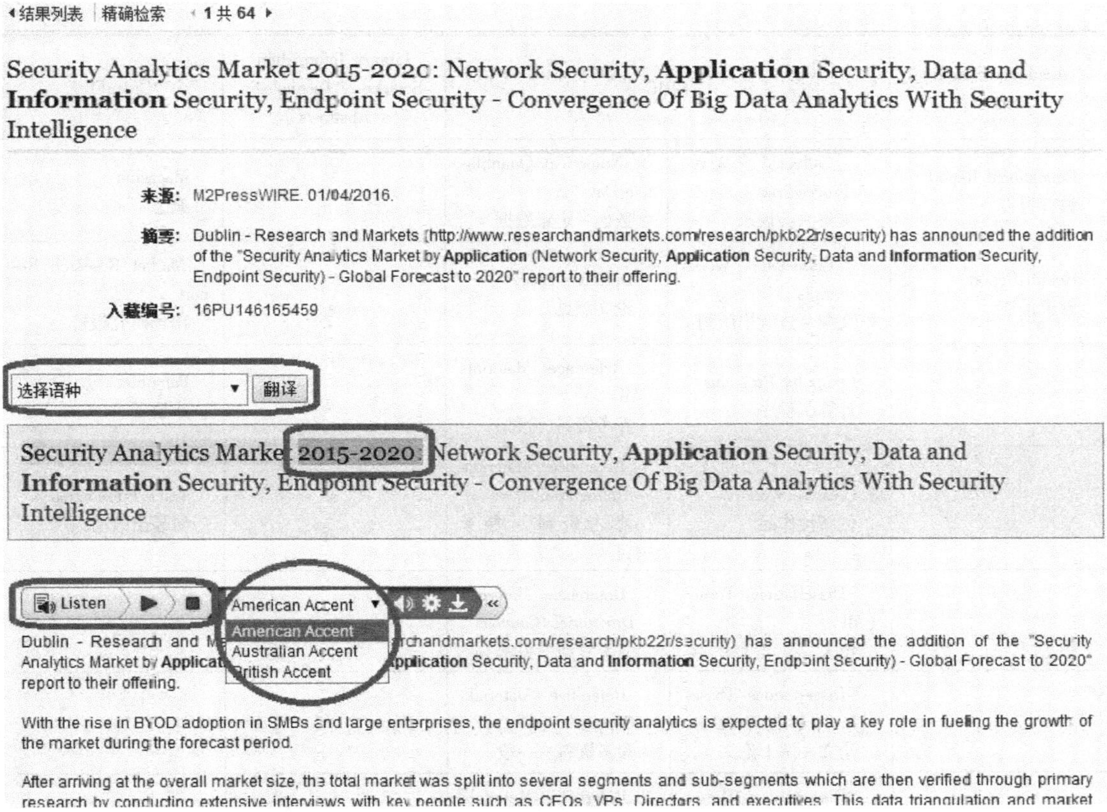

图 8-7　Newspaper Source 有声报纸显示格式

表 8-4　各数据库出版物类型限定表

Academic Search Complete	ERIC		Library, Information Science & Technology Abstracts	GreenFILE
全部	全部	Journal Articles 期刊论文	全部	全部
Periodical 定期出版的期刊	Book/Product Reviews 图书/产品评论	Legal/Legislative/Regulatory Materials 法律/立法/监管材料	Academic Journal 学报	Academic Journal 学术期刊
Newspaper 报纸	Books 图书	Machine – Readable Data Files 机器–可读数据文档	Periodical 期刊	Book/Monograph 图书/专著
Book 图书	Collected Works (All) 全集	Multilingual/Bilingual Materials 多语言–双语资料	Reference Book 工具书	Essay 议论文
Primary Source Document 最初的源文件	Collected Works – General 作品集–一般	Non – print Media 非书资料	Trade Publication 贸易出版物	Industry Profile 行业概况

（续）

Academic Search Complete	ERIC		Library, Information Science & Technology Abstracts	GreenFILE
Educational Report 教育报告	Collected Works – Proceedings 文集–会议录	Numerical/Quantitative Data 数值–定量数据		Magazine 杂志
Health Report 健康报道	Collected Works – Serials 文集–连续出版物	Opinion Papers 论文意见		Market Research Report 市场研究报告
	Computer Programs 计算机程序	Reference Materials (All) 参考资料(全部)		Pamphlet 小册子
	Creative Works 创新性作品	Reference Materials – Bibliographies 参考资料–参考书目		Trade Publication 贸易出版物
	Dissertations/Theses (All) 论文	Reference Materials – Directories/Catalogs 参考资料–目录		
	Dissertations/Theses – Doctoral Dissertations 论文–博士论文	Reference Materials – General 参考资料–一般		
	Dissertations/Theses – Masters Theses 论文–硕士论文	Reference Materials – Geographic 参考资料–地理		
	Dissertations/Theses – Practicum Papers 论文–实习论文	Reference Materials – Vocabularies/Classifications 参考资料–词汇分类		
	ERIC Digests in Full Text 科教资源信息中心全文摘要	Reports (All) 报告(全部)		
	ERIC Publications 科教资源信息中心出版物	Reports – Descriptive 报告–描述		
	Guides – Classroom – Learner 指南–教室里的学生	Reports – Evaluative 报告–评估		
	Guides – Classroom – Teacher 指南–教室里的教师	Reports – General 报告–一般		

（续）

Academic Search Complete	ERIC		Library, Information Science & Technology Abstracts	GreenFILE
	Guides – General 指南 – 一般	Reports – Research 报告 – 研究		
	Guides – Non – classroom 指南 – 非教室	Speeches/Meeting Papers 演讲 – 会议论文		
	Historical Materials 史料	Tests/Questionnaires 测验/问卷调查		
	Information Analyses 信息分析	Translations 译文		

8.1.4　EBSCOhost 中的禁用词

禁用词是用在检索表达式中被系统忽略的词，因而不起作用。EBSCOhost 中各个数据库的禁用词会有变化，表 8-5 中所列是各数据库通用的禁用词，请用户检索时注意避免。

表 8-5　EBSCOhost 各数据库通用的禁用词

a	at	for	in	p	there	whatever
also	be	from	is	so	these	whether
an	because	has	not	than	this	which
and	been	have	of	that	to	with
are	but	however	on	the	was	would
as	by	if	or	their	were	

8.2　SpringerLink

8.2.1　概况

Springer – Verlag 是世界著名的科技出版集团，通过 SpringerLink 系统提供学术期刊及电子图书的在线服务。目前，SpringerLink 数据库提供包括原 SpringerLink 和原 Kluwer 出版的全文期刊、图书、科技丛书和参考书的在线服务。该系统在清华大学建立了镜像站（springer. lib. tsinghua. edu. cn）。SpringerLink 数据库提供的全文电子期刊共有 1200 余种，这些期刊按学科分为建筑、设计及艺术、行为科学、商业及经济、人文学科、社会科学及法律、化学及材料科学、计算机科学、地球及环境科学、工程学、数学、物理学及天文学、生物医学及生命科学、医学等系列。

Springer – Verlag 面向中国的有两个网站，一个是面向个人付费用户的中国版网站 Springer（www. springer. com/cn/），另一个是面向团体包库用户英/德文版检索系统 SpringerLink（link. springer. com/）。下面介绍团体包库用户的数据库检索系统。

SpringerLink 首页右上方的选项显示包括用户有学术版和法人版两种，大学图书馆用的是学术版。上方是检索文本检索输入框，右侧齿轮状按钮是高级检索和在线帮助入口。

左上方白底色是学科浏览面板。面板中的主题词都是热词，单击文字可查找相关文献。

学科浏览项下面灰底色是含分类统计数的文献类型浏览面板，据面板中的统计数据可知，当前 Springer Link 中共有论文 582. 4564 万篇、图书章节 367. 6682 万件、参考工具书条目 50. 1072 万条、实验报告 4. 2569 万件。灰色底纹的长度以直观的形式表示命中文献中各种类型文献的比率。文献类型也是热词，单击其某一类即查找某一类的文献。

8.2.2 检索功能

1. 基本检索

以下介绍的功能既可以在首页文本框中使用，也适用于高级检索窗口。

（1）SpringerLink 基于用户选择的界面语言，能自动提取检索词的词干进行前方一致匹配。这种方法提取词干的依据是词典的同根词，例如用户如果输入 running，系统会以 run 为词干自动查找 runner、run、ran 等其他时态和后缀的词。

（2）逻辑运算符。这又可称为逻辑关系符，可以用常见的三种逻辑运算符，其中 AND、& 和空格都表示“逻辑与”运算符。例如检索表达式 plastic bottles OR water pollution 可以理解为 plastic AND（bottles OR water）AND pollution，但不能理解为" plastic bottles" OR " water pollution"。

（3）通配符。星号 * 代表任意多个字母，例如 hea * 可以匹配 head、heats、health、heated、heating 等单词。问号？代表任意 1 个字母。两种通配符都是半角字符，并规定词干不得少于 3 个字母。使用通配符的好处是可以自主选择截断位置。SpringerLink 的通配符可以进行前方一致、后方一致和中间一致匹配，是少见的真正的通配符。

（4）固定词组标识符（" "）。SpringerLink 已经将词间空格用作“逻辑与”运算符，为了说明词间空格不是运算符，需要将词组用引号括起来，这个原因与搜索引擎将引号作为固定词组标识的原因不一样。

（5）位置算符 NEAR。NEAR 具有 AND 的某些效用，但略严格一些。NEAR 允许两边的词跨度最多 10 个单词（包括两边的检索词在内），即两个检索词中间最多插入 8 个单词，并以相同顺序匹配。如果要求两个检索词的跨度小于 10 个单词，则可以在 NEAR 后面指定跨度值。例如 information NEAR/4 systems 表示两词跨度为 4 个单词。

2. 高级检索

高级检索以表格形式（见图 8-8）提供多项组配检索功能，各项之间是“逻辑与”关系。各文本框上的提示语的含义如下：

（1）with all of the words：输入的检索词中间的空格代表“逻辑与”运算符。

（2）with the exact phrase：固定词组检索，在此项中输入检索词等同于被加上双引号。

（3）with at least one of the words：输入的检索词中间的空格代表“逻辑或”运算符。

（4）without the words：逻辑非运算，屏蔽出现此项检索词的文献。

（5）where the title contains：在标题字段进行模糊检索。

（6）where the author / editor is：在作者字段中检索。

（7）Show documents published：出版年份限定，可以选择在某两个年份之间或在某个年份以内。

在高级检索窗口中出现的选项 Include Preview-Only content 也会出现在题录检索结果页中，其中的选

图 8-8　SpringerLink 高级检索窗口

项是问是否要同时检索只能看题录不能下载全文的记录，默认为全要。

【检索要点】

（1）首页文本输入框是全字段检索，高级检索的前四行输入框也是全字段检索，若要指定在标题或作者字段检索应到高级检索窗口的相应位置。

（2）SpringerLink 有词汇共享功能，即能将一个检索词自动扩展到其不同时态、单复数，具有常见的词干截词功能。

（3）词间空格代表逻辑与运算符，若空格是固定词组中的间隔则要加上英文双引号。

8.2.3　检索结果

1. 题录检索结果

题录检索结果页（见图 8-9）左侧是在结果中检索筛选项，包括文献内容类型、一级学科、二级学科、语言，每类下面的内容都显示了当前检索结果各项内容的命中文献数。其中用橙色字体表示当前已选的限定项。

文本框右侧的图标 New Search 是清除键，点击后可清楚文本框里输入的内容。

中间上方第一行显示当前检索结果的命中文献数。第二行是当前检索结果使用的条件限定，点击图标⊗可以删除对应的限定项。

第三行依次是：排序方式（按出版发行日期正向或反向排序）、出版年份限定和显示的当前

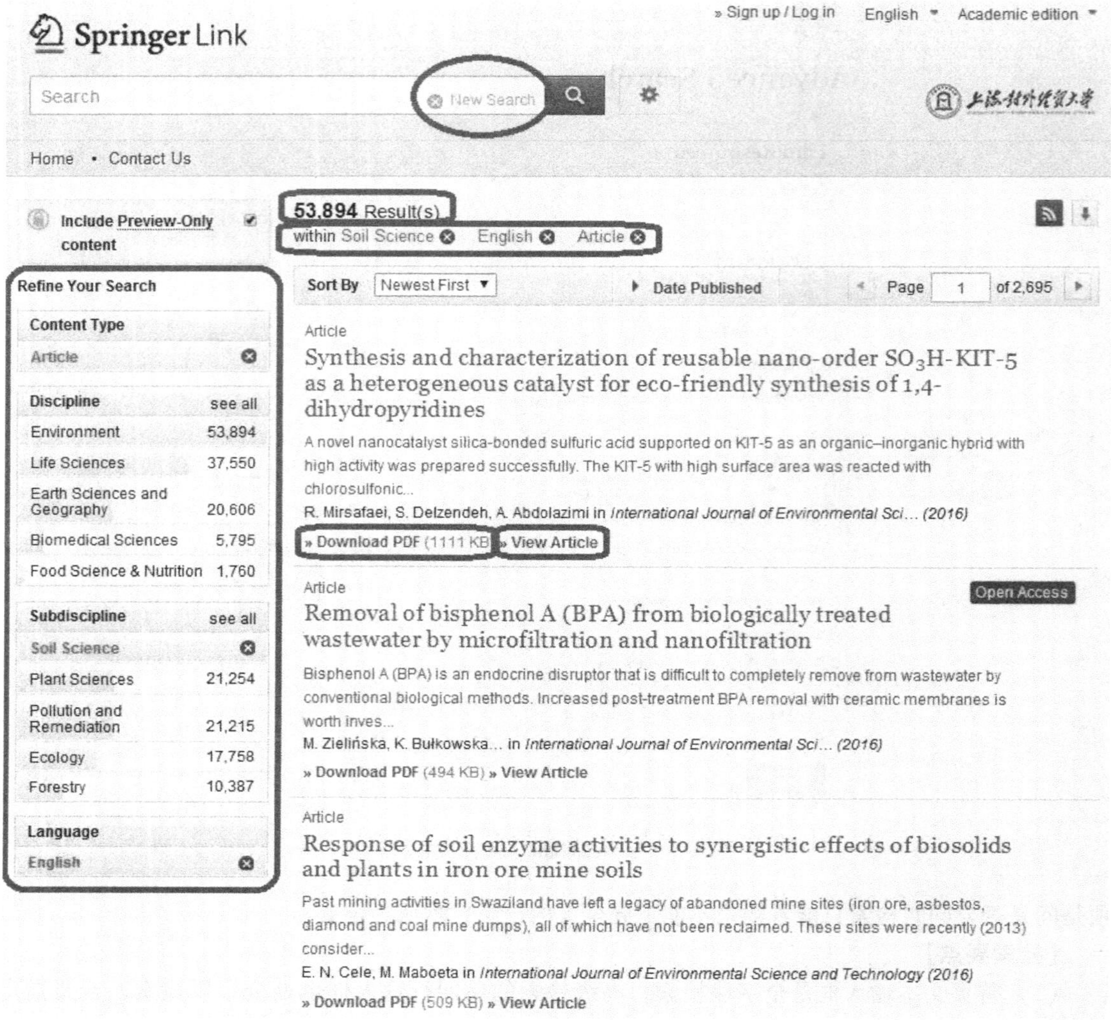

图 8-9 题录检索结果页

检索结果页次。

检索结果页的主体部分是以印刷本文摘格式编排的题录项，方便用户快速了解文献内容。

题录中有“Open Access”文字图标的是免费文献。

单击每条题录底部的“>> Download PDF”打开文献全文，如图 8-10 所示。把鼠标移到页面右下角（见图中画圈处）就会弹出一组按钮，单击其中的老式的 3 英寸软盘图案即可下载当前文献。

单击每条题录底部的文字图标“>> View Article”效果与单击题录中的题名一样，都是进入详细描述页面。

单击每条题录底部的文字图标“>> Look Inside”可在线阅读全文，只是阅读窗口很小。

单击每条题录底部的文字图标“>> Get Access”会提示付费阅读。

2. 详细描述页

单击题录结果页每条记录的题名或底部的“>> View Article”进入文献详细描述页（见

图8-11）。SpringerLink 的这个页面已经不能称之为“书目描述项”了，称为“文献概要”似乎更恰当一些。

中间最上方是母体文献和当前文献在该出版物中的出处。如果是图书的话出处只有页次，如果是期刊的话则有出版年月、卷期次和页次三项。母体文献名称和期次是热词，单击母体文献名称则以题录形式查出该书的所有章节或该刊的各卷期，单击期次则显示同期所有论文标题。

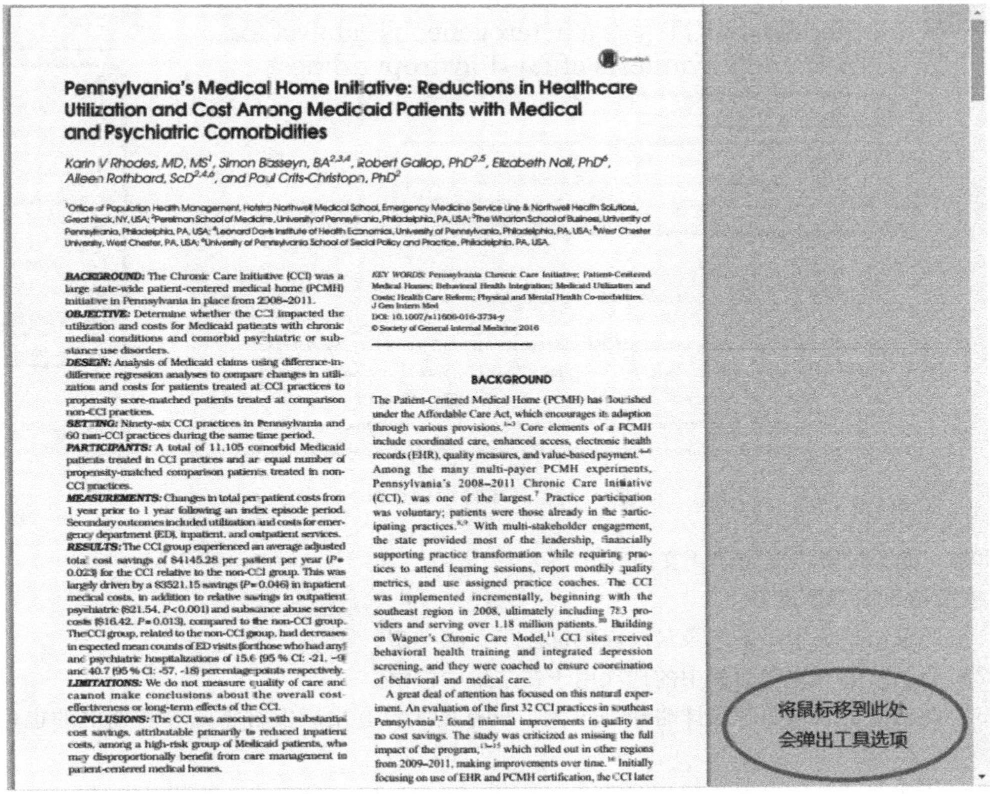

Pennsylvania's Medical Home Initiative: Reductions in Healthcare Utilization and Cost Among Medicaid Patients with Medical and Psychiatric Comorbidities

Karin V Rhodes, MD, MS[1], Simon Basseyn, BA[2,3,4], Robert Gallop, PhD[2,5], Elizabeth Noll, PhD[6], Aileen Rothbard, ScD[2,4,6], and Paul Crits-Christoph, PhD[2]

[1]Office of Population Health Management, Hofstra Northwell Medical School, Emergency Medicine Service Line & Northwell Health Solutions, Great Neck, NY, USA; [2]Perelman School of Medicine, University of Pennsylvania, Philadelphia, PA, USA; [3]The Wharton School of Business, University of Pennsylvania, Philadelphia, PA, USA; [4]Leonard Davis Institute of Health Economics, University of Pennsylvania, Philadelphia, PA, USA; [5]West Chester University, West Chester, PA, USA; [6]University of Pennsylvania School of Social Policy and Practice, Philadelphia, PA, USA.

BACKGROUND: The Chronic Care Initiative (CCI) was a large state-wide patient-centered medical home (PCMH) initiative in Pennsylvania in place from 2008–2011.
OBJECTIVE: Determine whether the CCI impacted the utilization and costs for Medicaid patients with chronic medical conditions and comorbid psychiatric or substance use disorders.
DESIGN: Analysis of Medicaid claims using difference-in-difference regression analyses to compare changes in utilization and costs for patients treated at CCI practices to propensity score-matched patients treated at comparison non-CCI practices.
SETTING: Ninety-six CCI practices in Pennsylvania and 60 non-CCI practices during the same time period.
PARTICIPANTS: A total of 11,105 comorbid Medicaid patients treated in CCI practices and an equal number of propensity-matched comparison patients treated in non-CCI practices.
MEASUREMENTS: Changes in total per-patient costs from 1 year prior to 1 year following an index episode period. Secondary outcomes included utilization and costs for emergency department (ED), inpatient, and outpatient services.
RESULTS: The CCI group experienced an average adjusted total cost savings of \$4145.28 per patient per year ($P=0.023$) for the CCI relative to the non-CCI group. This was largely driven by a \$3521.15 savings ($P=0.046$) in inpatient medical costs, in addition to relative savings in outpatient psychiatric (\$21.54, $P<0.001$) and substance abuse service costs (\$16.42, $P=0.013$), compared to the non-CCI group. The CCI group, related to the non-CCI group, had decreases in expected mean counts of ED visits (for those who had any) and psychiatric hospitalizations of 15.6 (95 % CI: -21, -9) and 40.7 (95 % CI: -57, -18) percentage points respectively.
LIMITATIONS: We do not measure quality of care and cannot make conclusions about the overall cost-effectiveness or long-term effects of the CCI.
CONCLUSIONS: The CCI was associated with substantial cost savings, attributable primarily to reduced inpatient costs, among a high-risk group of Medicaid patients, who may disproportionally benefit from care management in patient-centered medical homes.

KEY WORDS: Pennsylvania Chronic Care Initiative; Patient-Centered Medical Homes; Behavioral Health Integration; Medicaid Utilization and Costs; Health Care Reform; Physical and Mental Health Co-morbidities.
J Gen Intern Med
DOI: 10.1007/s11606-016-3734-y
© Society of General Internal Medicine 2016

BACKGROUND

The Patient-Centered Medical Home (PCMH) has flourished under the Affordable Care Act, which encourages its adoption through various provisions.[1–3] Core elements of a PCMH include coordinated care, enhanced access, electronic health records (EHR), quality measures, and value-based payment.[4–6] Among the many multi-payer PCMH experiments, Pennsylvania's 2008–2011 Chronic Care Initiative (CCI), was one of the largest.[7] Practice participation was voluntary; patients were those already in the participating practices.[8,9] With multi-stakeholder engagement, the state provided most of the leadership, financially supporting practice transformation while requiring practices to attend learning sessions, report monthly quality metrics, and use assigned practice coaches. The CCI was implemented incrementally, beginning with the southeast region in 2008, ultimately including 783 providers and serving over 1.18 million patients.[10] Building on Wagner's Chronic Care Model,[11] CCI sites received behavioral health training and integrated depression screening, and they were coached to ensure coordination of behavioral and medical care.

A great deal of attention has focused on this natural experiment. An evaluation of the first 32 CCI practices in southeast Pennsylvania[12] found minimal improvements in quality and no cost savings. The study was criticized as missing the full impact of the program,[13–15] which rolled out in other regions from 2009–2011, making improvements over time.[16] Initially focusing on use of EHR and PCMH certification, the CCI later

图8-10　SpringerLink 中显示的全文版面

标题下面是作者。单击第一作者后面的图标✉可查看该作者的信息。

作者下面有三列内容。左列内容分别说明当前文献的属性（如原始论文）、网上发布日期和DOI号。中间显示的是当前文献被引用的情况。右列显示的是分享和浏览统计数。

右面上方是三个下拉列表项：

① 进入“Download Article”，打开的可选项有下载PDF格式文件和保存到个人图书馆（Papers）。

② 进入“Export citation”，把不同格式的参考文献导入到相应的参考文献管理软件中，方便撰写论文。

③ 进入“Share article”，可通过Outlook发送邮件或通过在线交流平台共享文献，但没有中国的软件。

题录中标注为论文（Article）的详细描述页有的对全文进行了结构化编排，并将目录列在页面右侧，单击其中一项即会跳到相应部分的内容。题录中标注为图书（Book）则在详细描述页列出了目录和图书定价。题录中标注为章节段落（Chapter）的也是以格式化形式介绍内容，但

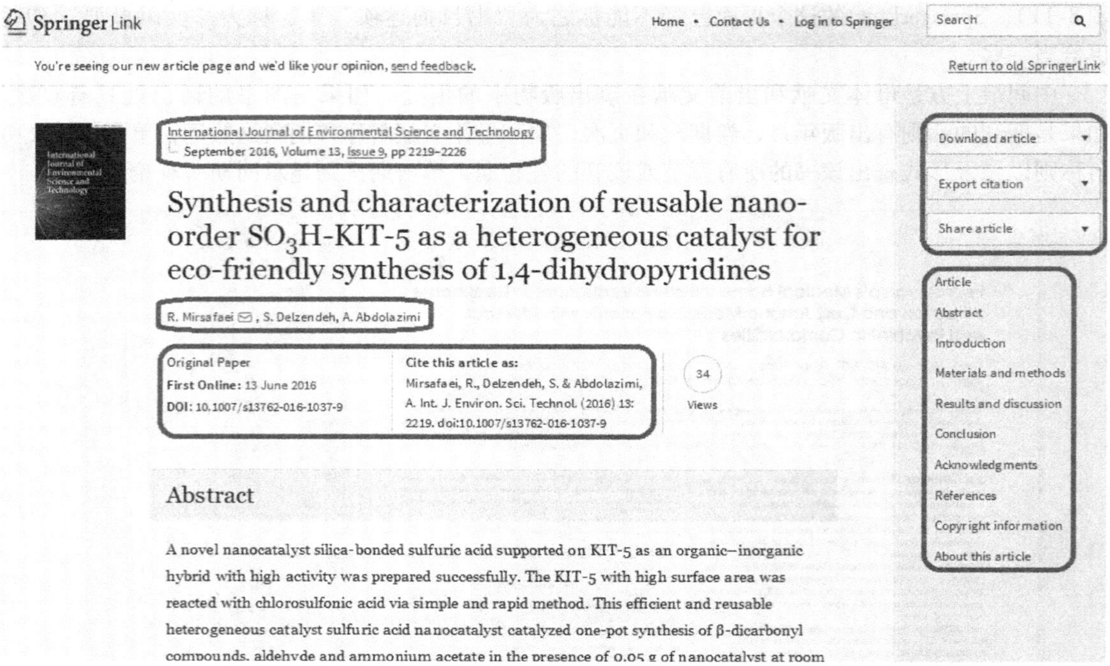

图 8-11 文献详细描述页

比较简略，提示付费才能阅读正文内容。

【检索结果识别要点】

（1）题录结果页中每条记录最前面都标注了文献类型。

（2）题录结果页左侧面板中的选项用于在结果中检索。

（3）期刊论文的来源著录详略相差很大，只有页次没有出版发行年月和卷期次的也可能是期刊。

（4）其他书目信息要到文献详细描述页上找，SpringerLink 没有统一的著录格式。

8.3 其他国外全文数据库简介

1. ScienceDirect

ScienceDirect（www. sciencedirect. com）号称是互联网上学科覆盖面最全的全文数据库。它收录了 Elsevier 公司出版的 1800 多种期刊，而且可以通过 Cross Ref（交叉参考）检索到 170 多家其他 STM[⊖] 出版商的资源，检索年限可以回溯到 1823 年。研究人员可以浏览 650 多万篇 HTML 格式和 PDF 格式的文章全文，检索到著名 STM 索引数据库中的 6000 多万篇文章的摘要，并可以链接到许多 STM 出版社的文章。ScienceDirect 得到了 70 多个国家的认可。据统计，2005 年 ScienceDirect 收录的期刊中有 1393 种被 SCI 收录，被 Ei 收录的有 515 种，可见质量之高。注册用户可以启用一些特殊功能，如新的相关文献到达提醒（my alert）、历史检索策略调用等。

⊖ STM 为 International Association of Scientific，Technical and Medical Publishers 的简称，直译为国际科学、技术和医学出版商协会。

2. PQDD

ProQuest Digital Dissertations（PQDD，www. lib. global. umi. com/dissertations）是美国 ProQuest Information and Learning 公司出版的博硕士学位论文数据库，是 DAO（Dissertation Abstracts Ondisc）的网络版。它收录了欧美1000余所大学文、理、工、农、医等领域的160多万篇学位论文，是目前世界上最大和使用最广泛的学位论文数据库。收录的论文可以追溯到1861年，1980年以后出版的博士论文和1988年以后出版的硕士论文开始有摘要，1997年以后的部分论文还可以看到前24页的论文原文。该数据库每周更新一次。

8.4 国外开放存取资源

以下资源的介绍和链接可到各高校图书馆网站查看。

1. 全文期刊

中国图书进出口公司开放获取期刊（Open Access Journals）

教图开放获取期刊 Socolar

网上免费全文期刊（FreeFullText. com）

Open J－Gate 开放获取期刊门户

Blackwell 电子期刊

发展中国家联合期刊库

DOAJ（Directory of Open Access Journals）

汉斯出版社开源期刊

美国科研出版社（Scientific Research Publishing）

DOAJ

HighWire Press 电子期刊

日本电子科学与技术信息集成系统

2. 综合类开放存取资源

古腾堡计划（Project Gutenberg，PG）

开放存取图书馆（Open Access Lib）

香港科技大学图书馆 Dspace

加利福尼亚大学国际和区域数字馆藏研究项目（eSchclarship Repository）

剑桥大学机构知识库

美国密歇根大学论文库

巴西网上科技电子图书馆（The Scientific Electronic Library Online，SciELO）

3. 网站及网络出版物

ERIC 教育资源信息中心

Social Science Research Network

美国“科学”网站

National Service Center for Environmental Publications

4. 网络公开课

CICIstudy 网络公开课

网易公开课

浙江大学开放课程

8.5 实验五

8.5.1 实验内容、目的和要求

1. 实验内容

为了撰写有关“ Personal Information Management ”的论文，请使用国外数据库检索两篇相关论文并记录有关检索情况。

2. 实验目的

认识国外大型数据库的检索界面。

掌握通配符的使用。

学会判断文献类型和原文文种。

认识同一术语中外文不同的表述。

3. 实验要求

通过数据库的高级检索窗口检索两条记录。可以在一个或多个数据库中查找，但两条记录不能重复。记录检索资源、检索方式和检索结果。

8.5.2 实例

实验名称：为撰写有关“On Politics Dimension of Tourism Research”的论文，需要使用国外全文数据库检索两篇相关论文。表8-6为查到的第一篇论文的有关内容。

表8-6 第一篇论文的有关内容

检索环境描述（每个错点扣1~6分）			
网站名称	EBSCOhost		
数据库	Academic Search Complete；Newspaper Source；Library，Information Science & Technology Abstracts；GreenFILE		
检索窗口	高级检索		
检索策略描述（每个错点扣0.5~1分）			
	运算关系	检索入口	检索表达式
(1)		Title	politics
(2)	AND	Title	tourism
(3)			
(4)			
检索表达式限定	Boolean/Phrase/Exact Phrase		
启用增强检索功能	Apply related words		
检索结果限定			
［在结果中检索］检索策略描述			
	运算关系		检索表达式
(1)			

（续）

检索结果描述（每个错点扣0.1～0.2分）	
命中文献数	351
题名	A response to McElroy and Lucas
第一作者	Geoff
第一作者单位	Victoria University of Wellington, New Zealand.
摘要	This brief paper comments on McElroy's Note, identifying one or two potential issues with its data and statistical method, but welcoming another contribution to the substantial body of islands scholarship that has appeared under McElroy's name. An important emerging topic for research is whether two key groups of small island economies – those that are now sovereign states and those that are (still) now non – sovereign territories – have followed diverging or parallel development paths since decolonization. Some evidence is noted pointing in both directions, leaving a wide – open field for future research. [ABSTRACT FROM AUTHOR].
主题词/关键词	convergence decolonization divergence political status small island economies.
国际文献编号类型	ISSN
论文发表使用语言	English
出版物名称/学位授予单位	Island Studies Journal
出版发行日期和卷期次	2014, Vol. 9 Issue 2
页次和页数	p377 – 382. 6p
出版物类型	期刊

8.5.3 实验报告项目说明及常见错误分析

（1）题目是必填项。题目填写应完整，题号与学号或题号与题目要匹配。

（2）本题不得使用百度等搜索引擎，不得瞎填乱写，所述检索过程要与事实一致。

（3）一题查两篇，不得与题目重复，不得使用国内数据库。

（4）网站名称。网站名称填写错误主要是网站名称没写全或大小写没按原样写。

（5）数据库名称。EBSCOhost 没有选择数据库即默认打开所有数据库，但在检索窗口上只显示了第一个打开的数据库，导致容易写错。应写全所有检索时使用的数据库，指出在哪些或哪个数据库中查找，而不是仅指出在哪个数据库中找到。说明打开的数据库有助于判断文献出处、命中文献数和文献类型是否正确。

（6）检索入口。本课程的实验原则上允许在不同网站查找，但各数据库中的检索入口设置并不相同，即使同类检索入口，命名上也有差别，应如实填写，不可移花接木。EBSCOhost 检索入口使用前显示的是提示语，默认为在全文索引中检索。全文索引查准率很低而查全率太高，给浏览筛选带来困难，实验中限制使用。

（7）运算关系。常用的运算关系是“逻辑与”和“逻辑或”，应按实际使用情况填。运算关系填写不仅会导致命中文献数不实，如果把“逻辑或”写成“逻辑与”还会导致复查核对时与检索结果不符的情况。

（8）条件限定。条件限定不写或错写也会影响命中文献数，作为检索能力训练，教师应强制使用条件限定。EBSCOhost 中有默认的条件限定项，不写或错写条件限定都会给检索结果的相关性带来困难。

（9）检索策略描述。国外数据库的检索功能，甚至同一数据库中不同检索窗口的检索功能可能会有不同，比如有的默认模糊检索，有的允许使用通配符，有的空格代表“逻辑与”有的代表“逻辑或”，必须如实记录输入的字符及其格式，否则会导致所述检索策略与检索结果不匹配。

（10）检索结果的筛选应注意题目对文献类型的要求，不是说内容相关的就是相关文献。

（11）检索结果的作者单位错误主要是把母体文献名称当作作者单位。不认识的外文词应查字典。

（12）检索结果的国际文献编号类型。国际文献编号包括国际标准书号、国际连续出版物编号和数据化对象识别符，如实记录此项内容有助于判断学生的学习态度和文献类型项填写是否正确。

（13）原文文种。即论文发表时的语言，用于判断查到的文献的原文是用什么语言写的。显示的文献书目信息中如果没有找到原文文种提示，则读者看到的文种就是原文文种。原文文种的提示可能出现在题名最后，也可能给出了单独的说明。注意原文文种不是文献类型，尤其不应出现把“Article”当作原文文献的错误。不认识的字应该勤查字典。

（14）出版物名称。即母体文献名称，是在文摘型数据库查到文献线索后进一步获取原文的重要依据。国外数据库只有 PQDT 才有学位授予单位。不要把作者单位当成出版物名称。学位授予单位有可能与作者单位相同，也可以不同。

（15）出版发行日期和卷期次没写全。卷次和期次的标号一定要写，有的还有总期次。有的数据库以年卷期的书写顺序和标点符号来说明出版发行日期和卷期次。卷期次比日期重要，年月比日重要，同出版物名称一起构成获取原文的依据。国外文献中期次的标注较复杂，有合刊、出版社出的连续性专辑（有书号）、期刊编辑部出的专辑（有刊号），还有这些单位出版发行的会议录。期次不是判断期刊的重要标识，报纸（如周报）也有期次。

（16）页码信息不明确。页码与出版物名称和年卷期次一起用以进一步确定文献出处。页码包括页次和页数两项内容，虽然都用字母 P 表示 ，但出现的位置和大小写不同。注意不要把文中图表数当成页码。英文图表分得较细，大致有插图、表格、统计图、草图、地图等。

（17）出版物类型用于考查学生对数据库、国际标准号、出版物名称和年卷期次的判断能力，这几项内容之间不能矛盾。

8.6 测验题

8.6.1 判断题

（1）EBSCOhost 系统中的 Academic Search Complete 是一种人文社科类的数据库。（ ）

（2）EBSCOhost 系统中的 BSC 是商管财经类全文数据库。（ ）

（3）EBSCOhost 系统中的 ASC 数据库基本检索窗口默认查找第一个数据库 Academic Search Complete。（ ）

（4）EBSCOhost 系统中的“搜索历史记录”页面可以看到与检索结果相关的内容分类统计项。（ ）

（5）EBSCOhost 高级检索窗口的文本框中一行可以输入多个词，词与词之间的空格代表“逻辑与”运算符。（ ）

8.6.2 单选题

（1）EconLit with Full Text 收录的内容以下（　　）说法是对的。

A. 只有文摘　　B. 只有全文

C. 有的只有文摘，有的只有全文　　D. 所有文献都是含有文摘的全文

（2）EBSCOhost 基本检索窗口是一种（　　）检索窗口，使用户可以（　　）查找 EBSCOhost 数据库和其他电子资源。

A. 集成，一站式　　B. 快捷，方便地

C. 多库，分别　　D. 智能化，深层

（3）EBSCOhost 高级检索窗口中的检索模式和扩展条件选项中的“运用相关词语（Apply related words）”的作用是（　　）。

A. 多词组配检索时空格代表“逻辑或”　　B. 使检索结果包括同义词及其单复数词

C. 启用机内主题词表进行联想检索　　D. 自动添加截词符进行前方一致检索

（4）EBSCOhost 高级检索窗口中的检索结果限定中“全文”选项的作用是（　　）。

A. 通过全文索引查找　　B. 在全文数据库中查找

C. 查找全文、摘要和题录都有的论文　　D. 只查找有全文的论文

（5）当不使用圆括号时，EBSCOhost 逻辑运算符的运行顺序是（　　）。

A. AND—OR—NOT　　B. OR—AND—NOT

C. NOT—AND—OR　　D. NOT—OR—AND

8.6.3 多选题

（1）EBSCOhost 中的 ASC 数据库收录的文献类型包括（　　）。

A. 题录和文摘　　B. 全文期刊

C. 书籍、报告及会议论文等全文　　D. 专利、标准等技术文献

（2）EBSCO e－book collection 图书除英文和法文外，还有（　　）。

A. 德文　　B. 葡萄牙文

C. 西班牙文　　D. 日文

（3）若把数据库限定为 ASC 等 EBSCOhost 自己的数据库，基本检索窗口具有以下（　　）特点。

A. 将弹出机内主题词表

B. 是智能文本检索窗口

C. 可以使用高级检索下拉列表中都没有的许多字段标识符

D. 可以构造复杂的检索表达式

（4）EBSCOhost 中关于通配符有以下情况（　　）。

A. 可以使用通配符*　　B. 可以进行前方一致检索

C. 可以进行任意一致检索　　D. 在关键词上不加通配符则进行精确匹配

（5）关于使用逻辑或运算符和圆括号，在 EBSCOhost 中以下（　　）说法是正确的。

A. 可以并列使用两组圆括号

B. 不可以并列使用两组圆括号

C. 使用两组圆括号与不使用两组圆括号检索结果完全相同

D. 使用两组圆括号与不使用两组圆括号检索结果完全不同

第 9 章　知识产权检索资源

本章重点

1. 知识产权保护对象
2. 国家知识产权局专利检索方法
3. 国家知识产权局专利检索结果页中的特殊功能
4. 国家知识产权局专利检索结果页中各种热字的功能
5. WIPO 知识产权和技术数据库中 PCT 专利申请及检索内容

9.1　知识产权基础知识

9.1.1　知识产权

1. 知识产权的含义

知识产权是智力成果创造者及其受让者依法享有的财产权和人身权利，根据世界贸易组织（WTO）的《与贸易有关的知识产权协议》（TRIPS）的定义，知识产权包括著作权与邻接权、商标权、地理标志权、工业品外观设计权、专利权、集成电路布图设计权、未披露过的信息专有权，但 TRIPS 的保护范围排除了不具有经济性的发现权、发明权。WTO 的规则要求其成员方必须遵循和满足以 TRIPS 规范为基准的国际知识产权保护范围，从而使 TRIPS 描述的知识产权保护范围成为带有强制性的国际基准，并深深地渗透到了货物贸易和服务贸易之中，成为当今世界各国之间及其企业之间的主要竞争手段之一。

2. 知识产权的特征

客体的无形性。知识产权保护的智力成果本身是无形的，承载智力成果的载体是有形的。知识产权保护的是发明创造的客体而不是其载体。

（1）权利的法定性。知识产权的取得有两个途径：申请取得和自动取得，前者如专利权和注册商标权，后者如著作权和商业秘密权。无论是申请取得还是自动取得，它们的权利边界都是依法律的明确规定而发生，无规定则无约束。各类知识产权的具体内容也同样由法律明确规定。例如我国《专利法》中规定禁止行为中明确规定未经许可使用和许诺销售发明和实用新型专利技术为侵权，但对外观设计无此规定，故外观设计专利权人无权阻止他人未经许可使用或许诺销售其外观设计专利产品的行为。

（2）权益的双重性。基于无形性的知识产权包含财产权和人身权两种属性，有的兼有两种属性（如著作权），有的只有财产权（如商标注册人和专利权人），有的只有人身权（如发明人和集成电路布图设计完成人）。财产权可以依法全部或部分转让或许可使用；人身权则一般依附于自然人，与特定的人身不可分离，不能转让。

（3）使用的共享性。知识产权客体的无形性和可复制性使其可以同时载附于不同的多个载体，供多个民事主体同时使用，是其区别于物权及其客体的主要区别。

（4）权属的专有性。知识产权的专有性主要表现在三个方面：①受法规保护的垄断性权利；②既保护财产的专有性也保护人身的专有性，例如著作权中的署名权；③在专利、商标等依法申请取得的知识产权中，对同一项智力成果不允许有多个相同内容的专利权或注册商标权共同存在，例如我国和绝大多数国家的专利法都是保护先申请人而不是保护先发明人。

（5）权源的地域性。立法权是各国最基本的主权，各国的法律无不具有地域性，法律的域外效力一般不被承认，来源于法律的知识产权也仅能在法律的效力范围内发生效力。但目前全球性或地区性的知识产权国际公约或双边条约积极推动国民待遇原则，在 WTO 框架下以 TRIPS 为基准的知识产权保护也具有较大的强制性及威慑力，世界各国的知识产权立法正逐渐从立法形式上的地域性差异向实质内容上的趋同化发展。

（6）期限的时间性。无形的智力成果会产生磨损或老化，其价值只会因技术或者艺术的时代进步、新陈代谢而受到影响。知识产权的期限不是由智力成果的生命周期决定的，而是为了合理保障智力成果创造者及其相关民事主体的合法权益，促进智力成果的有效传播和推广应用。

3. 我国知识产权司法审判机关及其管辖

我国知识产权行政保护的特点是“各管一面，各行其政”，了解知识产权各主管部门有利于查找数据信息时明确方向。主要的知识产权主管部门及其基本分工为：

（1）国家知识产权局（www. sipo. gov. cn/）主管专利、集成电路布图设计管理工作，统筹协调知识产权、组织国家知识产权战略研究等。国家知识产权局下属的专利局承担我国专利申请的审查批复和授予专利权的工作并处理 PCT 相关专利国际申请事宜，专利复审委员会负责专利权复审及无效案件的行政处理。各地各级政府知识产权局负责本行政区域内的专利管理工作和知识产权工作。

（2）国家工商行政管理总局（www. saic. gov. cn/）下属的商标局主管注册商标事宜。下属的商标评审委员会主管商标争议案件等。下属的公平交易局主管查处侵犯商业秘密，保护知名商品特有名称、包装、装潢权益，打假反仿冒及制止其他不正当竞争行为相关事宜。下属的企业注册局和外商企业注册局主管国内外企业注册登记事宜和保护企业名称及商号权益。地方工商行政管理机构分为四级，分别管理本行政区域内的相应事宜。

（3）国家版权局（www. ncac. gov. cn/）主管著作权包括计算机软件著作权的管理工作，计算机软件著作权的登记由国家版权局指定单位主管。各省版权局主管本行政区域内的著作权管理及登记工作。

（4）农业部（www. moa. gov. cn）和国家林业局（www. forestry. gov. cn/）分别主管植物新品种（农业）和植物新品种（林业）的行政保护及管理工作。

（5）国家食品药品监督管理总局（www. sda. gov. cn/）及地方食品药品监管部门，主管与食品和药品有关的知识产权的行政保护及管理工作。

（6）海关总署（www. customs. gov. cn/）及各地海关主管与实施知识产权保护边境措施。

（7）国家质量监督检验检疫总局（www. aqsiq. gov. cn/）主管全国质量、计量、出入境商品检验、出入境卫生检疫、出入境动植物检疫、进出口食品安全和认证认可、标准化等工作。认证认可和标准化行政管理职能，分别交给国家质检总局管理的中国国家认证认可监督管理委员会（国家认证认可监督管理局）和中国国家标准化管理委员会（国家标准化管理局）承担。会同国家工商行政管理总局主管打击制造与销售假冒（侵犯知识产权）商品的违法行为的相关工作。地方各级质监部门主管本行政区域内的打假反仿冒工作。

9.1.2 专利

世界上大多数国家的专利申请有三种类型：发明、实用新型和外观设计。发明是指对产品、方法或其改进所提出的新的技术方案，可分为产品发明、方法发明和用途发明三类。实用新型是指针对产品实用功能在外形、内部构造或其结合方面所提出的新的技术方案。外观设计是指基于批量生产的产品的平面图案或立体形状做出的富有美感的新设计。

发明专利实行早期公开、延迟审查制度，即自申请日期满 18 个月通过专利公报公开，届时公众也可以在官方专利网站上里查到，在此以前专利申请处于保密状态。可以说查找“发明公布”的专利文献就是查找通过了专利申请形式审查的所有发明专利申请，申请以后自行撤回或没有通过形式审查的发明专利申请不予公开。查找“发明授权”即查找发明专利申请公布后经过一定时间的临时保护期，最终通过了专利实质审查获得专利权的发明专利，这时查到的发明专利剔除了公布以后自行撤回、视为撤回或被驳回的发明专利申请。因此通过“发明公布”可以查到“发明授权”，但通过“发明授权”只能查到一部分“发明公布”。

实用新型和外观设计只实行形式审查，不进行实质审查，自申请受理后约两三个月即予公开并授予专利权，因此实用新型和外观设计专利的权利稳定性较差。实用新型和外观设计专利的有效性通过第三方提起申诉或起诉解决，若无人质疑则默认专利权是有效的。

9.1.3 其他知识产权

1. 著作权

著作权，又称版权，是作品创作者依法对其所创作的文学、艺术和科学作品所享有的民事权利。广义的著作权还包括邻接权，即表演者权、录制者权和广播者权三项。网络传播行为不同于传统方式的传播，它包含了对作品以数字形式进行复制、发行等多种使用方式。受计算机软件著作权保护的对象包括程序和文档两类，其特征是“由开发者独立开发并已固定在某种有形物体上”。用户界面不属于计算机软件，归于著作权的一般保护范畴。著作权的检索即文献检索。

2. 商标权

商标是为了标明与其他生产经营者的商品或服务的区别使用的一种标记。我国接受注册的商标的构成要素包括文字、图形、字母、数字、三维标志和颜色组合，以及上述要素的组合视觉商标。我国目前不承认非视觉商标（如气味商标），也不接受非颜色组合商标（如纯色或色差商标）。商标根据使用的对象，可分为商品商标和服务商标；根据是否注册，可以分为注册商标和非注册商标。

商标的主体是指注册商标专有人。如果商标权主体消亡一年后，该注册商标没有办理转移手续的，则任何人可以向商标局申请注销该商标。而在商标注销之日起一年后，任何人可以重新申请注册该商标。

商标权的客体是指受《商标法》保护的注册商标。企业和个人可以使用普通非注册商标，但不享有商标专用权。

注册商标按使用对象可分为商品商标和服务商标，按商标的用途可分为集体商标和证明商标，地理标志可以作为集体商标或证明商标注册。按商标的功能定位还可以区分为主商标和副商标、联合商标和防御商标。

以下九种是国家禁止作为任何商标使用的标志：

（1）同我国的国名、国旗、国徽、军旗、勋章相同或近似的，以及同中央机关所在地特定地点的名称或标志性建筑物的名称、图形相同的。

（2）同外国的国名、国旗、国徽、军旗相同或近似的，但该国政府同意的除外。

（3）同政府间国际组织的名称、旗帜、徽记相同或近似的，但经该组织同意或不易误导公众的除外。

（4）与表明实施控制、予以保证的官方标志、检验印记相同或近似的，但经授权的除外。

（5）同“红十字”“红新月”的名称、标志相同或近似的。

（6）带有民族歧视性的。

（7）夸大宣传并带有欺骗性的。

（8）有害于社会道德风尚或有其他不良影响的。

（9）县级以上行政区划的地名或公众知晓的外国地名，但《商标法》中指明的情况除外。

不具有显著性的一些文字商标不具有商标性，因而也不能被检索到，这种情况包括通用名称（仅有本商品的通用名称、图形、型号的）和描述性文字（仅仅直接表示商品的质量、主要原料、功能、用途、重量、数量及其他特点的），但这些非显著性文字可以作为注册商标主体的一部分出现。

3. 商业秘密

商业秘密是指当事人未公开的技术秘密和经营秘密，前者如设计、程序、产品配方、制作工艺、制作方法，后者如管理诀窍、客户名单、货源情报、产销策略、招投标中的标底及标书内容等。

能够称为商业秘密的秘密必须具有以下特点，这些特点缺一不可：

（1）不为公众所知悉，即客观上维持秘密效果（这里的公众是指具有相同、相近行业或专业背景，存在现实与潜在商业竞争利害关系的人）。

（2）权利人主观上采取了明示的、确定的、具体的、可操作的保密措施（如签订保密协议、制定保密规章、采用保密技术、设置保密设计、建立保密标识等）。

（3）具有实用性，即具有确定的可应用性。

（4）能为权利人带来现实的或潜在的经济利益或竞争优势。

商业秘密通常采用竞争情报的方法搜集。

9.2 国家知识产权局网

9.2.1 概况

国家知识产权局网（www.sipo.gov.cn）是国家公布专利政策、管理专利申请、宣传专利知识、培训专利人员、开展国际交流和研究知识产权理论的窗口，并提供原始的中国专利数据及检索功能。网站内容分为政务、服务、互动三大板块。

“政务”板块设置的频道有信息公开、新闻发布、专利代理管理、政策法规、国际合作、统计信息、文献服务等。频道下还设有栏目。

“服务”板块即“国家知识产权综合服务平台”的入口，面向公众、专利代理机构、专利申请人以及专利权人提供公众服务。国家知识产权综合服务平台的服务功能有：专利申请指南、专利电子申请、专利审查高速路（PPH）、专利检索（即“专利检索及分析系统”入口）、专利审查信息查询、专利公布公告查询、专利事务服务、专利审查投诉平台、专利数据服务、咨询服务。

“互动”频道下的栏目有视频点播、教育培训。

9.2.2 专利检索及分析系统概况

1. 专利检索及分析系统的特点

专利检索及分析系统目前收录了60亿份专利文献，同时还收录了引文、同族、法律状态等数据信息，涉及103个国家、地区和组织的上百个国外专利网站。中国专利数据每周三更新，滞后公开日7天。国外专利数据每周三更新。引文数据每月更新。同族数据每周二更新。法律状态数据每周二更新。专利检索及分析系统的特点可以概括为以下五个方面：

（1）自动判断检索条件类型，生成检索式，实现检索条件按照一定业务规则自动补充、扩展，提升查准率和查全率。

（2）跨语言检索。用户可用一种提问语言检索出用另一种语言书写的信息。只要用户在特定字段中输入中、英、日文三种语言中的一种，系统就能够自动命中匹配输入条件的不同文字公开的相关专利文献，轻松跨过语言障碍。

（3）记录和展现检索历史。系统可以自动记录用户的检索历史，方便用户回顾检索过程，总结检索思路，调整检索策略。

（4）快速分析。从区域、申请人、发明人、技术领域、中国专项五大方面的分析出发，帮助用户快速直观地定位到常用的分析需求。系统预先构建了大量的专利分析模型，并根据用户选择的分析需求，提供三种可选的图表展示分析方式。

（5）定制分析。通过分析专利技术的演变趋势、地域性信息分布、核心技术统计等信息，使企业从专利数据中不断挖掘出更多、更有价值的竞争情报。高级分析主要供高级行业用户使用，利用此项功能分析出具有特殊意义的结果，从而深入了解竞争对手、合作伙伴以及自身实力的情况，更好地为企业战略决策服务。

2. 专利检索及分析门户网站主页分布

在国家知识产权局网顶栏菜单中单击“专利检索”即进入专利检索及分析门户网站（见图9-1）。

专利检索及分析门户网站首页有三列内容。

左侧上方是“分类导航”面板，列出了国际专利分类表八大部，在印刷本的国际专利分类表中，每个部以分册形式单独出版。左侧下方是热门工具，包括同族查询、引证/被引证查询、法律状态查询、申请（专利权）人别名查询、分类号关联查询、双语词典，单击“更多>>”进入“热门工具”检索窗口，并可看到更多工具，包括国别代码查询、关联词查询等。分类导航和热门工具在中列顶栏“专利检索”中重复出现。

中间上方“我的常用功能”默认列出所有检索和分析功能的入口，单击左右两侧的“〉”“〈”号可以移动显示，在“配置”中可以去掉一些显示的功能。

中间一列的“常规检索”默认进行复合文本检索，是一个跨申请类型、跨地区和国家、跨检索字段的集成检索入口。单击“高级检索”进入表格式和命令行式检索窗口。

中间一列的“数据收录范围”显示了各个国家、地区和国际组织专利数据的起讫日期和数据量。

另外，中间一列还显示了中国地图和世界地图，单击中国地图中某一省市自治区，即进入相应的地方知识产权局网站；进入世界地图可分别看到各国基本信息、WIPO标准及对应行业标准、号码格式信息、分类号信息的检索入口。

右侧主要有通知公告、专利统计快报等几个面板。

主页中最重要的是页面中间的顶栏菜单，以上所有功能都可以在这几个菜单中找到。以下

图 9-1 国家知识产权局专利检索及分析门户网站

介绍顶栏菜单的内容。

9.2.3 专利检索——常规检索

常规检索只有一个文本框，条件限定项隐藏在文本框左边的两个图标中。将鼠标移到图标🌐上会显示申请类型、申请国家、地区和国际组织等多选项，默认为全不选，等同于全选。中国选项下的子选项有：中国发明申请、中国实用新型、中国外观设计三种申请类型，以及香港、澳门、台湾三个地区选项。主要国家和地区选项下的子选项有：EPO（欧洲专利局）、WIPO、美国、日本、韩国、英国、法国、德国、俄罗斯、瑞士，这些国家或组织的专利可以查到专利说明书。其他国家和地区选项下的子选项有：奥地利、澳大利亚、比利时、荷兰、加拿大、西班牙、墨西哥，这些国家的专利只有摘要。

将鼠标移到检索入口的图标▼上会显示自动识别、检索要素（即检索字段）、申请号、公开（公告）号、申请（专利权）人、发明人、发明名称，默认为自动识别。下面分别说明各项检索入口的使用要点。

1. “自动识别”选项使用要点

“自动识别”支持使用逻辑运算符 AND 和 OR，默认词间空格为“逻辑与”运算符。如果检索者认为空格和 AND、OR 不是运算符，而是词组的一部分，则应加上半角双引号，例如：

“WILLIAMS AND LANE INC”

检索表达式中的圆括号用于改变运算顺序。例如：“国产 智能 手机”按词序先后进行组配检索，加上括号以后“国产 （智能 手机）”的运算顺序就成了：

智能 手机 国产

即先运行“智能 AND 手机”，然后再用其检索结果与“国产”进行组配检索。

“自动识别”还能在申请日、公开（公告）日、授权日等各种日期字段中检索，但要求使用规定的日期格式。系统允许的格式有：

YYYY - MM - DD

YYYY. MM. DD

YYYYMMDD

YYYY

2. “检索要素”选项使用要点

“检索要素”在标题、摘要、权利要求和分类号四个字段中同时检索，并支持使用三种逻辑运算符，但与自动识别中不同的是，此项规定空格等同于“逻辑或”OR运算符。如果检索者认为空格不代表“逻辑或”OR，则检索表达式应包括在半角双引号中。例如下式：

“沈阳 中国石油”

如果去掉半角双引号，将按照“沈阳 OR 中国石油”检索。

逻辑运算符和圆括号都是禁用词，即属于专用运算符。如果检索者认为逻辑运算符和圆括号不是运算符，则也要加上半角双引号。例如：

沈阳 “and” 中国石油

“（沈阳）”

3. 申请号和公开（公告）号使用要点

“申请号”和其他一些号码的构成中都有校验码，它不是表征对象的唯一性标志，在检索时输入的号码中如果包含有校验码，将会被系统自动去掉。因此检索号码时不用输入。申请号的格式由申请国代码和流水号组成。例如，输入 ZL12345678.9，系统会按 CN12345678 进行检索。

公开（公告）号的格式由公开国、流水号和公布级别构成，例如 CN12345678A。

系统对于申请号和公开（公布）号都提供了自动联想功能，并支持模糊匹配，并自动联想提示国别代码信息。例如输入“12345”，系统会按“逻辑或”组配的形式“CN12345 OR 123456789”进行检索。又如输入“CN12345678 CN87654321”，系统会按“逻辑或”组配形式“CN12345678 OR CN87654321”进行检索。

系统允许申请号和公开（公布）号组配检索中使用逻辑运算符，但只支持“逻辑或”OR 和“逻辑非”NOT 两种形式。

申请号和公开（公布）号检索时还支持使用半角的截词符，其形式和含义如下：

+：任意长度的字符串。

?：一个或没有字符。

#：一个强制存在的字符。

4. 申请（专利权）人、发明人和发明名称使用要点

该字段能根据输入的关键词自动产生联想，推荐申请量最高的一系列相关申请人/发明人或查找率最高的一系列申请（发明人）名称或发明名称。例如：当您在“申请（专利权）人”字段中输入“三星”，系统自动联想提示包含三星的、申请量较多的申请人名称。

申请（专利权）人、发明人、发明名称字段的其余使用要点与前述“检索要素”要求一样。

9.2.4　专利检索——高级检索

高级检索窗口划分为三个区域，提供两种检索方式，如图9-2所示。上方是表格式检索区，上方左侧是中国专利申请类型选项和申请地区/国家选项。下方是检索式编辑区（命令行检索区）。在上方表格中填写完成后，单击下方的按钮 生成检索式 即可在命令行检索区生成可执行的检索式，在此基础上可对检索式进行修改。上方的表格式检索区和下方的检索式编辑区都可以单独使用。

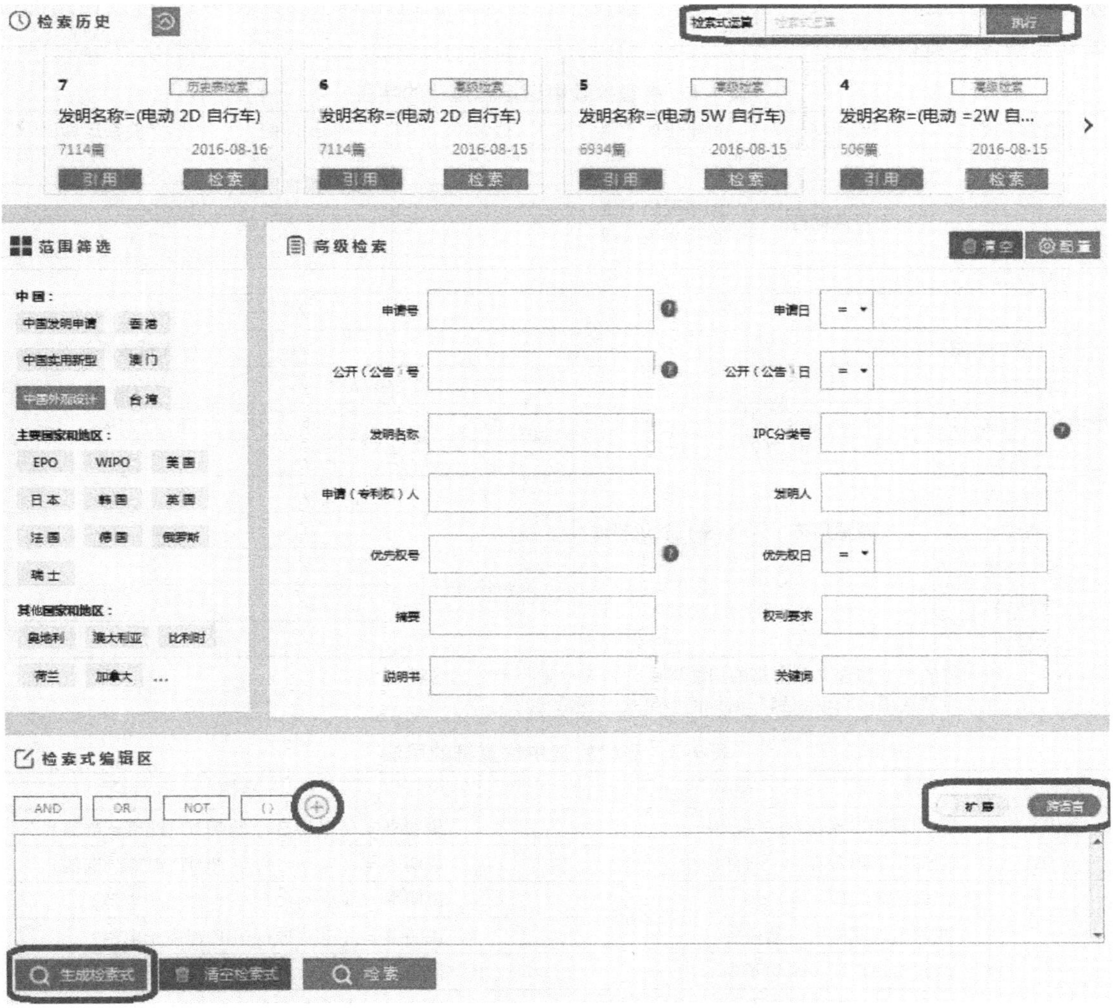

图9-2　专利检索及分析系统高级检索窗口

1. 操作功能的设置

高级检索的表格区将所有可检字段都列了出来，可以对检索词进行精确控制。将鼠标移到任何一个文本框中都会弹出提示信息，方便用户正确使用输入格式和各种运算符。申请号、公开（公告）号和优先权号旁边的图标?是查找国别代码的入口，单击后会弹出《专利文献国家代码表》，单击“应用”会将代码粘贴到相应文本框。IPC分类号旁的图标?是在线国际专利分类表的入口，也即首页“分类导航”的检索窗口。国家知识产权局的专利检索及分析系统没有提供国际外观设计分类的检索入口，这不能不说是对老版本系统的一个退步。

单击表格区中文本框左边的字段名可以快速在检索式编辑区中输入检索字段标识。

日期字段中的下拉列表框用于确定与日期的运算关系。选项中给出了五种运算关系，包括 =（等于）、>（大于）、> =（大于或等于）、<（小于）、< =（小于或等于）。起讫日期输入两个日期以空格间隔。日期的格式见前面“自动识别”部分的内容。

单击图标⊕可以在检索表达式中添加位置符（请见第 5 章相关内容，专利检索及分析系统称为临近同在运算符）。专利检索及分析系统中各种运算符适用的字段见表 9-1，可以使用的位置符及其含义见表 9-2。

表 9-1 高级检索中运算符适用的字段

<table>
<tr><th>检索字段</th><th>截词符</th><th>词组中的空格</th><th>位置符</th><th>模糊匹配</th><th>关系运算</th></tr>
<tr><td>申请号</td><td rowspan="4">支持截词符</td><td rowspan="4">同字段组配空格代表逻辑或</td><td>/</td><td rowspan="2">支持模糊匹配</td><td>/</td></tr>
<tr><td>公开（公告）号</td><td>/</td><td>/</td></tr>
<tr><td>优先权号</td><td>/</td><td>/</td><td>/</td></tr>
<tr><td>IPC 分类号</td><td>/</td><td>/</td><td>/</td></tr>
<tr><td>申请日</td><td>/</td><td>/</td><td>/</td><td>/</td><td rowspan="3">支持关系运算符</td></tr>
<tr><td>公开（公告）日</td><td>/</td><td>/</td><td>/</td><td>/</td></tr>
<tr><td>优先权日</td><td>/</td><td>/</td><td>/</td><td>/</td></tr>
<tr><td>申请（专利权）人</td><td rowspan="7">支持截词符</td><td rowspan="7">空格代表逻辑或</td><td>/</td><td>/</td><td>/</td></tr>
<tr><td>发明人</td><td>/</td><td>/</td><td>/</td></tr>
<tr><td>发明名称</td><td>/</td><td>/</td><td>/</td></tr>
<tr><td>摘要</td><td rowspan="4">支持位置符</td><td>/</td><td>/</td></tr>
<tr><td>权利要求</td><td>/</td><td>/</td></tr>
<tr><td>说明书</td><td>/</td><td>/</td></tr>
<tr><td>关键词</td><td>/</td><td>/</td></tr>
</table>

注：1. 截词符的类型和含义及空格的用法详见“常规检索”部分的内容。
2. 常规检索选用“自动识别”时词间空格代表逻辑与。

表 9-2 高级检索中位置符的用法

运算符	说明	举例
NOTF	两词不能出现在同一字段中	说明书 =（电动自行车 NOTF 锂离子电池）
NOTP	两词不能出现在同一自然段中	说明书 =（电动自行车 NOTP 锂离子电池）
F	两词出现在同一字段中	说明书 =（电动自行车 F 锂离子电池）
P	两词出现在同一自然段中	说明书 =（电动自行车 P 锂离子电池）
S	两词出现在同一个句子中	说明书 =（电动自行车 S 锂离子电池）
D	两词之间可插入任意多个词，顺序可任意	摘要 =（电动自行车 D 锂离子电池）
*n*D	两词之间可插入 *n* 个词，顺序可任意	摘要 =（电动自行车 2D 锂离子电池）
= *n*D	两词之间只能插入 *n* 个词，顺序可任意	摘要 =（电动自行车 =2D 锂离子电池）
W	两词之间可插入任意多个词，但顺序要一致	摘要 =（电动自行车 W 锂离子电池）
*n*W	两词中间最多允许插入 *n* 个词，但顺序要一致	摘要 =（电动自行车 5W 锂离子电池）
= *n*W	两词之间只能插入 *n* 个词，但顺序要一致	摘要 =（电动自行车 =2W 锂离子电池）

注：*n* 是数值。

2. 检索字段的含义和用法

（1）专利名称。专利名称概要揭示了专利创新内容、权利要求和周边限定范围，是重要的检索项。发明名称简短、准确地表明发明专利申请要求保护的主题和类型。中文专利名称一般不超过40个汉字，英文专利名称一般不超过25个单词。发明和实用新型专利名称具有以下特点：

1）发明创造的客体具体明确，不得含有含糊的词语，例如“及其他”“及其类似物”等；也不得仅仅使用笼统的词语，例如仅用“方法”“装置”“组合物”“化合物”等词作为发明名称（外观设计的名称都是很笼统概括的）。

2）能体现出是产品、过程、工具或使用方法。

3）尽可能包含体现该发明创造新颖性的构成元素。

4）名称中不会出现非技术词语，如专有名词、商标名以及代号、型号等，这些词语用于在说明书里具体描述发明创造的细节。

5）不会与其他专利的名称重复。

（2）申请人、专利权人、发明人（设计人）。申请人即有权申请专利的人，又称为专利申请权人。申请人可以是自然人也可以是单位，可以是中国人也可以是外国人。专利申请获得批准，专利申请权人就成为专利权人。由于专利申请权可以转让，所以申请人并不一定就成为专利权人，获得专利权以前就转让申请权的情况较少出现，所以可以说申请人与原始专利权人基本是一致的。但获得专利权以后转让专利权的情况较常见，因此可以说申请人与继受专利权人是不一致的。

发明人或设计人是指对发明创造的实质性特点独立或者共同做出创造性贡献的自然人。对完成发明创造没有做出实质性智力贡献的组织者、为利用物质技术条件提供方便的人及其他辅助人员不能算作发明人或者设计人。

完成发明创造的方式有职务发明创造和非职务发明创造。以下几种情况属于职务发明创造：

1）执行本单位或临时工作单位的任务。

2）主要利用了本单位或临时工作单位的物质技术条件完成的发明创造，当事人未通过合同约定为非职务发明，也未约定为发明人与单位共有的发明创造。

排除以上情况的都属于非职务发明。

职务发明创造申请权属于发明人（设计人）所在的单位，非职务发明的专利权属于发明人（设计人）个人。

（3）申请日、公开（公告）日、颁证日/授权公告日。申请日是国家知识产权局专利受理处收到专利申请文件之日。国家知识产权局专利受理处收到专利申请文件中的基本文件后即登记确定申请日，一般不会出现递交申请日必要申请文件不全的情况，所以通常申请号中的年份与申请日中的年份是一致的，但也有只是必要文件中的基本文件收齐了的例外情况。例如日本向中国申请的专利“非水电解质二次电池及其制造方法”的申请日为2006年11月15日，因为基本文件齐了所以予以登记申请日，但缺少一些必要文件（例如附图不全）迟到2010年才给予申请号CN201010217684.2，公告日是2011年1月12日。

发明专利申请日起的18个月内《专利法》保护专利申请人“申请在先”权益。实用新型和外观设计自申请日起到授权日保护申请人的“申请在先”权益。申请日至公告日期间专利申请信息处于保密状态，适用技术秘密保护的法律规定。

公开日是专利申请信息在专利公报上发布的日期，从这一天开始专利申请信息可以为公众所知晓。根据《专利法》的规定，发明专利申请满18个月予以公布，也可以经申请人要求提前公布。发明专利申请从公开日起到授权日前，申请专利权的发明创造处于临时保护期，这一时期又称为早期公开，自授权日起才能获得全面保护。实用新型和外观设计专利申请没有临时保护期，自授权日起公开专利申请信息并获得全面保护。

授权公告日是授予专利权的日期，这一天既是专利授权日又是驳回专利申请日。发明专利经实质审查合格的，由国家知识产权局专利局做出授予发明专利权的决定，颁发发明专利证书，同时予以登记，并在《发明专利公报》上公告。实用新型和外观设计专利申请经过形式审查合格后就直接授予专利权，颁发专利证书，同时予以登记，并在《实用新型专利公报》或《外观设计专利公报》上公告。

颁证日是颁发专利证书的日期，不是法定日期。颁证日与授权公告日通常是一致的，由于专利证书登录信息的突然变动偶尔会有不一致的情况。

（4）有效期起始、专利权生效、有效期终止。专利的有效期从申请日起算，即从申请日开始起算保护期。发明专利保护期20年，实用新型和外观设计保护期10年。但申请日作为保护期的起点可分为申请权的保护期和专利权的保护期两种。申请日起专利发明人与单位可就发明创造属于职务发明还是非职务发明的申请权纠纷提起申诉，但不能就专利权提起诉讼。

专利权生效是指申请日的专利权生效。发明、实用新型和外观设计专利权自授权公告日起生效，即从授权公告日开始专利权人可以倒推到申请日行使专利权，专利权人若发现申请日以后有专利侵权行为的可以提前收集证据，提起专利侵权诉讼，根据侵权方的生产销售对专利权人造成的经济损失要求赔偿。

有效期终止分为保护期届满的自然终止和由于专利申请人自身或发明创造内容问题导致的提前中止。因此，有效期终止日的判断有以下两种方法：

1）先查看有否提前终止的情况。获得专利权后主动放弃专利权或因未缴纳专利维持费被判视为放弃专利权，又或者被第三方向专利复审委员会提出专利权无效请求被判为无效的，都会造成提前失效，但被判为部分无效的不会导致整个专利权的丧失。被宣告无效的专利权被视为自始不存在，也即专利权的转让费要返还或部分返还，但宣告专利失效前已由法院做出并执行的侵权纠纷判决或已履行的专利许可合同或转让合同一般不具追溯力。专利权提前失效的信息可以在国家知识产权局专利数据库检索结果的事务数据中看到。

2）若无提前终止情况，则计算自然到期日期。发明专利保护期20年，实用新型和外观设计保护期10年，自申请日起算，到期专利权自然终止。自然终止日的计算方法是根据申请号中的专利申请类型，申请日加10年或20年。

（5）申请号、专利号、公开（告）号。申请号是专利申请权的唯一性标识。国家知识产权局专利受理处收齐全部必要申请文件后发给申请人注明有申请日和申请号的受理通知书。专利局受理以后开始进行形式审查。

专利申请获得专利权后申请号即成为专利号，因此专利号与申请号是同一个号码。专利申请号包括年号、申请类型和流水号三个部分。由左向右前4位数字表示（2003年10月以前用2位数字表示年份）受理专利申请的年号，接下来1位数字表示专利申请类型，最后为流水号。例如CN201010217684.2中字母“CN”是申请国中国的代码（一般省略），头4位数字“2010”是申请年，第5位数字“1”是申请类型代码，其余数字“0217684”是序列号，最后1位数字“.2”是计算机校验码（检索时不需要输入）。申请号中申请类型代码的含义如下：

1——表示发明专利申请

2——表示实用新型申请

3——表示外观设计申请

8——通过世界知识产权组织国际局提出的发明专利国际申请

9——通过世界知识产权组织国际局提出的实用新型专利国际申请

公开（公告）号是专利申请公开时给予的编号，其中公开特指实用新型和外观设计，公告特指发明专利申请。因为专利公开（公告）后公众即可查阅专利申请资料，或者说所有公开（公告）号都有对应可检索的专利文献，所以公开（公告）号又称为专利文献号。

（6）优先权项。专利申请的优先权分为涉外专利申请的外国优先权和国内专利申请的本国优先权。本国优先权主要用于变更专利申请类型，在专利检索结果中看到的优先权都是指外国优先权。

外国优先权是指同一申请人就同一主题的发明创造先后向不同国家申请专利时，可以以其在第一个申请国的专利申请日为优先权日，请求以后各个申请国在一定的期限内将其优先权日作为在该申请国的专利申请日。这个期限被称为优先权期。基于《巴黎公约》国民待遇原则设立的优先权制度被各国《专利法》采纳。我国《专利法》规定发明和实用新型专利申请的优先权期为 12 个月，外观设计的优先权期为 6 个月。原则上，国外申请人在一件专利申请中可以要求一项或多项优先权。要求多项优先权的，该申请的优先权期限从最早的优先权日起计算。有的国外专利申请的后一申请文件由多件先前不同申请日的专利申请文件组成，这些在前申请文件可能又提出过优先权请求，或在不同国家提出过不同的优先权请求，于是出现了一项专利有一系列优先权的情况。这种情况在德温特专利数据库和印度专利数据库的同族索引中很容易查到。

需要特别说明的是，优先申请日在我国申请的实际意义在于排他性，即抵触在外国申请日以后和在我国申请获得受理期间的同一主题的他人申请，外国申请人在我国申请专利的保护期仍然从我国受理的申请日起算。

优先权项由申请日、申请国代码和申请号三部分组成，但顺序不一定如此。例如：

10346675. 4 2003. 10. 08 DE

专利申请国代码的含义可以查看《专利文献国家或地区代码》表。

（7）分类号。专利分类表是各国专利文献获得统一分类的一种工具，是为各知识产权局和其他使用者建立的一套对专利文献进行高效检索的工具，用以确定专利申请的新颖性，评价专利申请中技术内容的发明高度或非显而易见性，包括对技术先进性的有益的或实用性的评价。专利分类根据申请类型有两种：根据《国际专利分类斯特拉斯堡协定》制定的适用于发明和实用新型的 IPC 和瑞士洛迦诺举行的《巴黎公约》成员外交会上通过的《建立工业品外观设计国际分类协定》制定的适用于外观设计的国际外观设计分类表，也称洛迦分类 LOC。

国际专利分类表有基本版和高级版两个版本。基本版用于信息传播、检索数量较少的国内专利文献等，高级版用于检索数据量较大的世界范围的专利文献。使用基本版还是高级版分类在分类号的格式上看出来：专利分类号后面没有当前版本号（年）的分类依据是基本版，专利分类号后面有建立或实质修订的版本号（有年和月）的分类依据是高级版，例如 B282B 1/29（2007. 04）。

国际专利分类号的标识符是 Int. Cl.，右上角如果有上标那是版本号，例如 Int. Cl.^{6}表示使用的是第 6 版国际专利分类表。右边如果有圆括号，则括号里的年份是版本号，例如 Int. Cl.（2006）表示下面的分类号是采用 2006 年基本版分类的。

有时一项专利文件会有多个分类号，一般第一个是主分类号，其余是附加信息的分类号，但也有多个主分类号的情况。围绕一项发明创造同时存在关于其方法、产品、装置材料、构成等的独有技术特征时，就会有多个主分类号。主分类号主要依据专利文献全部公开文本（例如说明书、附图、权利要求书）中代表对现有技术有贡献的发明信息给出。主分类号之外有时会有附加分类号。附加分类号代表附加信息，本身不代表对现有技术的贡献，但对检索者而言却有可能构成有用的信息，它是对发明信息的补充，例如组合物或混合物的成分或者方法、结构的要素或组成部分，或者是已经分类的技术主题的用途或应用方面的特征等。

国际外观设计分类表有英文和法文两种文本，各国也可以采用其他文种出版。

专利分类法的其他内容见本书第3.5节和第3.6节介绍。

（8）专利文献的类型。

1）公开出版的专利申请文件。公开出版的专利申请文件是具有检索意义的专利文献，包括说明书、说明书附图、说明书摘要、权利要求书等。

2）专利检索工具书。专利检索工具书包括专利公报、专利题录和专利文摘两类。

专利公报是专利局报道近期专利申请的公开、公告和专利授权情况的定期出版物，也报道专利撤回、无效及其他专利事务。专利公报是重要的检索工具书和情报源，主要内容为专利摘要（部分有附图）及其他描述信息和法律状态信息，有多种检索入口。

各国专利局在出版专利公报以外也出版专利题录和专利文摘。专利题录和专利文摘的特点是：累积期间较长，不含法律状态信息，按发明、实用新型和外观设计三种专利分别编排（不像专利公报按公开、公布和授权专利编排）。专利公报是周刊或月刊，专利题录或文摘则为半年刊或年刊。例如，我国专利局出版的专利索引（实为题录）为半年刊，三种专利类型都予以反映；而专利文摘只报道发明和实用新型专利，且为年刊。

除了官方出版专利检索工具书外，有些非官方机构也出版专利题录或专利文摘。

3）非公开出版的专利申请档案。专利申请案卷中的档案是专利申请过程中逐渐积累起来的原始记录，是专利审批、复审、撤销、无效、侵权诉讼等法律程序的主要依据，具有凭证作用。专利申请案卷中的资料除了公开出版的部分原件外，还包括：原始专利申请文件及其附件（请求书、优先权证明文件、代理委托书等）；申请人在提出专利申请之后提交的文件（如实质审查请求书、提前公开声明、补正书、意见陈述书等）；审批过程中专利局依法做出的一系列通知以及所用对比文件和决定；公众或利害关系人对某专利申请或授权专利提交的各种申诉文件；专利局、复审委员会、专利管理机关、人民法院等对其审理后产生的文件。

公众经书面请求并缴纳规定的费用后，可在国家专利局查阅公布后的发明专利申请案卷和公告后的实用新型、外观设计申请案卷。

（9）PCT申请项。PCT申请项由五部分组成：标识符PCT/、受理PCT申请的国家或组织代码、申请年、当年申请顺序号和申请日期。例如：

PCT/EP2004/011271 2004.10.08

由标识符PCT/、受理PCT申请的国家或组织代码、两位数字的申请年号、当年申请顺序号组成的国际申请号可直接用于检索。

国际公布项由世界知识产权组织简称、公布年号、当年公布顺序号、指定国代码、申请日期五项组成，有的还有用中文单字或英文双字母表示的申请公布时的语种。例如：

WO2005/034714 DE 2005.04.21 中

由世界知识产权组织简称、公布年号、当年公布顺序号三项组成的国际公布号可以直接用于检索。国际申请指定国代码可以查看《专利文献国家或地区代码》表。国际申请公布时的语言有丹麦文（DA）、德文（DE）、英文（EN）、西班牙文（ES）、芬兰文（FI）、意大利文（IT）、日文（JA）、荷兰文（NL）、挪威文（NO）、俄文（RU）、瑞典文（SV）、中文（ZH）。

进入国家日期是指经过国际局初步审查和国际检索后，将申请文件移交到指定国的日期。

9.2.5 专利检索——导航检索

导航检索是利用在线IPC查找发明和实用新型专利的工具。关于IPC的介绍请见第3章的内容，此处重点介绍这个在线工具的用法。

导航检索提供了两种检索方法（见图9-3）。上方的文本框可以在已知分类号的情况下直接输入国际专利分类号，也可以通过中文类名（中文含义）或英文类名（英文含义）中的关键词查找所有相关的分类号。使用多个词进行组配检索时，是进行“逻辑或”模糊检索。使用关键词查找分类号时注意专利文献中的表述与一般学术论文用语的区别。

左侧目录是IPC一级类目，不用于实际检索。中间是IPC大类及其下位类号的显示区，右侧是中英文类名显示区。在IPC中，从大类开始的类号才能用于实际检索。单击中间的类号右侧会同步显示对应的类名。类名是解释类号含义的说明语，不是主题词。将鼠标移到分类号上会出现一个蓝底的文字图标“检索”，单击这个图标即开始用对应的分类号进行检索。

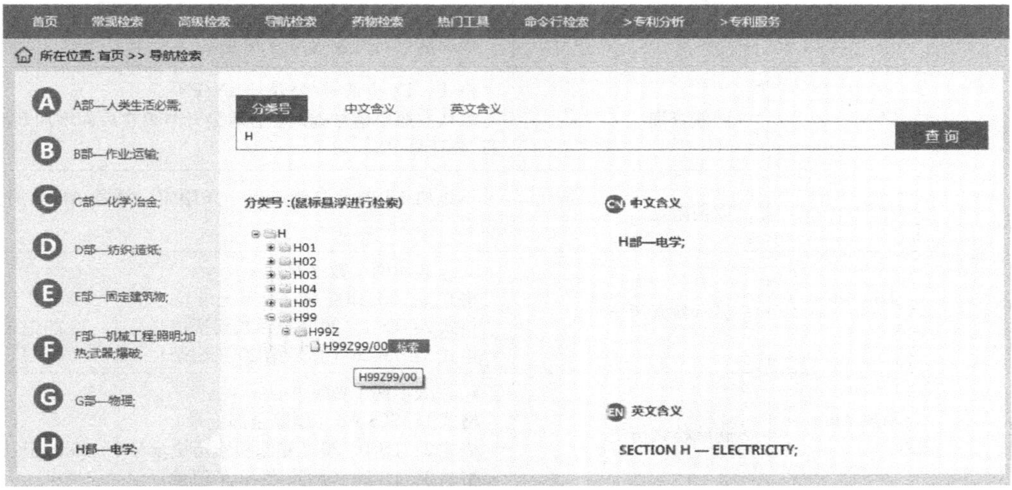

图9-3 导航检索窗口

9.2.6 专利检索——命令行检索

命令行检索只对注册的高级用户开放，需要由地方和国家两级知识产权局审查通过后才能获得使用资格。

命令行检索主要包含命令行检索和批处理管理两部分业务功能，是面向行业用户提供的专业化的检索模式，该检索模式支持以命令的方式进行检索、浏览等操作功能。

批处理管理主要为用户提供存储已有固化思路的工具。在检索过程中，针对某一业务目标的检索，往往存在相同的检索思路，针对这些固定的检索思路，可以通过批处理管理功能统一管理，以便工作时随时使用。

在命令行区域中支持的检索命令及说明见表9-3。

【检索要点】

（1）常规检索设置“自动识别”时检索词的词间空格代表“逻辑与”运算符。常规检索设置“检索要素”检索，以及高级检索中的词间空格代表“逻辑或”运算符。

（2）常规检索的检索入口设置“自动识别”是指启用字段自动识别功能，即检索时不需要指定字段。识别的类型包括号码类型（申请号、公开号）、日期类型（申请日、公开日）、分类号类型（IPC、ECLA、UC、FI\FT）、申请人类型、发明人类型、文本类型。

表 9-3 “命令行检索”检索命令及说明

命令类型	命令	含义	说明
检索类	SS	检索	格式：SS 检索式（当命令行没有命令词时使用检索命令） 检索式的书写方法与高级检索、常规检索一致
	ES	在指定检索式的检索结果中进行二次检索	格式：ES 检索历史序号（添加的检索条件）
检索辅助类	XD	限定范围检索	格式1：XD 检索历史序号 检索式 格式2：XD 检索式 检索式 不加后面的检索式时仅表示限定操作
	PCL	显示/执行批处理命令	格式1：PCL（显示批处理记录列表） 格式2：PCL 批处理记录名（执行该批处理记录） 该功能仅对行业用户开放
	TZ	同族查询	格式：TZ 申请号/公开号 AN/PN 默认按照申请号查询。查看公开号要在后面增加PN。如TZ 公开号 PN
	QXXD（All）	取消限定	不添加 All 表示取消最近一条限定，添加 All 取消全部限定
	LS All/x -y/x	显示检索历史	x、y 表示两个数字并且 x < y 格式1：LS All（显示全部记录） 格式2：LS 1 -20（显示检索历史步号1 -20 的记录） 格式3：LS 20（显示第20条记录）
	SLS All/x -y/x	删除检索历史	x、y 表示两个数字并且 x < y 格式1：SLS All（删除全部记录） 格式2：LS 1 -20（删除检索历史步号1 -20 的记录） 格式3：LS 20（删除第20条记录）
	ZK	切换文献库	格式：ZK W/WZ/Z W：外国及中国港台地区 Z：中国 WZ：中外
个人设置	BZ	显示命令帮助信息	格式1：BZ（显示全部命令说明） 格式2：BZ SS（显示检索命令使用说明）
	PZ	设置显示数据条数	设置一次显示多少条记录，在显示检索历史和批处理记录中有效

（3）常规检索的检索入口设置“检索要素”检索是指在标题、摘要、权利要求和分类号四个字段中进行多字段检索。

（4）在高级检索的检索式编辑区中，除了日期字段以外，使用号码和关键词检索的字段都可以使用截词符。

（5）高级检索中超过一个句子长度的字段都可以使用位置符进行组配检索。

9.2.7 检索结果

1. 题录检索结果页中的特殊功能

在常规检索结果页中上方只有一个检索历史区，可以直接看到题录结果列表；而在高级检索页，检索历史区和高级检索区占了整个页面，要看题录结果部分需要把页面往下拉。下面重点介绍高级检索题录结果页中的特殊内容。

（1）检索历史。在题录检索结果页会出现一些新的内容。在常规检索窗口和高级检索题录检索结果页上方都会出现历史检索记录，但两个窗口的操作是各自独立记录的。当历史检索记录超过屏幕宽度时可以滚动。每个历史检索记录的内容包括检索步号、检索表达式、命中文献数、检索日期、“引用”和“检索”按钮，见图9-2上方的水平移动显示块。

在常规检索中“引用”不可用，在高级检索单击“引用”将把当前的检索式导入到检索式编辑区，方便在此基础上修改检索式。

在检索历史区上方的文本框中可以使用检索步号进行逻辑组配检索，这是新版专利检索系统突出的特点之一。

（2）跨语言检索。在高级检索窗口的检索式编辑区还会出现“扩展”和“跨语言”两个按钮，用于查找用某种外文撰写的摘要。“扩展”即以中文为主，可以扩展查找英文或日文摘要，默认处于关闭状态。单击“跨语言”按钮会弹出一个小窗口，其中包括单选项“源语言”中、英、日文（默认为中文）和多选项“扩展语言”英、日文。

（3）题录中的分类统计。题录部分的左侧是检索结果的相关项的数据统计。统计项目包括申请人（前10名列出名字）、发明人统计（前10名列出名字）、技术领域统计（按IPC统计，前10名列出具体的分类号）、中国法律状态统计（分为专利权有效、失效、未决、撤回、驳回）、申请日统计（最近10年列出统计年份）、公开日统计（最近10年列出统计年份），如图9-4所示。但是如果命中文献数超过用户可浏览的权限，统计功能不可用。

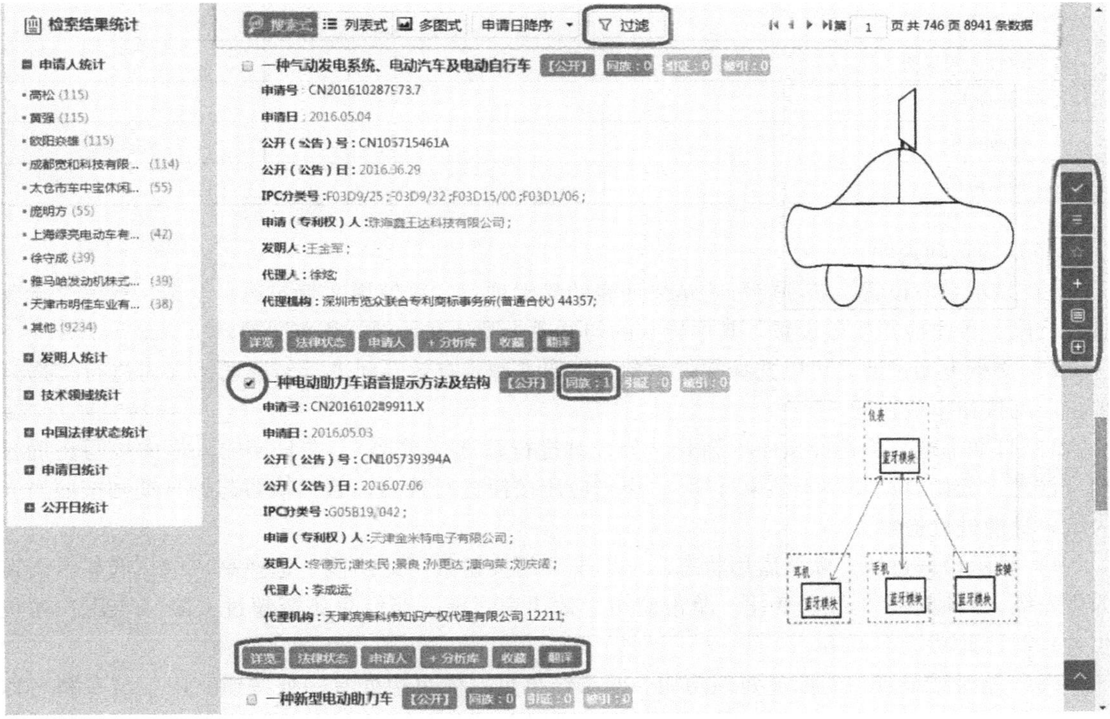

图9-4　题录检索结果

（4）在结果中检索功能。在题录上方有一个“过滤”按钮 过滤 ，单击后会弹出一个四联选项卡，用于对检索结果进行二次筛选，实现在结果中检索的目的。四联选项卡中有四个菜单，内容见表9-4。

表9-4 题录检索页的筛选项

显示字段	文献类型		日期筛选	显示语言	
申请号	文献类型	公开文献	申请日	语言选项	中文
申请日		授权公告文献	公开日		英文
公开（告）号	发明类型	发明			日文
公开（告）日		实用新型		语言比例选项	高
发明名称		外观设计			中
IPC 分类号	有效性	有效专利			低
申请（权利）人					
发明人					
优先权号					
优先权日					
摘要					
权利要求					
说明书					
外观设计洛迦诺分类号					
外观设计简要说明					
代理人					
代理机构					
摘要附图					

（5）筛选项说明：

1）显示字段设置。该项将影响结果列表的显示项目。可使用文献勾选、全选、取消全选等选择文献，单击应用生效设置。其中置灰的勾选项为默认显示项，不可更改。

2）文献类型过滤。可以选择文献类型、发明类型、有效专利进行勾选选择（可进行多选），单击应用按钮生效过滤。

3）日期筛选。可选择按照申请日、公开日进行筛选（单选），在日期输入框中填写正确日期（注意：起始日期要小于结束日期），单击应用按钮进行检索。若只填写起始日期则按照当天为结束日期进行检索。

4）显示语言过滤。默认启用状态，可单击禁用按钮禁用此功能。选择高、中、低显示语言的优先级，其他下拉框级联变化。单击应用生效语言过滤。当结果条数超过上限（与用户角色相关）时，此功能不可用。

（6）题录结果页中的批量处理功能。题录结果页右侧页边处有一列按钮，用于与专利名称前的选项结合对题录进行批量处理。以下是注册用户可以看到的六个按钮的含义（非注册用户只能看到三个）。

全选本页。题录结果页的每条题录的专利名称前都有一个选项，单击此图标即一次勾选本页所有的10条记录。

▤详览。按需要勾选想要浏览详细书目数据内容的题录，再单击此处即进入所选题录中的第一条详细信息浏览页面。

▇收藏。选择要收藏的题录后，单击此项将弹出一个建立文献收藏夹的窗口，普通注册用户最多可收藏30条记录。

+加入分析库。选择要分析的题录后，单击此项会弹出一个“加入分析文献库”的窗口，要求用户给创建的文献分析库命名和给予描述。普通注册用户只能创建1个分析库，最多加入1万条记录。选择文献分析库后即可进入分析结果页面，查看分析结果。

▤详览全部。单击此项后系统打开所有命中文献的详细信息浏览页，但注册用户的命中文献数限定不得超过100条。

⊞全部加入分析库。单击此项会弹出要求创建或加入分析文献库的窗口。普通注册用户只能创建1个分析库，最多加入1万条记录。选择文献分析库后即可进入分析结果页面，查看对比情况。

2. 题录中专利名称旁的热字

题录中专利名称旁边有四个表示专利申请阶段和与其他专利关联性的热字，下面分别介绍，其中灰底文字表示没有相关内容。

（1）热字“公开”或“授权公告”分别表示对应的专利信息是处在申请公开或授权公告阶段。

（2）热字“同族（）”括号中的数值表示有多少同族专利。同族专利是指基于同一优先权文件，在不同国家或地区，以及地区间专利组织申请的专利，也包括基于在先专利的修改、补充、拆分或合并而形成的再申请专利。这样一组基于同一优先权专利的多次申请、多次公布或批准的内容相同或基本相同的一组专利文献称为“同族专利”。单击图标“同族”可查看详细信息。

（3）热字“引证（）”“被引（）”是指专利说明书中引证的其他技术文献，或本专利文献被其他技术文献引证，其中括号中的数值是指引证或被引证的数量，相当于学术论文与参考文献之间的引用与被引用关系。单击图标“引证”或“被引”可查看详细信息。

3. 检索结果题录下的热字

每条题录的下方会有一些功能性热字按钮，其中前五项是常用功能。

（1）“详览”：进入详览页面。

（2）“法律状态”：弹出法律状态信息窗口。

（3）“申请人”：可查看申请人基本信息。

（4）“下载”：将当前单篇文献加入到下载库中。

（5）“分析库”：弹出加入分析文献库窗口，选择文献库。单击“追加”按钮，追加当前选择的单篇文献到该文献库；单击“覆盖”按钮，覆盖当前文献库内的数据；单击“删除”按钮，则删除该文献库。输入文献库名称以及描述信息，单击“创建并追加”按钮则追加当前单篇文献到新创建的文献库中。

（6）“收藏”：弹出文献收藏夹窗口，可在文本框内输入欲创建或追加的文献收藏夹名称，选定文献收藏夹后，单击“追加”按钮，追加当前选择的单篇文献到该收藏夹；单击“覆盖”按钮，覆盖当前收藏夹内的数据；单击“查看”按钮，显示该收藏夹的详细内容，可对收藏夹进行管理。输入收藏夹名称，单击“创建并追加”按钮则追加当前单篇文献到新创建的收藏夹中。

（7）“翻译”：弹出翻译对话框。默认选择该篇文献摘要信息进行翻译，可选择源语言与目标语言。单击“翻译”按钮进行翻译。

（8）“监控”：弹出法律状态定制推送页面，并自动添加申请号。

4. 详细信息浏览页

详细信息浏览页左边是待读的书目记录的目录，有橙色“在阅”标记的是当前记录。每条记录以“著录项目”“全文文本”和“全文图像”三种形式分别呈现书目著录项、权利要求书和专利说明书。单击上方法律状态右边的“详细 >>”可以查看更详细的法律状态信息。单击摘要中的“翻译”会弹出摘要翻译窗口，有11种翻译文种可选。

【在检索果中检索和检索结果识读要点】

（1）详细书目著录项中的蓝色字体是热词，单击后即用该词进行重新检索。

（2）在题录检索结果页上方的历史检索区的文本框中可以进行步号组配检索。

（3）文字图标“同族”中的信息可用以了解申请人的全球市场布局和技术战略，非常重要。

（4）文字图标“法律状态”可了解专利的失效情况，便于创业者淘金，也便于企业实施跟踪战略。

9.3 WIPO 知识产权和技术数据库

9.3.1 概况

1. WIPO 及其知识产权和技术数据库

WIPO 是关于知识产权服务、政策、信息与合作的全球论坛，提供一系列跨境保护知识产权和在法院外解决知识产权争议的全球服务。WIPO 的服务性主要体现在以下三个方面：

（1）不论是跨国企业还是个人，WIPO 的服务为在多国保护发明、商标和外观设计提供一条快速、高效、合算的途径。

（2）WIPO 的国际替代性争议解决服务可以在法院外一个中立的论坛解决知识产权争议，节省大量时间和金钱。

（3）WIPO 的数字查询服务系统使参与的知识产权局能够相互之间安全地交换优先权文件和其他类似文件。WIPO 的检索和审查集中式接入系统使专利局可以安全地共享与专利申请有关的检索和审查文件，为提高国际审查过程的效果和效率创造便利条件。

2. 知识产权和技术数据库

WIPO 建立的知识产权和技术数据库（www. wipo. int/）提供世界各国专利数据库检索服务，其中包括 PATENTSCOPE 国际专利数据库、全球品牌数据库、ROMARIN 商标数据库、全球外观设计数据库、WIPO Lex（知识产权法律与条约数据库）。

3. PATENTSCOPE 的收录范围

WIPO 的知识产权和技术数据库是一个系列库，其中影响最大的就是 PATENTSCOPE，一般按其收录特点称为“PCT 专利数据库”。

PATENTSCOPE 专利检索系统收录了290万件国际专利申请（PCT），是PCT专利申请文件检索的官方数据库，所以一般教材称此数据库为 PCT 专利数据库，实际上除了 PCT 申请文件外，PATENTSCOPE 还收录了其他地区组织和国家的专利文献。表9-5是 PATENTSCOPE 数据库覆盖的数据汇总表，其中涉及的数据包括两类信息：一是 PCT 国际申请，二是 PCT 成员专利局或地区局的专利。从表中数据可以看出，专利申请量与国家经济实力、技术发展水平和专利保护力度正相关。

表9-5　PATENTSCOPE收录的PCT成员专利文摘及说明书全文汇总表

国家/组织	代码	书目数据收录日期	说明书件数/件	记录总数/条
PCT/ 世界知识产权组织 国际局	WO/IB	1978.10.20—2016.12.30	英文：1829451 法文：109928 西班牙文：21319 德文：331376 韩文：62513 日文：468818 中文：136271 俄文：16168 葡萄牙文：2929	2982436
美国	US	1790.8.1—2016.12.28	英文：7530921	11589107
中国	CN	1989.1.5—2016.12.1	中文：11037648	11208467
日本	JP	1993.1.9—2016.11.11	日文：8036713	8924405
德国	DE	1877.7.3—2016.12.16	德文：2147528	5622225
德国（东德）	DE（DDR）	1951.6.15—1999.4.23	德文：61723	277249
韩国	KR	1979.2.5—2016.11.1	韩文：2870970	3564830
EPO	EP	1978.12.21—2016.12.22	英文：1642838 法文：163610 德文：532532	3088774
欧亚专利组织（EAPO）	EP	1996.7.2—2016.9.1	俄文：45037	49214
英国	GB	1782.7.5— 2016.10.13	英文：2295681	2336899
加拿大	CA	1869.8.12 —2016.12.10	英文：1099476 法文：43898	2277271
西班牙	ES	1827.3.15—2016.8.17	西班牙文：987563	1744590
俄罗斯	RU	1993.2.16—2016.12.21	俄文：677332	1063930
俄罗斯（苏联）	RU（USSR）	1919.3.1—2016.12.21	德文：7	1409655
巴西	BR	1972.4.26—2016.9.7	葡萄牙文：217866	623234
墨西哥	MX	1991.12.2—2016.6.3	西班牙文：175668	278231
以色列	IL	1900.1.2—2016.12.1	英文：101553	201213
南非	ZA	1983.1.27—2015.7.30	英文：85576	151943
新加坡	SG	1995.11.29—2016.11.30		126599
阿根廷	AR	1965.2.12—2016.3.24	西班牙文：8500	149826
葡萄牙	PT	1967.6.24—2016.7.1	葡萄牙文：38055	110290
智利	CL	2000.4.20—2016.5.28		28898
秘鲁	PE	1989.2.22—2016.1.1		23128
哥伦比亚	CO	1995.2.14—2016.7.1	西班牙文：397	22897
越南	VN	1997.5.26—2010.4.27	记录总数：7145	20478
摩洛哥	MA	1977.7.7—2016.6.1	法文：10040	17015
爱沙尼亚	EE	1994.10.18—2016.11.16		11937
乌拉圭	UY	1990.8.17—2015.7.30	西班牙文：1483	10695

（续）

国家/组织	代码	书目数据收录日期	说明书件数/件	记录总数/条
哥斯达黎加	CR	0108①. 10. 3—2016. 7. 30		8977
突尼斯	TN	1999. 1. 1—2016. 3. 31		7193
危地马拉	GT	1961. 12. 31—2016. 6. 18		6967
埃及	EG	2002. 1. 2—2014. 10. 31		6264
古巴	CU	1968. 3. 13—2016. 9. 1	西班牙文：2586	4388
厄瓜多尔	EC	1990. 10. 2—2015. 5. 1		4169
约旦	JO	1899. 12. 31—2016. 3. 16		3904
多米尼加	DO	1964. 5. 11—2016. 7. 1	西班牙文：1541	3508
巴拿马	PA	1990. 3. 10—2013. 10. 30		2943
非洲地区工业产权组织	AP	1985. 7. 4—2008. 7. 29	英文：1676	1868
萨尔瓦多	MD	1970. 3. 11—2016. 6. 25		1599
巴林	BH	1957. 3. 10—2005. 9. 29		1411
尼加拉瓜	NI	1982. 12. 23—2014. 2. 7		599
洪都拉斯	HN	2004. 1. 30—2015. 4. 28		407
肯尼亚	KE	1996. 5. 12—2011. 2. 1		373
阿拉伯联合酋长国	AE	2002. 7. 2—2013. 1. 3		234

（数据截止日期：2016. 12. 29。）

①PATENTSCOPE 的数据汇总表中确实如此显示，本书作者疑数据有误。

4. PCT 专利申请及其检索内容

PCT 是《专利合作条约》（*Patent Cooperation Treaty*）的简称。PCT 是《巴黎公约》下的一个专门性条约，旨在简化国际专利申请手续和程序，加快技术信息的传播和利用的制度。基于 PCT 制度的申请就称为 PCT 申请或国际申请。国际申请的受理、公布、管理和国际申请说明书的出版，以及其他一些有关国际申请的工作，由 WIPO 国际局（IB）负责，PCT 申请的受理、检索工作也可以由国际局的委托局处理。

以 PCT 为依据提出 PCT 国际专利申请的好处有以下几个方面：

（1）申请人可用英、德、日、法、俄、中、西班牙七种语言中的任意一种向受理局（除国际局直接受理外，PCT 的 178 个成员的本国专利局都是受理局，有的国家没有专利局则不能受理）用一种格式、一种货币提出国际申请，即可取得与向成员国家或地区进行专利申请的同等效力，统一了申请手续。

（2）PCT 申请分为国际和国内两个阶段，有更多时间考虑选择在最终哪些国家申请。国际阶段解决国际申请的受理、公布、检索和初步审查，其间有 20 个月或 30 个月的犹豫时间；进入国内阶段后由指定国决定是否授予专利权。

（3）提供检索报告。国际申请必须经过国际检索，欧洲专利局和中国、美国、俄罗斯、日本、澳大利亚、奥地利、西班牙、瑞典、韩国 9 个国家的专利局是指定的国际检索单位。

PCT 专利数据库提供已经出版的 PCT 国际申请文件及其书目数据，每周四更新。PCT 专利数据库中初步审查报告、国际检索报告要在最早优先申请日起 30 个月后公开，申请人对国际检索报告的非正式意见在最早优先申请日起 18 个月后公开。

9.3.2　PATENTSCOPE 数据库检索

PATENTSCOPE 提供了简单检索、高级检索、字段组配检索、跨语种扩展检索四种检索方式，还提供了按星期（PCT）浏览、序列表、专利登记簿三个浏览入口。

1. 简单检索

进入 PATENTSCOPE，单击文字按钮（访问PATENTSCOPE数据库），首先进入 PATENTSCOPE 简单检索窗口，如图 9-5 所示。

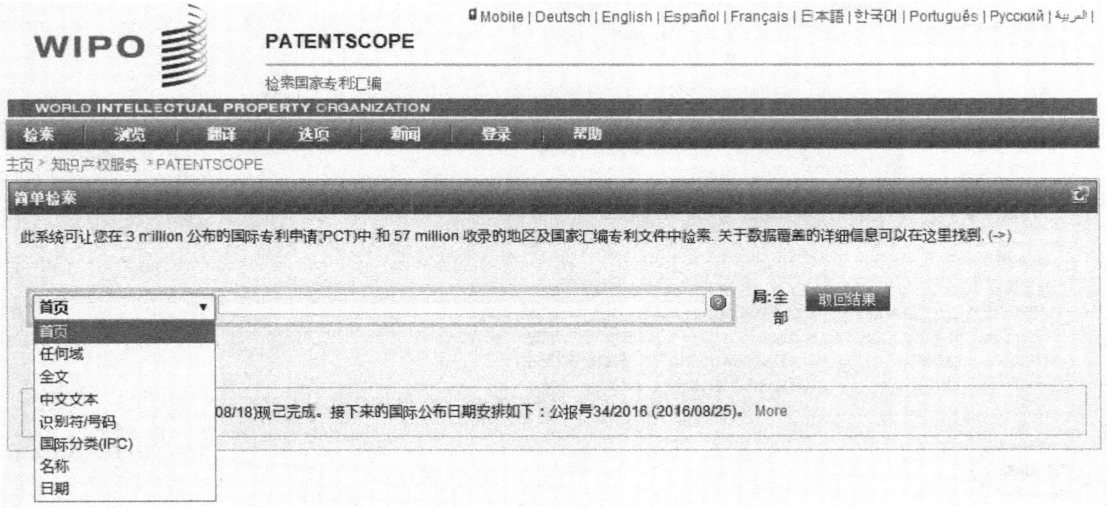

图 9-5　PATENTSCOPE 简单检索窗口

PATENTSCOPE 简单检索提供了以下检索入口：

（1）“首页”：检索专利说明书的首页，包括书目著录数据项。在标题（描述专利申请类型）、摘要、号码（申请号和公开号）和名称字段中检索。

（2）“任何域”：是个多字段检索入口，包括所有可检字段。

（3）“全文”：查找专利说明书和权利要求书正文内容。

（4）“中文文本”：这个检索入口会根据设置的网页浏览文种而变化。“中文文本”指查找用中文描述的专利。此项与选择的页面语言有关，例如选择英文版页面，此项就变成“英文文本”。

（5）“识别符/号码”：用以代表具有唯一性的公开号，有时也指申请号（包括优先权号）。美国的申请号由 6 位数字循环表示，不具有唯一性。

（6）“国际分类（IPC）”：指国际专利分类号，简称 IPC。

（7）“名称”：指发明创造的名称、申请人姓名、公司等各种名称。

（8）“日期”：是个多字段检索入口，指各种法律日期，如申请日、公开日、优先权日等。

由以上检索入口的作用可以看出，简单检索窗口里的检索入口许多都是可以输入同类型的不同字段，或同一字段的多个词，有很强的兼容性。

2. 高级检索

高级检索是专家检索窗口（见图 9-6），可以构造复杂的检索表达式，对检索词的数量没有限定。

PATENTSCOPE 检索系统设置各种各样的组配检索运算符，包括逻辑运算符、位置符、范围符等，使用户能够精确制定检索策略。丰富的运算符也使得用户得以基于同根词原理使用通配符查找变形的字符串。

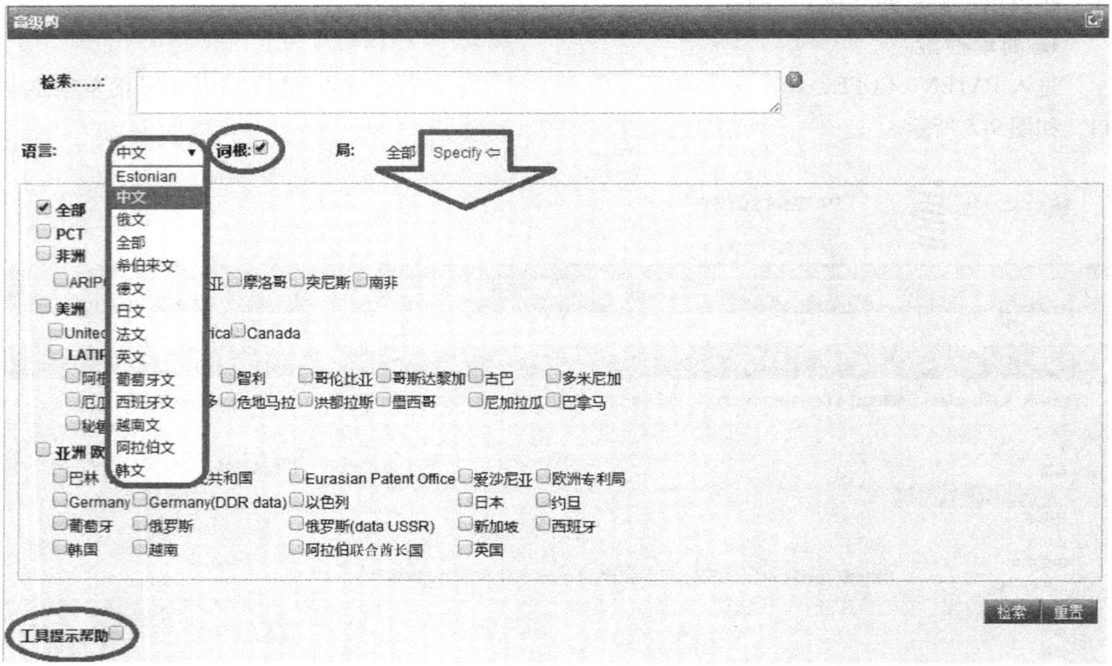

图 9-6　高级检索窗口

（1）可检字段。以下是 PATENTSCOPE 数据库全部可用的检索字段，见表 9-6。表中凡没有声明不能使用截词符（∗）的字段都可以使用截词符。不能使用截词符的字段都是长文本字段。请重视各个字段输入的格式规定。

表 9-6　高级检索中可以使用的检索字段

字段标识符	含义	类别	说明
ALLNAMES	全部名称	文本	
ALLNUM	全部号码	字符串	在申请号、WO 申请号、国家申请号和优先权号中检索
AAD	申请人地址	文本	可以是城市或街道
AADC	申请人地址所在国家	字符串	限用 2 位字母的国家代码
PAA	申请人全部数据	文本	包括地址
PA	申请人名称	文本	
ANA	申请人国籍	字符串	限两位字母的国家代码
ARE	申请人居所	字符串	限两位字母的国家代码
AD	申请日	日期	例如：01. 01. 2000 TO 01. 01. 2005
AN	申请号	字符串	例如：US2000 ∗
CTR	国家	字符串	指专利文献的原产国/地区

（续）

字段标识符	含义	类别	说明
DS	指定国	字符串	
EN_AB	英文摘要	文本	非词根字段，只能用通配符。EN可替换成其他文种代码
EN_ALL	英文全部字段	文本	非词根字段，只能用通配符。EN可替换成其他文种代码
EN_CL	英文权利要求书	文本	EN可替换成其他文种代码
EN_DE	英文说明书	文本	非词根字段，只能用通配符。EN可替换成其他文种代码
EN_ALLTXT	英文文本	文本	在英文标题、文摘、权利要求书、说明书字段检索。非词根字段，只能用通配符。EN可替换成其他文种代码
EN_TI	英文标题	文本	非词根字段，只能用通配符。EN可替换成其他文种代码 若英文标题检索所用的检索词是固定词组，则字段标识符是EN_TI_S
LGF	申请语言	字符串	两位英文字母
FP	首页	文本	在标题、摘要、号码和名称中检索。非词根字段，只能用通配符
GN	专利号	字符串	
IC	国际分类	文本	可以只用“部”号
ICI	国际分类（发明）	字符串	
ICN	国际分类（非发明）	字符串	
IPE	国际初步审查	字符串	检索有国际初步审查报告的国际申请
ISA	国际检索单位	字符串	指定国际检索单位，用两位字母的专利文献国家代码代表检索局
ISR	国际检索报告	字符串	可以检索所有的含有国际检索报告或者含有第17（2）（a）条申报报告的PCT申请
INA	发明人全部数据	文本	不包括发明人单位和地址
IN	发明人名称	文本	
RPA	法律代表名称全部数据	文本	包括个人姓名、国家和州
RCN	法律代表名称所在国家	字符串	用双字母的国家代码
RP	法律代表名称	文本	
RAD	法律代表名称地址	文本	
PAF	主要申请人名称	文本字符串	姓名倒置，并作为固定词组用双引号括起来
ICF	主要国际分类	字符串	可以只用“部”号。小组及以下类号要作为固定词组用半角双引号括起来
INF	主要发明人名称	文本字符串	姓名倒置，并作为固定词组用双引号括起来
RPF	主要法律代表名称	文本字符串	姓名倒置，并作为固定词组用双引号括起来

（续）

字段标识符	含义	类别	说明
NPA	国家阶段所有数据	文本	包括国家代码及其后的数字编号
NPAN	国家阶段申请号	文本	包括国家代码及其后的数字编号，要原样照录
NPED	进入国家阶段的日期	字符串	包括国家代码和年份
NPET	国家阶段进入类型	字符串	在国家阶段进入或国家状态类型中检索 P：已出版 G：已批准 N：没有进入 W：有附图 R：拒绝 X：期满 E：部分内容的再公告（针对美国、欧洲的专利申请）
PN	国家公布号	字符串	包括国家代码及其后的数字编号，可以使用星号作为通配符
OF	局代码	字符串	可以进行“逻辑与”组配，例如 WO AND US 对于 WIPO 申请，CTR = WO 和 OF = WO 是一样的 实际上对于 US 和 JP 等有 PCT 检索入口的国家申请都存在这样的关系：CTR = CU，OF = CU，PRIORPCTAN = CU2004. . . . . .
NPCC	国家阶段受理局代码	字符串	
PRIORPCTAN	在先 PCT 申请号	字符串	包括国家代码及其后的数字编号，可以使用星号作为通配符
PRIORPCTWO	在先 PCT WO 号	字符串	2003 *
PI	优先权全部数据	文本	包括优先申请日和优先申请国，顺序任意
PCN	优先权国家	字符串	用双字母的国家代码
PD	优先权日	日期	格式如：[01. 01. 2000 TO 01. 01. 2005]
NP	优先权号	字符串	可以加截词符
DP	公开日	日期	年份、年月、日期都可，也可以输入 2 个日期，用 TO 连接
LGP	公布语言	字符串	
SIS	补充国际检索	字符串	如果有检索报告的补充报告，显示状态标识“report”
TPO	第三方意见	字符串	在包含第三方意见的文献中进行检索。所谓“第三方意见”是指仅公开 PCT 申请的国际局的意见，例如 TPO：1 AND OF：WO
WO	WIPO 公布号	字符串	可以使用截词符。格式如：01/12 *、01/12、2001/12 *、2001/000012

（2）运算符。PATENTSCOPE 数据库的高级检索可以使用上述 55 个字段和多达 15 种运算符，以命令行形式构造复杂的检索表达式。

1）字段标识符。可以在任何字段中通过输入字段标识符加上分隔符冒号“：”或斜杠“/”作为先导词语进行检索。例如：

EN_TI：（" wind turbine" AND electric）solar

由于 EN_ALL 为默认字段，因此不需要标明字段标识符。

字段标识符只对紧接其后的查找词语有效，因此检索表达式

EN_TI：（" wind turbine" AND electric）solar

将只检索标题字段中的" wind turbine" AND electric，并将在默认字段 EN_ALL 中找出“solar”。

2）固定词组标识。在外文检索中，有时词组中会有连词 and，索引中的西方个人姓名中有作为倒置符的逗号，IPC 分类的小类号中可能有空格等。这些虚词、逗号和空格都是检索系统中的禁用词，但如果这些符号是词组的必要组成部分，则这些检索词就应该作为固定词组处理，但要加上半角双引号。

3）词根字段。所谓“词根字段”，是指系统会自动使用截词符代替后缀的字段。在高级检索窗口中选择“词根”选项即启动自动判断词根进行前方一致检索功能，默认为已选。从系统角度看，凡是没有声明为非词根字段的，都是词根字段，即这些字段不需要使用通配符进行前方一致检索。词根的判断与语言选项有关。在“语言”选项中如果选择英语，那么系统将检索词缩短为英语词根进行查找。例如 electrical 一词的词根为 electric、electricity 等。使用英语检索时以标准的 Lucene 方式执行 Porter 词根算法以删除词语的后缀。例如：riding、rides、horses → ride、ride、horse。

词根算法也可用于法语、德语、西班牙语和俄语。

4）通配符。PATENTSCOPE 中的词根检索与通配符检索的区别是：词根检索是系统默认的截词符，适用于词根字段；通配符用于非词根的情况，只能使用在非词根字段，例如 EN_TI_S/mot * 被转换为 EN_TI/mot * 。

与其他常见的情况一样，PATENTSCOPE 中的通配符使用半角问号“?”代表单字符。使用星号“ * ”代表 0 个或多个字符。

PATENTSCOPE 中的通配符可以放在若干字符串的最后代替单词的后面 1 个或几个字符，类似于截词符（但前面保留的字符不是词根），例如 electric * ；也可以放在检索词的中间进行前后一致检索，例如 te? t 或 elec * ty。注意不能使用通配符代替单词的第 1 个字符进行后方一致检索。

如果未找到通配符，输入的词组将保留词根选项。EN_TI/" electric motor" 使用词根算法，而 EN_ TI_S/" electric mot * " 被转换为 EN_TI/" electric mot * "

注意，如果使用 PCT/US/2009/0 * 之类的号码符进行检索，应使用 ALLNUM 字段，否则就使用默认字段 EN_ALL，这时检索格式应类似于（PCT US/2009/0 * ）。例如：

ALLNUM：PCT/US/2009/0 *

5）位置符。位置符在 PATENTSCOPE 称为“近似检索”，其用法如：

electric NEAR car

表示两词的顺序确定，但两词之间的间距任意。PATENTSCOPE 更习惯以波浪号的形式表示两词之间的间距。例如：

" electric car" ~10

表示两词之间最多间距 10 个词。

6）简单日期检索。这即允许按年、月、日进行简单日期检索。例如：

DP：01. 02. 2000

DP：20000201

DP：02.2000

DP：200002

DP：2000

7）范围检索。范围检索用于确定查找两个数值或文本字符的边界范围，有包含和不包含给出的边界两种标识形式。“包含”用方括号或短横加右尖角表示，不包含用波形号｛ ｝表示。例如，“［x TO y］”或“x - > y”（x和y代表两个边界值）表示包含x和y。

例如：

DP：［01.01.2000 TO 01.01.2001］

DP：01.01.2000 - >01.01.2001

表示查找公布字段中的日期位于2000年1月1日至2001年1月1日（含该日期）之间的文件。又如：

IN：｛Smith TO Terence｝

表示在发明人字段查找位于Smith和Terence之间的所有文件，但不包括Smith和Terence。

8）空字段检索。要执行空字段/非空字段检索，必须使用“字段标识符：［ * TO * ］”的格式。例如，要检索俄语标题字段不为空的文件，可以使用语句：

RU_ TI：［ * TO * ］

9）模糊检索。模糊检索类似于中间一致检索，其依据是Levenshtein距离算法或Edit算法，标识符是在检索词后面加上一个波浪号。例如

roam ~

这个检索式将找到类似“foam”和“roams”的词语。可以在波浪号后用一个参数来明确所要求的相似度，参数的取值位于0与1之间，如果值更接近于1，将找出相似度高的匹配词语。例如：

roam ~0.8

10）布尔运算符。PATENTSCOPE支持三种布尔运算符，其中AND可以用空格表示，OR可以用“+”表示，NOT可以用ANDNOT和减号“-”表示。例如要检索含有词组“电动车”和单词“太阳”的文件，其检索式是：

" electric car"　solar

11）强制符。当加号“+”和减号“-”放在检索词前面时，前者表示强制或出现，后者表示强制不出现。例如：

+battery　+" electric car"

表示单词“电池”和词组“电动车”两个概念至少出现一个，其含义与“逻辑或”一样。

12）组配检索。用圆括号将组配检索式归并在一起，建立查询语句，可以改变逻辑组配检索的顺序。例如要检索含有“太阳”或者“风”与“涡轮机”的文件，其检索表达式是：

（wind OR solar）AND turbine

13）在单一字段中进行组配检索。在单一字段中进行组配检索，组配检索表达式要用圆括号括起来。例如：

EN_ TI：（+battery +" electric car"）

表示在英文标题字段中，单词“电池”和词组“电动车”两个概念至少有一项。

14）ID、AN、WO、PN、ALLNUM检索句法。在ID（记录唯一性标识）、AN（申请号）、WO（WIPO公布号）、PN（国家公布号）和ALLNUM（全部号码）等号码类字段检索时，输入

格式是：

WO：YYYYNNNNNN，
YYYY/NNNNNN，
YY/NNNNNN，
YYNNNNNN，
YYYY/...NNNN，
YY/...NNNN，
YYYY...NNNN，
YY...NNNN，
YYYY，
NNNNNN，
...NNNN

其中“...NNN”是指所有主要的0均已移除。字母YY表示2位数字表示的年份，YYYY表示4位数字表示的年份，NNNN表示4位数字表示的编号，NNNNNN表示6位数字表示的编号。

可以在以上格式的号码前面添加“WO”，或在后面添加通配符“*”。例如

WO：WO/1994*
WO：WO/1994/12*
WO：WO/12*
WO：12*

可以在以下格式的号码前添加PCT：

AN：CCYYYYNNNNNN，
CC/YYYY/NNNNNN，
CC/YY/NNNNNN，
CCYYNNNNNN，
CC/YYYY/...NNNN，
CC/YY/...NNNN，
CCYYYY...NNNN，
CCYY...NNNN，
YYYY，
NNNNNN，
...NNNN

其中“...NNN”是指所有主要的0均已移除。

检索实例：

PN：0001
PN：(0001 VN)
PN：(1 VN)
PN：(VN/0001)
PN：(VN/1)

其中，VN是专利文献国家代码“越南”。

(3) 检索实例。下面是复杂运算符在高级检索中使用的例子。

例一：查找由Steve Jobs发明的在2007—2009年公开的与“Touch”有关的发明创造：

IN：（Jobs）AND DP：［2007 TO 2009］AND EN_ DE：（touch）

例二：查找与切割树干（cutting tree trunks）有关的发明创造：

cuttingNEAR5 trunk

系统对于位置符后面的词间距取值没有规定，即可个取任意值，本例取值5。

例三：在独立权利要求公知技术部分（that are referred to after the paragraph “Field of the invention”）查找手术器械（surgical instruments）方面的发明创造：

“Field of the invention” BEFORE100 “surgical instruments”

其中运算符 BEFORE 用于确定查找范围。

3. 字段组配检索

字段组配检索窗口由一些预先设置的常用字段列表组成（见图9-7），这些字段可以根据用户需要进行不同的组配，以特定的检索条件构造更具针对性的检索策略。

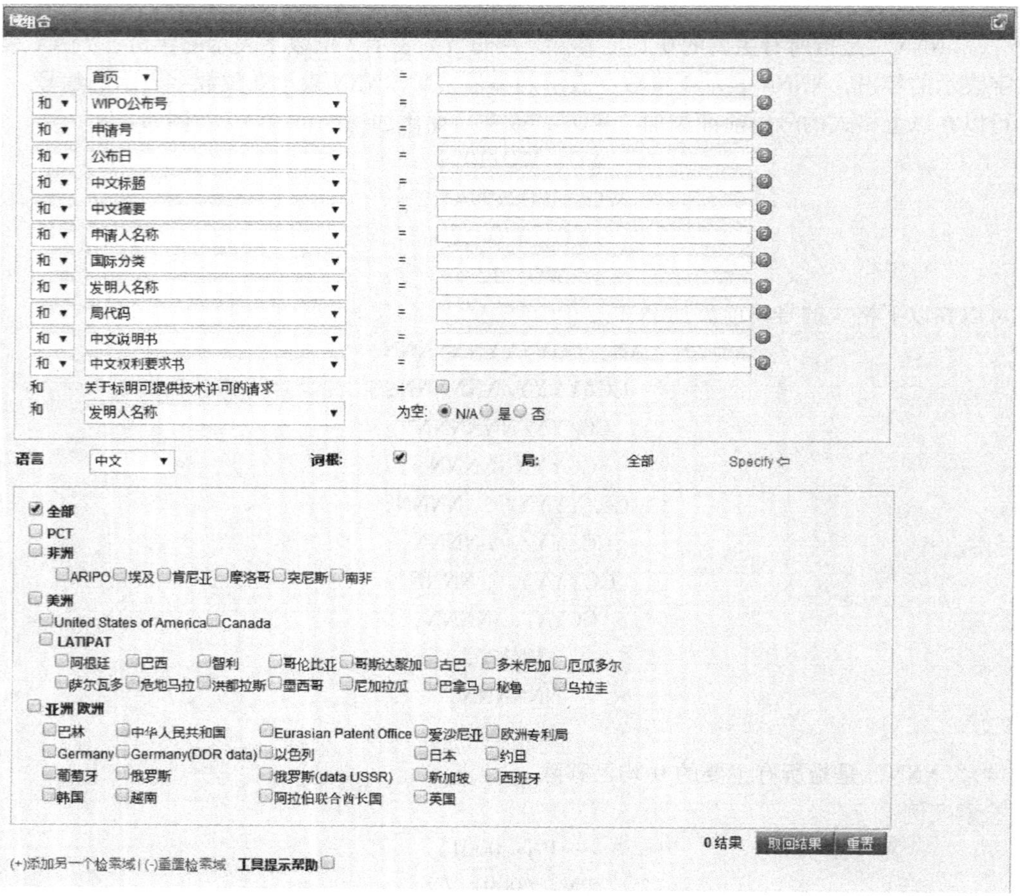

图9-7 字段组配检索窗口

4. 跨语种扩展检索

跨语种扩展检索窗口（见图9-8）可以使用中文、日文、韩文、英文、法文、德文、意大利文、葡萄牙文、俄文、西班牙文、荷兰文、瑞典文12种语言中的任何一种文字的单词、短语进行检索，系统会自动给出检索词的变体，并对检索词及其变体进行翻译，查出用上述任意语言描述的专利文献。

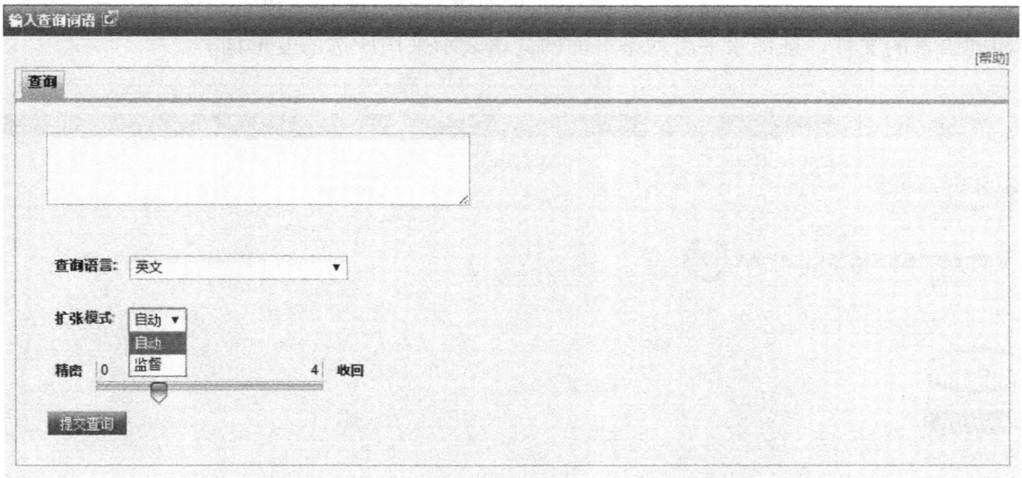

图 9-8　跨语种扩展检索窗口

在跨语种扩展检索窗口上有三个项目需要选择。“查询语言”用来确定当前输入的检索词的语言。“扩展模式”下拉列表中有两个选项，“监督”允许进一步选择技术范畴，“自动”则立即输出检索结果。拖动“精密”和“收回”之间的滑块对检索需求的查准率和反馈速度做出选择，默认偏向于较高的查准率。

如果选择了“监督”，单击“提交查询”后会出现一个技术范畴选择列表（见图 9-9）。这个列表有两个显示框，左边框里显示的是与检索词相关的各行业待选的主题词，右边是已选择的主题词。用户可以将左边的待选词添加到右边，也可以删减调整右边已经选择的词。主题词前面方框里的词表示当前主题词的所属行业。

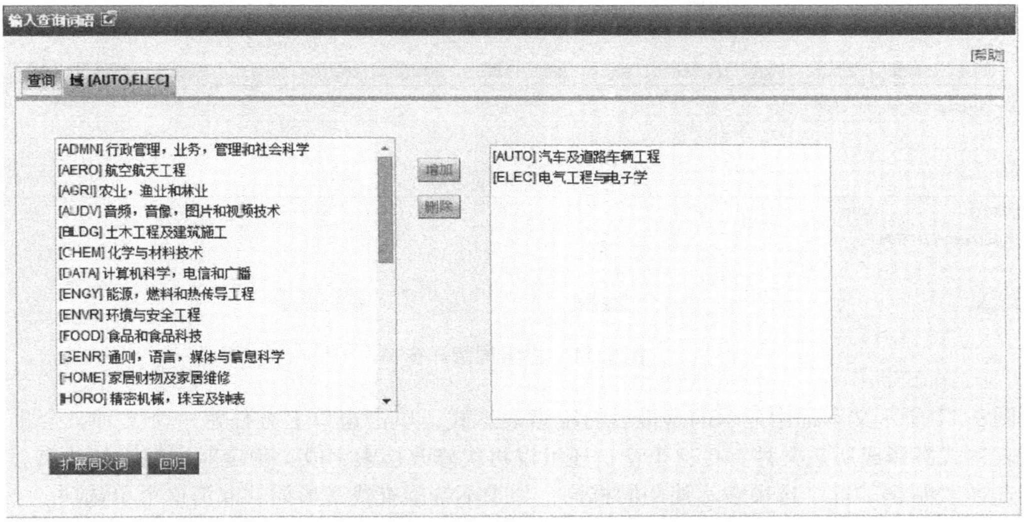

图 9-9　技术范畴主题词选择窗口

单击“扩展同义词”按钮后将弹出与检索词相关的变形词的选择窗口，如图9-10所示。在这个窗口上有两个单选项。选择“扩展查询到其他语言时，保持词语不翻译”表示只查找与检索词相同语言的文件，选择水平滑动条下面的词语表示采用所选的变形词。

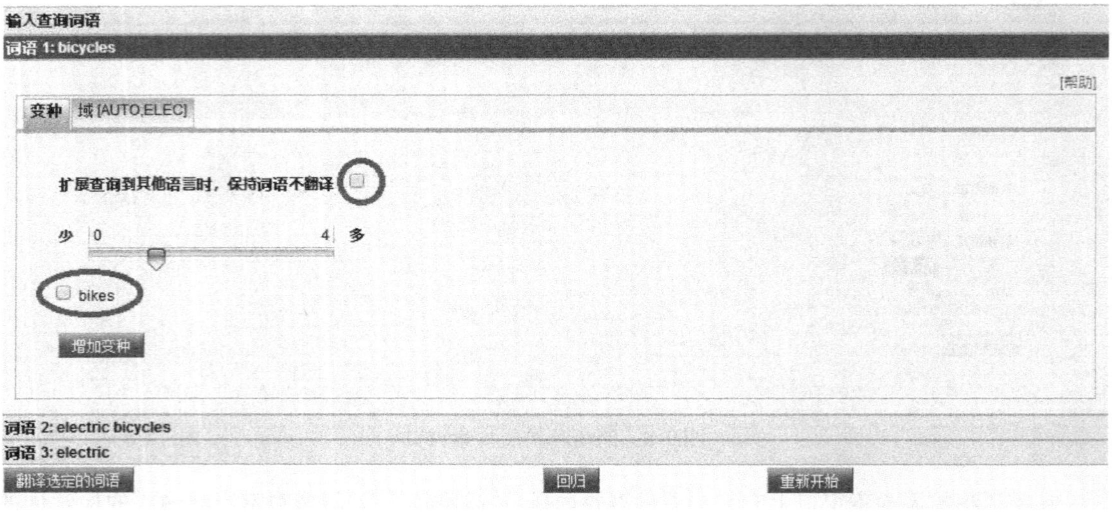

图9-10 变形词选择窗口

单击“增加变种”按钮会再次弹出技术范畴表，让用户在上一步已选择的主题词中指定一个主题词，并针对这个主题词手工输入新的变形词。如果用户不知道这个主题词有什么变形词，就不要单击“增加变种”按钮，因为系统能给出的变形词已给出了，这个按钮是让用户补充系统不知道的变形词。

单击图9-10窗口最下方的“翻译选定的词语”按钮，会弹出如图9-11所示的检索词翻译窗口。

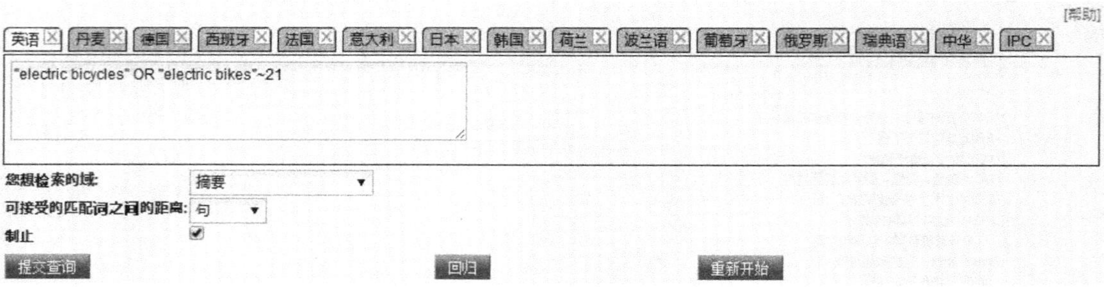

图9-11 检索词翻译窗口

图9-11所示文本框中显示的是最后的检索表达式，单击窗口上方任意一个文种，会将这个检索表达式翻译成所选文种。在这个窗口还可以再次修改检索字段、确定对词间距的约束。

选择“制止”这个选项表示使用同根词，如果不希望查找变形词就取消这个单选项。

到这一步单击“提交查询”按钮就可以看到跨语种检索的结果了。

【检索要点】

(1) 简单检索的检索入口中，其实都是多字段检索入口，即使“国际分类（IPC）其实也可划分为主分类号和附加分类号两项。

（2）简单检索中选择“首页”作为检索入口可以查找除说明书、权利要求书以外的所有重要字段。

（3）高级检索设置的是专家检索模式，即俗称的“命令行检索”，建议普通用户使用“字段组配检索”模式。

（4）就一个专利主题来说，跨语种扩展检索是覆盖面最全的检索模式，因为其他 PATENTSCOPE 数据库涉及的国家及语种众多，只有跨语种扩展检索模式具有通吃能力，所以对于想在 PATENTSCOPE 数据库中掘金的用户来说，对高级检索模式中的一些重要的字段标识符和运算符还是应该有一定的了解。

（5）跨语种扩展检索中的滑块用于调节查准率和反馈速度之间的比率，一般按默认设置即可。

（6）使用高级检索模式，一定要理解字段标识符和各种运算符的含义，熟悉构造检索策略的句法，掌握实例的用法。PATENTSCOPE 介绍的运算符并不全，比如实例中的 BEFORE 就没有提到。

（7）含有禁用字、标点符号和空格的字符串要当作固定词组使用时，要加上半角双引号。

9.3.3 PATENTSCOPE 数据库浏览

1. 按星期（PCT）浏览

在 PATENTSCOPE 顶栏菜单“浏览”的下拉菜单中单击“按星期（PCT）浏览”可看到日期由近及远显示的 PCT 国际申请的题录，如图 9-12 所示。

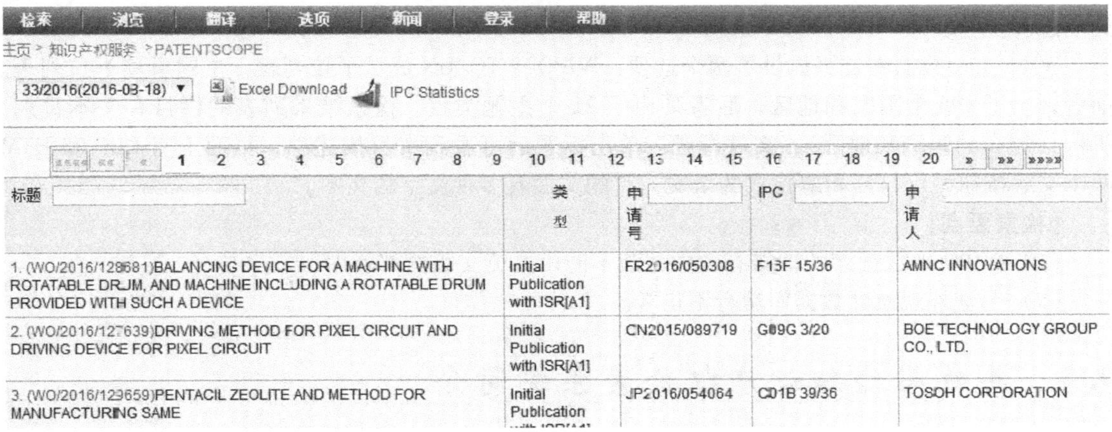

图 9-12 “按星期（PCT）浏览”题录结果页

题录包括标题、类型、申请号、IPC、申请人的几个栏目，其中“类型”是指初始公开时申请文件的国际申请文献类型代码。除了“类型”外，每个栏目名称旁都有一个文本框，用于查找定位同一列中的记录。

在题录页上方还有两个按钮。单击 Excel Download 按钮下载 Excel 格式的题录数据，单击按钮 IPC Statistics 按钮可查看 IPC 申请的统计图，但不能在中文页面查看。

2. Sequence Listing（序列表）

这个菜单不能在中文版下使用。

“序列表”用于下载PCT申请文件，栏目包括WONumber（PCT公布号）、Size（文件大小）、Download（下载的压缩文件名称和文字按钮）、Applicant（申请人）几项。

9.3.4 WIPO其他数据库简介

1. 全球品牌数据库

该数据库提供超过2777万件国际和各国商标、原产地名称、国旗国徽及其名称和缩写和国际组织的标记。全球品牌数据库供免费使用，同时可以跨库检索相关品牌的信息。

2. ROMARIN

ROMARIN数据库可以检索登记在WIPO管理的马德里体系（WIPO's Madrid System）下所有国际商标的详细信息。

3. 全球外观设计数据库

全球外观设计数据库使用户可以通过一个简单直观的界面免费同时检索在WIPO管理的海牙体系（Hague System）下注册的和成员方数据库中的160万件工业品外观设计。

4. WIPO Lex

有14100条国家知识产权法律和条约记录，涉及约200个国家和地区。

WIPO Lex是一个用来检索WIPO、WTO和联合国（UN）成员的国家知识产权（IP）法律和条约的一站式检索工具，其中还有一些阐述、分析和解释这些法律和条约的相关信息。通过这一工具，可以简化查阅至关重要的参考资料的过程，从而以最佳方式提供关于全球知识产权制度的信息。

WIPO Lex数据库首页提供了两个选项：WIPO/WTO/UN成员下拉列表，主题事项下拉列表。前者列出了196个国家和地区，后者列出了21个主题类目。检索结果列表的栏目有文本日期、机构（颁布的国家和地区）、文件标题。单击标题后可看到书目描述项，页面上有PDF和HTM两个文字按钮，可打开相应格式的全文，有的文件有多种文字的文本。

【检索要点】

（1）WIPO中数据库的功能有的中文版不能用，英文版的都能用。

（2）全球外观设计数据库运行不正常。

9.4 其他国外知识产权检索系统简介

1. 美国专利商标数据库

美国专利商标数据库（www.uspto.gov）由美国专利和商标局提供，包括专利全文数据库和商标数据库，以及其他一些知识产权信息。专利全文数据库收录了1790年至今的美国授权专利和专利申请，包括发明专利、实用新型专利（Utility）、外观设计（Design）、植物专利（Plant）、再公告专利（Reissue）、防卫公告（Defensive）、依法注册的发明（SIR）。专利全文数据库每周更新一次，提供说明书附图。快速检索（Quick Search）中指定了具体字段时检索词的字符不可少于3个，但指定了“任意字段”时检索词的字符不得少于4个。对于“专利号”“发明人”这类检索词，在“所有字段”中检索效率很低。在高级检索窗口，可以结合字段代码进行逻辑组配检索，单击其中的“字段名称”可调阅相应字段的帮助信息。

2. 日本工业产权数字图书馆

日本工业产权数字图书馆（www. j－platpat. inpit. go. jp，IPDL）提供日本发明和实用新型专利检索数据库、外观设计专利检索数据库、外国文献检索数据库、商标检索数据库、专利法律状态检索数据库等，其中发明、实用新型、外观设计和商标数据库有日文和英文两种版面，但日文版面上的信息更丰富些。IPDL 中查找专利信息的数据库有：专利及实用新型公报数据库（Patent & Utility Model Gazette DB）、专利和实用新型文献号索引数据库（Patent & Utility Model Concordance）、日本专利分类导航和 FI/F－term 检索数据库、日本专利英文文摘数据库（PAJ）、外观设计公报检索数据库（Design Gazette DB）、专利法律状态检索数据库。

9.5　实验六

9.5.1　实验内容、目的和要求

1. 实验内容

（1）已知澳大利亚雅各布 W. 厄肯发明的多功能清洁工具已在我国提出了专利申请，请查找该发明或实用新型在我国的申请情况并说明其法律状态。

（2）已知美国明尼苏达州爱德华 L. 韦弗二世、杰里米 J. 雅各布斯、约翰 R. 埃尔罗德三人合作发明的踝护具已在我国提出了专利申请，请查找该外观设计在我国的申请情况并说明其法律状态。

2. 实验目的

了解发明、实用新型或外观设计相似性的判断依据。

了解专利权利要求保护范围的判断依据。

了解外观设计专利权与商标权的冲突问题。

掌握专利时效的判断方法。

3. 实验要求

通过国家知识产权局的专利高级检索窗口查找一条专利。

9.5.2　实例

实验名称：已知申请人“美国俄克拉荷马州帕克-汉尼芬公司”在我国申请了专利“过滤器元件”，查出该专利的基本情况。表 9-7 为实验结果。

表 9-7　实验结果

检索环境描述（每个错点扣 1～6 分）			
网站名称	国家知识产权局/专利检索及分析		
数据库	中国实用新型		
检索策略描述（每个错点扣 0.5～1 分）			
	运算关系	检索入口	检索表达式
（1）		名称	过滤器元件
（2）	AND	地址	美国
（3）			

（续）

专利申请类型限定	实用新型				
检索结果描述（每个错点扣0.1～0.2分）					
命中文献数	4				
专利名称	过滤器元件				
申请人（专利权人）	帕克－汉尼芬公司				
发明人（设计人）	B. E. 沙恩				
申请日期	2002.10.01				
申请号	029000173				
	申请公开（告）日		申请公开（告）号		
申请公开（告）项	2006.01.04		CN2749555		
					申请国说明
优先权项（写前三项）	申请日	2001.11.06	申请号	60/332，853 US	美国
	申请日		申请号		
	申请日		申请号		
					申请国（或国际/地区组织）说明
PCT 申请项	申请日	无	申请号	无	
					语种说明
PCT 公布项	申请日	无	申请号	无	
PCT 进入国家日期	无				
国际专利（IPC）分类号（不要含版本信息）	B01D29/21				
国际外观设计（LOC）分类号					
颁证日/授权公告日	2006.01.04				
有效期起始日	2002.10.01				
专利权生效日	2006.01.04				
有效期终止日	2012.11.14				
	时间		事项		
法律状态	2006.01.04		授权		
	2012.11.14		专利权的终止		

9.5.3 实验报告项目说明及常见错误分析

（1）网站名称。网站名称要写全称，不能用英文缩略词代替网站名称。

（2）数据库名称。我国专利数据库修改频繁，数据库名称经常变动，要按最新的数据库名称写。有的专利数据库含有子数据库，应将两级数据库写全，也可以只写第二级子数据库的名称，但不能将上一级数据库代替实际检索的数据库。国外专利数据库名称应区分英文大小写。

（3）运算关系。运算关系必须说明，并且各项目之间只能是“逻辑与”关系。

（4）申请人（专利权人）。申请人（专利权人）字段中不能出现国家名称，但可以出现个人姓名。

（5）发明人（设计人）。发明人（设计人）字段不能出现国家和单位名称。

（6）申请项。申请项包括申请日和申请号两部分内容，申请号由专利文献国家代码起始的一组序列号组成，是专利申请的唯一性标识。

（7）申请公开（告）项。公告项指称中国发明专利，公开项指称中国实用新型和外观设计，都是指专利申请在专利公报上发布，所以又称为申请公开（公告）项。所有在网上可以查到的专利都有公开（公告）项。公开（公告）项包括公开（公告）日和公开（公告）号两部分内容，公开（公告）号由专利文献国家代码起始的一组序列号组成，又称为文献号。不应将公开（公告）项与国际公开（公告）项搞混。

（8）优先权项。优先权项包括优先申请日和优先申请号两部分内容，优先申请号是由专利文献国家代码起始的一组序列号组成。专利文献国家代码与序列号之间应留出空格，例如 ATGM464/94 应该写成 AT GM464/94。根据我国《专利法》的规定，优先权包括国内优先权和国外优先权，但在专利数据库中还没有看到国内优先权数据，只有外国人向中国提出的国外优先权数据，但也不是所有外国人向中国申请的专利都一定有优先权项，这与申请人本国的专利制度规定有关。如果有优先权项，优先申请日一定早于申请日。若查到的专利申请有优先权，只需写前三个，要求说明每项优先权的专利文献国代码的含义。

（9）国际申请项。国际申请项不是每个专利申请都有，只有通过世界知识产权组织国际局提出的 PCT 专利申请才有此项数据。国申请项涉及 PCT 申请项、PCT 公布项和 PCT 进入国家日期等内容，其中国际申请号前由“PCT/”标识，国际公布号前有“WO + 年份/”标识，这是与其他申请号和公布号的区别。国际公布号即国际申请的文献号，要说明公布的专利说明书的语种，如果找不到中文单字的说明，则依据从专利文献国家代码判断。

（10）国际专利分类号/外观设计分类号。发明和实用新型专利申请一定有国际专利分类号且有时一项专利申请会有多个分类号（第 1 个分类号是主分类号），同时肯定没有国际外观设计分类号。外观设计申请一定有国际外观设计分类号且肯定没有国际专利分类号。

（11）授权公告日/颁证日。授权公告日是指专利公报公布的授权信息的日期，颁证日是专利证书上记录的日期，两个日期通常是一致的。专利数据库里记录的往往是授权公告日，只有颁证日而没有授权公告日的很少见。

（12）有效期起始日。有效期起始日即申请日，申请人之外的第三方（如发明人）可以就申请权纠纷提起申诉。

（13）专利权生效日。专利权生效日即授权日，没有授权日的以颁证日为准，两个日期都没有的专利申请还没有获得专利权，这时只有公开（公告）日。

（14）有效期终止日。先根据法律状态判断有否提前失效。如果已提前失效，则失效日即有效期终止日，如果没有提前失效，则根据专利申请类型计算有效期正常终止日。有效期正常终止日的计算方法是：发明专利申请自申请日加 20 年即终止日，实用新型和外观设计自申请日加 10 年即终止日。

（15）法律状态。至少有专利公开（公告）项一项内容，若有多项内容时记录后五项。

9.6 测验题

9.6.1 判断题

（1）国家知识产权局网专利检索及分析系统中常规检索中的“自动识别”默认词间空格为“逻辑或”运算符。（ ）

（2）国家知识产权局网专利检索及分析系统中常规检索中的“检索要素”默认词间空格为“逻辑或”运算符。（ ）

（3）国家知识产权局网专利检索及分析系统中常规检索中的申请（专利权）人、发明人和发明名称字段输入的关键词自动产生联想，推荐申请量最高的一系列相关申请人/发明人或查找率最高的一系列申请人（发明人）名称或发明名称。（ ）

（4）国家知识产权局网专利检索及分析系统高级检索窗口的“跨语言”检索可以同时选择查找中、英、法、德等专利文献。（ ）

（5）在国家知识产权局网专利检索及分析系统题录结果页上方有一个“过滤”按钮，单击后会弹出一个分类表。（ ）

9.6.2 单选题

（1）以下（ ）属于专利申请类型。

A. 外观设计　　B. 优先权
C. 同族专利　　D. 增补专利

（2）国家知识产权局网专利检索及分析系统中常规检索中对于申请号和公开（公布）号都提供了（ ）功能。

A. 扩词检索，截词检索　　B. 截词检索，自动联想
C. 自动联想，模糊匹配　　D. 模糊匹配，截词检索

（3）WIPO 的知识产权和技术数据库是一个系列库，其中影响最大的是（ ），一般按其收录特点称为“PCT 专利数据库”。

A. 欧洲专利数据库　　B. PATENTSCOPE
C. JOPAL 科技期刊数据库　　D. MADRID 设计数据库

（4）对于专利的提前失效，可以通过以下（ ）途径获取专利的终止日。

A. 表格检索　　B. 快捷检索
C. IPC 分类表查询　　D. 法律状态（事物数据）查找

（5）判断专利号“2010234567”属于以下（ ）。

A. 发明专利　　B. 实用新型专利
C. 外观设计专利　　D. 国际专利

9.6.3 多选题

（1）以下（ ）属于知识产权的保护范围。

A. 地理标志权　　B. 集成电路布图设计权
C. 未披露过的信息专有权　　D. 发现权、发明权

（2）国家知识产权局网的“中外专利检索及分析系统”可以查找（ ）。

A. 专利检索报告　　B. 引文

C. 同族专利　　D. 法律状态

（3）国家知识产权局网的“专利检索及分析系统”可以查找以下（　　）信息。

A. 专利检索报告　　B. 引文

C. 同族专利　　D. 法律状态

（4）国家知识产权局网专利检索及分析系统中高级检索中以下（　　）字段可以使用位置符。

A. 专利名称　　B. 摘要

C. 权利要求　　D. 说明书

（5）国家知识产权局网专利检索及分析系统中高级检索“日期”字段中的下拉列表框用于确定与日期的运算关系，以下（　　）是日期关系下拉列表框中的关系运算符。

A. > =　　B. < =

C. ~　　D. :

第10章　技术性贸易措施检索资源

本章重点

1. 技术性贸易壁垒的含义及措施
2. 技术法规和标准的特点及其作用
3. 中国技术性贸易措施网的查找方法
4. 中国标准服务网的检索功能
5. 其他标准法规网站的收录内容

10.1　基础知识[一]

10.1.1　技术性贸易壁垒

1. 国际贸易壁垒的含义

国际贸易壁垒是指存在于国家之间，旨在对本国产业、技术和经济发展实施保护，而对外国产品进口实施某种程度限制的关税壁垒与非关税壁垒措施的总称。随着世界经济一体化加速发展，非关税在限制进口贸易方面的作用越来越低，非关税贸易壁垒逐渐成为主要的贸易障碍。

2. 非关税贸易壁垒的类型及影响

主要资本主义国家由于发展速度慢，失业率较高，对外贸易发展不平衡，带来贸易保护的压力，开始中断第二次世界大战以后奉行的自由贸易政策，转而实行以非关税壁垒措施为主的贸易保护措施。新贸易保护理论把关注对象从经济问题扩展到政治、社会、环境等综合问题，更强调经济发展中的社会责任、自然生态环境破坏对全球经济可持续发展的影响，因此具有强烈的人文化的贸易导向，具有名义上的合理性、形式上的合法性和迎合消费者心理的特点。非关税贸易壁垒中的人文化倾向让贸易平台承载着贸易中的环境、经济、福利、代内与代际公平等诸多因素，追求非贸易利益使得知识产权、环境、劳工标准等问题成为焦点。例如欧盟等发达国家推出的SA8000，是全球第一个关于企业道德的国际标准，在童工、强制雇佣、健康安全、联合的自由和集体谈判权利、工时、报酬、管理体系等领域内提出了最低限额。将贸易与社会责任标准挂钩，一方面会起到促进社会和谐的积极作用，也可能会对自由贸易产生一定的限制。

非关税壁垒名目繁多，从影响方式看可分为以下三种：

（1）直接性的非关税壁垒。这是指进口国直接对进口商品的数量或金额加以限制或影响的非关税壁垒，如配额、许可证、“自动”出口限制，以及通过征收高额的反倾销税等削弱对方国家的国际竞争力。

（2）间接性非关税壁垒。这是指进口国未直接规定进口商品的数量或金额，而是通过制定

[一] 主要参考：李轩．技术性贸易壁垒的理论与实践研究［M］．长春：东北师范大学出版社，2015.

种种严格的规定和条例，间接地影响商品进口的非关税壁垒，如进口押金制、海关估价制、技术标准、安全卫生检疫规定等。例如凭借其经济和技术上的优势制定了一系列苛刻的环保措施和高于发展中国家技术水平的环境质量标准等技术性贸易壁垒，使发展中国家丧失高附加值产品的国际竞争力。

(3) 意外性的非关税壁垒。这是指进口国的政策一般来说并不是出于贸易上的动机，然而由于溢出效应对商品或服务的贸易产生了副作用。例如通过设置动植物检疫标准、劳工标准等使发展中国家丧失在劳动密集型产品出口方面的国际竞争力。

3. 技术性贸易壁垒的含义

技术性贸易壁垒（Technical Barrier to Trade，TBT）是指一国以维护国家安全，保障人类、动植物的生命和健康，保护生态环境，保证产品质量，防止欺诈为理由，通过技术法规、标准、合格评定程序、卫生与植物卫生等强制或非强制性措施，促进企业生产、管理规范化、努力提高农产品质量以适应更高的市场需求。另外，TBT在主观或客观上提高进口产品市场准入的技术门槛，对国际贸易造成不同程度的障碍。在非关税贸易壁垒中，技术性贸易壁垒的影响已超过80%，发达国家经济实力雄厚、技术先进和法规体系完善的优势，使其在对知识的权力化、资本化的运作上，以及对专利技术成果转化为技术标准的策略上远远高出发展中国家，更倾向使用技术性贸易措施作为设置国际贸易壁垒的手段。

4. 技术性贸易壁垒的措施

技术性贸易措施主要是世界贸易组织《技术性贸易壁垒（TBT）协议》和《实施卫生与植物卫生措施（SPS）协议》所管辖的各种形式的非关税壁垒措施。实施技术性贸易壁垒的措施有：

(1) 苛刻的技术法规和复杂标准。技术法规和标准对国际贸易的发展有正面作用，但过于严苛的技术法规和纳入国家标准的政府采购细则容易形成壁垒。例如出口到日本的化妆品要依据化妆品成分标准、添加剂标准、药理标准等多个标准进行检测。

(2) 严格的合格评定程序。这主要是指由独立的第三方实验室或测评机构测试后，再提供有关产品是否符合标准的正式评定结果，并允许使用认证标志。比较有影响的如美国保险商实验室公司的安全认证（UL）、日本的ST和SG强制性认证。

(3) 技术性的包装和标签要求。一些国家以防止出口国包装中的病虫害传入或者标签描述不清楚影响货物和使用者的安全为理由，对包装和标签提出过分苛刻的要求。许多国家还建立了绿色标志制度，禁止使用不环保的包装材料，强制执行再循环或再利用的法律。

(4) 复杂繁多的产品检验检疫制度。许多国家从保护环境的目的出发，采用合格性认证、强制性包装标识说明以及严格的检验方法来控制人类和动物免受污染物、毒素、微生物、添加剂等的不良影响，检验检疫制度只是其中的一项措施。

当然，不是说凡技术性贸易措施都是贸易壁垒，而是说那些没有正当理由和科学依据、带有歧视性的措施才是贸易壁垒。技术性贸易壁垒有主观故意和客观影响两类，但不管哪一种都会对国际贸易产生障碍，需要我们在实施贸易行为之前提前进行调查研究。

5. 绿色贸易壁垒的措施

绿色贸易壁垒是指那些以保护环境的名义直接或间接采取限制甚至禁止贸易的不合理措施。实施绿色贸易壁垒的依据有国际环境公约、ISO环境管理体系、各国（尤其是发达国家）环保法规和标准、环境成本内在化等。一些国家凭借其在经济和技术上的优势制定了一系列苛刻的环保措施和高于发展中国家技术水平的环境质量标准，以此来作为市场准入的条件，限制竞争对手的产品进口。

《TBT 协议》的透明度原则在一定程度上制约了技术性贸易措施的滥用。《TBT 协议》规定：凡是没有相应的国际标准，或提出的技术法规中的内容与相应国际标准的技术内容不一致，并且该技术法规对其他成员的贸易可能有重大影响时，该成员须通过秘书处将该技术法规覆盖的产品清单通报其他成员，并简要介绍技术法规的目的和理由。我国基于这个规定在商务部下建立了世界贸易组织通报咨询局和进出口公平贸易局，企业可以在商务部网站上尽早获得 WTO 其他成员制定的技术法规、标准和合格评定程序的消息，也可以在国内出版的标准化专业期刊上获取相关报道，以便提前采取应对措施。

10.1.2 技术法规

1. 技术法规的特点

根据《TBT 协议》附件 1 中对技术法规的定义，技术法规具有以下特点：

（1）是一种强制执行的文件，包括法律、法令、规章、规定。

（2）制定的主要是产品特性或相应加工和生产方法的基本要求。

（3）由政府权力机构组织制定、批准发布，既体现充分协商又体现权力机构的意志，这个权力机构可以是立法机构，也可以是政府部门。

（4）有特定的制定程序和编写格式。

在我国，技术法规是一个宽泛的概念，在内容上与标准有某种交叉。在我国强制性的技术法规是以强制性标准的形式出现的，在内容上等于用欧盟的“新方法指令”；而在《TBT 协议》和欧盟的规定中“标准”则是推荐性的。

2. 技术法规的作用

技术法规是行政法的重要组成部分，涉及的范围越来越广，包括环境保护、卫生与健康、劳动安全、节约能源、计量、知识产权等方面，具有经济、社会职能等。技术法规具有以下作用：

（1）通过对产品安全、卫生、环保等方面的强制性要求达到保护人类、动植物生命或健康及保护环境、防止欺诈的目的。

（2）以是否符合全国技术法规作为外国产品能否进入本国市场的衡量依据，从而保证产品质量，维护消费者利益。

（3）技术法规的高要求客观上推动了广泛的技术进步，提高了社会的劳动生产力。

（4）技术法规除了有以上积极作用外，同时也成了贸易保护主义者限制进口的重要依据。

10.1.3 标准

1. 标准的特点

标准是各国制定技术和贸易政策的基础之一。各级标准的作用都是为了促进商品与服务在本区域的交换，促进本级标准在更高的层次得到承认和推广，并在科学、技术和经济领域发展相互合作，协调同上一级标准取得一致。根据 ISO（国际标准化组织）导则 2 和《TBT 协议》附件 1 和我国国家标准对标准的定义，可以对标准概括出以下特点：

（1）是非强制性的文件。

（2）是对重复性事物或概念所做的统一规定。

（3）是为产品或其加工和生产方法规定的技术要求。

（4）有其特定的制定、修订程序和编写规则，以特定的形式发布。

（5）以科学、技术和实践经验的综合成果为基础，并随着科技发展和产品更新而修订、复审和废止。

（6）一般要经有关方面协商一致并经主管机构批准，作为共同遵守的准则和依据。

2. 标准化及其作用

标准化是指对实际的或潜在的问题制定共同的和重复使用的规则的活动，它包括制定、发布及实施标准的过程。标准化的重要意义在于改进产品、过程和服务的适用性，防止贸易壁垒，促进技术合作。实施标准化有以下作用：

（1）应用于科学研究，可以避免在研究上的重复劳动。

（2）应用于产品设计，可以缩短设计周期。

（3）应用于生产，可使生产科学、有序地进行。

（4）应用于管理，可促进统一、协调、高效率等。

（5）它可使新技术和新科研成果得到推广应用，从而促进技术进步。

（6）为组织现代化大生产创造了前提条件。

（7）促进对自然资源的合理利用，保持生态平衡。

（8）合理发展产品品种，提高企业应变能力。

（9）保证产品质量，维护消费者利益。

（10）在社会生产组成部分之间进行协调，确立共同遵循的准则，建立稳定的秩序。

（11）消除贸易障碍，促进国际技术交流和贸易发展，提高产品在国际市场上的竞争力。

大量的环保标准、卫生标准和安全标准制定发布后，用法律形式强制执行，对保障人民的身体健康和生命财产安全具有重大作用。但是标准也有被贸易保护主义者利用而变成技术性贸易壁垒的现象，我国的出口产品遭受国外技术性壁垒的限制中有一半以上是由于安全和卫生不符合标准而被拒绝进口。技术标准受知识产权的制约，只有自主知识产权成为技术标准，其价值才能得到更好的体现。由于知识产权本身是一种私权、是一种垄断权，一旦这些知识产权进入标准行列并得到一定的普及，会形成垄断，尤其在市场准入方面，它会排斥不符合此标准的产品，从而达到限制竞争对手的目的。这是标准能得以实施全球技术许可战略的法律基础。

3. 标准分类体系

标准体系是一定范围内的标准按其内在的联系形成的科学有机整体。从不同角度对标准进行分类形成了不同的标准类型。标准体系有以下两种划分方法：

（1）按适用领域和有效范围划分。

1）国际标准。“国际标准”是国际标准化组织（ISO）、国际电工委员会（IEC）所制定的标准，以及ISO所出版的国际标准题录关键词索引（KWIC Index）中收录的其他国际组织制定的标准等。国际标准化受市场化驱动并以市场相关企业的自愿采用为制定原则。ISO与IEC之间两度分离，但由于两个国际组织的工作领域有交叉，所以于1984年共同成立了联合技术委员会和协调工作小组，小组对ISO和IEC的标准格式和技术程序实现了统一。由于标准的制定周期较长，又要经过层层讨论及全体成员投票表决，当发布时已失去了先进性，所以发达国家喜欢采用本国自己的标准，如美国就很少采纳国际标准，出口到欧盟的产品除了要满足ISO标准外还要满足欧盟内部的标准。

2）区域标准。“区域标准”又称地区标准，泛指世界某一区域标准化团体所通过的标准。常见的区域标准有泛美标准（PAS）、欧洲标准（EN）、欧洲电信标准（ETS）、阿拉伯标准（ASMO）、非洲地区标准（ARS）等。

3）国家标准。“国家标准”是需要在全国范围内统一技术要求，由国务院标准化行政部门组织制定的标准，具有主权特征。

4）行业标准。“行业标准”是没有国家标准而又需要在全国某个行业范围内统一技术要求，由国务院有关行政主管部门组织制定的标准。国内没有国家标准和行业标准而又需要在省、自治区、直辖市范围内统一的工业产品的安全、卫生要求，可以制定国内区域标准。区域标准在公布国家标准或者行业标准之后即废止。

5）地方标准。“地方标准”是没有国家标准和行业标准而又需要在省、自治区、直辖市范围内统一工业产品的安全、卫生要求，由相应级别的标准化行政主管部门制定的标准。

6）企业标准。“企业标准”是企业生产的产品没有国家标准、行业标准、地方标准，又需要在企业内统一技术要求和管理事项，由企业制定并经企业最高管理者批准发布的标准。

表10-1是部分有影响的国际标准和地区标准。

表10-1 部分有影响的国际标准和地区标准

类别代码	颁布机构名称	类别代码	颁布机构名称
ISO	国际标准化组织	CEN	欧洲标准化委员会
IEC	国际电工委员会	CENELEC	欧洲电工标准化委员会
ITU	国际电信联盟	CEPT	欧洲邮政电信会议
INCITS	国际信息技术标准委员会	ETSI	欧洲电信标准协会
CIE	国际照明委员会	CECC	欧洲电子元器件委员会
IDF	国际制酪业联合会	AECMA	欧洲航空工业协会
INTERN	国际卡车和发动机公司	NATO	北大西洋会约组织
CCSDS	空间数据系统咨询委员会	MAS	北约军工标准化局

（2）按标准化对象的特征划分。

1）基础标准。“基础标准”是在一定范围内作为其他标准的基础并普遍使用，具有广泛指导意义的标准，如名词、术语、符号、代号、标识、方法、模数、公差与配合、优先数系、基本参数系列、产品系列型谱、产品环境条件、可靠性要求等。

2）产品标准。“产品标准”是为保证产品的适用性而制定的产品必须全部或部分达到的要求，其范围包括品种、规格、技术性能、试验方法、检验规则、包装、储藏、运输等。

3）方法标准。“方法标准”是以试验、检查、分析、抽样、统计、计算、测定、作业等各种方法为对象制定的标准。

4）安全卫生环保标准。“安全卫生环保标准”是以安全作业、环保卫生、控制污染、保障人身及财产安全为内容制定的标准。

5）检验标准。“检验标准”是以产品和材料的检测或试验所需方法、手段、仪器、操作过程等为对象制定的标准。

6）标准样品。“标准样品”（实物标准）是具有准确的标准值、均匀性和稳定性并具有一种或多种性能特征，经国务院标准化行政主管部门或者国务院有关行政主管部门批准，取得证书和标志的实行标准。

4. 标准的标识

标准号是标准文献的唯一性标识和重要的检索途径。标准修改后，即使标准名称变更了，只要有继承性就仍然沿用原来的标准号。标准号由类别代码、序列号和颁布年份三部分构成，例如GB 17323—1998。

标准类别代码标通常是颁布机构代码，有时在机构代码后附有其他说明性的字母，例如我国国家标准GB/T 3860—2009《文献主题标引规则》中“GB”代表我国国家标准，“/T”代表推荐性推广标准（标准号中没有“/T”的是强制性标准）。又如Q/H 01—1990（佛山嘉华食品公司）是企业标准，其中“Q”表示企业代码，“/H”表示佛山嘉华食品公司。也有两个组织联合发布的标准，如ISO/IEC 17025—2005《检测和校准实验室能力的通用要求》。

大多数标准都是单件的，有时也会看到序号中含有分册号，表示一套标准中还有分册，例如下列关于“漆包铜线和漆包铝线的试验方法”的IEC标准包括六个分册：

《IEC 60851 -1：1996 第1部分：总则》

《IEC 60851 -2：1996 第2部分：尺寸测量》

《IEC 60851 -3：1996 第3部分：机械性能》

《IEC 60851 -4：1996 第4部分：化学性能》

《IEC 60851 -5：1996 第5部分：电性能》

《IEC 60851 -6：1996 第6部分：热性能》

5. 国际标准的技术规范和技术报告及其代码㊀

ISO和IEC规定，信息技术委员会的主要任务是制定国际标准，但在例外的情况下信息技术委员会可以提出下列类型之一的技术报告：

1型是虽经一再努力，但仍不能获得出版一项国际标准所需要的支持时。

2型是所讨论的项目仍处于技术发展阶段，或者由于其他任何原因在将来而不是立即有可能对一项国际标准达成一致的意见时。

3型是技术委员会所收集到的数据不是来源于正式出版的国际标准（例如“目前工艺水平”）时。

1型和2型技术报告在出版后三年内应提交复审，以决定是否将它们转变成国际标准。3型技术报告不是一定要进行复审，除非它们提供的数据已被认为不再有效或已经没有用。

1999年中期以后，1型和2型技术报告称为技术规范（Technical Specification，TS），3型称为技术报告。从21世纪开始出现了“可公开获得的规范”（Publicly Available Specification，PAS）这一新的类型，但还没有看到实际案例。

国际标准是不是属于技术报告要通过标准号判断。技术报告标准的代号中包含了TR，例如信息技术委员会颁布的标准的代号为ISO/IEC TR，并在国际标准的前言中明确说明了该技术报告是属于什么型。除技术报告的标准代号为ISO/IEC TR外，其他标准，如部分指南等也使用ISO/IEC TR。

在国际标准中技术报告的数量很少，但技术规范增加很快，在ISO（含ISO/IEC）中，据2017年1月7日的统计，TR有867个，TS已达1198个。

10.1.4　合格评定程序

合格评定程序是以技术法规和国际标准为依据检验产品、生产过程或服务的质量是否符合要求的程序，也是企业扩大出口、突破技术性贸易壁垒的有效措施。合格评定程序主要包括认证和认可两种形式。

1. 认证

认证是由政府或非政府的第三方对产品、生产过程或服务质量满足规定要求授予合格证书或合格标志的程序。认证分为产品质量认证和质量体系认证两类。

（1）产品质量认证。产品质量认证是根据相应的标准和有关的技术规范对企业批量生产的

㊀ 参见：水本润泽的新浪博客（blog. sina. com. cn/s/blog_5f398e950100jhxg. html）- 2010 -07 -20。

定型产品或服务进行合格性试验或检验，凡认证质量合格的产品允许出厂时使用合格性标志。产品质量认证一般都以国际标准为依据，其中60%以上是由ISO制定的，20%是IEC制定的，20%是由其他国际组织制定的。也有很多是各国依据本国的国家标准和外国先进标准进行认证的。

产品质量认证包括合格认证和安全认证两种。依据标准中的性能要求进行的认证叫合格认证，依据标准中的安全要求进行的认证叫安全认证，安全认证是强制认证。质量认证有助于消费者选购满意的商品，为生产企业带来信誉，可以节省大量的社会重复检查费用，有利于减少伤害和财产损失，有助于提高产品在国际市场的竞争力。

（2）质量体系认证。质量体系认证是指经过认证机构对企业质量体系的检查和确认并颁发证书，证明企业质量保证能力符合相应要求的活动。质量体系认证采取注册公布，颁发合格证书，在具体产品上不能使用质量体系认证标志。质量体系认证依据的是管理标准，如ISO9000系列质量管理体系标准。当企业的产品没有适合于质量认证的国家标准或行业标准，或企业产品品种多、批量小、价值昂贵且要进行破坏性检验的，当采购商要求提供产品质量认证证书时，企业可优先考虑申请质量体系认证。

2. 认可

认可是指由政府主管部门批准的一个权威机构依据程序确认某一机构或个人从事认证工作的能力。认可主要包括产品认证机构认可、质量和管理体系认证机构认可、审核机构认可、实验室认可、审核员或评审员的资格认可、培训机构的注册等。实行认可制度是确保认证结果公正和可信的基础，认可准则要符合有关国际指南和国际标准。实行国家认可制度是实现认证结果国际承认的基础。

3. 合格评定的作用

合格评定以技术法规或标准为基础，是买卖双方信息交流的一种途径，能为提高生产率和推动国际贸易做出重大贡献，其作用在于：

（1）可以检验产品的设计或生产过程是否符合相关技术法规或标准的要求。

（2）可以引导企业自觉按照技术法规或标准进行生产。

（3）能够为顾客提供一些信息，增强顾客对产品的了解。

合格评定除了有以上正面作用外，也存在被一些国家利用而成为限制进口的手段的可能性。例如，发达国家通过提高合格评定的认证费用和耗费时间来阻碍商品进口，客观上形成了贸易壁垒。

10.2 中国技术性贸易措施网

10.2.1 概况

中国技术性贸易措施网（www.tbtsps.cn/）由WTO/TBT－SPS国家通报咨询中心主办，简称“技贸网”。“技贸网”是官方网站，信息权威数据准确，缺点是许多栏目或项目中的数据量没有动态显示，数据量较少，许多栏目点进去看是空的，应该还在建设中。

所有数据都可以在顶栏菜单里找到它们的位置，包括综合资讯、技术法规、标准、合格评定、SPS措施、风险预警、市场准入、文库、客户服务等，每个频道都包括消息报道和信息检索两类内容。对于以前能查到现在查不到的文件，应该属于已经更新或撤销的文件。单击子栏目名称进入资料列表页，成套的资料放在一个菜单里，菜单下的每个文件都可以阅读全文影印件，页面上还提供了高级检索入口。以下是各个频道中的一级子栏目。

“综合资讯”频道包括的一级栏目有预警新闻、技术法规新闻、标准新闻、技术性贸易措施相关其他新闻、重要资料汇总。

“技术法规”频道包括的一级栏目有技术法规资讯、技术法规。

“标准”频道包括的一级栏目有标准资讯、标准。

“合格评定”频道包括的一级栏目有合格评定、格评定方案委托、出口指南。

“SPS 措施”是一个查询频道，设置的栏目有食品添加剂、农兽药残留、微生物、重金属、放射性污染物、其他有毒有害物质。

“风险预警”频道下一级栏目有预警新闻、分析报告（预警公告）、数据查询。

“市场准入”频道包括的一级栏目有研究成果、市场准入、热点专题等。

“文档”频道页面左侧会看到一个详细的资料目录。第一级菜单设置的类目有资料、培训、书籍、市场准入、日本技术法规、重要资料汇总、国别资料、WTO 资料、美国技术法规、美国技术性贸易措施研究资料、美国贸易代表办公室（USTR）系列年度报、应对国外技术性贸易措施、技术性贸易措施研究、欧盟技术法规、8 月 1 日欧盟关于磷酸盐化肥中镉限量的新闻稿（网页）、化肥相关资料、欧盟企业总司关于化肥的网上咨询、合格评定工作。“文库”中的资料具有版权，用户使用资料应得到作者或相应单位的授权。

中国技术性贸易措施网首页底部有一个通栏标题“技术性贸易措施资源池”，是与国内外相关机构或组织网站的链接，是重要的信息来源。

10.2.2 查找功能

中国技术性贸易措施网内的信息主要采用浏览方式查看，大多数频道内同时设有高级检索入口。检索窗口统一而简单易用，下面以国外技术法规和 SPS 措施相关信息查询为例予以简单介绍。

1. 国外技术法规查询

在顶栏菜单单击“技术法规 ”后有三种查找方法。

一是进入“国外技术法规”栏目浏览文件题录。

二是单击列出的国家法规，“技术法规”频道下列出了美国、日本和欧盟三个国家和地区组织的栏目，进入栏目后会看到窗口左侧列出了成套文件的文件夹，在窗口中间以题录形式再次列出了这些文件夹，以及不属于这些文件夹的单独的文件，如图 10-1 所示。单击“展开”按钮可以看到全部文件夹。文件夹下列出的题录是独立文件，单击文件名右边的图标可打开图像文件浏览文件原文。

第三种查看方法是单击页面右上角的“高级查询”按钮。在国家和地区组织中的“高级查询”只有“标题”一个文本框。在“国外技术法规”页面中的“高级查询”则提供了较多的文本框，见图 10-2。而且在“国外技术法规”栏目中查到的美国技术法规与“美国技术法规”栏目中查到的美国技术法规内容不一样。

国外技术法规高级检索窗口列出的题录与上一级国外技术法规的题录完全一样，说明“高级检索”功能设置的目的是题录量太大时才有必要使用，目前中国技术性贸易措施网中的数据量还很少。

2. SPS 措施相关信息查询

查找 SPS 措施首先要选择检测对象。检测对象分为食品添加剂、农兽药残留、微生物、重金属、放射性污染物和其他有毒有害物质六类。

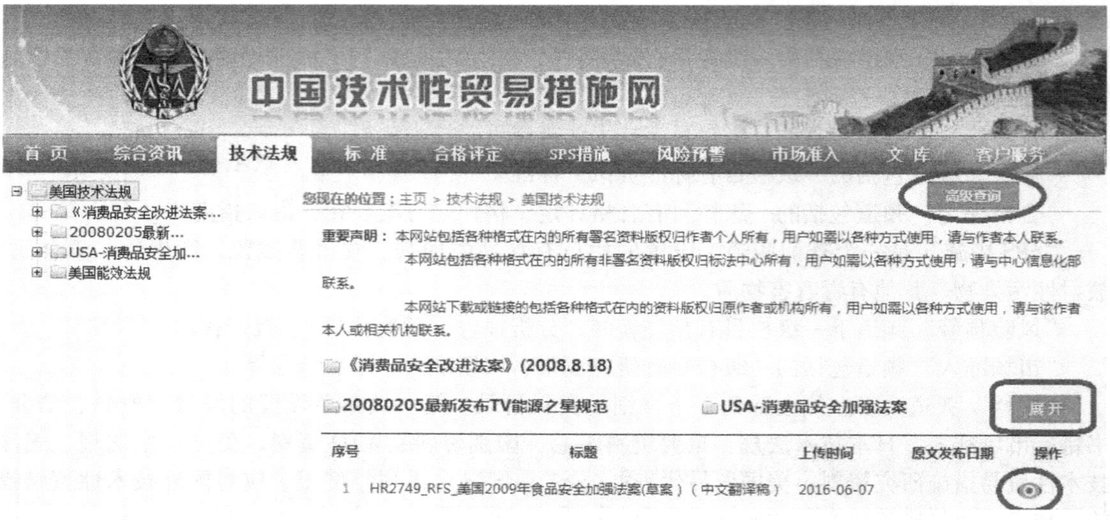

图 10-1 美国技术法规题录查找结果页

图 10-2 国外技术法规高级检索页

选择检测对象后针对检测对象查找相关文件或数值，查找的方法不同。

查找相关文件要先选择列出的国家、地区或国际组织（如 CAC，国际食品法典委员会），单击后会列出这一类下的所有文件，或这个国家、地区或 CAC 关于这类检测对象限量标准的介绍。

查找某类产品有害成分的限量值，也要先要选择检测对象，然后在列出的国家、地区或国际组织中选择一个，单击按钮（限量查询）进入文件题录浏览页（见图 10-3）。题录显示的内容有检测成分的中文名和英文名、所在食品的中文名和英文名、限量的有害物质的中文名、详细信息。“详细信息”是个热词，单击后可看到更多的信息。根据题录信息可知道有害成分限量值的规定，文本输入框的设置是为了方便题录数量太大时的筛选。

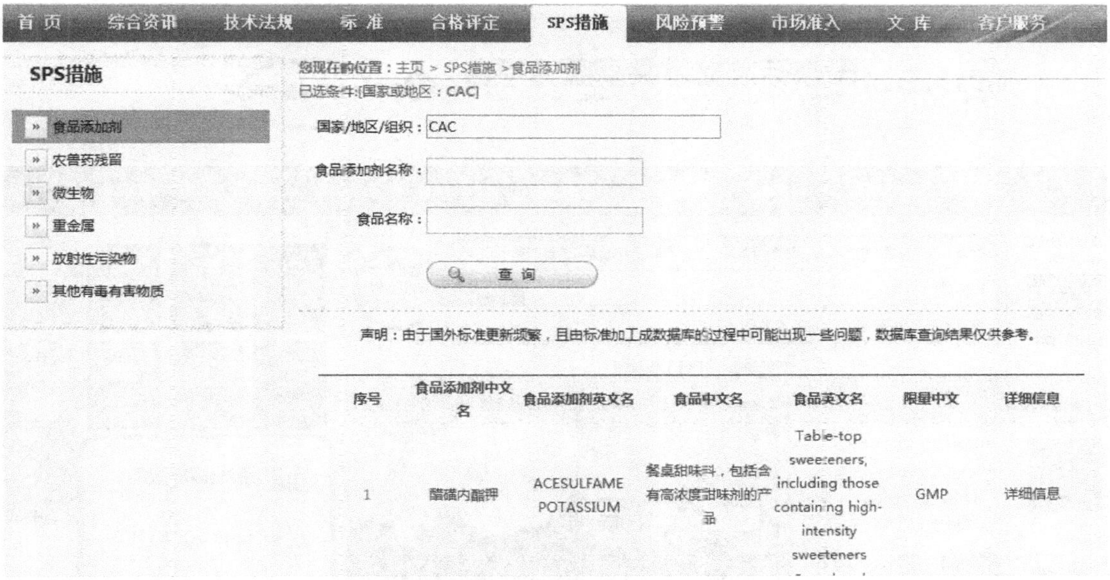

图10-3　有害成分限量题录浏览页

【检索要点】

（1）注意技术法规与标准的区别；注意栏目中“技术法规资讯”与“技术法规”的区别，“标准资讯”与“标准”的区别。

（2）浏览的题录数量不多时不需要使用“高级查询”和“限量查询”功能。

（3）国外标准和技术法规国内没有一家机构有能力收集齐全，应多查几个网站。

（4）民间机构文献收集能力不容小觑，不要只盯着“国”字头的网站。

10.3　中国标准服务网

10.3.1　概况

中国标准服务网（www. cssn. net. cn）（见图10-4）是由国家质量监督检验检疫总局组织、中国标准化研究院建设和管理的国家标准文献共享服务平台，是国家标准馆的门户网站。

国家标准馆是国家标准化管理委员会的基础信息支撑机构，馆藏资源有一个世纪以来国内外各类标准文献110万余件，包括齐全的中国国家标准和66个行业标准，60多个国家、70多个国际和区域性标准化组织、450多个专业协（学）会的成套标准，160多种国内外标准化期刊及7000多册标准化专著，在整合全国已有标准文献资源的基础上，形成了规模庞大的标准文献题录数据库、全文数据库和专业数据库。目前标准文献题录数据库量已达130万余条，是我国迄今为止最全的标准文献信息库。其中包括：

（1）《标准文献数据库》。它包括标准文献题录及全文数据库，可按国家（品种）、分类订购。

（2）《法规数据库》。它收录了美国CFR、FCC、FCR、FFC法规，欧盟EEC/EC、ECE、Eur－lex法规，国内技术法规，日本技术法规。

（3）《术语库》。它收录了当前国内标准中涉及的术语，可检索查询，定期更新，订购使用。

图10-4 中国标准服务网首页

（4）《译文数据库》。它收录了6万余份国内外标准译文。

（5）《药典库》。它包括英国药典、美国药典、日本药典、欧洲药典、国际药典、马丁代尔药典、中国药典。

国家标准馆与30多个国家及国际标准化机构建立了长期、稳定的标准文献信息交换关系，并且与众多的国内外标准出版发行机构建立了良好的合作机制。依托国家级资源和渠道，国家标准馆收藏有大量国内外稀缺标准文献资源，为全国用户提供独有的特色标准代购服务，见表10-2。

表10-2 国家标准馆特色馆藏

国别/地区	标准代号	数量/个
比利时	NBN	6423
巴西	ABNT	25986
瑞士	SNV	6363
中国台湾	CNS	33928
德国	VDA	455
丹麦	DS	39980

（续）

国别/地区	标准代号	数量/个
匈牙利	MSZT	22529
印度	BIS	16585
意大利	UNI	27443
韩国	KATS	33571
立陶宛	ST	26533
马来西亚	DSM	525
挪威	SN	18157
新西兰	NZS	146
罗马尼亚	ASRO	23556
沙特阿拉伯	SASO	52
泰国	TISI	1686
越南	TCVN	611
南非	SANS	27442

国家标准馆依托馆藏资源优势和中国标准化研究院的专业技术优势，为社会各界提供标准文献查阅、查新、有效性确认、咨询研究、信息加工、文献翻译、销售代理、专业培训以及其他专题性服务。通过门户网站“中国标准服务网”提供各类在线服务。通过服务热线提供电话/传真、邮件等服务。此外，国家标准馆还为企事业单位提供以下两方面的定制服务：

（1）为企事业单位提供软件产品，包括地方服务站建设、企业标准化管理系统、指标比对检索系统。

（2）面向企业提供情报分析产品，包括查新报告、标准有效性确认报告、标准内容指标比对分析报告、情报分析报告、标准化咨询报告、贸易壁垒报告、行业产业分析研究报告、标准水平评价报告。

10.3.2　检索功能

1. 简单检索

中国标准服务网首页（见图10-4）的检索区可以针对某一种资源类型进行快速检索。在文本框上面列出的资源类型选项有标准、全文检索、技术法规、正版标准检索、标准术语、期刊检索、专著检索等，其中只有“标准”一个选项里能查出资料。“全文检索”是标准正文内容检索。“正版标准检索”有三个子选项：IEC（国际电工委员会）标准、ISO（国际标准化组织）标准、ASTM（美国材料与试验协会）标准。

文本框是一个多字段检索入口，可以输入标准号和关键词，关键词在标题、适用范围和主题词三个字段中检索。输入多个关键词时各词之间是“逻辑或”关系。例如输入“电动自行车”可以查到“电动机器脚踏车 — 词汇”。又如输入“电动　自行车”查到了“农林机械．带有安装上旋耕机的脚踏式动力割草机、电机锄头及带驱动轮电机锄头．安全性”，可见这个数据库采用了全文索引、概念联想和相关度排序的模糊检索技术。

2. 高级检索

高级检索按资源和专类分为七种检索类型，包括标准文献、技术法规、期刊、专著、ASTM

标准、内容指标、强制国际（强制性国家标准），在输入格式和字段设置上有许多相似性。下面以标准、技术法规和内容指标为例简单介绍。

（1）标准文献高级检索。标准文献高级检索窗口（见图10-5）设置了八个字段，使用两个以上字段时相互之间是“逻辑与”关系。

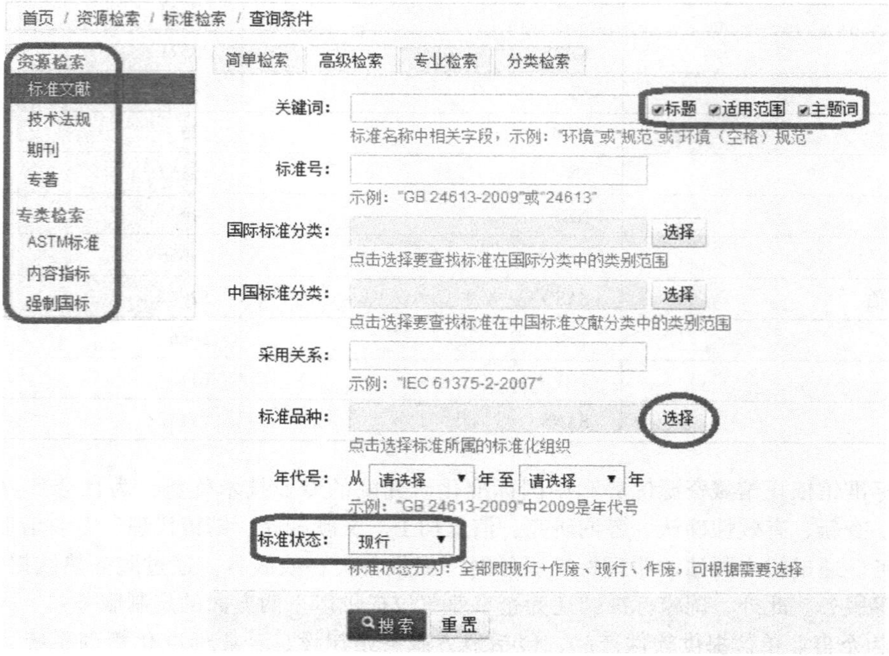

图10-5 标准文献高级检索窗口

“关键词”字段右侧有三个字段选项，默认为全选。

“标准号”字段采用模糊匹配方式，即可以只输入标准号中间的一部分内容。

“国际标准分类”字段右侧的“选择”按钮单击后会弹出《国际标准分类表》的第一级类目表，单击其中的一个类目就会将其类名移到文本框中。

“中国标准分类”字段右侧“选择”按钮单击后会弹出《中国标准分类表》的第一级类目表，单击其中的一个类目就会将其类名移到文本框中。

“采用关系”字段要求输入中国标准采用的国外发达国家或国际组织的某一种标准，要求输入标准号。

“标准品种”字段文本框右侧的“选择”按钮，单击后会弹出一个标准颁布机构选项窗口，共有276个机构，可以多选，也可以按国内、国内－国家、国内－地方、国内－行业、国外、国外－国际、国外－国家、国外－学协会等分类筛选。

“年代号”字段要求输入标准颁布年份，即标准号中的年份号，可以输入起讫年份。年代号中的选项说明了中国标准服务网可以查到的最早标准是1986年颁布的。

“标准状态”字段有“全部”“现行”“作废”三个选项。当不清楚所查标准是否作废时应选“全部”。当已知标准号，但在“全部”中查不到时，说明此标准已改名或发生了合并、升级等变动，应该通过“作废”标准顺藤摸瓜到现行标准。

（2）技术法规高级检索。技术法规高级检索窗口（见图10-6）设置了五个字段，各字段之间的逻辑关系可以通过“字段间的关系”单选项确定。

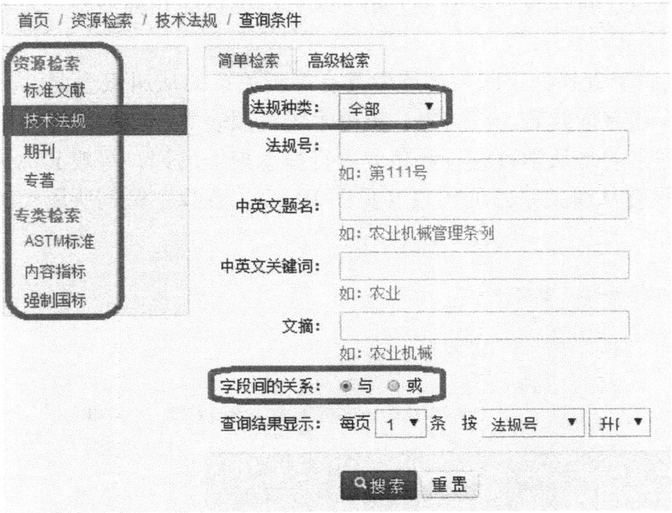

图 10-6　技术法规高级检索窗口

“法规种类”字段设置了一个下拉列表，说明了中国标准服务网准备提供给公众查找的 13 种技术法规，超过此范围的应去其他途径查找。这 13 种可以提供的法规是：中国环境规范、甘肃省法规、黑龙江省法规、上海市法规、重庆市法规、贵州省法规、云南省法规、福建省法规、山东省法规、河北省法规、湖北省法规、日本法规、美国联邦法规汇编。目前中国标准服务网还不能提供任意技术法规检索。

（3）内容指标高级检索。内容指标高级检索窗口（见图 10-7）设置了七个字段，当填写两个以上字段时它们之间是“逻辑与”关系。

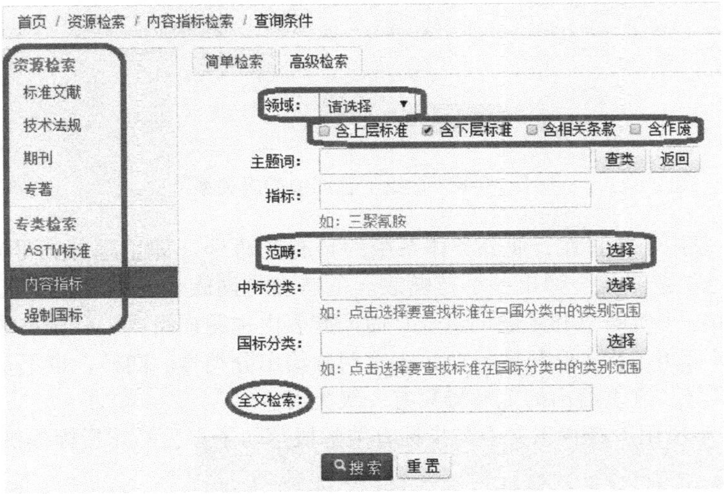

图 10-7　内容指标高级检索窗口

“领域”字段设置了一个下拉列表框，里面只有“环境保护”和“食品与农产品”两个选项，但针对这两个领域设置了四个起扩展检索作用的多选项。这四个多选项是：含上层标准、含下层标准、含相关条款、含作废。回想一下第 3 章分类类目的几种关系，就容易理解这些选项的作用了。

“主题词”字段用于查找处于同一词族中具有等级关系的从属概念词。一般大型的主题词表除了有字顺主表外，还有词族表、范畴表、英语术语对照表等，其中词族表里列出的是有等级关系的词。范畴表里列出的是从学科或行业角度进行概念聚类的词，一般又称为主题分类表。这里的“类”应该是指具有从属关系的词族表（见图 10-8）。查找主题词所属类的目的是选择上位概念或下位概念词。

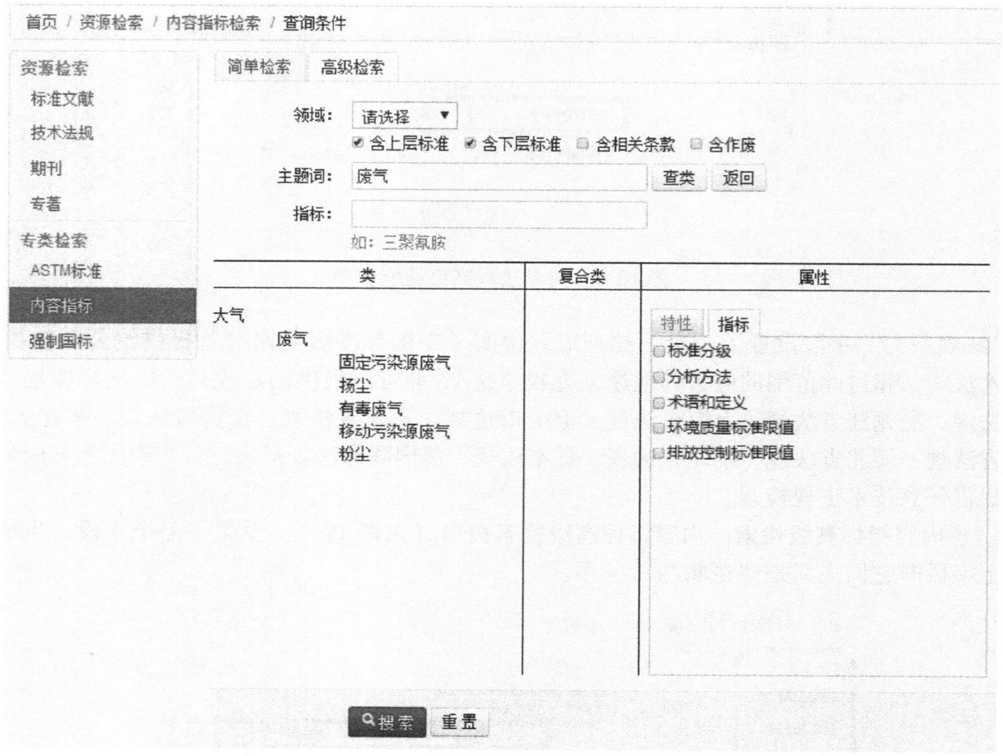

图 10-8　查找主题词的类属关系

“范畴”字。段用于查找在行业分类体系中的具有范畴号（即主题分类号）的类属主题词。单击右侧的“选择”按钮就会弹出一个范畴表。范畴表与词族表的区别是：范畴表是一个分类表，每个类目都由一个范畴号和主题词组成；而词族表由主题词组成，有些主题词的学科或行业属性不清晰，或者可用于许多学科或行业，无法明确给出分类号。同样，也不是所有有从属关系的词都能给出分类号。这里给出的范畴号只有一级类目。

“全文检索”字段用于查找正文中与指标有关的段落句子，为对比指标提供方便。

3. 专业检索

专业检索提供了多达 17 个字段、18 个检索入口，包括标准号、中文标题、英文标题、原文标题、中国标准分类号、国际标准分类号、中文主题词、英文主题词、原文主题词、代替标准、被代替标准、引用标准、修改件、被修改件、补充件、被补充件、适用范围和全部字段。对组配检索的数量形式上没有限定，字段组配的逻辑关系选项有“逻辑与”和“逻辑或”两种，对所有字段都可以进行检索精度限定，吸收了学术论文检索系统中的许多特点，但只有“标准文献”才有这种专业检索功能，如图 10-9 所示。

图 10-9　标准文献专业检索窗口

检索前应根据需要选择标准品种。专业检索中分为六类标准，每类下面列出的品种系列就是标准检索范围。默认为选择所有各类标准，即选项全为空等于全选。

4. 分类检索

分类检索提供了标准品种、国际标准分类和中国标准分类三种查询系统进行查找的途径。图 10-10 中显示的是中国标准分类查询。

在分类检索窗口单击“标准品种”“国际标准分类”或“中国标准分类”中的一个，会在标题下面出现这个表的一级类目表。单击其中的图标将展开其二级类目表，单击图标即查找一级类目的内容。二级类目表上有一个“返回上一级”按钮，单击后将返回上一级类目表；单击二级类目表上的图标将进入最后一级类目表。二级和三级类目表的每个类目前都有一个多选项，勾选后单击“确定”按钮即进行多类号检索；也可以单击某一个类目只查找这一类的内容。

5. 题录检索结果页

无论用哪种方式查找都是先进入题录检索结果页（见图 10-11）。在题录结果页上可以进行“在结果中查找”，可以使用标准号或中英文关键词查找。

在题录检索结果页的栏目名称右上角有两个按钮。在“含作废”上打钩表示查找现行和作废标准，否则只查找现行有效的标准。将鼠标移到“查不到?”上面将出现一个下拉列表框，可以根据需要选择“去高级检索”或“在线咨询”。

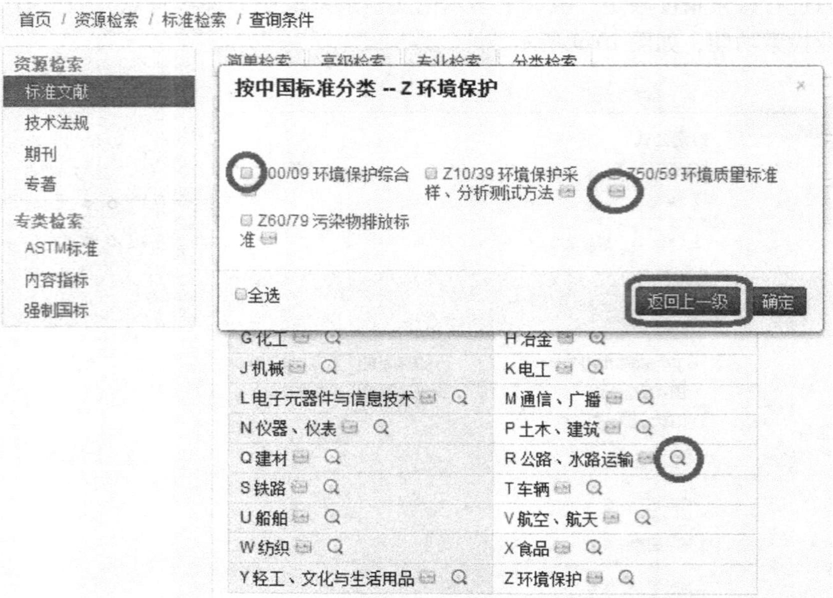

图 10-10 中国标准分类查询

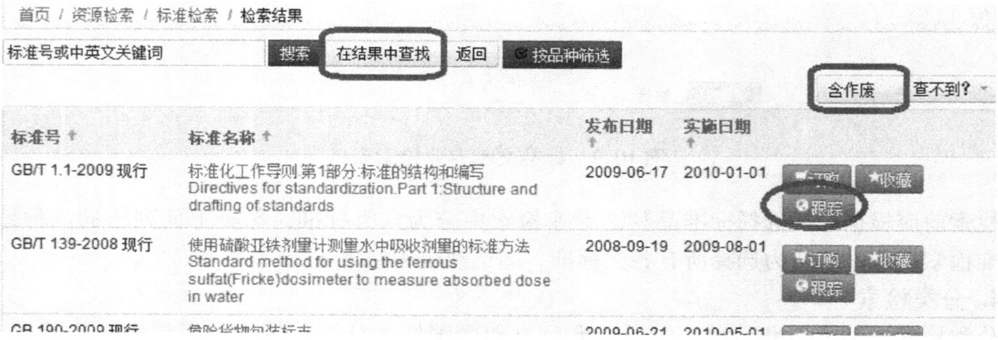

图 10-11 题录检索结果页

每条题录后面有三个按钮。单击“订购”即把指定的标准移入购物车，单击“收藏”将把此题录放入收藏列表，单击“跟踪”后会将要跟踪的标准与浏览过的标准一起形成跟踪清单，其中要求跟踪的标准名称前有一个“新”字，以方便以后订购。在这个页面上有一个“生成订单”按钮。

在题录检索结果页单击标准号或标准名称后可以看到详细标准信息，如图 10-12 所示。在详细标准信息页除了可以看到标准号、中英文标准名称、基本信息、适用范围、中国和国际标准分类号外，最重要的是提供了关联标准信息。这些关联标准信息包括：①被本标准代替了的标准；②代替了本标准的其他标准（如果当前标准已作废的话）；③本标准引用的标准；④引用本标准的其他标准；⑤本标准采用的标准；⑥采用本标准的其他标准。这些关系有点类似于学术论文里的引用与被引用关系或原文与译文关系。

图 10-12　详细标准信息

详细标准信息页的右侧是系统智能推荐信息，包括：①您可能关注的其他标准；②同一中国标准分类下的其他标准；③同一国际标准分类下的其他标准。对于查找相关标准而不是特定标准的用户是很有用的参考信息。

【检索要点】

（1）所有检索都是针对某一种资源类型进行的，但在中国标准服务网中标准资料最完整，针对标准的检索功能也最多。技术法规，特别是国外技术法规来源复杂变动频繁，造成收集困难，需要其他网站补充。

（2）简单检索窗口可以在标准号、标题、适用范围和主题词四个常见字段检索。

（3）高级检索各项之间是“逻辑与”关系，使用关键词检索虽然默认在标题、适用范围和主题词字段检索，但可以只限定在其中1～2项字段。高级检索的优点是可以进行关键词和分类的组配检索。

（4）专业检索的优点是可以进行相同字段的逻辑组配，并能进行检索精度限定。专业检索的另一个优点是列出了中国标准服务网收藏的所有的国内外标准品种系列，方便将行业和主题两个要素结合在一起检索。

（5）分类检索的优点是给出了完整的中国标准分类和国际标准分类的查找入口，方便针对细分行业按不同级别的类目查找。

（6）在题录检索结果页可以使用标准号或中英文关键词在结果中检索。

10.4 其他相关网站简介

1. STR标准与技术法规信息快车

STR标准与技术法规信息快车（std. gdciq. gov. cn/gssw/index. jsp）由广东出入境检验检疫局科技处建设和管理，实现了对国际机构、主要发达国家、国际著名行业协会、欧美日技术法规、新兴市场国家、中国国内标准资源的全覆盖。STR标准与技术法规信息快车的检索分为技术标准、技术法规种类、市场准入三个模块。

2. 标准网

标准网（www. standardcn. com/）是由机械科学研究院中机生产力促进中心建设并维护的我国工业行业的标准化门户网站。网站主要提供三方面的功能：①实现行业标准项目计划申报、征求意见、计划下达和标准报批等行业标准网上管理；②适时发布标准化方针政策、工作部署、标准公告和行业标准化工作动态信息等；③实现标准化政策法规、标准目录、标准资料、标准化机构、标准出版发行机构、国际标准化组织、国外标准化组织以及国外标准、技术法规和合格评定程序等信息查询和检索，并开展技术咨询服务。

3. 食品伙伴网

食品伙伴网（www. foodmate. net/）由烟台富美特食品科技有限公司版权所有，是国内食品行业最大的门户网站。网站与食品行业相关媒体、监管部门、企业、第三方服务机构等建立了密切联系，在信息交流、技术交流、课题合作等方面建立了长期的伙伴关系。

4. 国信法律网

国信法律网（www. ceilaw. com. cn）是国家法规信息系统，由国家信息中心信息资源开发部法规信息处开发和管理。系统汇集了自新中国成立以来颁布的全国人大法律、国务院行政法规、最高人民法院和最高人民检察院司法解释、裁判文书、各部门规章、各地地方性法规和地方政府规章，以及我国参与的国际条约和公约等。国家法规信息系统连续多年在全国人大会议期间提供法律法规查询服务，并多次为国务院重要会议提供法律法规查询服务。国家法规信息系统已经成为一个为各行业提供我国法制工作成果的平台，以及传播法律知识、开阔视野、普及法律法规的综合性窗口。

10.5　实验七

10.5.1　实验内容、目的和要求

1. 实验内容

根据教师给出的实习题中提供的信息查找对应的国外标准、法规、农药最低残留值或其他技术性贸易壁垒文件或数据。

2. 实验目的

认识各个标准、法规网站收录数据的局限性。

判断国内外标准、法规和农药最低残留量的信息来源。

学会识别标准/法规号、发布机构、发布/实施日期和对信息属性的判断。

3. 实验要求

注意同类网站收录数据的区别和特点。

注意对网站栏目/菜单的选择，正确记录查找路径。

检索策略易简不宜繁。

注意区别查找包含农药最低限量值的文件与直接查找农药最低残留值的不同要求。

10.5.2　实例

实验名称：根据已知信息“JIS关于‘自行车锁’”，请查找对应的国外标准、法规、农药最低残留值或其他技术性贸易壁垒。表10-3为实验结果。

表10-3　实验结果

检索环境描述（每个错点扣1～6分）			
网站名称	中国标准服务网		
栏目/菜单	第1级		资源检索
	第2级		标准文献
	第3级		高级检索
	第4级		
检索策略描述（每个错点扣0.5～1分）			
	运算关系	检索入口	检索表达式
（1）		关键词	自行车锁
（2）	AND	标准号	JIS
在结果中检索			
第1次在结果中检索		关键词	锁
第2次在结果中检索			

（续）

检索结果描述（每个错点扣0.1~0.2分）	
命中文献数	1
最新标准/法规号	JIS D9456—2009
标准法规名称或报道标题	自行车锁
最低残留量要求	无
国外发布机构（写中文）	日本工业标准调查会
发布日期	2009/6/20
简　介	无
信息属性	国家标准

10.5.3 实验报告项目说明及常见错误分析

（1）网站名称。本章开始进行网站和栏目选择训练，国外标准法规国内没有一家机构收集齐全的，所以需要一个个网站试查；标准、法规、农药残留量属于不同的内容，不会放在同一个栏目里，关于这些标准、法规和农药残留量的消息报道与资料数据本身也不会放在同一类栏目里，这些都需要进行判断。

（2）栏目/菜单。一个结果总是有多个路径可以查到，应如实记录查找过程，避免以下错误：①记录了首页；②过程混乱，没有按顺序写；③缺少必要步骤，跳过某个环节；④不必要地绕了很大一个圈子，说明学生进入了迷宫，如盲人摸象；⑤菜单或栏目名称没有按原样写或没有写全。

（3）检索字段。主要问题有：①没写；②有错字；③没写完整；④把期刊数据库中的字段用在标准法规网站。

（4）运算关系。标准法规网站里没有可以输入两行关键词的地方，同一行最多能输入几个关键词，空格代表什么逻辑关系也要看具体的网站，但一般可以进行不同字段的组配检索。

（5）检索词。应尽量使用词组，只使用一个单字显然是不行的，而使用题目中没有提供的信息查找更是错的。

（6）没有正确理解“在结果中检索”的含义，把因没查到而重新查找当成在结果中检索。

（7）检索结果。检索结果记录中的问题主要有：①擅自修改作业项目名称。②题目要求看错，记录了没有要求填写的内容。③题目要求没看清，要求查法规还是要求查标准搞错，要求查数值还是要求查关于数值的消息搞错。④把作业中的所有项目都填满，实际上没有一道标准法规题是可以填满全部项目的，应该将查到的内容填入合适的项目，没有列出的项目不要填写。⑤留有空格，没有查到的内容应在对应位置注明“无”，以声明责任。⑥标准号多写或少写，例如有的标准号后面注明“现行”，它不是标准号的组成部分，只表示这个标准号是目前有效的，以区别于作废标准。还有的标准号有两个机构代码，表示这是两个机构联合颁布的标准，填写“国外发布机构/归口单位”是只需记录第一个。⑦错把国内发布信息的机构当成国外发布机构。

（8）信息属性。信息属性是必填项，用于对所查信息的判断。信息属性中有一项是“国际公约”，是国际贸易壁垒措施之一，但它不是国际标准。

10.6 测验题

10.6.1 判断题

（1）无论以什么为理由，设置技术性贸易壁垒的结果都是提高进口产品市场准入的技术门槛，对国际贸易产生障碍。（ ）

（2）标准修改后，标准名称变更了，标准号也相应变动。（ ）

（3）认证分为产品质量认证和质量体系认证两类。（ ）

（4）国家标准馆可以查到朝鲜的标准。

（5）中国标准服务网高级检索窗口的“标准号”字段采用精确匹配方式。（ ）

10.6.2 单选题

（1）ISO和IEC标准号中含有字母TR的表示这些文件是（ ）。

A. 技术文献　　B. 技术规范

C. 技术报告　　D. 国际标准

（2）ISO和IEC分别是指（ ）。

A. 国际呼救符号和国际电磁安全委员会

B. 联合国知识产权署连续出版物管理办公室和联合国教育委员会

C. 国际标准化组织和国际电工委员会

D. 因特网标准管理机构和国际电子信息委员会

（3）中国标准服务网可以查到的ASTM标准是以下（ ）。

A. 美国材料与试验协会标准　　B. 巴西国家标准

C. 澳大利亚技术标准　　D. 亚洲标准技术联合会标准

（4）中国标准服务网首页文本框是一个多字段检索入口，可以输入（ ），输入多个关键词时各词之间是（ ）关系。

A. 标准号和关键词，“逻辑与”　　B. 标准号和关键词，“逻辑或”

C. 标准分类号和关键词，“逻辑与”　　D. 标准分类号和关键词，“逻辑或”

（5）中国标准服务网“内容指标”高级检索窗口中的“主题词”字段用于查找（ ）词，范畴字段用于查找（ ）词。

A. 主题词，行业名称　　B. 关键词，行业名称

C. 主题词，分类号的类名　　D. 从属概念词，类属主题词

10.6.3 多选题

（1）以下（ ）属于技术性贸易壁垒的措施。

A. 苛刻的技术法规和复杂标准

B. 严格的合格评定程序

C. 国际环境公约、ISO环境管理体系、各国（尤其是发达国家）环保法规和标准、环境成本内在化等

D. 复杂繁多的产品检验检疫制度

（2）以下（　　）属于技术法规的特点。

A. 是一种强制执行的文件，包括法律、法令、规章、规定

B. 主要是产品特性或相应加工和生产方法的基本要求

C. 由政府权力机构组织制定、批准发布

D. 没有特定的制定程序和编写格式

（3）以下（　　）属于标准的特点。

A. 一般是非强制性的文件

B. 是对重复性事物或概念所做的统一规定

C. 是为产品或其加工和生产方法规定的技术要求

D. 没有特定的制定、修订程序和编写规则

（4）以下（　　）是中国技术性贸易措施网“SPS措施”频道中可以查到的。

A. 生鲜食品水含量　　B. 微生物种数及其含量

C. 重金属含量　　D. 放射性污染物含量

（5）以下（　　）可以在中国技术性贸易措施网“风险预警”频道的中“数据查询”查到。

A. 欧盟扣留我国食品数据　　B. 韩国扣留我国食品数据

C. 韩国扣留我国非食品数据　　D. 加拿大召回我国食品数据

第 11 章　统计数据资源

本章重点

1. 统计数据的含义、作用和分类
2. 国家数据网的栏目设置和内容
3. 国家数据网数据的查找方法和检索窗口中各种图标按钮的功能
4. 中国经济信息网的栏目设置和内容
5. 中经网统计数据库的查询方法和检索要点
6. 其他相关网站的数据内容

11.1　统计数据概述

11.1.1　统计

1. 统计数据的含义

关于统计数据有不同的定义。一种观点认为统计数据是统计工作活动过程中所取得的反映国民经济和社会现象的数字资料以及与之相联系的其他资料的总称。另一种观点认为统计数据是表示某一地理区域自然经济要素特征、规模、结构、水平等指标的数据，是定性、定位和定量统计分析的基础数据。比如我们通常所说的统计年鉴。

2. 统计数据的作用

原始事实或数据经过提炼整理后可以使仅通过观察原始数据无法立即看出的现象、规律或结论得以呈现。统计以客观事实为基础，但有时也会误导。利用统计数据可以揭示事物背后的真相，也可以瞒天过海，这对统计数据的典型性和统计方法的科学性提出了严格的要求。

3. 统计数据的分类

（1）定量数据、定性数据。统计数据又称“观察值”，包括定量数据和定性数据两类。定量数据由描绘数据或度量的数据组成，又可进一步分为：有限的或可数的离散值；特定一个范围内包含无穷个可能值的连续值。定性数据又称类别数据或属性数据，可以根据一些非数字的特性分为不同的类。

（2）名词数据、顺序数据、间隔数据、比率数据。还可以将统计数据划分为名词数据、顺序数据、间隔数据和比率数据四类。名词数据用于统计项的名称，按顺序排序没有意义。顺序数据是对数据归类的类名，例如一年级多少学生，二年级多少学生，三年级多少学生，这里一、二、三年级既是对学生的归类，排序也是有意义的，但顺序值之间的差是无意义的。间隔数据是指任意两个数据值之间的差别是有意义的，但不存在自然的零起点（例如气温中的0℃不表示没有温度）。比率数据是对间隔度量水平的修正，它包含了自然的零起点，对这个水平上的数值、差别和比率都是有意义的（例如跑步比赛分为100m、400m、800m）。在将统计应用于实际问题时，数据度量层次是决定数据用处和考虑采用哪种统计方法的一个重要因素。

11.1.2 大数据

1. 大数据的含义

自从舍恩伯格的《大数据时代》畅销以来，“大数据”获得了前所未用的关注，成了学术界、商业行业等讨论的热点。大数据是相对于抽样调查数据而言的、建立在全面收集基础上的数据。相对于大数据，基于抽样调查的统计数据是“小数据”。以前由于受数据收集能力所限，很多数据只能采取抽样调查的方式来采集，如今，随着互联网技术、社交媒体、可穿戴设备的发展，数据采集能力发生了翻天覆地的变化，很多数据可以在经营活动中自动沉淀，这样，我们就可以采用比较全面的数据进行分析。

2. 大数据的作用㊀

（1）预测未来。基于对之前记录下来的各种数据的深入研究，发现其中的规律特征，对未来进行预测，从而产生巨大的经济效益和社会效益。例如，在电子商务中基于客户以往的购买记录、关注情况可以进行产品推荐，在医药卫生领域中根据可穿戴设备收集的数据进行健康管理、预防疾病，在社会管理方面可以根据实时采集的交通流量指导驾车出行者选择最佳路径。

（2）身份识别。手机、邮箱、信用卡、QQ、微信及各类网站登录账号是窥探私密信息和行踪的钥匙，是识别价值非常高的数据。电商根据客户的登录账号，就可以还原客户的购买行为；浏览器根据用户的浏览记录就可以识别用户的身份；苹果公司根据 iPhone 手机用户每天的行程，就可以识别出用户的工作单位和家庭住址。除了利用人们的账号信息进行识别外，也可以根据人们的一些行为产生的数据进行识别。比如，日本先进工业技术研究所的教授越水重臣和他的工程师团队通过在汽车座椅下部安装总共 360 个压力传感器以测量人对椅子施加压力的方式。把人体臀部特征转化成数据，并且用 0~256 这个数值范围对其进行量化，这样就会产生独属于每个乘坐者的精确数据资料。根据这些数据就可以判断驾驶员是不是车主。为了提高用户保护自身信息的安全性，目前大数据的身份识别价值更多地通过关联数据来体现，比如，用户忘记某个网站的登录密码后，系统会要求用户输入手机号码或者邮箱地址，然后就会发个验证码，用户激活验证码后重新设置一下密码就可以登录了。相关联的数据越多，识别价值就越高，也就是识别越准确。

3. 大数据的局限性

大数据也有缺乏稳定性、效用衰减快的弊端。随着时间的推移，大数据的某些价值会丧失。比如，给购买婴儿衣服的客户一直推荐婴儿衣服就是错误的，因为客户有可能是店铺老板，也有可能是一位母亲，如果是一位母亲的话，这次她会买婴儿衣服，过几年买的就是幼儿衣服了，随着孩子不断长大，购买的衣服也会发生变化。因此在大数据时代要不断利用最新的数据，这样大数据的价值就更大了。然而，并不是所有的数据随着时间的推移价值发生打折，对于客观事物真实描述的数据就不会打折，通常发生打折的数据都是一些容易变化的数据。

11.2 国家统计局网

11.2.1 概况

国家统计局网（www. stats. gov. cn）是国家统计局统计信息的网络发布窗口，有中文简体、

㊀ 戴明锋：大数据漫谈．中国统计，2015（2）．

繁体和英文三种版本，其首页如图11-1所示。网站首页最上方有一个文本检索入口，可以查找所有频道的信息和文件，包括走近统计、统计工作、统计知识、统计服务、统计数据等。单击“高级”进入高级检索窗口，可以指定搜索文本的位置（标题或正文），还可以指定搜索的频道、信息发布时间和调整结果排序方式。国家统计局在数据收集和发布方面涉及的内容主要有：

（1）提供国民经济核算资料。

（2）提供有关全国人口、经济、农业等重大国情国力的普查数据。

（3）提供有关农林牧渔业、工业、建筑业、批发和零售业、住宿和餐饮业、房地产业、租赁和商务服务业、居民服务和其他服务业、文化体育和娱乐业以及装卸搬运和其他运输服务业、仓储业、计算机服务业、软件业、科技交流和推广服务业、社会福利业等调查统计数据，提供地质勘查、旅游、交通运输、邮政、教育、卫生、社会保障、公用事业等全国性基本统计数据。

（4）提供有关能源、投资、消费、价格、收入、科技、人口、劳动力、社会发展基本情况、环境基本状况等全国性基本统计数据。

（5）公布全国性经济、社会、科技和资源环境基本统计资料，定期发布全国国民经济和社会发展情况的统计信息。

（6）对国民经济、社会发展、科技进步和资源环境等情况进行统计分析和预测。

图11-1　国家统计局网首页

国家统计局网设置的频道有走近统计、统计数据、统计工作、统计知识、统计服务、信息公开。

11.2.2　国家数据网提供的数据内容

提供检索功能的是国家统计局网的子网——国家数据网，可以由网站首页顶栏菜单“数据查询”进入，也可以由首页中的图标 数据查询 （见图11-1）进入。

国家数据网（data. stats. gov. cn）是国家统计数据库，主要提供全国及省一级的宏观统计数据，具体内容可以从首页顶栏菜单看出来（见图11-2）。国家统计局网的数据内容庞大，用户查找数据首先应了解网站设置了哪些栏目，各栏目有哪些内容。

图 11-2 国家数据网顶栏菜单

由于我国实行统计资料分级管理与发布，国家统计局一般只发布全国和分省的宏观统计数据。目前获取省级以下城市及区县的统计资料有以下三个渠道：一是查阅当地统计部门出版的统计年鉴或专业统计年鉴，如《中国城市统计年鉴》《中国区域经济统计年鉴》等；二是通过各级统计机构官方网站搜索所需信息；三是咨询各地方统计机构。

1. 中国统计

中国宏观统计数据按统计期间分列月度数据、季度数据、年度数据三个频道。三个统计期间的数据只有“指标”一个系列，屏幕左侧菜单中的统计指标在1～4级之间，最后一级统计项以表格的形式呈现数据。“中国统计”的指标项目设置与后面“3. 地区数据”有部分重复，但分类更为详细。在“3. 地区数据”中有些指标项目被放到下拉列表中，用于对屏幕左侧指标列表中最后一级统计项目的细分。

（1）月度数据。月度数据的数据期间可以通过时间下拉列表框限定为13个月、24个月、36个月和自定时间，可以通过键盘〈←〉键或〈→〉键显示被隐藏的数据。月度数据第一级统计指标有价格指数、工业、能源、固定资产投资（不含农户）、房地产、国内贸易、对外经济、交通运输、邮电通信、采购经理指数、财政、金融。

（2）季度数据。季度数据的数据期间可以通过时间下拉列表框限定为6个季度、12个季度、18个季度和自定义时间，可以通过键盘〈←〉键或〈→〉键显示被隐藏的数据。季度数据第一级统计指标有国民经济核算、农业、工业、建筑业、人民生活、价格指数。

（3）年度数据。年度数据的数据期间可以通过时间下拉列表框限定为5年、10年、20年和自定义时间，可以通过键盘〈←〉键或〈→〉键显示被隐藏的数据。年度数据第一级统计指标有综合、国民经济核算、人口、就业人员和工资、固定资产投资和房地产、对外经济贸易、能源、财政、价格指数、人民生活、城市概况、资源和环境、农业、工业、建筑业、运输和邮电、社会消费品零售总额、批发和零售业、住宿和餐饮业、旅游业、金融业、教育、科技、卫生、社会服务、文化、体育。

2. 普查数据

“普查数据”频道分为人口普查、经济普查、农业普查、R&D资源清查、工业普查、三产普查、基本单位普查七个栏目。

3. 地区数据

“地区数据”频道分为分省月度、分省季度、分省年度数据三类和主要城市月度价格、主要城市年度数据两类数据，共五个系列，项目设置上与前述“1. 中国统计”有部分重复，但不完全相同。

（1）分省月度数据。“分省月度数据”栏目的指标有“指标”和“地区”两个系列。统计时间范围可选最近13个月、最近24个月、最近36个月和自定义时间，可以通过键盘〈←〉键或〈→〉键显示被隐藏的数据。

1）“指标”下的统计项按三级分类，第三级统计项对应数据表。第一级统计指标有价格指数、工业、能源、固定资产投资（不含农户）、房地产、国内贸易。每个统计表中的数据可以再通过下拉列表调节。

2）“地区”下的统计项按二级分类（除第一项“全部地区”外），第一级统计指标有全部地区、常规分类、热点地区、八大经济区域、三大地带。“地区”下的统计项有全国70个城市的统计表，表格中各省市自治区的数据通过下拉列表切换。

（2）分省季度数据。“分省季度数据”栏目的指标有“指标”和“地区”两个系列。统计时间范围可选最近6个季度、最近12个季度、最近18个季度和自定义时间，可以通过键盘〈←〉键或〈→〉键显示被隐藏的数据。

1）“指标”系列下的统计项按二级分类，第二级统计项对应数据表。可以通过下拉列表调节与指标对应省市自治区的显示数据。第一级统计指标有国民经济核算、建筑业、人民生活、农业、价格指数。

2）“地区”系列下的内容与“分省月度数据－地区”相同，可以通过下拉列表调节与指标对应省市自治区的显示数据。

（3）分省年度数据。“分省年度数据”栏目的指标有“指标”和“地区”两个系列。统计时间范围可选最近5年、最近10年、最近20年和自定义时间，可以通过键盘〈←键〉或〈→〉键显示被隐藏的数据。

1）“指标”下的统计项按二级分类，第二级统计项对应数据表，但表格中的项目内容又是对二级分类项目的细分。年度数据的分类极为详细，并可以通过下拉列表调节与指标对应省市自治区的显示数据。第一级统计指标有综合、国民经济核算、人口、就业人员和工资、固定资产投资和房地产、对外经济贸易、能源、财政、价格指数、人民生活、城市概况、资源和环境、农业、工业、建筑业、运输和邮电、社会消费品零售总额、批发和零售业、住宿和餐饮业、旅游业、金融业、教育、科技、卫生、社会服务、文化、体育、公共管理。

2）“地区”下的内容与“分省月度数据－地区”相同，可以通过下拉列表调节与指标对应省市自治区的显示数据。

（4）主要城市月度价格。“主要城市月度价格”栏目的指标有“指标－价格”和“地区－全国”两个系列。统计时间范围可选最近13个月、最近24个月、最近36个月和自定义时间，可以通过键盘〈←〉键或〈→〉键显示被隐藏的数据。

1）“指标－价格”下的统计项有一些表格，表格中36个城市的数据通过下拉列表切换。

2）“地区－全国”下的统计项有全国70个城市的统计表，表格中各城市的数据通过下拉列表切换。

（5）主要城市年度数据。“主要城市年度数据”有“指标”和“地区”两个系列指标。统计时间范围可选最近5年、最近10年、最近20年和自定义时间，可以通过键盘〈←键〉或〈→〉键显示被隐藏的数据。

1）“指标”统计项以表格形式呈现，每个表格都可以通过同一个下拉列表调换显示的数据。

2）“地区”下的统计项有全国70个城市的统计表。

4. 部门数据

“部门数据”按内容将部门分为以下13个大类，包括国务院34个部门下的35类数据资源。

1）提供就业及社会保障方面数据的部门有：人力资源和社会保障部。

2）提供财政方面数据的部门有：财政部、税务总局。

3）提供金融方面数据的部门有：人民银行、外汇管理局、银监会、证监会、保监会。

4）提供旅游方面数据的部门有：旅游局。

5）提供卫生和社会服务方面数据的部门有：民政部、卫生和计划生育委员会。

6）提供对外经济贸易方面数据的部门有：商务部、海关总署。

7）提供资源和环境方面数据的部门有：国土资源部、环境保护部、水利部、国家林业局、国家气象局、国家海洋局。

8）提供教育方面数据的部门有：教育部。

9）提供文化和体育方面数据的部门有：文化部、国家新闻出版广电总局（分为新闻和出版两个方面）、国家体育总局。

10）提供能源方面数据的部门有：能源局。

11）提供运输方面数据的部门有：公安部、交通运输部、民用航空局。

12）提供邮电方面数据的部门有：工业和信息化部、国家邮政局。

13）提供科技方面数据的部门有：科技部、国家知识产权局、质检总局、地震局、测绘局。

5. 国际数据

“国际数据”分为主要国家（地区）月度数据、三大经济体月度数据、国际市场月度商品价格、主要国家（地区）年度数据、国际组织网站、各国统计网站六个栏目。

（1）主要国家（地区）月度数据。“主要国家（地区）月度数据”中的“指标”系列的第一级内容有国民经济核算、货币、贸易、经济。“地区”系列的第一级内容有：亚洲、非洲、欧洲、拉丁美洲、北美洲、大洋洲。

（2）三大经济体月度数据。“三大经济体月度数据”中的“指标”系列的第一级内容有国民经济核算、消费者价格涨跌率、工业生产增长率、零售额增长率、失业率、进出口。“地区”系列的第一级内容只有“全部”。

（3）国际市场月度商品价格。“国际市场月度商品价格”数据“指标”系列的第一级内容只有国际市场商品价格指数（2010 = 100）。“地区”系列的第一级内容只有“世界”。

（4）主要国家（地区）年度数据。“主要国家（地区）年度数据”中的“指标”系列的第一级内容有人口、劳动力与就业、贫困与收入、教育、卫生、能源生产和使用、经济、贸易、政府财政、货币、投资环境、金融、交通和通信、信息科技、旅游“地区”系列的第一级内容有亚洲、非洲、欧洲、拉丁美洲、北美洲、大洋洲。

（5）国际组织网站。“国际组织网站”给出了以下15个国际组织网站的超链接：联合国统计司（UNSD）、联合国粮农组织（FAO）、世界卫生组织（WHO）、经济合作与发展组织（OECD）、联合国开发计划署（UNDP）、世界银行（WB）、欧盟统计局（EUROSTAT）、亚洲开发银行（ADB）、联合国亚太经社会（ESCAP）、国际货币基金组织（IMF）、欧洲中央银行（ECB）、世界贸易组织（WTO）、联合国贸发会议（UNCTAD）、联合国环境署（UNEP）、联合国儿童基金会（UNICEF）。

（6）各国统计网站。“各国统计网站”给出了亚洲（29国）、非洲（18国）、欧洲（39国）、北美洲（19国）、南美洲（8国）、大洋洲（14国）共127个国家统计局的超链接。

6. 可视化产品

可视化产品是指视频短片，目前已上线66个。

7. 出版物

出版物主要是指数字出版物，包括 1997 年以来的《中国统计年鉴》、1978 年以来的《统计公报》、2008 年以来的《国际统计年鉴》、2011 年以来的《金砖国家联合统计手册》。

11.2.3　检索功能

1. 简单查询

简单查询是一种浏览方式。单击顶栏菜单中的频道，在结果页的左侧会出现“指标导航栏”。单击其中的指标（有的指标要点到最后一级），会出现最后一级指标及其各统计区间的数值。通过底层指标前面的图标可以了解关于对应指标的解释，简单查询结果如图 11-3 所示。

图 11-3　简单查询结果页

在结果页中有三组按钮功能如下：

第一组按钮分别表示：下载、复制、打印、分享。

第二组按钮分别表示添加收藏、数据管理（下拉列表中的选项有新增指标、筛选、统计、恢复、去除空行空列）、报表管理（下拉列表中的选项有编辑、转置、维度转换、保存默认、恢复默认）。

第三组按钮用于转换数据显示形式，分别为：列表式（默认）、柱状图、条形图、饼形图。

2. 高级查询

“高级查询”功能出现指标结果页中。在高级检索页中有三列，左侧是“指标导航栏”，中间是“备选指标区”，右侧是“终选指标区”，如图 11-4 所示。

在高级查询窗口有两种查找方式：①从“指标导航栏”中将需要的下级指标移入中间的“备选指标区”中，再从中间的“备选指标区”中选择一部分到右侧的“终选指标区”中。单击“查询数据”按钮即可查出多个指标的对比数据。②在中间“备选指标区”上方的文本框中输入指标名称，单击“查询”按钮，在所选的指标范围内查找符合条件的指标名称，显示在“备选指标区”中，从中选好指标后单击“查询数据”按钮，查看已选定指标结果页面。

【查询要点】

(1) 查询数值型数据主要使用浏览方法，判断网站和频道入口就特别重要。查经过累积整理的数值数据的频道通常有“统计”“数据”“公报”等字样，“新闻”“快讯”等即使有数值也是零散的，一般很难作为统计分析的依据。

(2) 频道名称标以“研究报告”或“统计分析”的内容是经过对数据筛选并已经写好的报告，不是原始数据，不能作为撰写自己研究报告的主要数据来源，但可以作为论证观点、现象的依据。

(3) 国家统计局网站的子网——国家数据网（data. stats. gov. cn）是国家统计数据库。

(4) 国家统计局网站最重要的查找入口是“指标导航栏”。

(5) “高级查询”功能在指标结果页中，提供了一种渐进式判断指标的查找方式。

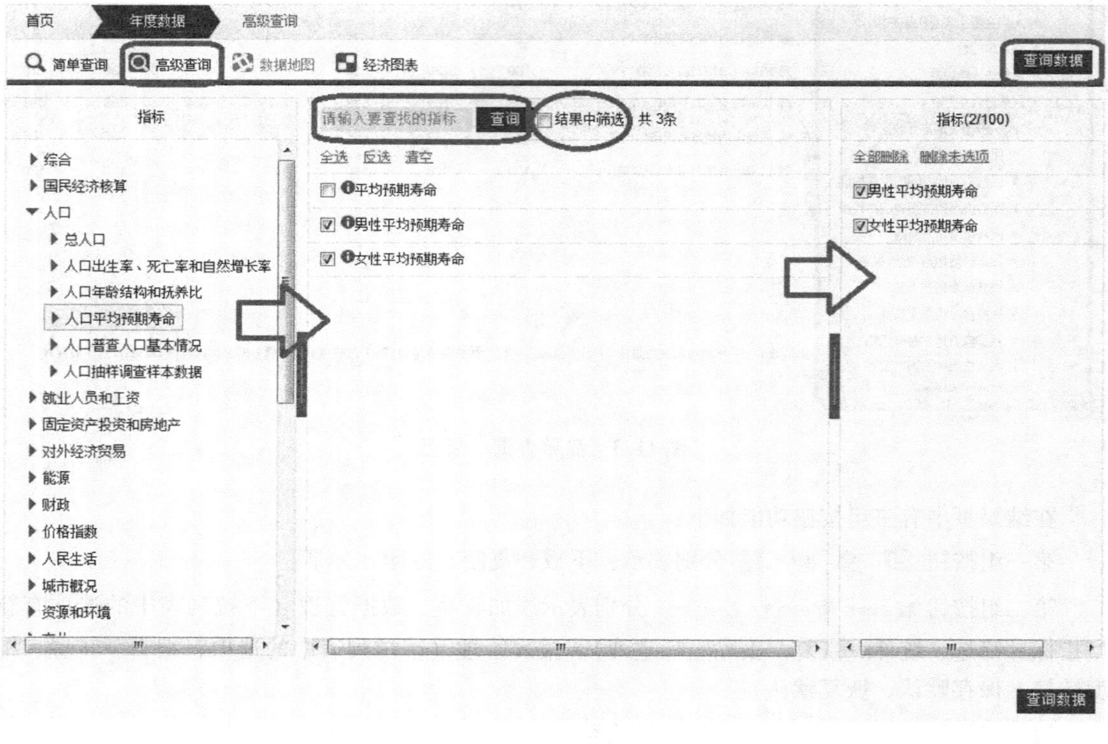

图 11-4 高级查询窗口

11.3 中国经济信息网

11.3.1 概况

中国经济信息网（www. cei. gov. cn，简称中经网）由国家信息中心主办，面向政府部门、金融机构、高等院校、企业集团、研究机构及海外投资者提供宏观经济、行业经济、区域经济、法律法规等方面的动态信息、统计数据和研究报告，日更新数百万字，帮助各类机构准确了解经济形势、政策导向和投资环境，为经营决策和战略研究提供信息支持。

中国经济信息网首页如图 11-5 所示。

图 11-5 中国经济信息网首页

1. "中经专网"内容

"综合频道"设置的一级栏目有总编时评、中经指数、中经评论、世经评论、财经报道、国内大事、国际大事、最新数据、统计公报、近期政策、发展规划、专家视点。栏目下面列出了六个很有用的相关网站链接，应予以重视。

"宏观频道"设置的一级栏目有宏观主编点评、宏观快讯、宏观政策、宏观分析、宏观提示、宏观统计、宏观指数、宏观周评。栏目摘要下面是"统计数据库"和"宏观经济监测预测系统"的介绍。

"金融频道"设置的一级栏目有金融主编点评、金融快讯、金融政策、金融分析、金融提示、金融统计、金融指数、金融周评。栏目摘要下面再将金融方面的分析、快讯和政策细分为银行、信托、外汇、票据、保险、股票、基金、债券、期货、黄金领域，其下是"信贷评审支持平台"和"经济情报预警平台"的介绍。

“行业频道”设置的一级栏目有行业主编点评、行业快讯、行业政策、行业分析、行业提示、行业统计、行业指数、行业周评。栏目摘要下面再将行业分析、快讯和政策细分为采掘冶金、房地产业、环保产业、机电工业、建筑建材、交通运输、能源工业、农林牧渔、汽车产业、轻工纺织、商业服务、石化化工、食品饮料、信息产业、医药卫生15个行业，其下是“中国产业数据库”和“中国行业发展报告”的介绍。

“区域频道”设置的一级栏目有区域主编点评、区域快讯、区域政策、区域分析、区域提示、区域统计、区域指数、区域周评。栏目摘要下面再将区域分析、快讯和政策细分为31个省市自治区和港澳台地区，其下是“中国地区发展报告”和“中国区域监测评价系统”的介绍。

“国际频道”设置的一级栏目有国际主编点评、国际快讯、国际政策、国际分析、国际提示、国际统计、国际指数、国际周评。栏目摘要下是“世界经济数据库”和“国别投资报告”库的介绍。

2. 产品与服务内容

“中经网”的数据资源可以分为文献与信息集成基础数据库、经济统计基础数据库、研究报告、经济分析平台四大类。

（1）文献与信息集成基础数据库。

1）“中国权威经济论文库”由国内论文子库、国外论文子库、校内论文子库、中经评论子库、发改委成果子库五个子库组成。“权威经济论文”的特点是：①汇聚国内外300多位顶尖经济学者、40多家权威机构、10余所著名高校的学术论文和研究报告，以及经济学、管理学类30余份核心期刊、20余份报纸和杂志的高质量文章。②涉及宏观经济、财政金融、区域经济、产业经济、世界经济、企业经济、经济理论七大类37个子类的经济主题，涵盖35个经济学科和12个管理学科。既反映了当前经济学、管理学理论研究的最前沿，也反映了当前经济运行、企业管理的最新动态。③目前已积累近7万篇。每日更新50余篇，年更新上万余篇。

2）“中经专网”是国家信息中心全面反映我国经济运行态势和经济政策变动的信息平台。每日动态更新800~1000篇文章及120万字，内容分为综合频道、宏观频道、金融频道、行业频道、区域频道、国际频道六个频道，提供在线账号浏览、远程卫星镜像、局域网络镜像三种形式的服务，信息服务功能包括分类栏目引读、全文信息检索、历史数据库保存等。

3）“中经金融”是中国经济信息网的子网，内容不同于“金融频道”。“中经金融”内容分类细致，一级栏目设置有财经资讯、行业动态、财金报告、银行、证券、信托、外汇、黄金、保险、票据、金融监管、风险防控、金融运行、国际金融、金融词典。

4）“中国环境保护数据库”的信息来自全国人大环资委、国家发改委、国家统计局、国家环保部、国家环保产业协会、各工业协会等单位。它由环境资讯库、分析评论库、法律法规库、发展规划库、环保统计库、环保会议库、环保十年子库组成。

（2）经济统计基础数据库。

1）“统计数据库”是一个综合经济数据库群，根据内容和频度，划分为全国宏观月度库、全国宏观年度库、海关月度库、行业月度库、城市年度库、OECD月度库和OECD年度库七个子库，内容涵盖宏观经济、产业经济、区域经济以及世界经济等多个领域，涉及国民经济核算、投资、进出口、金融、财政等十多个宏观经济专题的综合指标。“统计数据库”的数据均来自于国家统计局、海关以及地方统计局等官方发布机构，数据权威可靠。数据查询结果可导出到Excel电子表格。作图和分析功能强大，分析结果可以保存和导出。

2）“产业数据库”是覆盖宏观、农业、石油、煤炭、电力、机械、钢铁、纺织、石化、电子、汽车、医药、有色、建材、家电、食品饮料、造纸印刷、车船、房地产、金融、保险、商贸、交通、旅游24项经济统计数据，汇集了行业概况、绩效、投资、产量、价格、对外贸易和能源消耗等方面的信息。数据频度包含月度、季度和年度数据，地域覆盖全国和主要省市，数据时间可追溯到最早发布时点。以数据报表形式展示时间序列数据，提供多维度组合查询方式，可导出数据报表、序列信息，数据查询结果可作图分析。除统计数据外，“产业数据库”还提供一些增值栏目，供行业研究人员参考，如宏观指标跟踪、中经行业景气、权威预测、最新数据、监测图表等。“产业数据库”的数据来源于国家发改委、海关总署、人民银行、交通部、商务部、国家和各地方统计局，以及各行业协会等官方数据发布机构。

3）“世界经济数据库”汇集了来自世界银行WDI数据库、IMF、OECD、WTO、联合国粮农组织、美国能源局等权威数据发布机构的第一手数据资源，覆盖经济总量占全球主导地位的主要国家和新兴经济体共22个国家和地区。内容包括国民经济核算、国际收支、对外贸易、人口就业、财政金融、能源环境、价格水平等专题。数据最早起始于1948年，频度跨越月、季、年度，既可以监测各国和地区重点经济指标，又可以从专题角度进行国家间经济比较，是分析和研究世界经济形势的便捷工具。

（3）研究报告。

1）“中国行业发展报告”围绕综合基础、资源能源、加工制造、现代服务、基建交通及战略新兴六大类40个重点行业，挖掘行业信息，追踪行业热点及政策导向，分析行业运行特点，研判行业变化趋势，揭示投资前景及风险。“中国行业发展报告”提供分行业一站式浏览服务，分为发展报告、月度监控、行业周评、政策解读、行业要闻、关键指标、趋势预测七个板块。

2）“中国地区经济发展报告”是“中经网”联合全国31个省区市、16个计划单列及副省级省会城市信息中心共同开发建设的，包括“经济形势分析报告”“发展规划”“统计公报”“政府工作报告”四部分内容。除了以上报告外，还为各地区提供定向研究服务，包括“省区市月度监测报告”“地区发展专题报告”“地区发展评价报告”“地区发展战略报告”。

（4）经济分析平台。

1）“宏观经济监测预测系统”依托中经网的统计数据库群，运用定量分析方法对宏观经济形势进行全景联动动态考察，总量结构分析互补，突出动态性、预警性、前瞻性。设置的栏目有经济运行监测、景气预警、宏观经济预测、投入产出分析和数字快讯等，另外还提供数据点评、宏观经济景气报告、经济预测报告等数据分析报告。

2）“中国区域发展监测评价系统”是一个在线区域数据查询、区域发展状况监测、区域发展态势评价和全社会范围的自由交流学术成果的平台。平台由四部分功能组成，包括监测数据库、发展指数、诊断报告、交流园地。

3）“经济情报预警平台”综合运用全文搜索技术、网络爬虫技术和人工智能挖掘技术，通过对海量数据的机器学习与行业专家知识相互协作，有目标地快速获取和过滤社会海量数据，助企业用户及时了解相关的环境综述、行业预警、地区预警、企业预警、经营预警等信息，把握宏观和行业变化趋势，监测自身和竞争对手动态，规避或降低经营风险。

4）“中经网行业信贷评审支持平台”设置的栏目及功能有行业资讯、行业数据库、项目数据库、绩效标准、风险监控、在线测算、企业评估报告。

11.3.2 中经网统计数据库

1. 功能特点

中经网统计数据库由全国宏观月度库、全国宏观经济库、海关月度库、行业月度库、城市年度库、OECD月度库和OECD年度库七个子库组成，具有相同的检索功能，特点如下：

（1）按照统计制度分类组织指标结构，可从指标树逐层查找或通过检索快速查找到所需指标，并能根据需要自行设置查询的开始和结束时间。同时，系统支持跨库选择指标，实现不同子库不同频度的指标查询和显示。

（2）可使用多个关键字段进行三种形式的逻辑组配检索，并可进行二次检索，快速准确查找到所需指标。

（3）可以将报表和序列信息导出到本地，保存成 Excel 格式，方便研究人员分析和使用。

（4）系统可过滤数值为空的时间点，使数据连续显示。

（5）系统自带作图功能，供研究人员直观查看和分析数据。图形类型包括线性图、柱状图、柱线图、饼图。

2. 查询步骤

进入中经网统计数据库首页（见图 11-6）后按以下步骤操作：

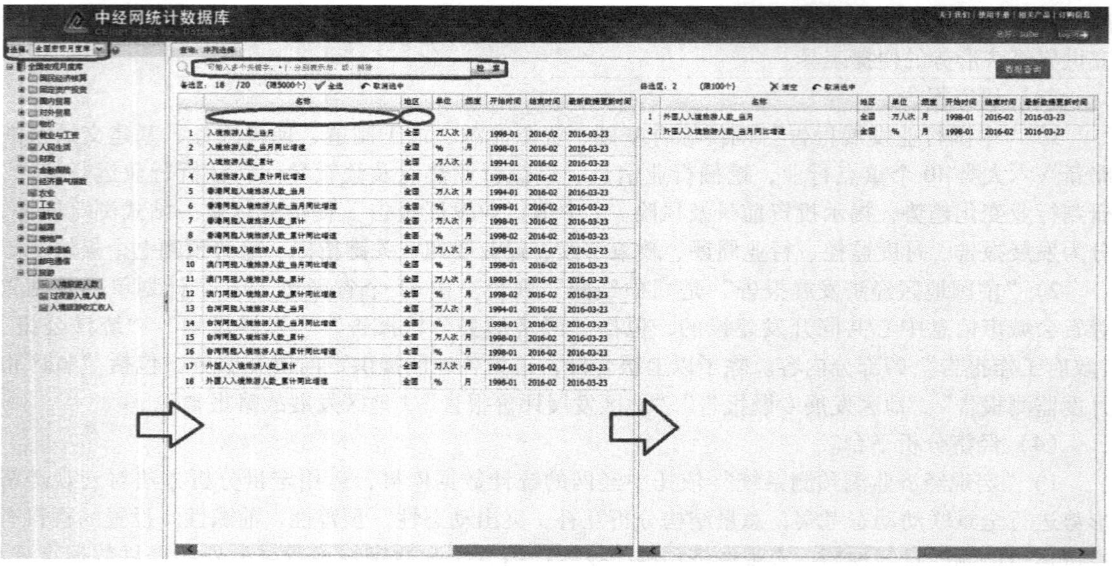

图 11-6 中经网统计数据库查询窗口

（1）首先在左上方的下拉列表中选择子数据库。

（2）展开左侧“指标导航栏”中的下级指标，在展开的指标中单击指标名称，将需要的指标移到中间的“备选区”中，“备选区”中的指标默认按照数据最新更新时间排序，且“备选区”最多含 5000 条序列。

（3）在“备选区”中选择终选指标。

方式一：浏览“备选区”中的指标，双击将需要的指标移到“终选区”中。

方式二：在“备选区”最上方有一个文本框，当“备选区”的候选指标太多时，可以在此处输入所需指标的关键词，在“备选区”显示筛选后的指标。在备选指标列表上方有一个小的文本框（在上面长的文本框下面），是用于对备选区中的指标进行二次检索的关键词检索入口。双击“备选区”中的指标，可将选中的指标移到“终选区”中。

【检索要点】

（1）“备选区”上方有上下两组文本框，都是用于备选指标太多时的关键词筛选，但下面的文本框（备选指标列表上的）是用于二次检索的。

（2）两个文本输入框中都可以使用逻辑运算符，见表 11-1。

表 11-1　中经网统计数据库可用的逻辑运算符

符号	说明	运算关系
	空格	“逻辑与”
+	加号	
|	竖直	“逻辑或”
-	减号	“逻辑非”

（3）“备选区”和“终选区”均可按照名称、地区、单位、频度、开始时间、结束时间、最新数据更新时间、注释排序。

（4）单击子数据库下拉列表旁的图标可查看关于指标名词的解释。

（5）指标前的图标中有绿 + 号的图标表示这个节点序列下有更新。

（6）单击“备选区”和“终选区”中的指标标题可对相应列排序。

3. 查看统计结果对比情况

单击图 11-6 所示的指标题录查找结果页右上角的“数据查询”按钮，可以看到已选多个指标在不同时间的对比数据。数据显示区上方有一些选项卡：①查询：序列选择；②结果：数据展示（终选指标的时序对比）；③结果：图形展示。选择“结果：图形展示”可见到如图 11-7 的页面。

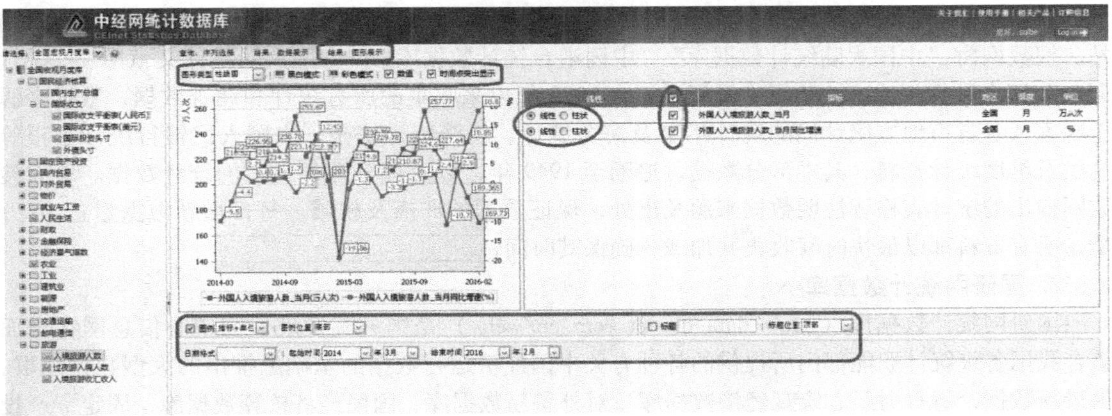

图 11-7　指标查询结果页——图形展示

在指标查询图形展示结果页中有一些用于改变图形显示状态的选项，见表 11-2。

表 11-2　用于改变图形显示状态的选项

模式分类	选项及说明
图形类型	①线性图；②柱状图；③柱线图；④饼图
黑白模式	选择后图形以黑白色呈现
彩色模式	选择后图形以彩色呈现，系统默认为彩色

（续）

模式分类	选项及说明
□数值	选择此项，图形中会标出数值。所有线性图都可选此项，但柱状图与线性图混合显示时（如一个指标显示为线性图，一个指标显示为柱状图）只能有一个显示为柱状图的指标选此项
□时间点突出显示	线性图和柱线图中选择此项后，线图的顶点呈圆球状突出显示
□图例	①指标；②指标+单位；③指标+地区；④地区；⑤地区+单位；⑥指标+地区+单位
图例位置	①底部；②右侧
□标题	选择此标并在旁边的文本框中输入标题，将给图形添加标题
标题位置	①顶部；②底部
日期格式	①yyyy；②yyyy-MM；③yy-MM；④yy-MM，dd
起始时间	在下拉列表中选择年月
结束时间	在下拉列表中选择年月

11.4 其他数值型资源简介

1. 搜数网

搜数网（www.soshoo.com/index.do）是由中国资讯行（国际）有限公司的子公司北京精讯云顿数据软件有限公司推出的专业统计和调查数据搜索网站，是中国大陆首个商业数据检索网站。搜数网由“中国大陆统计数据库”“中国港台统计数据库”“中国大陆统计文献库”“统计词典”四个数据组成，汇集了中国资讯行自1992年以来收集的所有统计和调查数据，数据来源于国家及各省市地方统计局的统计年鉴及海关统计、经济统计快报、中国人民银行统计季报等月度及季度统计资料，其中部分数据可追溯至1949年，以及部分海外地区的统计数据。所有搜数网输出的统计表格皆注明数据来源及出处，保证数据的严谨及权威。每日增新数据量达10万个，所有资料都以最快时间收集并加载，确保其时间性。

2. 国研网统计数据库

国研网统计数据库（edu-data.drcnet.com.cn/web/）是国务院发展研究中心信息网在全面整合我国各级统计职能部门所提供的各种有关中国经济运行数据的基础上推出的大型数据库群，由最新数据、每日财经、宏观经济数据库、对外贸易数据库、国民经济核算数据库、固定资产投资数据库、金融统计数据库、产品产量数据库、人口与就业数据库、工业统计数据库、居民生活数据库、价格统计数据库、教育统计数据库、财政税收数据库、资源环境数据库、国有资产管理数据库、城乡建设数据库、区域经济数据库、重点行业数据库、世界经济数据库、企业排行榜21个子库组成。国研网统计数据库的数据在国家规定的解密时间后及时更新，各数据库的时间序列数据都经过专业化处理、长度充足，可进行专库检索、跨库检索和专题库浏览，并可以Excel格式导出数据。

3. 海关统计资讯网

海关统计资讯网（www.chinacustomsstat.com/）是由海关总署全国海关信息中心主办的集海关进出口货物贸易统计信息咨询、专业进出口分析、宏观进出口数据发布等于一身的专业网站，是海关进出口信息的展示平台。海关统计资讯网服务的主要栏目有统计数据发布、贸易指数发布、海关监测分析、统计知识介绍、资讯报道、自助查询。

4. 中国产业信息网

中国产业信息网（www.chyxx.com/）是由北京智研科信咨询有限公司开通运营的大型行业研究咨询网站，主要致力于为各行业提供深度研究报告，是提高投资收益的有效工具，也是一个帮助咨询行业人员交流成果、交流报告、交流观点、交流经验的平台，是依托于各行业协会、政府机构独特的资源优势，致力于中国各行业信息咨询、市场研究的专业服务机构。第三方数据来源有国家统计局、国家海关、商务部、相关行业协会等权威机构。此外，公司还拥有强大的市场调研团队，运用了科学的方法对市场数据进行调研、跟踪、监测，科学的方法保证了数据的准确性和权威性。

5. 中国信息产业网

中国信息产业网（www.cnii.com.cn/index/）是我国通信行业唯一拥有国务院新闻办授予新闻发布权的新闻网站。网站依托人民邮电报社“三报三刊”平面媒体资源，联合全国70多家通信类报刊，借助遍布国内外通信业界的记者网络，整合通信行业主管部门、国内外通信运营企业、通信设备制造商等方方面面的信息资源，全力打造通信信息业主导网络媒体。

11.5　实验八

11.5.1　实验内容、目的和要求

1. 实验内容

为了撰写课题“条件价值评估法在上海城市轨道交通社会效益评估中的应用”，请确定该课题支撑数据的来源。

2. 实验目的

培养根据课题要求选择和判断网站及其栏目的全部内容的能力和习惯。

3. 实验要求

分析课题要求，查找与文献类型、行业特点和地域特点相对应的网站。

判断目标数据可能存在于网站的哪些频道或栏目中。

判断通过哪些路径可以找到相关数据。

11.5.2　实例

实验名称：为了撰写课题“基于最新数据的中国卡车市场及竞争态势深度分析和后市预测”，需要一些原始数据，请问有关数据可以在哪个网站的哪几级栏目下找到？

表11-3为实验结果。

表11-3　实验结果

检索环境描述（每个错点扣1～6分）	
网站名称	中国卡车网
数据来源描述（每个错点扣0.5～2分）	
第1级	行业研究

（续）

数据来源描述（每个错点扣0.5~2分）	
第2级	数据分析
第3级	2015年4月半挂牵引车生产企业（分车型）销售情况
第4级	

11.5.3 实验项目说明及常见错误分析

（1）本题不是查论文或新闻报道，只能使用鼠标浏览，不能使用键盘检索。

（2）网站名称。本章开始进行网站和栏目判断训练，要求根据题目决定用哪些关键词查出哪个网站，所以不仅需要一个个网站试查，还要判断哪些栏目里会有相关数据，进入一些可能的栏目浏览探实。

（3）只记录查到数据的网站，不要记录查找过程中路过的网站。例如初判断是A网站，但进入后没发现有相关数据，但在A网站链接的友好网站B中看到了相关数据，则应记录B网站。

（4）只记录相关数据存在的位置，不要记录数据本身，但记录的栏目路径和名称应能反映与题目的关系。

（5）菜单或栏目最多记录五级，可以少于五级，但记录的最后一级内容应能反映与题目的关系，所以最后一级应该是详细信息，如目录、公报的小标题，或政府报告、研究报告的小标题。

（6）本题不是要求查文章，而是要求指出自己为了写题目所述的文章所需要的原始数据在哪里。

（7）查找过程中的栏目要按栏目本身的从属关系记录，不能跳跃或缺漏。

11.6 测验题

11.6.1 判断题

（1）统计数据的作用是：可以使仅通过观察原始数据无法立即看出的现象、规律或结论得以呈现。（ ）

（2）大数据是相对于抽样调查数据而言的、建立在全面收集基础上的数据。（ ）

（3）国家统计局只发布全国和分省的宏观统计数据以及分省的微观统计数据。（ ）

（4）国家数据网的中国宏观统计数据按统计期间分列月度数据、季度数据、年度数据三个频道，三个期间的统计内容一样。（ ）

（5）中经网的“中国行业发展报告”有一个“趋势预测”栏目，是用以帮助读者预判行业形势、辅助投资决策的趋势分析报告。（ ）

11.6.2 单选题

（1）定性数据又称为（ ），可以根据一些非数字的特性分为不同的类。

A. 名词数据　　B. 定义型数据

C. 分类或范畴　　D. 类别数据或属性数据

（2）国家统计局网站主页栏目中查找各类数据的入口是以下（ ）频道。

A. 统计公报　　B. 统计数据
C. 统计分析　　D. 统计咨询

（3）在国家数据网的（　　）可以查到有关按学科分国外主要检索工具收录科技论文数的情况。

A. 年度数据－指标－科技
B. 年度数据－指标－文化
C. 地区数据－指标－分省年度数据－科技
D. 地区数据－指标－分省年度数据－文化

（4）以下（　　）可以在国家数据网的“地区数据－分省年度数据”频道查找。

A. 上海市65岁以上外国人入境游客数　　B. 上海市运动员获世界冠军数据
C. 上海市产品质量优等品率数据　　D. 上海市实际利用外资额

（5）上海市发展规划在中经网中以下（　　）可以查到。

A. 综合频道　　B. 宏观频道
C. 行业频道　　D. 区域频道

11.6.3 多选题

（1）大数据的作用有（　　）。

A. 商品推荐　　B. 身份识别
C. 交通疏导　　D. 预测未来

（2）以下（　　）是国家统计局网站中可以找到的数据。

A. 国民经济核算资料　　B. 有关重大国情国力的普查数据
C. 有关全国性的基本统计数据　　D. 各省市自治区关于社会经济的调查报告

（3）获取省级以下城市及区县的统计资料有以下（　　）渠道。

A. 在大型权威统计数据库查找
B. 查阅当地统计部门出版的统计年鉴或专业统计年鉴
C. 通过各级统计机构官方网站搜索所需信息
D. 咨询各地方统计机构

（4）查找“外贸货物吞吐量”或“远洋货运（集装箱）吞吐量”重量方面的数据在国家数据网的（　　）菜单指标下可以查到。

A. 部门数据－运输－交通运输部－统计数据－公路水运业务－港口货物、旅客吞吐量
B. 月度数据－指标－交通运输－规模以上港口吞吐量
C. 季度数据－指标－工业
D. 年度数据－指标－运输和邮电－货运量

（5）中经网中有以下（　　）经济统计基础数据库。

A. 统计数据库　　B. 产业数据库
C. 环保统计库　　D. 世界经济数据库

第 12 章　图　片　库

本章重点

1. 图片库的含义、特点和分类
2. 盖蒂视觉的菜单设置及内容
3. 盖蒂视觉的查找和结果筛选方法
4. 视觉中国网的栏目设置及内容
5. 视觉中国网的查找和结果筛选方法

12.1　概述

1. 图片库的含义

“图片库”（Photo Stock）是图片交易中介公司的图片数据库，主要收集照片，也包括绘图设计作品和视频，是摄影师与媒体、广告商等图片用户之间的桥梁。网络图片业是一个朝阳产业。我国的广告市场、出版市场及报刊市场发展迅速，广告市场平均每年都有 30% ~40% 的增长，图书、报刊在加重文化积淀的基础上也着重加强了视觉冲击力，图文并茂。种种因素都是网络图片市场快速发展的催化剂。

2. 图片库的特点

图片库中的照片是市场化运作下的摄影作品，是艺术家和商人双重身份的结晶。图片库的照片具有普遍性、适用性的特点，能被媒体广泛地采用，从而增强销售潜力。图片库中的照片会尽量避免在画面中出现有可能损害或限制出售照片的元素，比如能被肉眼看到的衬衫商标，或者某产品的标牌；照片应该传达出最明了的信息，所以，照相机应该在最好的光线条件下，客观地以最好的锐度和细节反映被摄对象。

简单地归纳起来，图片库收录的照片有以下几种：旅游、日常生活、风光、家庭、职业人物、学校和教育、休闲、工业、科技、运动等。事实上，图片库收录的照片与签约摄影师的作品相比需要同时具备想象力、生动、有趣和市场这几个条件。具体而言，图片库需要的是影调明快、清晰度高的照片，拒绝画面有很深阴影或色彩浓烈的照片。具有以下特征的图片一般较难在图片库中找到：① 没有为照片留下足够的空白，尤其是照片的上边或下边；② 在照片上留下日期或汽车牌照之类的信息；③ 照片中的人物丑陋、悲伤和缺乏魅力；④ 背景或构图复杂凌乱；⑤ 模特表情紧张。

3. 图片库的分类

在图片市场中的图片主要可以分为商业创意图片和新闻图片两类。此外，市场上还有一些资料性的老片、经典图片，也可按用途归入以上两类。商业创意图片的用户主要是广告公司、广告设计者及各类媒体服务，新闻图片的用户主要是新闻媒体的图片编辑。

网络新闻图片社大量出现以后，对报社内的摄影部门和记者来说都是一把双刃剑，既是一种补充，同时也是不小的冲击。图片网站中的图片信息量大，图片资源丰富，为新闻背景配图提供了更加广阔的渠道。报社图片编辑可以通过世界各大通讯社和图片库得到内容丰富的照片。图书馆、档案馆等收藏的古旧图片，是一种稀缺资源，成为某些特色图片社的上游资源。手机用户既可以下载图片，又能为网络图片社提供及时、便携的照片。目前在国外已出现了个人网络图片库，摄影师可以依靠网络平台自主销售图片。

4. 网络图片库的优势

网络图片库以高速、稳定、普及的互联网为基础，特别强调图片代理公司与摄影师、图片用户之间的良性互动。

对摄影师而言，通过图片网站，可以及时了解图片的市场需求，迅速确定市场目标；直观地了解签约协议，明确自己的收益情况；可以通过网站直接上传图片，及时在图片库网站上展示出来，大大增加了图片的销售机会。

对图片用户而言，通过图片网站交易平台，可以实现远距离选片，可以在浩如烟海的图片库中轻松检索自己需要的图片；可以通过图片网站预订或征集自己需要的图片；可以通过网上支付系统进行购买交易后直接下载图片使用，从而大大提高工作效率。

对图片库运营者而言，通过图片网站的页面展示，实现图片的检索、管理以及上传下载，可以节省出版图片目录的费用，减少图片邮寄、运输及推广方面的人力、物力消耗，避免图片在邮寄、运输过程中的破损、丢失等风险，突破国际贸易壁垒，享受网络交易的免税政策。采用有效的图片库营销策略，还可以获得平等竞争的平台和广泛的发展空间。

12.2 Getty Images

12.2.1 概况

Getty Images（盖蒂视觉）是全球数字媒体的缔造者并引领了独特的在线授权模式——在线提供数字媒体管理工具以及创意类图片、编辑类图片、影视素材和音乐产品。Getty Images 拥有 8 亿张图片，1500 万精品创意图片，保持每月 5 万余张更新，拥有 40 万个国际品质影视镜头，代理 35 个顶级国际影视品牌，服务全球 120 多个国家和地区，全球设有 65 个分支机构，拥有全球 4500 余位签约摄影师、摄像师和众多屡获殊荣的图像产品，在世界最具影响力的报纸、杂志、广告、影视、书籍和网站上随处可见。

Getty Images 制定了图像销售领域的新规则，这一规则与复杂的版权体系联系在一起，使用户可以按照自己图片应用的区域、时间、用途来尽量少付费用。上游自由摄影师将照片上传到 Getty Images 网站，而 Getty Images 将海量图片进行分类和归档，以方便客户通过互联网搜索购买，其中一部分收益将以版权收入的形式回馈给摄影师，分配比例为售价的 20% ~50%。

Getty Images 网站（www.gettyimages.co.uk/）首页有四个顶栏菜单，表 12-1 是顶栏菜单中所有一、二级菜单的内容。

表 12-1 Getty Images 首页顶栏菜单

一级菜单	二级菜单
Creative（创意）	Prestige（品牌）、Creative RF（免版税创意）、iStock（iStockphoto 是世界著名微利免版税图片库）、View by Collection（影像集合）

（续）

一级菜单	二级菜单
Editorial（编辑）	Sports（体育）、Entertainment（娱乐）、News（新闻）、Archival Photos（档案照片）、View by Collection（影像集合）
Video（视频）	—
Music（音乐）	—

Getty Images 首页中间有一个文本框，可以通过前面的下拉列表 Creative images 按钮选择检索的图片类型。表 12-2 列出的是所有检索类型选项，默认为“Royalty－free（RF）”。

表 12-2 Getty Images 首页检索条件限定项

一级选项	二级选项
Creative images（创意图片）	Rights－managed（RM）（版权所有）
	Royalty－free（RF）（免版税使用）
Editorial images（编辑图片）	—
Creative video（创意视频）	—
Editorial video（编辑视频）	—

12.2.2 检索和浏览

在网站首页中间的文本框中输入关键词后进入缩略图搜索结果页，Getty Images 的主要检索功能都在这一页上，所以首次检索时选用的关键词很重要。缩略图结果页如图 12-1 所示。

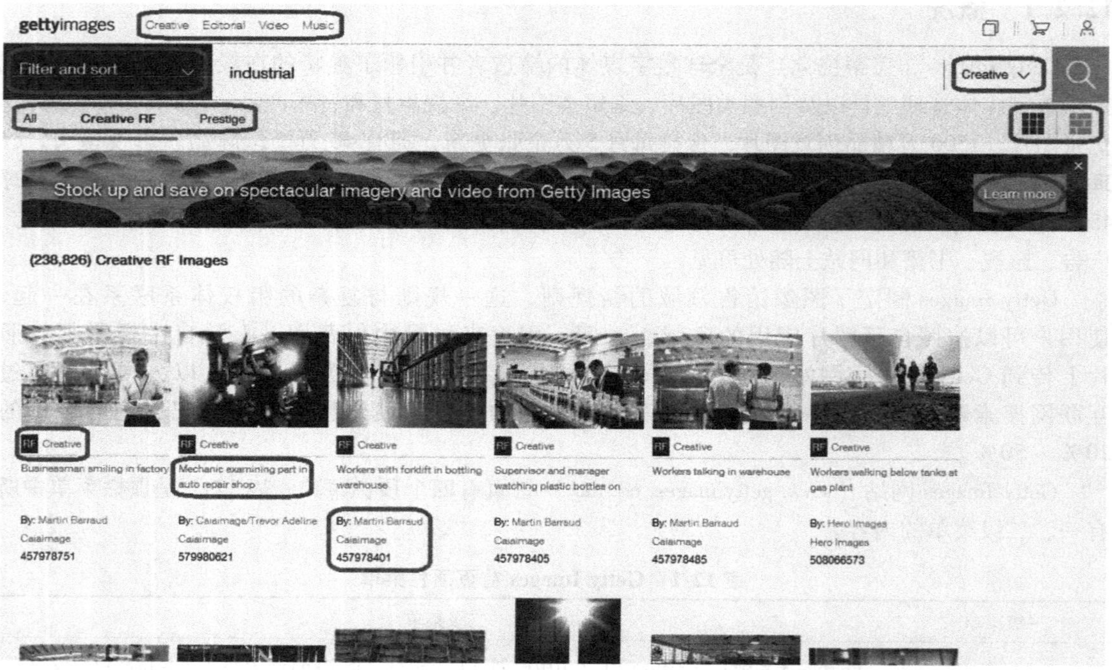

图 12-1 缩略图结果页

单击在缩略图结果页左上角的按钮 Filter and sort （过滤与排序），会展开一个在结果中筛选和排序的功能列表，见表12-3。

表12-3 在结果中筛选和排序的功能列表

一级选项	二级选项
Sort by（排序）	⊙Best match（按相关度）
	◎Newest（按时间由近及远）
	◎Most popular（按受欢迎程度）
Embed images（嵌入式图像）	
Image type（图像类型）	□Photography（摄影）
	□Illustration（插图）
	□Vector（矢量）
Orientation（方向）	□Horizontal（水平的）
	□Vertical（垂直的）
	□Panoramic horizontal（全景水平）
	□Panoramic vertical（全景垂直）
	□Square（正方形）
Locations（位置）	Shanghai（上海）
	China – East Asia（中国 – 东亚）
	Asia（亚洲）
	Pudong（浦东）
	Oriental Pear Tower – Shanghai（东方明珠）
	+See more（查看更多）
Number of people（人数）	□No people（无人）
	□One person（一个人）
	□Two people（两个人）
	□Group of people（一群人）
Age（年龄段）	□Newborn（初生婴儿）
	□Baby（儿童）
	□Child（少年）
	□Teenager（十几岁的青少年）
	□Young adult（年轻人）
	□Adult（成年人）
	□Adult only（仅限成人）
	□Mature adult（处于壮年的人）
	□Senior adult（年长的成年人）
	+See more（查看更多）

（续）

一级选项	二级选项
People composition（人物构成）	□Head shot（头像）
	□Waist up（腰）
	□Three－quarter length（大半身人像）
	□Full length（全身像）
	□Looking at camera（看着相机）
	□Candid（偷拍的）
Image style（图像风格）	□Full frame（满框）
	□Close－up（特写）
	□Portrait（肖像）
	□Sparse（稀疏的）
	□Abstract（抽象的）
	□Macro（微距）
	□Still life（静物）
	□Cut out（裁剪）
	□Copy space（复制空间）
Ethnicity（种族）	□East Asian（东亚人）
	□South East Asian（东南亚人）
	□South Asian（南亚人）
	□Black（黑人）
	□Latin American（拉丁美洲人）
	□White（白人）
	□Middle Eastern（中东人）
	□Native American/First Nations（美洲土著人/原住民）
	□Pacific islander（太平洋岛民）
	□Mixed Race Person（混合种族的人）
	□Multi－Ethnic Group（多民族）
Photographers	+Select photographer（选择照片）
Royalty－free collections	+Select or clear items（选择或清除项目）
Exclude nudity（排除裸体，默认项）	

按钮 Filter and sort 旁边的字是查得当前检索结果所用的关键词，同一行最右边有一个“Creative”（创意）下拉列表，用于在当前检索结果中筛选出图像或视频。其下有两组选项：①Images，包括 Creative 和 Editorial 两个选项；②Video，包括 Creative、Editorial 和 Analogue archive（相似影像）。关于 Creative 和 Editoral 图像的区别，网站并没有给出说明。前者应该是构图精美、后期处理过的图像；后者应该是新闻纪实性、很少后期处理的图像。

在首页用关键词查出的影像结果被分成三个系列：All（全部）、Creative RF（免版税创意）和 Prestige（品牌，版权所有）。同行右边的两个图标和是展示状态的选项，前者（九宫格图）显示为等宽状态，并有丰富的附加信息。后者（六宫格图）显示为等高状态，没有其他信息，默认为显示大图。将鼠标移到小图上会显示一些功能按钮，并在旁边弹出放大的图片，鼠标移开会隐去。大图虽然没有显示图片描述信息，但只要将鼠标移到图片上也会显示出来，鼠标移开后又会隐去。

每幅小图下面有五行描述文字：第一行是免版税使用标识和所属系列名称，第二行是图像详细描述，第三行是图像作者，第四行是关键词，第五行是图像编号。

单击图像除可以看到上述信息外，还可以看到标注在该图像上的所有关键词，以及不同尺寸的报价（美元）。

将鼠标移到小图上会看到四个功能按钮，见表12-4。

表12-4 小图中隐藏的功能按钮

按 钮	功 能
	将当前图像集中在一个创建的收藏夹中，以便于共享和管理
	将当前图像临时放到篮子里
	浏览相似图像
	将当前图像嵌入到自己的网站或博客的网页编程语言（原文件）中

12.3 视觉中国

12.3.1 概况

视觉中国集团（Visual China Group）拥有领先的基于云计算、大数据等平台技术的超大型影像库搜索及存储技术，是中国视觉内容生产的龙头，拥有中国最大的视觉内容互联网版权交易平台——视觉中国网。2015年视觉中国集团投资全球顶尖的摄影师图片社区网站500px，2016年又通过全资子公司联景国际（Unity Glory）成功收购全球第二大图片商Corbis Images的全部资产，展示了其面向全球市场的雄心壮志。

视觉中国集团的视觉内容与服务的过程是：供稿人创作并在线提交版权作品，用户利用网络搜索找到心仪的图片、视频、插画等素材，支付版权许可费下载完成后，供稿人获得分成收入。

视觉中国集团建设的中国最具影响力的专业创意社区——视觉ME社区是服务于中国及全球视觉创意产业的在线媒体、产业服务提供商及创意人群互动社区。视觉中国集团形成了独特的商业模式，社区会员既是内容提供者（插画、海报、图片、创意产品等），同时也是创意内容的客户。

在未来规划中，视觉内容与服务将启动微利图片库产品（shutterstock模式），开拓海量中小企业的中低端市场（B2B/C2B）。另外，还将为高端客户提供全面的增值服务，尤其在互联网、政府、旅游、体育、时尚、娱乐等垂直行业深入挖掘（B2B）。通过视觉垂直社区（创意设计师+摄影爱好者）的内容授权，在交易平台完成版权分成，为企业提供众包服务，为消费者提供婚纱、家庭、儿童定制化拍摄和摄影作品收藏等定制化服务。

12.3.2 栏目设置

视觉中国网（creative. vcg. com/）首页顶栏设置有六个频道，分别为创意图片、编辑图片、视频素材、音乐素材、增值服务和供稿人，下面分别介绍。

1. 创意图片

“创意图片”频道是视觉中国网的首页。

（1）品牌列表。“品牌列表”包括：创意图片品牌和音乐品牌两个系列。图片和音乐系列下再分为“RM（Rights – Managed）品牌”和“RF（Royalty – Free）品牌”两类，其下列出一系列品牌名称。据2016年11月的统计，创意图片RM品牌有157个，RF品牌178个；音乐RM品牌11个，RF品牌1个。一个公司不同使用权限系列算不同品牌。

（2）Getty专区。“Getty专区”是Getty Images精品图像展示区，是Getty Images与视觉中国网互相授权使用的品牌图片，包括Stone、Iconica、Taxi、The Image Bank、Brand X、Cultura、Moment Select、Riser、Photograper's Choice、Vetta10个品牌。“Getty专区”的图像可以通过图片ID号和关键词查找，以下两个专区只能通过关键词查找。

（3）500px专区。视觉中国网独家代理世界著名摄影网络社区500px的作品。“500px专区”基于500px社区超过5500万张创意摄影作品精选而来，汇聚全球500万名摄影师的顶尖之作。“500px专区”提供的500px精品绝大部分未曾用于公开商业授权，客户可率先体验顶尖摄影师的高品质作品。

“500px专区”按主题分为21个系列，包括城市、自然、风光、动物、儿童、运动、家庭、旅行、时尚、商业、抽象、人物、建筑、交通、食品、水下、天空、微距、星空、婚礼、艺术。通栏大图下方列出的主题及其组合图是热门主题。

（4）Corbis专区。“Corbis专区”的图片来自原全球第二大图片供应商Corbis推荐的热门品牌。Corbis Images已于2016年1月被视觉中国集团的控股公司联景国际收购了全部资产，包括Corbis Images、Corbis Motion、Veer授权品牌相关的图像库、品牌与商标。Corbis仅保留旗下娱乐广告业务。关于Corbis Images的发展沿革请见本书第2版相关内容。

单击进入“Corbis专区”，首先可以看到“Corbis推荐”栏目及其样片，单击样片进入栏目可以看到其他图像。在“Corbis推荐”栏目下面是其他栏目，包括“休闲”“动物”“家庭”“健康”“旅游”“商务”“运动”“不同寻常”8个栏目及其样片入口。

2. 编辑图片

“编辑图片”频道是一个纪实图片频道。视觉中国集团通过旗下电商平台第一时间为超过4500家网络新媒体、报纸杂志、广播电视和图书出版等媒体客户提供具有新闻性、时效性、真实性、直观性的可编辑类图片，内容涵盖突发事件、体育赛事、时尚娱乐等方方面面的热点新闻事件。

视觉中国网有160多家内容合作伙伴，独家代理全球顶级图片库，超过280个顶级编辑图片品牌，与Getty Images、法新社、路透社、BBC等保持长期合作。拥有超过1.3万名国内签约摄影师，月度更新图片60多万张，4000万张故事、历史档案、名人肖像、旅游、生活类题材精品编辑图片，让客户即时掌握全球动态。

“编辑图片”频道文本检索入口中设置了一些条件限定项。“主题”限定选项有滚动、最佳、国内、国际、财经、体育、娱乐、时尚、科技、旅游、图表、漫画、历史、肖像、故事、插画。

“编辑图片”频道的检索功能仅供注册用户使用，检索时先要指定频道下面的专题（见下面两项介绍）。

"编辑图片"频道顶栏下拉列表有以下两个子菜单：

（1）专题汇总。"专题汇总"是"编辑图片"频道的首页，收录的是新闻图片。"专题汇总"的使用模式与"创意图片"一样，首页设置"滚动""最佳""独家""专题"4个热门主题。

（2）bettmann专区。"bettmann专区"收录的是bettmann历史精选新闻图片，多数是黑白照片。

3. 视频素材

视觉中国集团提供海量编辑类视频素材、节目短片及90万条创意类视频素材。与30多个国际品质编辑类视频品牌合作，拥有30多万条编辑类视频素材、5万条自有版权娱乐视频档案、8000多小时自有版权娱乐源素材。通过成熟便捷的在线传输平台、灵活的授权和定价机制，全面满足电视台、网站、移动媒体客户对于视频内容的需求。编辑类视频内容涵盖新闻财经、科技、体育、娱乐、时尚、趣闻及历史档案；创意类视频内容涵盖好莱坞主流电影及全球权威电视节目。素材每日24小时持续更新，并通过不断引进特色视频资源，保持在深度和广度两方面的优势。

4. 音乐素材

视觉中国集团为客户提供专业的音乐素材。包括Sony Music、Pump Audio、Ah2 Music等60多个顶级创意影视音乐品牌，20多万条音乐素材（包含音乐单曲及音效），提供7×24小时在线检索预览。内容涵盖新锐制作公司、唱片公司、音乐制作机构。此外，视觉中国集团还为客户提供专业在线音乐版权咨询服务。

5. 增值服务

"增值服务"频道的内容有以下一些：

（1）商业委托拍摄：承接平面委托拍摄业务，向客户提供供应商选择和渠道联系的一站式服务。

（2）事件委托拍摄：依靠专业的摄影/摄像师团队和丰富的拍摄经验，全程跟拍各类重大事件，为用户提供专业的图片与视频拍摄一站式解决方案。

（3）媒体推广：帮助客户存储、整理并向媒体分发宣传材料，让客户用最小的工作量获得最大的曝光度。

（4）权利清除[㊀]：遍布全球各地的律师团队，以及丰富、紧密的经纪公司资源，让客户在最短的时间以最经济的价格获得有保障的权利清除服务。

（5）视觉化营销：视觉中国有两个国内最有影响力的创意设计社区和摄影垂直社区，它们是视觉中国的关联品牌和营销推广平台。

"视觉ME"（Shijue. me）是设计师社区，号称中国最具影响力的视觉创意产业门户。"视觉ME"为设计师提供高质量创意灵感图片；拥有5000名签约设计师、插画师、摄影师，每日上传原创作品2000幅，为签约供稿人提供作品分享、交易以及版权保护等服务；插画作品以"Shijue+"品牌入驻视觉中国的版权交易平台，让会员的原创作品带来更大的商业价值。依托视觉中国集团海量的正版创意素材，300万名视觉设计注册会员为政府、企业、机构提供定制化的创意众包服务。近十年来，"视觉ME"已携手300余家合作伙伴成功举办了平面、插画、产品&旅游纪念品、动漫、吉祥物、主题用户界面（UI）等众多领域的创意众包活动，成果丰硕。除了帮客户征集到大量的优秀作品，更运用整合营销的手段助力客户品牌提升，受到客户的高度评价。

"VCG. ME"（vcg. me）是摄影师社区。2015年7月13日，视觉中国认购了全球顶尖的摄影

㊀ 相关案例见：www. cfp. cn/index/valueadd? t = five。

师图片社区500px，双方共同打造专业摄影社区中文网站。500px拥有超过600万名注册摄影师会员，每月活跃会员数量超过100万，汇集了全球最优秀的摄影专业人才、大量摄 影爱好者以及5500万张以上优质图片素材。视觉中国获得500px图片素材库大中华区域独家代理销售权，500px向视觉中国全面开放其技术平台、图片素材库、运营经验、会员体系等资源。该社区为会员分享和发现精彩的图片、寻找最优秀的摄影人才并相互交流提供了社交平台。

（6）数字资产管理：视觉中国的数字资产管理系统拥有基于云端的管理系统，支持图片、视频、文档的本地、异地上传和下载，可将资源迅速扩展至各社交网络平台，快速发布公司新闻，使素材管理更加程序化、科学化。

6. 供稿人

“供稿人”提供了编辑类登录、创意类登录、社区注册和供稿人注册的入口。

12.3.3　查找方法

视觉中国网有以下三种查找图片的方法：

1. 频道首页检索方法

视觉中国网每个频道首页上方有一个文本框，可以输入图片编号或关键词查询，也可以单击文本框中间类似相机的按钮可以通过输入图片地址或从本地上传图片实现以图搜图功能，目前上传的图片仅支持JPG和PNG图片，最大2MB。

2. 缩略图结果页的二次筛选方法

视觉中国网各个频道有统一的显示形式，下面以“创意图片－品牌列表”为例说明。

打开某个品牌专辑（有些品牌打开里面没内容），如图12-2所示。

图12-2　视觉中国缩略图显示页面

单击文本框右边类似相机的图案会弹出一个图片地址文本框，进行相似图片搜索，也可以从本地上传图片，但仅支持 JPG 和 PNG 桥式最大 2MB 的图片。文本框下面显示的是已选项和清除已选项的“清空筛选”按钮。

缩略图结昊页筛选菜单见表 12-5。

表 12-5 缩略图结果页筛选菜单

一级菜单	二级菜单	选 项	选项类型
授权	RM、RF		多选项
素材类型	摄影、插图、矢量		多选项
构图	横片、竖片、方片、全景		多选项
色彩	彩色、黑白		多选项
品牌	创意精选、Corbis、ABSODELS、Aflo、AFP Creative、age fotostock 等（共 382 个）		多选项
人 物	选择性别	男人、女人	单选项
	选择年龄	婴儿、儿童、少年、青年、中年、老年	单选项
	人 种	中国人、亚洲人、东方人、白色人种、黑色人种、混血儿、中东人	单选项
	人 数	无人、一个人、两个人、三个人、很多人	单选项
色 彩	单击长条形水平白黑色块弹出如图 12-3 所示的色彩匹配选择器		滑 杆

图 12-3 所示为色彩匹配选择器。色彩匹配选择器用于选择颜色与图像主色调匹配的图像，使用方法是：用鼠标移动最右侧的垂直彩色选择杆，将鼠标移动到某个色调，左边的方框内颜色会随之变动，再用鼠标选择需要的色度，这里最左边下面的条形水平白黑色块中的黑色块会变成所选中的颜色，白色条块内会出现所选颜色的字符编码。单击“确定”按钮后即开始用这种颜色查找与主色调相似的图片。

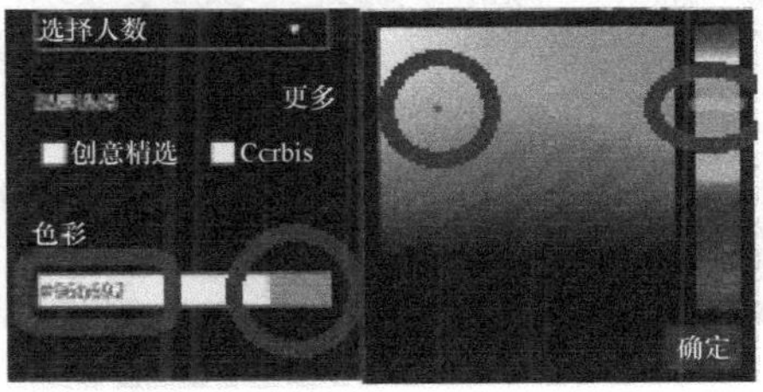

图 12-3 色彩匹配选择器

3. 在图像详细信息显示页重新检索

单击图像可看到更详细的信息。图片下方内容有关键词、版权申明。图片右边内容由上往下是：一组按钮（查看相似图、加入收藏夹、图片下载、我要购买），图片标题和基本信息。基本信息的内容包括：ID、尺寸（存储量、像素、英寸、RGB）、许可说明、摄影师、品牌、肖像权/物权说明、授权限制、版权所有时间，如图 12-4 所示。

在详细结果页中列有一系列关键词，从中选择一，进入编略图页面后再选择筛选项缩小浏览范围。

【检索要点】

（1）注意“创意类”和“编辑类”的区别，前者是指可直接使用的精品图片，后者是指一般作为元素供媒体或书刊图片编辑使用的图片。

图 12-4 Corbis 专区图片详细信息

（2）在结果中检索功能隐藏在缩略图结果页上的黑底白字的“结果筛选”按钮下面。

（3）筛选项中的“色彩匹配选择器”是视觉中国的最大特色。

（4）使用权限代码的含义如下：

1）RR：只限观看的视频。

2）RF：免版税使用的产品。免版税价格只根据客户所需要素材的尺寸大小和授权许可使用的人数确定，而不是根据具体的用途来计算的。当客户购买了一个免版税产品，就可以在多个项目中多次使用，不必要额外再付费，也可以任意地去使用（不得用作色情、诽谤、损坏名誉及其他不合法的用途）。

3）RM：限定使用范围的版权产品。这种产品是根据客户的特殊用途来收费和给予权限的高质量图片。费用是根据以下几个方面来计算的：尺寸、投放媒体、使用时间和发行区域。客户订购一张限定使用范围的版权图片时，需被要求提供详细的使用信息，这些信息将决定授予权限和版权使用费用。

12.4 相关网站简介

12.4.1 全景网

全景网（www. quanjing. com）是北京全景视觉公司面向广告/传媒人构建的“图片搜索+图片电子商务”平台。作为中国最大的图片库代理机构之一，全景网最大的优势在于国内外图片资源的整合与贴近用户的增值服务。全景网全权独家代理全球100多家著名图片品牌，代理1000多名海内外知名摄影师的作品，在国内与200多名自由摄影师签约，自有5支摄影团队，为用户提供300多万张高品质图片，完全可以满足创意人、媒体、出版行业对图片的各种高质量要求，同时每周都会定期更新近万张图片。

全景网的一级栏目设置有创意图片、编辑图片、摄影师，其特色产品是东方元素图片库，其中包含了50多万张中国/东方图片，创全球业内“中国素材”之最。“中国元素”“东方人物”图片库以每年10万张的速度递增，弥补了全球市场对于东方元素图片的需求。

全景网提供以下服务：

（1）图片版权服务。为企业提供专业图片及版权服务，图片资源均有再许可权，并可全部授予最终客户再生产权。

（2）编辑图片服务。协助媒体迅速组稿、快速编辑，图片包括正片、免版税图片、新闻图片、专题图片等多种。

（3）根据广告比稿，提供大图支持。大图支持便于广告比稿与提案，让创意人的作品更加精彩；同时提供小样图（2M～5MB），方便创意人制作草稿。另外还提供找图、修图等增值服务。

（4）全年无休快速反应服务。全景网在北京、香港、上海、广州均设有运营机构，更便于快速回应用户需求。根据创意工作的特点，全景提供7×24小时全天候服务，根据用户提供的图片编号及需求，2小时内予以答复。

（5）针对个案的定向化拍摄。针对用户特殊需求而设的全景网自有拍摄团队与创意团队的定向化拍摄，满足了企业主关于照片量大的传播要求；全景网可协助迅速组稿、快速编辑的专业化视觉解决方案，满足了媒体出版业苛刻的时间要求，提高行销效率。

（6）为企业提供完善的视觉定位、策划、拍摄、设计、后期处理等整合解决方案，打造最佳的企业视觉形象，达到理想化视觉效果，提升品牌形象，提高行销效率。

（7）全景网图片库提供中英文关键字以及编号方式的图片检索方式。可以一次输入多个关键词，各词之间的空格代表“逻辑与”，“逻辑或”运算符用OR表示，“逻辑非”运算符用NOT表示。在英文关键字搜索方式中，如果需要指定每个精确词，就使用英文字符的双引号将其包含起来作为固定词组检索。如果通过赠送的图片目录册或者检索光盘获悉了图片编号，就可以直接用编号作为关键词调出指定的图片。

（8）全景网图片库的分类非常详细，是两级分类结构。第一级类目在下拉列表框中，单击其中某一类在列表框的下方会出现许多主题词，这些主题词就是第二级类目的类名。高级检索窗口也是一个分类目录总览，其类目设置与图片库下拉列表框相同。

12.4.2 POCO网

POCO网（www. poco. cn/）是由广州数联软件技术有限公司创造的国内最大的以原创图片

为核心的分享社区，分享近4亿张原创图片，平均每日新增20万张上传图片，聚合1.1亿优质网友。

POCO网目前最为活跃的社区有摄影社区、美食社区、旅游社区、宠物社区、达物社区、汽车社区，以及手机拍客社区和电子杂志社区。

POCO提供的服务有免费相册、个性空间（兴趣互动空间）、MYPOCO2008（好友互动空间）、POCO2007（影音软件下载）、POCO图客（制作小动画）、POCO Reader（多媒体杂志阅读器）、POCO Maker（电子杂志制作工具）。

12.4.3 昵图网

昵图网（www.nipic.com/）是一个图片分享交流平台，栏目设置有设计、摄影、多媒体、原创交易、求图求助。昵图网以“共享创造价值”为理念，以“尊重原创”为准则，满足用户不同的图片需求，为昵友学习交流、放飞自我提供平台。

12.4.4 FreeGreatPicture网

FreeGreatPicture网（www.freegreatpicture.com/）是一个提供图片素材的站点，100%免费，还提供包括网页模板、JavaScript脚本、桌面壁纸、Icon、Flash等素材的下载。国外的免费素材站点真的很丰富，如果需要寻找高质量的国外免费素材站点，这里值得关注。

FreeGreatPicture网的主要栏目有Wallpaper Gallery（壁纸库）、Website Templates（网站模板）、Icon（图标）、Vector（矢量图片）、Flash（交互式矢量图和Web动画）、JavaScript（Java网页脚本语言）、Others（其他）、Stock Photos（全景图片库）。

12.5 实验九

12.5.1 实验内容、目的和要求

1. 实验内容

根据教师给出的实习题中的要求查找一幅免费使用照片。

2. 实验目的

了解条件限定项和在结果中筛选的功能。

了解使用权限代码的含义。

了解图像搜索结果页中显示项目的含义。

了解图像搜索结果页中按钮的功能。

3. 实验要求

注意区分照片、漫画和视频。

注意点阵式图片与矢量图片的区别。

注意区别不同使用权限图像在付费上的区别。

注意下载的图片尺寸要符合使用要求。

12.5.2 实例

实验名称：使用图片库检索 一幅与健康生活方式有关的免版税黑白插图，要求图片有3个人，其中至少一个是儿童。

表 12-6 为实验结果。

表 12-6　实验结果

<table>
<tr><td colspan="14">检索环境描述（每个错点扣 1 ~ 6 分）</td></tr>
<tr><td>网站名称</td><td colspan="13">视觉中国</td></tr>
<tr><td>频道</td><td colspan="13">创意图片</td></tr>
<tr><td></td><td colspan="13">筛选项（每个错点扣 0.5 ~ 2 分）</td></tr>
<tr><td>授权</td><td colspan="3">版权管理图片（RM）</td><td colspan="3"></td><td colspan="4">免版税图片（RF）</td><td colspan="3">✓</td></tr>
<tr><td>素材类型</td><td colspan="2">摄影</td><td colspan="2"></td><td colspan="2">插画</td><td colspan="2">✓</td><td colspan="3">矢量</td><td colspan="2"></td></tr>
<tr><td>构图</td><td>横图</td><td colspan="2">✓</td><td colspan="2">竖图</td><td></td><td>方图</td><td colspan="2"></td><td colspan="3"></td><td>全景</td></tr>
<tr><td>色彩</td><td colspan="3">彩色</td><td colspan="3"></td><td colspan="4">黑白</td><td colspan="3">黑白</td></tr>
<tr><td>人物</td><td colspan="3">男人</td><td colspan="3"></td><td colspan="4">女人</td><td colspan="3"></td></tr>
<tr><td>年龄</td><td colspan="13">儿童</td></tr>
<tr><td>人种</td><td colspan="13"></td></tr>
<tr><td>人数</td><td colspan="13">3 人</td></tr>
<tr><td></td><td colspan="13">检索结果（每个错点扣 0.2 分）</td></tr>
<tr><td>命中文献数</td><td colspan="13">1</td></tr>
<tr><td>图像</td><td colspan="13"></td></tr>
<tr><td>图片编号（ID）</td><td colspan="13">RF85471413</td></tr>
</table>

12.5.3　实验报告项目说明及常见错误分析

（1）作业中没有列出的项目不要填，作业中列出的项目没有使用要注明“无”。

（2）下载或粘贴的图片应与给定的框同高或同宽，不得遮盖其他项目内容。

12.6　测验题

12.6.1　判断题

（1）“图片库”是图片交易中介的图片数据库，主要收集照片，也包括绘图设计作品和视频。（　　）

（2）Getty Images 是全球数字媒体的缔造者、首创者并引领了独特的在线授权模式。（　　）

（3）500px 是世界著名摄影网络社区。（　　）

（4）Corbis 是当今全球第二大图片供应商。（　　）

（5）视觉中国网在缩略图结果页上有色彩匹配选择器，用于选择颜色与图像主色调匹配的

图像。 （ ）

12.6.2 单选题

（1）以下（ ）属于图片市场中的主要品种。

A. 卡通图片，商业创意图片　　B. 商业创意图片，新闻图片

C. 新闻图片，自然风光图片　　D. 自然风光图片，商业创意图片

（2）图片库中的代码 RM 和 RF 的含义分别是（ ）。

A. 版权所有，只限观看的视频　　B. 免版税使用，版权所有

C. 版权所有，免版税使用　　D. 免版税使用，只限观看的视频

（3）以下（ ）是 Getty Images 在缩略图结果页中的“图像类型”筛选项。

A. 矢量　　B. 稀疏的

C. 抽象指挥　　D. 微距

（4）视觉中国网缩略图结果页中的图片类型菜单的选项有（ ）。

A. 微距，静物　　B. 矢量，照片

C. 矢量，插图　　D. 摄影，插图

（5）在 Getty Images 缩略图结果页中，以下（ ）是将当前图像嵌入到自己的网站或博客的网页原文件中的功能按钮。

A. 　　B. 

C. 　　D. 

12.6.3 多选题

（1）以下（ ）图片不太可能被图片库收录。

A. 黑白照片

B. 没有为照片留下足够的空白

C. 照片上有日期或汽车牌照之类的信息

D. 人物丑陋、表情紧张、悲伤或缺乏魅力

（2）对摄影师而言，网络图片库的优点有（ ）。

A. 可以及时了解图片的市场需求

B. 直观了解签约协议，明确自己的收益情况

C. 扩大自己的知名度

D. 增加图片的销售机会

（3）图片库中的照片具有以下（ ）特点。

A. 是市场化运作下的作品　　B. 是艺术家和商人双重身份的结晶

C. 能被媒体广泛采用　　D. 画面生动色彩亮丽

（4）以下（ ）是视觉中国集团拥有的网络社区。

A. 500px　　B. Corbis

C. 视觉 ME 设计师社区　　D. VCG. ME 摄影师社区

（5）以下（ ）是 Getty Images 在略图结果页中的“人物构成”筛选项。

A. 特像　　B. 肖像

C. 看着相机　　D. 偷拍的

第13章　学术训练基础

本章重点

1. 学术素养与学术规范的内容与要求
2. 实证性学术论文的结构
3. 引言和文献综述撰写形式
4. 引言和文献综述中引文标注格式
5. 如何提炼研究角度、方法和数据来源，如何概括研究主题和结论

13.1　学术训练

13.1.1　学术素养与学术训练㊀

1. 学术素养

大学本科教育与硕士研究生和博士研究生教育不同。大学教育侧重于素质教育，硕士研究生教育属于研究基础教育，而博士研究生教育属于研究能力教育。那为什么大学本科还要注重毕业论文的写作呢?《教育部办公厅关于加强普通高等学校毕业设计（论文）工作的通知》强调“毕业设计（论文）是实现培养目标的重要教学环节。毕业设计（论文）在培养大学生探求真理、强化社会意识、进行科学研究基本训练、提高综合实践能力与素质等方面，具有不可替代的作用，是教育与生产劳动和社会实践相结合的重要体现，是培养大学生的创新能力、实践能力和创业精神的重要实践环节”。教育部正在制定的本科专业教学质量国家标准纳入了创新精神和能力培养要求。标准要求各高校在各专业人才培养方案中将创新精神、创业意识和能力作为人才培养的重要指标，构建有针对性、时效性的创新创业教育课程体系，提出注意学科专业教育与创新创业教育的有机融合，面向全体学生开设研究方法、学科前沿、创业基础、就业创业指导等相关的必修课和选修课，通过具体的课程体系实现培养学术素养的目标。

学术素养是指学术研究者在研究过程中应具备的基本素质和道德素养，是产生原创性成果的基础，是解决钱学森之问的钥匙。学术素养的内涵是：深入实际，用事实说话；重实证研究，轻思辨研究；自己动手获取数据，让证据说话；重独立思考能力，轻机械式再现能力。也有学者认为㊁，学术素养的核心要素包括无畏的精神、独立的意识、批判的思维、勤奋的态度四项内容。那么，学术素养是如何培养出来的呢？在西方的大学体系中，各学科都有一门非常重要的“研究方法”课。这是一门传播学术研究基本规范的课程，其教学基本思路是：先看看别人就自己想研究的问题都已经研究了什么，这些研究有什么不足，在此基础上，自己希望研究些什么，

㊀ 参考：史达．大学学习中的学术精神与学术训练［J］．软件工程师，2008（10）。

㊁ 见：blog. sina. com. cn/s/blog_ 948413d00101a0e7. html。

希望达到什么研究目的，准备采取什么样的研究方法，样本怎么搜集，采用何种统计分析工具，这些工作都完成之后，才能得出自己的结论和建议。在西方发达国家，学生从小学开始就接受这种规范化的学术素养的熏陶，从而形成整个社会的创新精神。显然，培养学术素养并不仅仅是为了培养从事纯理论研究的工作者，更主要的是通过科学的学术训练，培养求真、严谨的学术精神，以在今后的工作中，学会运用各种研究方法去探索问题。例如，撰写各种调查报告、各种汇报材料、各种讲话发言稿，受过学术训练的人就能驾轻就熟，写出的公文也会更严谨更有条理。

2. 学术训练

学校里学到的知识是很容易忘记的，尤其在没有长期重复记忆的时候，而通过学术训练培养出来的学术精神将是相伴一生的宝贵财富。通过学术训练，我们应该达到：①树立学术道德观，坚持科学严谨的治学态度；②培养学术规范的意识；③训练从阅读专业文献到选题、检索、分析和撰写的能力。具体来讲，学术训练的环节和内容大致有以下一些㊀：

第一是读书的训练。培养学生的读书爱好，使其愿意读书，喜欢读书，能刻苦读书，读得进去，并且能够对书中的内容进行深入思考，判断其中的观点是否正确。

第二是收集资料信息的训练。不管哪个专业的学生，都要接受这方面的训练。给学生一个课题，让他独立地去收集信息材料并加以整理，归纳出前人的代表性成果，找出存在的问题，提出自己的观点和思路，并写作研究述评。

第三是表达能力的训练。表达能力包括书面表达能力和口头表达能力。只要注意就会发现，当前社会对人才的需求都讲三个“子”——“脑瓜子、嘴头子、笔杆子”，这就是要求合格的大学毕业生都要培养这三个方面的能力——思维能力、书面表达能力和口头表达能力。

第四是创新素质的训练。该训练就是要培养学生学会遇到问题多问几个为什么，激发其创新精神，培养其强烈的创新意识，使其会思考问题，会运用求异创新思维。

第五是严谨学风的训练。严谨学风即说话有根据，不出现常识性错误，不写错别字，不剽窃别人的学术成果。在大学学习阶段要学会“咬文嚼字”，仔细认真，一丝不苟。通过四年反复认真的训练，培养起严谨的学风，这样就会一通百通，一辈子受用。

指导本科生撰写学术论文正是一项针对本科生的学术训练，也是一项值得提倡的学术规范教育。下面以写发言稿为例，来说明学术训练的步骤及在日常工作中的作用。

第一步：选题。写发言稿先明确自己想说什么，听众想听什么，不同的听众有什么特殊要求，这些都考虑好了，才能确定一个大家都满意的题目。

第二步：文献综述。在确定发言稿的题目后，也应该查阅一下以前类似问题写得比较好的讲稿，目前关于该问题的正确主基调是什么，从而确定本篇发言稿的主题和切入点。

第三步：确定研究方法。确定发言稿的主题和切入点后，则需要考虑到受众、场合、目的等特殊性，以确定演讲风格。

第四步：数据分析。对于一个引人入胜的发言稿，应当使用一些图表和数据来增强发言的说服力。

第五步：结论和政策性建议。在领导发言的最后也要有几个精彩的结论或提出今后发展思路。

在学术训练中还有一些格式上的要求，在发言稿中也要注意一下文章的排版、字体，检查一下是否有错别字等。

㊀ 冯光廉讲述，吕震整理．接受严格学术训练——与大一生谈心之七．blog.sina.com.cn/s/blog_4a175bce0100b3xq.html.

13.1.2 学术规范

学术规范是指学术研究和交流过程中应当遵循的基本准则，可分为形式规范和道德规范两方面。形式规范是关于研究方法、论文结构、引文及标注的要求；道德规范是对论文原创性以及尊重事实和他人研究成果等学风方面的要求。

学术训练过程要求遵守学术规范。2009 年教育部就发出了《关于严肃处理高等学校学术不端行为的通知》，强调把学术道德和学术规范纳入本专科学生和研究生教育教学之中。学术规范教育的目的是培养学生的学术创新能力和遵守学术规范的习惯。遵守学术规范展示的是研究者在科学探索过程中的法律意识、道德意识和诚信意识。在遵守学术规范的基础上进行学术创新，才可能保证学术创新的科学性和有效性。据陈丹丹（2012）和路文军（2015）对国内部分院校毕业论文写作状况进行的调查，目前大学生毕业论文中存在的不符合学术规范的现象主要有㊀：

（1）不懂得毕业论文写作的具体步骤。许多学生不知道毕业论文写作的具体步骤，实际写作过程中对开题报告的撰写、参考文献的查阅和引用、摘要和结论段的撰写等内容都不清楚，造成其毕业论文写作水平普遍不高。

（2）题目过大，缺乏新意。本科毕业论文题目过于宽泛，因而很难在有限的篇幅内将所要讨论的问题阐述清楚。尽管经过教师指点在格式上基本符合毕业论文要求，但全篇论文基本是案例、举例或数据归纳，所阐述的都是表层现象，缺乏深层次的分析，更不能上升到理论高度进行归纳总结。而且毕业论文缺乏新意，基本都是他人已经讨论过观点的重复。

（3）复制粘贴普遍存在，语言错误连篇。如果一篇毕业论文不是作者自己亲自撰写，而是通过复制、剪切和粘贴完成的，那么整篇论文的连贯性和逻辑性就很难保证，语言语法错误很多，叙述过程中上下文逻辑不通的情况经常出现。

（4）文献使用不符合学术规范。有些毕业论文是文后有很多参考文献，但正文中却没有对应的文献；还有一些是正文中使用的参考文献在文后没有标示出来。有的参考文献使用只是为了达到学校规定的数量，但学生并不清楚使用参考文献的目的。

13.1.3 学术规范条例㊁

1. 基本学术规范

在科研活动中，应自觉遵守国家法律、法规、社会公德和下列学术规范：

（1）在学术活动中，应严格遵守《中华人民共和国宪法》《中华人民共和国民法通则》《中华人民共和国著作权法》《中华人民共和国专利法》《中华人民共和国保守国家秘密法》《计算机软件保护条例》等有关法律、法规以及教育部《高等学校哲学社会科学研究学术规范（试行)》。

（2）学术研究要遵循学术界关于引证的公认准则。在作品中引用他人的成果，必须注明出处；所引用的部分不能构成引用人作品的主要部分或者实质部分，从他人作品转引第三人成果应注明转引出处。

（3）合作作品应按照当事人对科学研究成果所做贡献大小并根据本人自愿原则依次顺序署名，或遵从学科署名惯例或作者共同的约定。任何合作作品在发表前要经过所有署名人同意，所有署名人应对本人完成部分负责。

㊀ 路文军．论加强本科毕业论文写作学术规范的必要性和途径．教育与职业，2015（2）．

㊁ 摘自《上海财经大学研究生教学一览—2016》．

（4）在对自己或者他人的作品进行介绍、评价时，应遵循客观、公正、准确的原则，在充分掌握国内外材料、数据的基础上做出全面分析、评价和论证。

2. 禁止行为

（1）故意捏造或篡改研究成果、相关数据及引用的文献资料。

（2）抄袭他人已发表或未发表的作品，或者剽窃他人的学术观点、学术思想，擅自使用在同行评议或其他评审中获得的学术信息。

（3）未参加实际研究或者论著写作，而在别人发表的作品中署名。

（4）未经他人同意违背他人意愿，而在本人发表的作品中署他人姓名。

（5）故意夸大研究成果的学术价值、经济与社会效益。

（6）违反国家有关保密的法律、法规或学校有关保密的规定，将应保密学术事项对外泄露。

（7）其他违背学术界公认的学术规范和学术道德的行为。

13.2 学术论文的结构㊀

国际上通行的论文撰写形式均采用标准化、模块化的结构，这种规范化的结构特点便于学术刊物的评审和读者比较、参考和学术交流。本书以实证研究方法为例来说明社会科学应用研究领域学术论文最常见的撰写结构。

以实证方法撰写的学术论文主体部分一般由引言、假设、研究的路径和方法、数据收集和变量测定、统计分析、研究发现、结论与建议七个部分组成。以上划分在不同专业之间，以及期刊论文与学位论文中会有少许差别，例如引言部分的文献综述可单独列为一节。除了主体部分外，附属部分也是规范化的学术论文所不可缺少的，如标题、作者姓名和单位、摘要、关键词、参考文献等。附属部分是编制书目的基础。

13.2.1 引言

（1）简要说明研究工作的主要背景、目的，其作用是提出导向研究的问题、概括要点、引导阅读、激发读者对该论题的兴趣。

（2）陈述所发现或提出的问题，表明研究的重要性，说明这项研究的意义。说明研究重要性的一个方法就是通过多引用多篇文献来证明这个问题已引起广泛关注，并以此来证明该研究的必要性。

（3）文献综述。介绍前人就此问题进行过怎样的研究，原来存在什么问题，提出了什么要求，对相关课题的研究进行综述性回顾。文献综述的目的是说明研究的基础、起点，区分已有的研究与当前研究的不同，并以此来证明本研究的重要性。

文献综述应按作者的观点聚类，并按观点的逻辑顺序一一列出。文献综述中引用他人思想、成果和数据的部分要明确标出，并在文后参考文献部分列出其出处。

（4）批判性评论。在文献综述的基础上再按时间或学派聚类，对不同作者的观点进行对比评述，发现有缺陷的论证（例如没有与具体的样本相结合）或矛盾的观点，指出已有研究中空白点和欠缺之处（例如忽视了重要的影响因素）等，在前人研究的基础上拓展或重新检验，提出本研究要解决的问题。

（5）解决问题的思路和方法。若采用统计学方法，则需要简单介绍研究路径和数据处理方

㊀ 刘军．管理研究方法——原理与应用［M］．北京：中国人民大学出版社，2008：80－98.

法和预期结果，及其在相关领域的地位、作用和意义。

（6）预期研究的结果和意义，以及将从本研究方案中获益的群体。论文较长时，要概要介绍论文的结构安排和组成顺序。

13.2.2　假设

在社会科学研究中影响因素和结果称为变量，前者称为自变量，后者称为因变量。假设是对变量之间关系的推测，是可以检验的命题。假设是基于文献综述中对已有研究成果的分析提出的，应该是有理有据的。实证假设的建立有以下两种方法：

（1）归纳法。归纳是从大量案例中找出许多人的共同观点或广泛存在的现象来证明自己的判断。

（2）演绎法。演绎是根据权威理论或没有异议的认知来支持自己的假设或反驳某种观点。

归纳法和演绎法各有优缺点，前者的依据是大家认同的观点就是对的，广泛存在就是合理的，易于以偏概全；后者的依据是权威的话总是对的，易于忽略客观条件的变化。两相比较，归纳的弱点在结论，演绎的不足在前提，所以在学术论文的假设中通常将两者结合起来使用。

13.2.3　研究的路径和方法

采用什么样的研究路径和方法要与研究的内容和条件相匹配。社会科学应用领域研究的课题主要来自于各种文献资料、理论或实践中各种难题或有争议的问题，研究方法主要有文献分析法、案例分析法、问卷调查法和实验观察法。对过去研究过的问题采取新的学科视角或研究模式进行重新审视，也是形成学科突破的一种方法。

13.2.4　数据收集和变量测定

实证研究的特点是让数据说话，数据的质量将直接影响研究结论的可靠性。数据的质量有可靠性和有效性两个指标。可靠性是关于测量对象真实性的信赖度的指标，有效性是关于测量对象反映预设目标真实性的指标。数据收集方法有很多，不同方法有不同的优缺点。

（1）二手数据收集。这包括数据库检索、网站查找、行业刊物浏览，也包括向调查公司购买。二手数据获取容易，但内容比较宏观，通用性强，一些时效性强的或内部的、细节性的数据只能通过其他方式获得。

（2）问卷调查。这是实证研究中最常用的收集数据的方法。问卷调查可以弥补通过检索方法无法获得的那些数据。所获数据的质量与问题的设计和调查对象的选择有很大关系，另外问卷调查的成本也比较高。

（3）访谈。这包括内部访谈、深度访谈和焦点访谈。访谈可以弥补问卷调查问题设置有限的不足，可以针对某一个现象进行较深入的交流，交谈中可以提出一系列探究性的问题，可以引导调查对象说出一些内心深处的想法。

13.2.5　统计分析

实证研究中最常用的统计工具是SPSS软件，软件里设置的统计方法大致可以归为三类：数据特征分析方法、信度效度分析方法和功能性统计方法，读者应根据掌握的材料、研究目的和表述形式选择。也有的学术论文采用定性分析与定量分析相结合的方法。

13.2.6 研究发现

阅读全篇论文前一般先要经过以下几个步骤：第一步是用关键词检索出题录，第二步是通过阅读论文标题选出题录，第三步是阅读摘要并下载全文，第四步是通过阅读正文中的结论进行粗选，第五步是阅读粗选出来的论文进行重点阅读。可见论文的结论既是作者的学术贡献和撰写摘要的依据，也是读者判断论文相关性和质量的重要一环。研究发现的起点是假设，是作者对数据分析的逻辑结果，是对事物的本质认识。研究发现中需要说明的问题如下：

（1）研究结果说明了什么问题，得出了什么规律，解决了什么实际问题或理论问题。

（2）对前人的研究成果做了哪些补充、修改和证实，有什么创新。

（3）所研究的范围内还有哪些尚待解决的问题，解决这些问题的基本思路和关键是什么。

13.2.7 结论与建议

结论汇集的是全部分析过程后的总体的结论，不仅要对论文中获得的结论进行再现，中肯评价自己研究的贡献，还要总结研究的局限性，指明对进一步研究的展望。研究的局限性主要涉及的部分有：假设有问题、自变量考虑可能不全面、理论适用性可能不足、论文结构或研究步骤可能不完美、统计范围可能使结论的有效性不足、数据采集的局限性等。

13.3 撰写实例

定量研究中一般将文献综述并入引言中，也有两者单独设置的。理论假设有时会出现在引言中，但并非在所有学术论文中都是必需的。而在定性研究中，一般根据论述的需要，涉及的参考文献会出现在论文中各个相应的位置。

文献综述中直接引用他人的原话要加双引号。引用其他人的意思不加双引号，但要明确标注，标注形式有以下三种：

（1）在被引用作者姓名后面加上标注（如果引用的是多个作者合写的论文，则在最后一个合作者后面标注），在文后参考文献部分以相同的标号列出文献出处。

（2）在被引用作者姓名后面加上标注，文献出处以脚注的形式列出。

（3）在引用的话语意思后面加上作者姓名和文献发表年份，并用圆括号括起。

13.3.1 引言与文献综述合并撰写的例子

以下实例摘自《中国工业经济》2014年第12期汤吉军的《不完全契约视角下国有企业发展混合所有制分析》，其中标有下画线的是引导词，粗体字是阅读论文的关注点。

一、问题提出

<u>从经济理论角度看</u>，福利经济学基本定理与科斯定理都是理想世界中的结果，也是理解市场交易重要性的理论参照系。在一般均衡理论中，所有产品和服务都有市场，将每一相关的方面都写入契约也没有问题。但是在交易成本经济学中，根本性转变意味着并不是所有产品和服务都有市场，并且有限理性假设隐含着契约只能是不完全的，所以科层组织是必要的。与科斯定理一样如果没有收入效应，没有无效率的讨价还价，产权的每一种配置方式都会导致帕累托最优。科斯定理既强调了产权的配置和可交易性的重要性，也强调

了讨价还价过程良好运作的重要性。需要指出的是，无摩擦的竞争模型和不完全竞争模型似乎不再具有合理性，因为这些模型是建立在零交易成本、完全个人理性和外生的给定制度结构这样一些严格的假定之上的[1]，看不到交易成本或制度因素的影响。如果垂直一体化总会降低交易成本，那么企业的规模可以无限扩大。而且，人的认知能力也会因为垂直一体化而提高。如果假设垂直一体化时理性有限，无法达到理想化状态，那么，比较市场交易与组织内部交易时，就不能拿不完全契约世界的结果与完全契约世界中的结果相比，而是需要在两份不同的不完全契约之间进行比较，从而发现所谓的不完全制度安排，其实比想象中的理想制度安排更有效率。Schmidt[2]提出私有化的成本—收益分析、透视出私有化本身并不是免费可以得到的，以不完全契约为研究起点的模型 Grossman – Hart – Moore（GHM），以财产权或（剩余）控制权的最优配置为主的研究方法在某种程度上也指出国有产权存在的合理性。

……

朱东平[4]解释了社会主义初级阶段混合所有制的合理性，杨灿明等[5]指出，所有权与经营权两权分离具有一定局限性，需要所有权、产权与经营权三权分离，而中国社会科学院工业经济研究所课题组[6]则认为，是国有资产管理体制不完善或者垄断所致。这些理论都局部地说出一些难以发展混合所有制的真相，但对于全面深化国有企业改革而言很多学者使用新古典经济学的原理，仅仅强调自由市场和全盘私有化，即使华盛顿共识也是如此，倡导“看不见的手”市场观，最终演变成所谓的完全契约，看不到权力或权利的重要性。特别是忽略了在不完全契约情况下，国有化与私有化之间有着本质差别—关键在于资产专用性，以及由此引起的敲竹杠行为。也就是说在交易成本或契约不完全条件下，国有产权也是一种有效率的治理机制[7]。

研究角度：不完全契约

研究一级主题：企业治理结构的选择逻辑。

研究的二级主题：大型国有企业在自由市场情况下准租金的分配问题

为此，本文从不完全契约角度审视企业治理结构的选择逻辑，依据资产专用性概念来分析大型国有企业在自由市场情况下准租金的分配问题，摆脱私有产权与国有产权简单两分法，在此基础上，内生地解释私有化、混合所有制和国有化作为一种治理结构存在的合理性，而不是简单地创造公平竞争环境[8]，与产权改革形成一种新的理论综合。充分理解国有企业发展混合所有制，并不意味着发展混合所有制一定伴随企业所有者的改变，有可能还会进一步强化国有产权的重要性，其根源在于大型国有企业的物质资本专用性、金融资本专用性、人力资本专用性和组织资本专用性。因此，只有尽量降低或者减少大型国有企业资产专用性的束缚，尤其把治理资产专用性与准租金作为所有权调整的基本原则。这些对于全面深化中国国有企业改革，积极发展混合所有制经济具有重大理论与现实意义。

……

四、一般性结论及发展混合所有制的政策建议

综上所述，以一般均衡理论为基准，在产权问题上留下的空白，使人们可以从不同角度来理解产权。确实，它没有说私有制不好，但它也同样没有说公有制就优越……不过，一般均衡理论从内涵到外延，都没有对公有制和私

有制表现出任何倾向性，科斯定理也没有所有权偏好，只是表明在完全确定和交易成本为零时所有的契约形式都是等价的（即国有与私有同样都是有效率的）。于是，制度研究的前提应当是信息不完全和交易成本的存在，并看到不同契约下的激励与协调机制对效率而言是不同的。在这种情况下，国有企业很容易被理解为一种治理机制，混合所有制是介于私有企业和国有企业之间的一种治理结构或产权安排，而不是唯一的企业组织形式。如果不把不完全契约纳入经济分析就不可能理解国有产权的合理性。其结果是在提出一些政策建议时往往会误入歧途，无法给公共政策提供适当的理论基础。

……

如前所述，本文运用不完全契约理论明晰了国有企业发展混合所有制的各种主客观条件，围绕诸如资产专用性、交易成本、敲竹杠和政府干预等方面，不仅探究了发展混合所有制的理论逻辑追求，交易成本最小化，而且还提出积极发展混合所有制的一些政策建议，目的是千方百计地使不完全契约趋向于完全。具体如下：

研究方法：不完全契约理论

贡献和建议：1－4

1. 降低资产专用性，完善竞争性市场结构，促进混合所有制发展

……

2. 降低交易成本，加强企业治理结构，促进混合所有制发展

……

3. 减少敲竹杠行为，提高信息对称程度，促进混合所有制发展

……

4. 创造良好的缔约环境，提高政府干预效率，促进混合所有制发展

……

总之，从不完全契约角度剖析国有企业发展混合所有制面临的困境问题，可以为混合所有制经济的发展扫清障碍。虽然资产专用性会给自由市场带来损失，适度的国有化更是对市场失灵的一种理性反应，也是一种必要的治理结构。尽管依靠市场可能存在失灵，而政府纠正这些失灵的能力可能更加有限，国有企业也会失灵。因而大型国有企业在发展混合所有制过程中如何用好“看不见的手”和看得见的手，乃至介于中间阶段的治理结构都显得格外重要。鉴于这些局限性，建立一个使市场能够充分发挥它最擅长作用的制度框架和制度环境，包括混合所有制，同样是追求交易成本最小化的一种治理结构选择。而要真正实现混合所有制，建立相应的市场结构与治理结构，以及政府干预或管制结构，这将为推进国有企业治理体系和治理能力现代化指明研究方向，对于完善和发展中国特色社会主义市场经济体制也将具有重要的现实意义。

研究角度：不完全契约

研究主题：国有企业混合所有制面临的困境

研究结论：建立一个使市场能够充分发挥它最擅长作用的制度框架和制度环境……

［参考文献］

［1］弗鲁博顿，瑞切特．新制度经济学——一个交易成本的分析范式［M］．姜建强，等译．上海：上海三联书店，上海人民出版社，2006.

［2］Schmidt. The Costs and Benefits of Privatization：An Incomplete Contract Approach［J］. Journal of Law，Economics and Organization，1996，12（1）：1－24.

……

[4] 朱东平. 论混合所有制的经济合理性 [J]. 经济研究, 1994, (5): 34 - 39.
[5] 杨灿明, 邱彬, 刘英. 建立现代企业制度与国有股份的管理 [J]. 中南财经大学学报, 1994, (5): 60 - 65.
[6] 中国社会科学院工业经济研究所课题组. 论新时期全面深化国有企业改革重大任务 [J]. 中国工业经济, 2014, (9): 5 - 24.
[7] Williamson. Comparative Economic Organization: The Analysis of Discrete Structural Alternatives [J]. Administrative Science Quarterly, 1991, 36 (2): 269 - 296.
[8] 林毅夫, 刘培林. 自生能力与国企业改革 [J]. 经济研究, 2001 (9): 60 - 70.
……
[27] 李平, 高闯. 企业创新: 困境与出路 [M]. 沈阳: 辽宁教育出版社, 1998.
[28] Sappington D, J Stiglitz. Privatization, Information and Incentives [J]. Journal of Policy Analysis and Management, 1987, 6 (4): 567 - 582.
[29] Chiu, Y. Non - cooperative Bargaining, Hostage and Optimal Asset Ownership [J]. American Economic Review, 1991, 88 (4): 882 - 901.
[30] 常修泽. 发展混合所有制经济: 完善市场经济体制新课题 [J]. 浙江经济, 2003, (21): 12 - 13.
……

13.3.2 引言与文献综述分开撰写的例子

本例摘自《会计研究》2014 年第 3 期郑海英、刘正阳，冯卫东的《并购商誉能提升公司业绩吗？——来自 A 股上市公司的经验证据》，其中标有下画线的是引导词，粗体字是阅读论文的关注点。

一、问题的提出

随着科学技术创新和市场竞争的日益加剧，我国资本市场上市公司并购活动日益频繁，商誉确认计量问题成为企业并购活动中的核心问题。按照 2006 年财政部印发的《企业会计准则第 20 号——企业合并》中明确的商誉定义，“非同一控制下企业合并中，购买方对合并成本大于合并中取得的被购买方可辨认净资产公允价值份额的差额，应当确认为商誉”。我国上市公司年度财务报告显示，2007—2012 年我国因并购产生商誉的上市公司数量由 451 家增加到 1000 家；市公司财务会计报表中并购商誉金额由 326.28 亿元增加到 1672.32 亿元。并购商誉的上市公司数量、并购商誉金额均呈现逐年增长的态势。

准则制定机构发布新规定，在提高财务报表透明度和会计信息质量，为资本市场利益相关者提供真实可靠会计信息（王鑫，2013）的同时，也给企业经营带来了多方面的经济后果。现有文献已经从多角度研究了会计准则执行给企业带来的经济后果（张然和张会丽，2008；叶建芳等，2009；杜兴强等，2009；陆正飞和张会丽，2009；刘玉廷等，2010；刘永泽和孙翯，2011；谢德仁，2011），但鲜有文献研究按照我国会计准则确认计量的并购商誉所带来的经济后果。根据我国会计准则规定确认计量的商誉会产生怎样的经济后果，到底能为公司业绩带来什么影响？企业并购将提高市场集中度，也会引起市场监管机构的广泛关注，在市场集中度约束条件下，并购商誉对公司业绩又会

引文作者在正文中的标注形式

产生怎样的影响？本文将对以上问题进行深入研究分析。

本文其余部分安排如下：第二部分是文献回顾；第三部分是理论分析与研究假设；第四部分是研究设计；第五部分是实证结果，包括描述性统计和回归结果分析；第六部分是结论与建议。

二、文献回顾

上市公司确认商誉产生的经济后果研究一直是国外学者关注的话题。**Chauvin and Hirschey（1994）**以非制造业企业为研究样本，检验了商誉与公司盈利能力、市场价值之间的关系，研究发现商誉对两者均有积极影响。**Jennings et al.（2001）**通过研究1982—1988年确认商誉企业的股价变动与商誉之间的关系，发现商誉能够显著提升企业的股价。**Godfrey and Koh（2001）**通过研究澳大利亚上市公司，也发现上市公司商誉对公司价值的影响较大，特别是商誉的资本化信息会引起资本市场投资者广泛关注。上市公司确认商誉时商誉类型的划分同样能够引起市场的关注，**Henning等（2000）**将商誉区分为持续经营商誉和协同商誉，以1990—1994年美国发生并购活动的1576家上市公司为样本，研究了股票市场对于持续经营商誉和协同商誉的反应，结果发现上市公司的两种商誉组成比例不同会引起投资者不同的反应；进一步研究发现投资者更加关注并购活动产生的协同商誉而非持续经营商誉。

引文作者在正文中的标注形式

……

与国外研究相比，结合我国实际情况研究商誉问题的经验研究较为罕见。杜兴强等（2011）以2007—2009年A股上市公司为样本，实证检验了商誉与权益计价之间的关系，研究发现：相比于其他资产，上市公司商誉的账面价值与权益价值更为正相关。

综上，可以看出，现有文献对并购商誉产生的经济后果研究还比较少，特别是针对我国上市公司确认商誉产生经济后果的研究更少。并购商誉是否能够提升公司业绩、行业竞争程度（市场集中度）对并购商誉与公司业绩的关系是否有显著影响，目前研究还处于空白。

……

六、结论与建议

本文以2007—2012年A股非金融类上市公司为样本，研究了并购商誉对公司业绩的影响，并进一步分析了上市公司所在行业的市场集中度对并购商誉与公司业绩关系的影响。研究发现，上市公司支付较高商誉成本能够提升公司当期业绩；在以后的期间内，除市场集中度较高的行业外，上市公司支付的较高商誉成本显著降低了公司业绩，商誉成本对公司业绩的负面影响存在滞后性；在市场集中度较高的行业，上市公司的商誉成本能够提升公司业绩。

数据来源或对象：2007—2012年A股非金融类上市公司

研究一级主题：并购商誉对公司业绩的影响

本文的研究丰富了国内外商誉的研究文献，有助于我们从市场集中度视角了解执行现行会计准则产生的经济后果，启示企业在开展并购活动时应当考虑支付过高商誉成本给企业未来业绩带来的下行压力和企业所在行业的市场竞争程度。同时，本文的研究结论为评价我国会计准则国际趋同提供了新的证据，对于改进和完善现行会计准则提供了新的思路。

由于难以获取关于自创商誉和因并购协同效应产生的合创商誉的详尽数据，本文只研究了外购商誉对公司业绩的影响，而没有研究企业自创商誉和合创商誉对公司业绩的影响。建议在改进和完善现行会计准则时对商誉进行重新定义，将并购商誉划分为“并购日商誉”和“并购后商誉”，以分别核算企业并购时点的外购商誉和企业并购时点以后的协同效用导致商誉变化的情况，客观地反映商誉经济实质及企业并购的经济后果。同时，建议考虑运用系统的方法构建商誉公允价值发现、评价及修正机制（冯卫东和郑海英，2013），对商誉估值的公允性、可靠性进行持续评价和修正，以不断提高会计信息质量。

研究二级主题：上市公司所在行业的市场集中度对并购商誉与公司业绩关系的影响

本文贡献：上市公司支付较高商誉成本能够提升公司当期业绩……

主要参考文献

……

杜兴强，周泽将，杜颖洁．商誉与权益计价：基于企业会计准则（2006）的经验证据［C］．中国会计学会会计基础理论专业委员会2011年专题学术研讨会论文集，2011.

樊纲，王小鲁，朱恒鹏．中国市场化指数——各地区市场化相对进程2011年报告［M］．北京：经济科学出版社，2011.

冯卫东，郑海英．企业并购商誉计量与披露问题研究［J］．财政研究，2013（8）：29－32.

葛家澍，杜兴强．中级财务会计学（上）［M］．北京：中国人民大学出版社，2007.

……

Chauvin, Hirschey. Goodwill, Profitability, and Market Value of the Firm [J]. Journal of Accounting and Public Policy, 1994, 13 (2): 159－180.

Godfrey, Koh. The Relevance to Firm Valuation of Capitalising Intangible Assets in Total and by Category [J]. Australian Accounting Review, 2001, 11 (2): 39－48.

Henning, Lewis, Shaw. Valuation of Components of Purchased Goodwill [J]. Journal of Accounting Research, 2000, 38 (2): 375－386.

Jennings, LeClere, Thompson II. Goodwill Amortization and the Usefulness of Earnings [J]. Financial Analysts Journal, 2001, 57 (5): 20－28.

……

（作者自述的论文影响与意义不重要）

13.4 实验十

13.4.1 实验内容、目的和要求

1. 实验内容

（1）根据课题要求查找5篇核心期刊论文，记下题名、作者和来源（含刊名、出版日期和页码）。

（2）根据文摘、引言和结论部分的内容提取作者的研究角度（或方法）、研究内容（或主题、目的）、论文贡献（或新发现）、论文观点（或结论、建议）。

（3）根据收集的资料撰写论文的引言或文献回顾。

（4）学会使用 NoteFirst 参考文献管理软件。

2. 实验目的

（1）掌握判断文献重点的方法。

（2）初步学会撰写学术论文引言或文献回顾的方法。

（3）初步掌握 NoteFirst 的使用方法。

3. 实验要求

（1）按原格式复制文献题名、作者和文献来源，去掉粘贴过程中产生的空格和多余的标点符号。

（2）研究角度和研究方法两项至少填写一项；研究主题即研究内容；没有论文贡献的可以不填；对论文观点/建议/结论可以进行必要的归纳、改写。

（3）一项内容过多时可以增加行距。

（4）下载、安装、注册 NoteFirst 软件。

（5）Excel 实验报告、Word 论文模板和 NoteFirst 软件三者要结合在一起使用。

（6）Word 论文模板可通过 WPS 下载。

13.4.2 实例

实验名称：检索并筛选出关于“大学生职业规划与就业”方面的三篇参考文献，记下每篇文献的题名、作者和来源，并概括出论文的观点或结论，结果如表 13-1 所示。

表 13-1 实验结果

（1）	题名 *	论职业生涯规划在大学生就业指导工作中的作用
	作者 *	杜生民
	文献来源 *	教育教学研究（2007 年 2 期）55－58
	研究角度	
	研究方法	查阅资料、调查研究、座谈了解
	数据来源/样本对象	成都电子机械高等专学院校 2006 届本科毕业生
	主要议题（主题） *	大学生职业规划与就业
	本文贡献、结论、观点、建议 *	高校应当加强职业生涯规划教育，帮助学生发现、培养自我的潜能与创造力，指导学生依据兴趣爱好和职业判断进行学习，培养和输送具有独立生存能力和创业精神的人才
（2）	题名 *	大学生职业规划与就业
	作者 *	薛丽华　李雨健
	文献来源 *	《教师》2011 年第 15 期 121－122
	研究角度	
	研究方法	
	数据来源/样本对象	
	主要议题（主题） *	大学生职业规划与就业
	本文贡献、结论、观点、建议 *	大学生应树立正确的就业观，积极探索适合自己的就业之路，充分认识自己的优缺点，同时要不断了解企业的需求，完善自我

（续）

（3）	题名 *	职业规划生涯教育与大学生就业分析——基于逻辑和多元线性回归分析
	作者 *	刘秋蘅
	文献来源 *	《人才资源开发》2015 年第 20 期 51－52
	研究角度	
	研究方法	调查问卷，逻辑回归和多元线性模型分析
	数据来源/样本对象	中国石油大学 2014 年即将毕业的学生（含研究生）
	主要议题（主题） *	大学生职业规划与就业
	本文贡献、结论、观点、建议 *	大多数学生对于职业规划教育持积极态度，但相当一部分学生对职业规划教育不满意，因此高校应做好这方面的工作。女生比男生更早开始自主考虑进行职业规划，城镇学生比农村学生更早开始进行，因此职业规划教育主体应面向男生和来自农村的学生
根据上题归纳的研究现状撰写文献综述，并按规范格式列出参考文献。		
引言/文献回顾		
参考文献	[1] 杜生民．论职业生涯规划在大学生就业指导工作中的作用［J］教育教学研究，2007（2）． [2] 薛丽华，李雨健．大学生职业规划与就业［J］．教师，2011（15）． [3] 刘秋蘅．职业规划生涯教育与大学生就业分析——基于逻辑和多元线性回归分析［J］．人才资源开发，2015（20）．	

13.4.3　实验报告项目说明及常见错误分析

（1）所查资料不能少于 5 篇，且不能出现一稿多投情况。

（2）“文献来源”包括母体文献名称、出版发行时间和页码三项内容。

（3）对录入的语句要进行适当调整。

（4）有星号 * 为必填项。

（5）不应将论文题名简单等同于论文主题。

（6）应该用短语概括论文主题，而不应该用冗长的句子详细描述。

13.5　测验题

13.5.1　判断题

（1）学术素养是指学术研究者在研究过程中应具备的基本素质和道德素养。（　　）

（2）标准化、模块化的论文结构便于学术刊物的评审、参考和学术交流。（　　）

（3）在社会科学研究中影响因素称为因变量，结果称为自变量。（　　）

（4）实证研究中最常用的统计工具是 Excel 软件。（　　）

（5）论文的结论既是作者的学术贡献和撰写摘要的依据，也是读者判断论文相关性和质量的重要一环。（　　）

13.5.2 单选题

（1）以实证方法撰写的学术论文主体部分一般由以下（　　）七部分组成。

A. 引言、假设、研究的路径和方法、数据收集、统计分析、研究发现、结论与建议

B. 引言、假设、研究的路径和方法、变量测定、统计分析、研究发现、结论与建议

C. 引言、假设、研究的路径和方法、数据收集、变量测定、统计分析、研究发现

D. 引言、假设、研究的路径和方法、数据收集和变量测定、统计分析、研究发现、结论与建议

（2）学术论文引言开头部分应当先简要说明研究工作的（　　）。

A. 研究现状、研究意义　　B. 主要背景、研究目的

C. 研究目的、研究方法　　D. 研究目的、研究意义

（3）实证假设的建立有以下（　　）两种方法。

A. 归纳法和演绎法　　B. 归纳法和递推法

C. 定性法和定量法　　D. 推理法和类比法

（4）社会科学应用领域的研究方法主要有（　　）。

A. 文献分析法、案例分析法、问卷调查法、科学实验法

B. 文献分析法、系统科学法、问卷调查法、实验观察法

C. 文献分析法、案例分析法、问卷调查法、实验观察法

D. 文献分析法、案例分析法、数学方法、实验观察法

（5）实证研究数据收集方法有（　　）。

A. 网上查找、问卷调查、访谈　　B. 二手数据收集、问卷调查、访谈

C. 二手数据收集、电话调查、访谈　　D. 数据库检索、网站查找、行业刊物浏览

13.5.3 多选题

（1）以下（　　）是学术素养的内涵。

A. 用科学方法探索问题　　B. 用事实说话

C. 重实证研究　　D. 重独立思考能力

（2）以下（　　）属于学术训练的目标。

A. 树立学术道德观，坚持科学严谨的治学态度

B. 培养学术规范的意识

C. 训练从阅读专业文献到选题、检索、分析和撰写的能力

D. 学会使用分析工具

（3）以下（　　）是学术训练的环节和内容。

A. 记忆能力的训练　　B. 收集资料能力的训练

C. 表达能力的训练　　D. 创新素质的训练

（4）文献综述的目的是（　　）。

A. 说明研究的基础、起点

B. 陈述所发现或提出的问题，表明研究的重要性，说明这项研究的意义

C. 区分已有的研究与当前研究的不同

D. 证明本研究的重要性

（5）以下（　　）内容是实证型论文引言部分应该包括的内容。

A. 课题来源　　B. 批判性评论

C. 解决问题的思路和方法　　D. 预期研究的结果和意义

参 考 文 献

[1] 史达．大学学习中的学术精神与学术训练［J］．软件工程师，2008（10）．

[2] 路文军．论加强本科毕业论文写作学术规范的必要性和途径［J］．教育与职业，2015（2）．

[3] 戴明锋．大数据漫谈［J］．中国统计，2015（2）．

[4] Mario F Tricla. 初级统计学：第8版［M］刘新立，译．北京：清华大学出版社，2004.

[5] 杨玉麟．信息描述［M］．北京：高等教育出版社，2004.

[6] 钱学森．新技术革命与系统工程——从系统科学看我国今后60年的社会革命［M］//上海交通大学．智慧的钥匙——钱学森论系统科学．上海：上海交通大学出版社，2005：48－63．

[7] 骆建彬，严鸾飞．竞争情报实务指南——知己知彼的商战方略［M］．海口：南海出版社，2005.

[8] 李晓明，等．搜索引擎——原理、技术与系统［M］．北京：科学出版社，2005.

[9] 肖珑，赵亮．中文元数据概论与实例［M］．北京：北京图书馆出版社，2007.

[10] 约翰 W 克雷斯威尔．研究设计与写作指导：定性、定量与混合研究的路径［M］．崔延强，主译．重庆：重庆大学出版社，2007.

[11] 刘军．管理研究方法——原理与应用［M］．北京：中国人民大学出版社，2008.

[12] 陈丹丹．大学生学术规范与学术道德认知研究——基于成都市高校的数据分析［J］．西南民族大学学报（人文社会科学版），2012（5）．

[13] 陶鑫良．知识产权基础［M］．2版．北京：知识产权出版社，2011.

[14] 李春田．标准化概论［M］．6版．北京：中国人民大学出版社，2014.

[15] 李轩．技术性贸易壁垒的理论与实践研究［M］．长春：东北师范大学出版社，2015.